国家质量工程工商管理国际型人才培养创新实验区系列教材

市场营销学

严　良　陈莲芳　主　编
谢雄标　刘家国　副主编

中国地质大学出版社
ZHONGGUO DIZHI DAXUE CHUBANSHE

内容简介

本教材是国家质量工程"工商管理国际型人才培养创新实验区"项目(2008.01—2011.12)研究内容之一——《国家质量工程工商管理国际型人才培养创新实验区系列教材》中的重要组成部分。全书共分十四章,按市场营销的一般过程编排,系统地阐述了市场营销的基本理论、原理和方法。从市场营销活动以达成顾客需求满足为目标出发,以市场营销过程分析入手,并以这一过程为主线,先对市场营销的内、外环境进行分析,以识别环境的机会与威胁、企业内部的优势与劣势;然后对消费者市场和组织市场进行分类分析;鉴于市场营销决策需要充足的信息,因而在探讨目标市场营销战略之前介绍市场营销调研与营销信息系统,然后阐述目标市场营销战略,随后分四章分别探讨市场营销组合传统四种营销策略,包括产品策略、定价策略、分销策略、促销策略;最后介绍网络营销和现代市场营销策划,便于拓展学生课程视野和为营销实践技能培养提供一定的基础。

本书适合于管理类专业本科生作教材之用,也可供非管理类专业本科生作为选修课教材,同时也可作为非管理类专业硕士研究生的跨学科选修课教材。

图书在版编目(CIP)数据

市场营销学/严良,陈莲芳主编;谢雄标,刘家国副主编.—武汉:中国地质大学出版社,2010.7

ISBN 978-7-5625-2438-0

(国家质量工程工商管理国际型人才培养创新实验区系列教材)

Ⅰ.①市…

Ⅱ.①严…②陈…③谢…④刘…

Ⅲ.①市场营销学

Ⅳ.①F713.50

中国版本图书馆CIP数据核字(2010)第069816号

市场营销学　　严　良　陈莲芳　主　编
谢雄标　刘家国　副主编

责任编辑:徐润英　　策划组稿:张晓红　方　菊　　责任校对:陆慧琴

出版发行:中国地质大学出版社(武汉市洪山区鲁磨路388号)　　邮政编码:430074
电　话:(027)67883511　　传　真:67883580　　E-mail:cbb @ cug.edu.cn
经　销:全国新华书店　　http://www.cugp.cn

开本:787毫米×960毫米 1/16　　字数:583千字　印张:29.75
版次:2010年7月第1版　　印次:2010年7月第1次印刷
印刷:武汉中远印务有限公司　　印数:1—1 500册

ISBN 978-7-5625-2438-0　　定价:48.00元

《国家质量工程工商管理国际型人才培养创新实验区系列教材》

编委会成员名单

总　序

20世纪90年代以来，经济全球化步伐不断加快，推动了高等教育的国际化进程，兴起了新一轮高等教育国际化的浪潮，对各国高等教育以及经济和社会的发展产生了深远的影响。尽管各国在人才培养理念、目标、模式等方面不尽一致，但都强调人才素质培养的国际化和开放性；注重广泛的国际合作与交流，促进教育资源的共享；着力于教育理念、内容、方法等方面的变革与创新，促进教育水平的提升。国内一些高等院校为适应教育国际化的趋势，应对知识经济以及经济全球化对传统知识和人才的挑战，尝试在非英语专业的一些课程中部分或全部使用英文授课，在尝试和创新中逐渐扩大非英语专业英语授课的范围，实施双语或全英语化教学。

面对全球化，世界各国的管理教育也发生了结构性的变革，如发达国家及国内名牌大学都已建立了以工商管理硕士(MBA)、高级工商管理硕士(EMBA)为代表的现代管理教育体系。在国内，一些高校也相继开展了MBA和EMBA教育，但在本科层次，工商管理教育存在一定程度的同质化现象，不利于特色化、创新型管理人才的培养。

针对以上情况，一些高校正积极努力实施特色化工商管理本科教育，着力于培养适应能力强、创新型的工商管理人才。为了探索、深化教育改革，中国地质大学（武汉）于2001对工商管理专业开展全程双语教学试点。

全程双语教学对专业所开设的除政治理论和体育外的所有课程采用全英语授课，即采用英文教材、英语板书、英文讲述、英文撰写论文和答辩；着眼于培养综合素质高、适应能力强、个性突出的高级专门人才。这种全程双语教学不同于一般的英语语言教育，也不同于通常的专业教育，而是国际思维、国际知识、国际交往能力的训练和培养，是适应性或个性化教育，是教育模式的变革与创新。

经过几年的实践，中国地质大学(武汉)工商管理双语教学在师资培养、实验教学设施、实践教学基地建设、人才培养质量等方面有了长足进步，为国际型工商管理人才的培养奠定了良好的软硬件条件。

为全面贯彻落实科学发展观，切实把高等教育重点放在提高质量上，经国务院批准，教育部、财政部于2007年1月联合下发了《关于实施高等学校本科教学质量与教学改革工程的意见》(教高[2007]1号)，启动了"高等学校本科教学质量与教学改革工程"。这是继"211工程"、"985工程"之后我国高等教育领域的又一项重要工程。为进一步提升中国地质大学(武汉)工商管理双语教学质量，贯彻落实质量工程，本着探索宽口径、外向型、复合型人才培养的新模式及新方法，着力培养具有全球意识和开放精神，具备参与国际交流、合作、竞争所必需的基本素质以及知识结构和应变能力的开放型、国际型的高级复合型专业人才的目的，中国地质大学(武汉)于2007年向教育部申报了"工商管理国际型人才培养创新实验区"项目，获教育部立项资助，成为首批教育部立项的人才培养模式创新实验区之一。

随着科学技术的快速发展，经济的全球化、企业的集团化和国际化，以及各种资源的全球性整合趋势的增强，企业面临竞争日益激烈的商业环境，新的管理理论、管理模式不断涌现。为突出创新型、国际型管理人才培养的中心地位，提高教学质量，提升实验区建设成效，需要将最新的管理理论及实践模式应用于教学中。我们编写《工商管理国际型人才培养创新实验区系列教材》，旨在突出工商管理基础知识的同时，反映管理的最新理论与实践的成果，满足这一需求。本系列教材可作为工商管理专业开展全程双语化教学英文教材的配套教材使用，也可作为工商管理类其他专业和经济学类相关专业研究生、本科生的教学参考书使用。

本系列教材涵盖了工商管理专业核心课程，由中国地质大学（武汉）经济管理学院院长严良教授提出总体设计思路，余敬、刘家国、陈莲芳等同志承担了具体的组织工作，近30位教师、研究生、实际管理工作者参与编写，并得到了中国地质大学（武汉）教务处、经济管理学院、中国地质大学出版社领导和各位责任编辑等的大力支持。在此，对各位作者和编辑的劳动表示衷心的感谢，对使用本书的读者表示衷心的感谢。

严良

2010年5月

前言

市场营销学自20世纪初期形成于美国，至今已有一个世纪，在百年发展历程中，随着社会、经济及市场经济的发展，市场营销学发生了根本性的变化，从传统市场营销变为现代市场营销，应用范围从盈利组织扩展到非盈利组织。在当今，市场营销学已成为同经济学、行为科学、人类学、心理学、统计学等学科相结合的应用性边缘管理学科，市场营销管理已成为企业管理的重要组成部分。在我国，随着市场经济的进一步发展与完善，市场营销学得到更深入的理论研究与实践运用。我国企业对市场营销的日益重视推动了教育界对市场营销学教学与研究的不断深入，市场营销学已被国家教育部列为高等教育工商管理类专业的核心课程，同时还被许多高校列为管理类学科基础课程。

随着社会对创新型人才的重视和需求的增加，教育部设立创新实验区项目，中国地质大学(武汉)经济管理学院凭借八年来“双语”教学和工商管理专业“全程英语化教学”的尝试(启动于2001年)与实践，申请并获批了“工商管理国际型人才培养创新实验区”项目(2008.01～2011.12)。为配合该项目研究，出更多、更好的研究成果，启动了《国家质量工程工商管理国际型人才培养创新实验区系列教材》，市场营销学是工商管理专业重要的基础课程，因而，本教材是该系列教材中的重要组成部分。本教材以严良和陈莲芳为主编，谢雄标、刘家国为副主编，段晓红、熊艳、吕婕、梁宏参与编写，因而是团队成员通力协作的结晶。编写过程中，团队成员秉承“入主流，有特色，经典与现代相结合”的指导思想，将多年来在“双语”和“全程英语化教学”教学实践中积累的教学成果融入其中，同时，强调启发式教学和自主性学习，从而赋予本教材以下特色。

(1)系统性。本书共分十四章，除一般教材包含的内容章节外，考虑到顾客价值在现代市场营销中的核心地位，增加了第二章顾客价值与顾客满意度；考虑到市场营销实践技能，尤其是营销策划能力在市场营销管理中的重要性，增加了第十四章现代市场营销策划；考虑到当今网络营销在现代企业发展中的重要性，增加了第十三章网络营销，从而在内容构成上满足了课程理论知识系统、实践技能培养、前沿动态追踪、课程视野拓展等方面的教学需求。

(2)国际性。为了使市场营销学习者更好地理解市场营销学领域的国外研究成果，开拓营销的国际性视野，也便于今后开展国际市场营销活动和市场营销的国际交流，本书在各章末设立了“本章关键术语中英文对照”和“本章重要概念中英文释义”。

(3)启发性。在每一章的结构上，各章甚至在有些节前精心设计附有思考的“引例”，开启学生思维，使学生在思考问题过程中很自然地导出下一个知识点，明确上下章节的逻辑关系，帮助学生逐渐牢固地构建市场营销管理的总体思路框架。

(4)实践性。本书一方面选择有针对性的企业营销实践或短小案例印证或诠释理论知识点，使理论阐述深入浅出，便于学生消化、掌握；另一方面，在每一章后设置“章末案例分析”，设置的实践题提供学生更多地运用理论分析营销实践的机会，在分析中不断培养营销实践技能。

(5)前沿性。随着市场营销实践的发展，市场营销理论也在不断更新和发展，因而，本书充分考虑市场营销领域的发展动态和前沿问题，增加了网络营销、技术创新与市场营销、消费者市场需求的发展趋势、反市场细分与定制营销等，为学生今后深入研究这些营销前沿问题和其他相关问题打下一定的基础。

此外，本书在每一章后还设置有“本章小结”和思考题，通过这种方式将知识点逻辑地“串”起来，同时，又帮助学生及时巩固所学知识。这种“串”与第(3)点特色启发性中的“引”构成了章的“引”、“串”编写体系，与课程教学中运用的“引”、“串”教学法相呼应，很好地促进了该方法的有效执行。

本书包括十四章内容，基本上按市场营销管理的一般过程来编排，使学生学习时主线清晰，容易树立市场营销活动的整体框架思路，因而容易指导学生开展实际市场营销活动。

第一章市场营销总论。本章介绍了市场与市场营销、营销观念、技术创新与市场营销及市场营销学的产生与发展，使学生把握市场营销的核心概念，清楚营销观念的本质内涵与类型，正确把握技术创新与市场营销的关系。

第二章顾客价值与顾客满意度。本章介绍了顾客期望和顾客满意、顾客价值与顾客让渡价值、顾客满意度调查及衡量，对顾客满意对企业的意义和客户关系管理及其在关系营销中的运用也作了一定的探讨。通过本章学习，使学生对重要但不易准确把握的顾客价值方面的概念有了清晰的理解。

第三章战略规划与市场营销过程。本章介绍了企业战略、企业战略规划、企业市场营销过程及市场营销组合等内容，使学生对企业战略与市场营销战略的关系有正确的认识，同时明确市场营销组合的概念及其多种观点。

第四章市场营销环境分析。本章主要介绍了市场营销环境的有关概念，分析了市场营销宏观环境、微观环境的构成要素，阐述了市场营销环境分析的方法，使学生构建起市场营销环境的多因素和多层次的结构体系，同时掌握市场营销环境分析的一般方法。

第五章消费者市场及购买行为。本章介绍消费者市场及其特点、影响消费者购买行为的因素、消费者购买行为类型和消费者购买决策过程。此外，对消费者市场需求发展的新趋势也作了一定的预测分析。通过本章学习，使学生明确消费行为分析的重要性、复杂性、动态性等特点。

第六章组织市场及购买行为。本章介绍了组织市场的特点与分类，产业市场和中间商市场及政府市场等的特点、类型、购买行为的影响因素以及产业市场和中间商市场的购买决策过程，使学生明确组织市场与消费者市场的区别与联系，从而有助于准确把握两类市场的营销要点。

第七章市场营销调研与市场营销信息系统。本章介绍了市场营销调研的概念、一般方法、一般过程、问卷设计分析和市场营销信息系统的结构、各子系统特点及建立原则，使学生明确市场营销决策所依据的信息是如何取得和如何储存、处理与运用的。

第八章目标市场营销战略。企业应在分解出不同需求群体的基础上决定企业能有效服务的需求群体，并设计和提供对顾客有价值的、区别于竞争对手的且能在顾客心目中留下鲜明印象的产品，于是，本章围绕此介绍了市场细分、目标市场选择、市场定位等的概念、原则、一般过程、方法和策略。

第九章产品策略。本章主要介绍产品整体概念、产品组合、产品品牌、产品包装、产品生命周期及新产品开发策略，使学生克服传统狭窄的产品概念，树立起产品的整体概念。同时，明确产品策略应包括的内容。

第十章价格策略。本章主要介绍影响定价的主要因素、定价目标、定价方法策略以及价格调整策略，使学生明确科学定价应考虑哪些因素，不同的定价目标应该采用哪些方法，并如何作出价格调整反应。

第十一章分销策略。本章主要介绍了分销渠道的概念及类型、分销渠道策略、中间商及物流策略，使学生掌握分销渠道的类型与结构和如何制定分销渠道策略，并如何与中间商搞好关系。

第十二章促销策略。本章主要介绍了促销组合的基本概念、人员推销、广告、营业推广、公共关系，使学生掌握不同于营销组合战略的促销组合由哪些要素组成，明确各促销手段的特点及作用。

第十三章网络营销。本章主要介绍网络营销的概念、工具及其营销组合策略，使学生明确网络营销区别于一般营销的特点及联系。另外，对网络促销组合、网络营销工具等也有一定的了解，为今后进一步学习打下必要的基础。

第十四章现代市场营销策划。本章介绍了现代市场营销策划的基本原理、基本原则、基本程序、现代市场营销策划的基础和标准，为学生进一步学习市场营销策划奠定一定的基础。

本书编写分工如下：严良负责本书整体内容框架的审定、各章内容的协调与前言的撰写；陈莲芳编写第一、三、六、七、八章；熊艳编写第二、五章；谢雄标编写第十一、十二章；段晓红编写第四、十章；刘家国编写第十三章；梁宏编写第十四章；吕婕编写第九章。最后由严良和陈莲芳对全书进行编纂。

市场营销学是一门应用性和实践性很强的学科，随着市场营销实践的推进，本书难免存在不完善之处，敬请读者不吝赐教。

编著者

2010年5月于武汉

目　录

第一章　市场营销总论

本章主要内容

1. 市场的一般概念及理解
2. 市场营销的概念及正确理解
3. 市场营销观念的类型、特点及其创新
4. 市场营销与技术创新
5. 市场营销学的发展

本章重点与难点

重点：

1. 市场营销的概念及正确理解
2. 市场营销观念的类型、特点
3. 市场营销与技术创新

难点：

市场营销与技术创新的关系

本章要求

1. 全面、正确地理解市场营销的概念。

2. 能结合各类市场营销观念的本质特点，判断营销实践活动所表现的营销观念。

3. 领会技术创新与市场营销是互相渗透、互相联系的有机整体。

开章引言

市场营销的目的就是使销售成为不必要——彼得·德鲁克

推销只是"市场营销冰山"的尖端——菲利普·科特勒

促销只是一种手段,但营销是一种真正的战略;营销意味着企业应先开市场,后开工厂——张瑞敏

那么,市场营销(Marketing)到底是什么?它与销售有何关系?与市场(Markets)有何关系?

第一节　市场与市场营销

市场营销作为企业基本职能活动之一,是在一定的市场环境下发生的,市场是市场营销的舞台,一切市场营销活动均受到市场环境的影响和制约。因而,研究市场营销,必须先了解何为市场,尤其要从市场营销角度来理解市场。

一、市场的概念与理解

(一)市场的一般概念

市场属于商品经济的范畴,是商品经济的产物。自从社会分工和商品生产、商品交换(Exchange)出现,就有了与之相适应的市场,即哪里有商品生产与商品交换,哪里便有市场。然而,对市场的认识犹如"瞎子摸象",由于视角不同,研究的角度不同,对市场的界定也有所差异。首先,场所论认为市场是商品交换的场所,即商品买卖交易(transaction)活动的场所,如人们熟知的农贸市场、小商品批发市场、超市、商场、专卖店、精品店等,这是最古老的市场定义,它揭示的其实是实体市场和物理市场。其次,生产关系论认为市场是商品交换关系的总和,只要存在着贸易关系,则不管是否存在着实体或物理市场,则均认为存在着市场,如网上交易、期货交易、股票交易等相应形成的网上市场、期货市场、股票市场。第三,从市场供求关系来看,供不应求构成卖方市场,反之,则构成买方市场;而这两类市场的竞争(competition)激烈程度相差悬殊,前者不存在竞争,而后者则存在竞争,且随着买方规模缩减,市场竞争愈加激烈。第四,从经济学视角,市场包括完全垄断市场、寡头垄断市场、垄断竞争市场和完全竞争市场,其中,完全垄断市场和完全竞争市场只是理论上的抽象,现实并不存在。最后,从对商品需求的集合性看,1960 年美国市场营销协会(AMA)定义市场为:"市场是指一种货物或劳务的潜在购买者的集

合需求。”被誉为“现代营销之父”的美国营销学家菲利普·科特勒在其《市场营销管理》一书中指出：“对于一个市场营销人员来说，市场是指某种货物或劳务的所有现实购买者和潜在购买者。”

上述从不同侧面对市场的界定，都对企业在市场中开展经营活动有所启示。如珠宝商考虑在哪些商场或专卖店销售珠宝首饰，这里便涉及实体市场和物理市场的概念。广大股民关注股票行情，利用手机、电脑等设备决策自己股票的买进和卖出，这里便涉及到生产关系视角的市场概念。随着技术水平的提高，生产效率不断提高，越来越多的产品处于供大于求的买方市场，竞争不断加剧，在这种环境下，企业要考虑如何比同类企业吸引更多顾客，提高市场份额，如何伺机进入新的经营领域，捕捉新的利润增长点，这里便涉及供求关系下的市场概念。处于垄断竞争市场环境下的企业，面对众多竞争对手，就必须寻思如何提高自己的竞争实力，是依靠成本最低，还是塑造产品与众不同的独特优势？这折射出从经济学的竞争结构的角度来认识的市场。如果说我们“中国的珠宝市场越来越大”，则是指中国的珠宝需求越来越大，购买者（包括现实的和潜在的）越来越多，显然，这又是从商品需求的集合性来考虑的。

（二）对市场的理解

1. 从基本要素构成来理解

在作为卖方的企业来看，市场包含三个主要构成要素，即人口、购买力、购买欲，它们形成如图 1-1 的三轮型。只有具备了这三个轮子，企业才有了成功经营的土壤。

人口是市场最首要的因素，因为人是商品的最终需求者，通常说的“这里人口达几百万，市场大”，就很好地说明了人口在市场构成中的重要地位。一般地，人口多，则市场需求规模也大。然而，仅有人口基数是远远不够的，试想：一个非洲岛上有许多人，但从来没有穿鞋的习惯，那么该岛上有鞋的市场吗？显然是没有的，或者说至少没有现实购买需求（demands），因而，除了人口基数，还必须考虑购买欲，它也是市场的必要因素，购买欲是人们购买商品的动机、愿望和要求，是潜在购买需求转化为现实购买需求的必要条件；当然，人们的购买动机、愿望受包括收入水平、商品价格在内的多种因素的影响（将在第五章介绍），而收入水平和商品价格又直接、间接地影响着人们购买商品的货币支付能力，即购买力，因而，购买力也是实现市场需求的必要条件。显然，购买欲和购买力进一步反映了人们对某种商品的“想买”和“能买”，从这

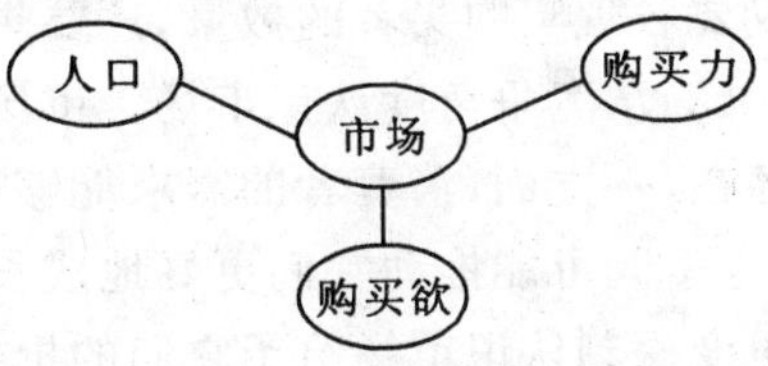

图 1-1　市场构成的三要素

一点上说，只有具备购买欲和购买力的需求才能形成真正意义上的市场，否则，只能算是潜在市场。

2. 从市场营销角度来理解

虽然上述对市场的理解能够帮助企业思考经营问题，但这些认识还未切中要害，也远不能为企业提供制定有效营销决策的依据。首先，只有存在消费需求，企业营销才有意义，因此，从市场营销的角度看，必须从消费者需求的角度定义市场；其次，如果市场中不存在竞争，企业也没有必要绞尽脑汁地思考市场营销问题，而事实是竞争在市场中无处不在，因此，需要从竞争层面认识市场；最后，要有效满足市场消费者需求，仅靠企业自身力量远远不够，还必须借助市场中的其他力量一起完成，这就需要从整个市场体系的角度来认识市场。

(1)从消费者需求角度认识市场。企业存在的价值在于承担了社会所赋予的某种职能，完成该职能的好坏要看所提供的产品或服务能否满足社会的需求，也就是能否满足市场的需求。因此，企业的首要任务是要从需求角度认识市场，然后才谈得上思考如何有效地满足需求的问题。市场需求的主体是消费者(customers)，消费者除了习惯所指的个人消费者外，还包括组织消费者，即公司、企业、政府机构、中间商、社会团体等，有时就将他们统称为顾客。换言之，从本质上说，从企业营销的角度看，市场就是消费者，就是顾客。

从需求角度认识市场还应看到，市场是某种商品的所有现实和潜在消费者需求的集合。这样认识市场的意义在于帮助企业理解市场的大小，即规模，它不仅取决于消费者的数量及其购买力，还取决于消费者的购买愿望。我们估算市场规模，不仅要看现实购买者的数量，还要想到怎样将潜在的购买者变为现实的购买者。

(2)从竞争角度认识市场。市场是由众多竞争者构成的集合。由于市场竞争的存在，一方面，消费者的需求能够得到更好的满足；另一方面，对于其中的每家企业，竞争既可能推动它们更好地成长，也可能导致它们消亡。因此，企业必须从竞争角度深刻认识市场给予它们的机会和威胁，把握好市场竞争规律，制定有效的竞争策略，创造竞争优势(competitive advantage)，如此才能受到消费者的青睐。

从竞争角度认识市场涉及的两大问题：

第一，市场本身就是天然的竞赛场。唯有具备竞争优势的企业，才能在市场竞争中取得胜利，其实质就是具有竞争优势的企业能够为消费者提供更大的价值让渡(value delivery)。

第二，市场是理性和感性的结合体。市场理性的一面表明它具有内在的竞争优势选择功能，能够将拥有竞争优势的企业留在市场之中；市场感性的一面表明它总是借助消费者的感性认识，感知企业所提供产品或者服务的优异性。因此，企业不仅要创造并保持竞争优势，还要以此为基础，树立良好且独特的市场定位，并向市场有效地传达这种定位，如此才能将市场竞争优势转化为具有现实意义的市场份额(market share)优势和顾客忠诚。

(3)从市场体系角度认识市场。市场是由众多具有社会、经济联系的机构、组织、个人所构成的复杂体系，它们相互依赖、相互影响，才使得市场像一部由复杂精妙的零部件所构成的机器一样运行良好。对身处其中的企业而言，要发现并满足消费者的需求，必须借助市场体系中的研究机构、广告代理公司、各种中间商等的力量；要创造市场竞争优势，也需要依靠供应商及众多中间商的协同；要树立企业良好的形象，不能仅依靠竞争优势及竞争性的市场定位，还得拥有社会"企业公民"的声誉，这就要求企业保持与政府、社区、社会公众的良好关系，以承担社会责任(corporate social responsibility，缩写为 CSR)的方式开展经营活动。与此同时，要使以上目标得以实现，首先必须关注企业内部员工的利益和需求，使他们满意。

二、关于市场营销

为正确界定和理解市场营销的内涵，这一部分先阐明与市场营销相关的几个概念，然后讨论市场营销的内涵。

(一)与市场营销有关的几个概念

这些概念包括：需要(needs)、欲望(wants)和需求；产品(products)、价格(price)、渠道(place)、沟通(communication)；交换、交易和关系(relationship)；竞争与协同(cooperation)；价值(value)与满意(satisfaction)。

1. 需要、欲望和需求

需要(needs)：是市场营销学最基本的概念。人类需要是指感受到的贫乏状态，它进一步引起人们行为的动机，因而，需要是人们行为的基础。根据马斯洛的需要层次理论，人类的需要由低到高分为五个层次(图 1-2)，只有尚未满足的需要才能影响人们的行为，低层次需要满足后会产生更高层次的需要。因而，尽管需要是人类自身本能中的基本组成部分，市场营销者不能创造它，但市场营销者可以通过市场调研发现需要，尤其是尚未满足的需要，及在人们工作、生活条件改善后可能出现的更高层次的需要，进而提供相应的产品或服务来满足这些需要。

欲望(wants)：是指人类需要经由文化和个性塑造后所采取的形式。一个饥饿的人在美国可能会要一个汉堡包、一些炸薯条和一杯可口可乐，但在印尼巴厘岛可能会要芒果、乳猪和豆荚。欲望是可用满足需要的实物来描述的。人们的欲望几乎没有穷尽，但是资源却是有限的。因此，人们不得不用有限的金钱选择那些价值和满意程度最大的产品，这就给企业的市场营销留下了发挥的空间，它要求营销者不仅要关注需要，更要注重烙上人文色彩的人们的不同欲望，并相应提供与欲望相

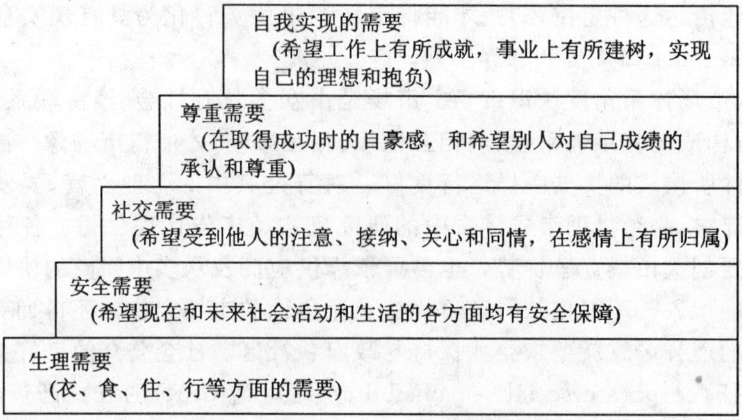

图 1－2　马斯洛的多层次需要

一致的产品。同时，充分运用人们的欲望受社会、文化的影响，通过有效宣传，引导人们的欲望朝向本企业的产品或服务，如珠宝商可以向爱美的时尚女性宣传和有效传达钻石、铂金等珠宝首饰在满足她们求美、求品味、求华贵的心理需要上的重要性和流行风，从而激发、引导女性对珠宝首饰的购买欲望，这显然对拓宽珠宝市场十分有益。

需求(demands)：当有相应购买力做后盾时，欲望就变成了需求，因而，需求也即具有购买力的欲望。在一定时期，人们的购买力是有限的，因而，人们总希望选择到那些价格相对固定但却能提供最佳利益集合的产品(在人们看来，各种产品是利益的集合)。这相应要求营销者一方面提供的产品或服务要与人们的购买力水平相适应，另一方面要保证产品或服务带给消费者的整体利益，绝不能为了降低价格提高人们的购买力而偷工减料、顾此失彼、误导顾客，损害消费者对产品或服务整体利益的获取。

2. 产品、价格、渠道、沟通

产品、价格、渠道、沟通是企业能够控制的营销工具，企业依靠它们来为消费者提供价值，同时也反映企业的竞争优势和竞争定位。对这四种工具，本书将分别在第九章到第十二章进行详细介绍。

3. 交换、交易和关系

如果没有“买卖交易式的交换行为”，仅仅是用产品去满足特定的需要，还不足以构成市场营销。只有当人们通过交换来满足需要和欲望时，才出现市场营销。

交换是指通过提供东西作为回报，从而从交换对象处取得所需东西的行为。就企业的营销者来说，交换就是通过向消费者提供消费者认可和接受的产品或服务，来从消费者处获取销售额、消费者满意度和品牌认知度的过程。这里，折射出一个前提条件，就是被用来交换的产品或服务必须符合消费者的需要，是能被消费者接受的。因而，市场营销者在交换前必须先分析、确认客户的需要和确定能满足这些需要的产品或服务。

交易是市场营销的度量单位，它是指买卖双方价值的交换过程。它与交换相伴随，交易能否成功及交易效率与交易时产品的展示、结算方便性、承诺（如发货、送货和售后服务等）等方面有关，因而，营销者要在这些方面创造条件，如讲究营销战术，协调生产、运输、售后服务等，以便促进交易发生。对于营销者来说，要想做好市场营销规划，必须对整个交换、交易过程有全面透彻的了解，而且制定的市场营销战略及战术必须是整合性的，以便互相促进，实现系统功能。我们把以上这种与交易相关的营销活动称之为“交易营销”(transaction marketing)。

大凡精明能干的市场营销者都会重视同顾客、分销商等建立长期、信任和互利的关系。而这些关系要靠不断地为对方提供高质量产品、良好服务及公平价格来实现，靠与双方加强经济、技术及社会联系来实现。处理好企业同顾客关系的最终结果是为企业建立起一个市场营销网络和忠诚的顾客群，这就是所谓的“关系营销”(relationship marketing)，它可以减少交易的费用和时间。

4. 竞争与协同

竞争是市场经济的主要表现。在市场经济条件下，企业有经营自主权，企业根据对内部和外部经营环境的分析，市场机会的识别，选择进入某一新市场领域，或完善营销战略。可以说当今社会只有疲软的企业，没有疲软的市场，任一市场领域都存在着竞争，竞争的实质就是争夺顾客；而顾客在选择同类产品时，愿意选择那些价值和满意程度最大的、能给他们带来整体消费利益的产品或服务。因而，作为具体企业，不仅要“知彼”，了解竞争对手的竞争优势与劣势，及把握当自己企业实施某项计划时竞争对手的反应，而且还要把握消费者的需求特征及可能的变化趋势。在以上两方面分析的基础上，再结合企业自身的优势与劣势，确定本企业产品应塑造什么样的特色来构建竞争优势，即进行竞争定位。

协同包括两个层次的内容。一是指企业内部不同部门间的协作，根据美国哈佛大学商学院著名教授波特的著名价值链(value chain)理论，企业经营是一个创造价值的过程，这一过程由创造价值的各种活动包括设计、生产、销售、发运及支持性活动（企业基础设施、人力资源管理、技术开发、采购）集合而成，这些活动只有互相协调，才能使企业整体活动最优化，并给企业带来优势；二是与经营活动中的相关者如供应商和分销商间的协作，随着全球经济一体化，资源配置国际化的加剧，一个企业越来越难以凭借自身的单独力量和资源来实现竞争目标，很有必要借助他人力量（包括国内和国外）共同“做馅饼”，通过合作实现“共同致富”。

5. 价值与满意

这里的价值指顾客从消费所选择的产品或服务中所获得的让渡价值，它不仅与产品的价格、质量、性能等有关，还与伴随产品消费所获得的服务、形象、品牌价值，及所付出的时间、精力和体力等因素有关，如 IBM 的 PC 机，其售价高于其他质量相当的电脑，但为广大消费者所偏爱，其原因之一就在于它遍及全球的销售、维修、服务组织体系，由此为消费者提供了购买复杂技术产品所需要的质量保证，方便的"高质量服务"降低了顾客的时间、精力和体力支出，同时增加了 IBM 所带来的品牌利益。价值与其影响因素之间的关系将在第二章介绍。

顾客满意等于产品实际绩效 P 与顾客期望 E 的差值，显然，当消费者在消费使用过程中感知到的产品实际绩效 P 大于顾客预先的期望 E 时，则顾客满意，并且该差值越大，则越满意。满意是重复购买和有望成为忠诚顾客的基础，而培养忠诚顾客对企业来说十分重要，因为开发一位新顾客的成本是维系一位老顾客成本的 5 倍，流失一个老顾客所造成的损失只有争取 10 个新顾客才能弥补！当然提高顾客满意度一般需要企业付出，这会降低企业利润，但采取有效途径提高顾客满意度具有"功在当今，利在千秋"的效应，使企业具有稳固的、忠诚的顾客群，即使在企业遭遇不测时，也会得到顾客的支持和谅解。所以从这一点来说，即使牺牲企业暂时的利润，也要确保顾客满意度。随着科技的发展和管理水平的提高，企业可以通过创新生产运作方式，加强成本控制，为顾客低成本地提供满意的产品或服务。

有关价值与顾客满意的详细内容将在第二章分析和阐述。

(二)市场营销的概念及其正确理解

1. 市场营销的概念

市场营销是指与市场有关的人类活动，即以满足人类各种需要和欲望为目的，通过市场变潜在交换为现实交换的活动。也有学者简单地认为，市场营销是指在市场中进行"经营和销售"的市场行为。由于市场本质的变化和市场营销实践的深入，人们对市场营销内涵的认识经历着一个发展的过程。

20 世纪初，人们对市场营销的认识局限于推销、劝说和广告。1960 年，美国市场营销协会 AMA(american marketing association)对市场营销下的定义是：市场营销是引导产品或劳务从生产者流向消费者的企业营销活动。这一定义以已经存在的产品或服务为市场营销的起点，以将产品送达到消费者手中为终点，即产品生产出来后，通过推销、广告、定价、分销等把产品销售出去的活动即为市场营销；显然，该定义将市场营销局限于流通领域，忽视了现在看起来十分重要的根据市场需求决定应生产什么、塑造怎样的产品特色的要点，因而是不够完整的。实际上，市场营销应该包括从产前到售后的一系列经营活动，即渗透到生产领域和消费领域，是全方位的营销活动。

相关链接：

美国著名市场营销学家麦卡锡对市场营销的认识

麦卡锡指出："市场营销应该从顾客开始，而不应该从生产过程开始；应该由市场营销而不是由生产来决定将要生产什么产品。诸如产品开发、设计、包装的策略，各种价格的确定，赊销及信用政策，产品的销售地点以及如何做广告和如何推销等问题，都应该由市场营销决定。但这不意味着市场营销应该把传统的生产、簿记、财务都接管过来，而只是说市场营销为这些活动提供指导。"

（引自：国际市场营销。http://www.lantianyu.net/pdf30/ts056051.htm）

将市场营销重新定义为市场营销是计划和执行关于产品、服务和创意的观念、定价、促销和分销的过程，目的是完成交换并实现个人及组织的目标。这一定义揭示了市场营销活动是一个系统的、有目的的交换过程，而不只是推销和做广告；它以实现个人需求和欲望的满足及企业的成长目标为市场营销整个过程的核心点，具体地，首先满足个人需求目标，即通过交换满足消费需求目标，在此基础上才能使企业目标得以实现。可见，这个定义基本上接近现代市场营销的内涵。著名营销学家菲利普·科特勒认为："市场营销是个人和群体通过创造并同他人交换产品和价值以满足需求和欲望的一种社会和管理过程。"①分析该定义，至少包括三层意思：一是目标性，通过市场营销要满足人们的需求和欲望；二是市场营销的核心是交换，离开了交换，则人们的需求不能满足，企业的利润不能实现；三是交换的客体是产品和价值，包括实物产品、服务产品及观念、思想、信息、建议等。

1990 年，日本市场营销协会(JMA)根据变化了的市场营销环境和不断发展的市场营销实践，发展了市场营销的内涵，指出："市场营销是包括教育机构、医疗机构、行政管理机构等在内的各种组织，基于与顾客、委托人、业务伙伴、个人、当地居民、雇员及有关各方达成的相互理解，通过对社会、文化、自然环境等领域的细致观察，而对组织内外环境的调研，产品、价格、促销、分销、顾客关系、环境适应等进行整合、集成和协调的各种活动。"这一界定得到了国际营销学界的普遍认同，是迄今为止国际学术机构关于市场营销涵义的最新发展。

吕一林、岳俊芳在《市场营销学》一书中，从市场营销的实质是企业在市场上的经营和销售行为出发，认为以符合市场固有的需求、竞争和体系特征这三方面要求的方式开展经营和销售活动，就是现代意义的市场营销，并进而这样给市场营销下定义："市场营销是指组织在深入洞悉消费者需求及市场竞争特征的基础上，通过向消费者传递具有竞争优势的产品或服务，达成满足消费者需求并完成组织目标的过程。"②本书认为这一定义符合当今市场营销理论与实践的发展，能揭示新环

---

①菲利普·科特勒．市场营销．北京：华夏出版社，2003.

②吕一林，岳俊芳．市场营销学．北京：中国人民大学出版社，2005.

境下市场营销竞争性突出的特征。在这里，既然强调市场营销的竞争性，那么从竞争三角形原理(顾客需求、竞争者、企业自身)出发，市场营销定义应该体现企业自身状况，鉴于此，本书作如此补充定义：市场营销是指组织基于市场营销调研，透彻把握消费者需求和市场竞争格局，结合组织自身实际情况，确定所要提供的和所能提供的、具有竞争优势的产品或服务，并向消费者进行产品信息的有效传播和产品的适时送达或传递，以满足消费者需求和实现组织目标的活动过程。

2. 市场营销概念的正确理解

正确理解以上市场营销定义，需从以下几方面切入：

(1)市场营销是一个包括一系列活动的过程。这些活动至少包括：市场营销调研、分析消费者需求、把握竞争格局、明确要提供的产品或服务的竞争特色、有效促销、高效分销、提供附加服务以更好地满足消费需求等；这些活动开展于不断变化着的经营环境中，要受经营环境的影响，因而，这些活动的具体方式必须根据环境变化作相应的调整和改变。

(2)市场营销以满足消费者需求为出发点和目标。也只有如此，才能使市场营销始终以消费需求为导向，通过提供“适销对路”的产品或服务，深得广大消费者喜欢，实现产品销售，在此基础上实现组织的利润和发展。

(3)消费者需求、市场竞争、组织自身是市场营销中必须要考虑的三个方面。分析把握竞争对手与组织自身状况实质上是为了更好地满足消费者需求。比如，分析了解到竞争对手的产品在满足消费需求上的某些缺陷，企业就可以此为切入点向市场提供改正产品，这样，既可以更好地满足消费需求，又可突出和提高企业的产品竞争优势。同时，在生产和提供产品或服务的过程中，通过充分发挥企业自身优势可以提高产品或服务的质量，并有可能降低成本，这使提高产品或服务的性价比有了可能，企业产品或服务的市场份额也将进一步提高。

第二节　市场营销观念

节前思考：

致力于高品质有错吗？

一个文件柜制造商曾追求至高质量的文件柜并宣称：“我的文件柜是世界上最好的，你把它从四楼扔下去仍然完好无损。”于是这位制造商致力于高品质文件柜的制造，然而，客户却说：“我相信你的话，但是我买文件柜是用来存放文件的，并不打算把它从四楼扔下去。”

(改编自：吕一林. 市场营销. 北京：高等教育出版社，2000)

一个经营者在市场营销活动中持有什么样的指导思想，影响其采取何种营销行为，进而产生不同的营销效果。市场营销观念是指导企业市场营销决策者进行市场营销实践活动的指导思想，是一种经营理念或经营哲学，有时也叫营销哲学。其实质是企业在处理企业、顾客、社会三者利益所持的态度、思想和观点。然而，市场营销指导思想受市场营销环境的影响，随市场营销环境的变化而不断调整、变化。纵观企业营销发展历程，营销观念大致经历了生产观念、产品观念、推销观念、市场营销观念和社会营销观念等。

一、生产观念

学习伴随案例：

福特的统一黑色T型车

在20世纪初期，汽车还是达官显族们的拥有物，对普通人来说，能拥有作为代步工具的汽车那是梦想。福特通过大量制造单一型号的黑色T型轿车，大大地降低成本，以低价格进行广泛销售，大大刺激市场需求，进而，有效地促进汽车产能的进一步扩大，使福特汽车在当时获得成功。

（改编自：郭国庆．市场营销学通论．北京：中国人民大学出版社，1999）

像福特这种以大规模方式开展单一产品的生产与销售，充分发挥规模经济效益，努力降低成本，提高生产效率，提高产品的市场供给量，使顾客能随处购买到价格低廉的产品的经营思路和相应运作方式，即为生产观念。可见，生产观念基于这种假设：消费者偏好于能够随时随地购买价廉产品，而不在意产品特色，即价格是首要的，也几乎是唯一的决策因素。这种观念的明显优势是有利于实现标准化和专业化生产，降低成本；然而，它很明显的不足是忽视了消费需求的差异性，不可能提供有差异的产品，故不能很好地满足差异性需求，因而，并不是现代意义上的市场营销。

福特单一黑色汽车的大规模生产和销售在当时获得了成功，说明生产观念在一定的历史条件下是适宜的，有助于企业的市场营销。与生产观念相适应的条件包括以下四个方面：一是从市场供需状况来看，属供不应求的卖方市场。此时，消费者期望能购买到产品，而几乎不会提出其他差异性需求，即需求趋向于大众化、趋同化；同时，通过大规模生产和销售，不仅降低了成本，也能弥补市场供给不足，满足市场需求。二是缺乏竞争，这实际上是第一点的必然结果，卖方市场缺乏竞争。三是扩大规模能有效地降低成本，这是生产观念存在的基点之一。四是低价能刺激市场，变潜在需求为现实需求，有效地扩大需求规模，进而促进产能扩大，这又进一步降低成本，刺激市场需求，因而，在这种情况下，规模经济与市场需求规模扩大形成了互动效应。

二、产品观念

本节一开始提到的文件柜制造商，不同于福特，他追求为市场提供至高质量和性能的产品。这种从企业内部生产经营条件出发，将经营重心放在不断改进产品、努力生产优质产品上的营销观念，叫产品观念。这种观念基于这样的假设前提：消费者大多喜欢质量高、性能好的产品，愿意花较多的钱购买质量上等的产品，因而，质量好的产品一定有好的销路。其实，这是企业营销的一个误区，首先，是否有好销路取决于顾客的认可和接受，而质量高、性能好的产品并不一定广受顾客的欢迎和购买，因为顾客还要权衡产品的性价比和这种高质量、高性能是否是他们实际需要的，能否给他们带来实实在在的价值。现实中，不乏有产品的质量或性能超过顾客的实际需求而造成相对过剩的例子。

学习伴随案例：

铱星通讯系统

作为卫星移动通讯业的开拓者美国铱星公司贷款了50亿美元，研究开发了由66颗低地球轨道卫星组成的移动通讯网络。该网络可使用户随时随地进行通讯联络。然而从1998年11月投放市场以来，由于手机和服务费用昂贵、性价比低等原因，投放市场以来一直客户稀少，到1999年8月初，只有2万家用户，而要实现盈利则需要有65万家用户。最后在无法按期偿还巨额债务的情况下，于1999年8月13日被迫向特拉华州的美国破产法院申请破产保护。

（改编自：郭国庆．技术创新与市场营销：美国铱星公司和ICO公司失误的启示．企业管理，2000(1)：42～43）

应该承认铱星系统比其他通讯系统具有高性能，然而用户认为其性价比低，没能力也没必要为这高性能支付高溢价，因而导致失败。以上案例给企业一个启示，即是否是真正的好产品，应该接受消费者的检验和认可，而不能企业自身说了算，自以为是，过于自信以至“自恋”，只能导致“营销近视症”——只看重自己产品的质量，而不考虑消费者的真正需求。这是产品观念的明显弊端。

产品观念的优势体现在一定条件下，企业追求高质量和高性能，会促使企业在不断创新、不断进步中成长，使消费者的消费效用得到提高。这里的条件包括两个方面：一是经改进后的产品恰好符合消费者所注重的价值，即能带给消费者实实在在的效用增加。二是企业在提高产品质量和性能时能有效控制成本，实现提质不提价，使消费者真正得到实惠，从而有效地刺激市场需求。

三、推销观念

当产品供于过求，出现积压，市场竞争日益激烈时，企业经营者将经营重心转移到如何向市场销售积压产品，同时还认识到唯有通过大力的人员推销，铺天盖地的广告，及诱人的价格折扣，方能激发消费者的购买欲望；另外，对非渴求性商品，由于消费者的购买欲望平淡，一般不会去购买，更谈不上足量购买，因而，需要运用推销术去激发顾客的购买欲望。这种基于销售努力，竭力销售已有产品的营销观念叫推销观念。

推销观念基于这样的假设：消费者一般表现出一种购买惰性或抗衡心理，如果任其自然，他们一般不会足量购买某一企业的产品。在这种假设引导下，企业会想到主动、积极的促销，千方百计地刺激顾客大量购买企业已经生产出来的产品。为此，企业通常设立专门的推销部门，雇佣推销人员进行推销，并注重运用推销术和广告术，期望借助于诱人的推销术，激发购买欲望，诱导顾客大量购买，从而解决已生产产品的积压问题，周转企业资金。显然，这绝对不是长久之计，试想如果顾客受当时企业竭力推销的影响而购买了他们并不需要或事后发现并不满意的产品，那么最终他们会产生不满情绪，抱怨满腹；在这种情况下，即使今后企业确实推出好产品，顾客也会因心有余悸而持币不前，同时也在顾客心目中留下不良印象——该企业只会靠降价和“诱人上钩”进行销售。由此看来，推销虽能解一时之急，但长久下去对企业十分不利。

对比生产观念和产品观念，推销观念虽然从关注企业内部产品的生产和质量转移到刺激顾客并诱导顾客的购买行为，但它与前两种观念相同之处在于：都是企业先根据企业内部条件生产出产品，然后再去销售，至于销售的产品是否令顾客满意，顾客真正需要怎样的产品则并未给予充分的重视和考虑，即依然是以企业自身为中心的营销观念，是“以产定销”的一种表现。

四、市场营销观念

既然市场营销是通过市场变潜在交换为现实交换的活动，其本质是企业在市场上的经营和销售行为，因而，市场应该成为企业经营思考的重心。企业各项目标的实现有赖于能更好地满足顾客需要的产品通过市场交换实现其价值，那么如何更好地满足顾客需求？其关键在于正确把握市场需求特征和竞争状况，在此基础上，结合企业优势，确立能更有效地满足顾客需求，又区别于竞争对手的产品或服务。由此看来，市场营销不是简单地将生产出来的产品销售出去，而是除销售外还有更宽泛的活动内容，如了解市场需求、分析消费者购买行为、确立为谁提供产品或服务、塑造怎样的产品特色、如何根据售后反馈调整产品等等。由此说明企业生产什么不是根据企业自身可以确定的，而必须根据市场需求特点来确定，即不是"以产定销"，而是"以销定产"；进一步地，企业的生产经营活动不仅仅是制造或销售某种产品或服务的过程，而是一个不断满足目标市场的需要和欲望从而获得利润的过程。

由上可知，现代市场营销观念是以顾客需求和欲望为导向的全新经营哲学，它认为达到组织目标的关键在于确定目标市场的各种需要，并在提供期望的令人满意的产品和服务方面，比竞争对手更有效果，更有效率，继而更好地实现企业目标。这一营销哲学引起了企业在组织、经营导向、管理程序上的一系列变革。比如在企业组织上，由于营销的重要作用，必须设置营销部门，且相对于其他如生产运作、财务管理、人力资源管理等职能管理活动来说处于相对核心的地位；在经营导向上，不是以生产为中心，而是以顾客需求为中心。总体来看，营销观念有以下基本特征：

(1)市场中心。以市场为中心不能片面地理解成将注意力集中到所有市场。事实上，没有一家企业可以在每一个市场面上经营，以满足每一种需要，甚至也没有一家企业能在某个范围很广的市场内做好销售工作。即使像美国国际商用机器公司(IBM)这样著名的公司，也无法对每一个计算机用户的需要提供最佳的解决问题的方法。因此，以市场为中心指的是经过市场细分，明确目标顾客及其需求，然后为其服务。

(2)顾客导向。以顾客为导向要求企业以顾客的观点而不是以企业的观点来明确和解释顾客的需要。顾客导向的目的是通过生产提供适合顾客需求的产品或服务而更好地将产品或服务销售出去。在营销中使顾客满意具有极端重要性。因为一定时期内企业的销售对象包括新老顾客。通常，吸引新顾客所需的成本大大高于保留现有顾客的成本。所以，保持原有顾客十分重要；而要做到这一点，关键在于使顾客感到满意。顾客满意了，就会对企业及其产品产生偏好，此时，不但老顾客保留下来了，新顾客也会慕名而来，如同滚雪球一样，越滚越大，而这种雪球的核心也是使顾客满意。一些日本企业提出："我们的目标是使顾客高兴。"不仅使顾客满意，而且令顾客高兴，这是更高标准的顾客导向，也可能是日本企业成功的秘诀之所在。

(3)营销协调。营销协调包括两个方面：协调各种营销职能，协调企业内各个部门。

(4)盈利能力。企业营销的重点是发现某种可以满足人们需要的盈利性机会和方法，并经常分析和评价各种不同的营销机会所可能产生的利润。在现代营销观念的指导下，企业不局限于销售现有的产品以获取利润，而是寻求更多的盈利机会。盈利机会增加，盈利能力就会大大提高。

现代市场营销观念的形成和在实践中的不断完善，改善着企业的经营业绩。如享誉全球的零售巨头沃尔玛、家具商“宜家”，及中国家电行业老大海尔等无不在奉行现代市场营销观念并加以创新性地运用中实现着丰厚利润。

学习伴随案例：

透视沃尔玛的营销战略

沃尔玛，一个实实在在的企业帝国，如今在美国已有 3 500 家，在其他国家已有 1 100 家连锁店，全球雇员 1 200 万人，并连续三年排名《财富》杂志世界 500 强企业榜首。同时，沃尔玛连续 40 余年高速扩张，每隔 10 年就上一个台阶，直至今日仍未停止。这其中它的营销策略功不可没。

从选址、广告、产品、服务、价格、危机管理等策略方面始终以顾客为中心，以提高顾客满意度，提高顾客的消费价值为宗旨来精心策划。沃尔玛在选址前总要围绕拟选地址的部位（是否为经济发达的城镇、城乡接合部）、交通便利性、可见度、适用性等方面调查以下这些方面的内容：城市结构——交通条件、地形地貌，商业结构——销售动态、零售商店的种类和经营方式、竞争的饱和度，人口特征——人口的数量和密度、年龄分布、文化水平、职业分布、人口变化趋势、人均可支配收入、消费习惯。其实早在 1992 年，沃尔玛就已经被获准进入中国，但是沃尔玛在 1996 年才在深圳落户，在进入中国之前它一直对当地商圈的交通、人口、竞争状况和市场发展格局进行考察，以便于选择一个天时、地利、人和的好店址。

沃尔玛作为一个以低价著称的零售商，在广告方面尽量减少不必要的开支，以压缩广告量来压缩广告成本，以保证商品始终低价。“沃尔玛总是以最低的价格供应给你最好的、你最信赖的品牌——一如既往”。这样简单直接，但又深入人心的广告标语总能留给顾客很深刻的印象，同时吸引了大批的客源；同时，沃尔玛在不同商店里挑选出不同的有代表性的主导商品实行低价，其价格可以压到低于成本，以此吸引大量顾客，从而起到广告作用，因而，这些主导商品也叫做“广告”商品，而光顾的顾客不只是购买广告商品，同样会购买其他商品，这样其他商品的销售量也会跟着上升。

沃尔玛相信：服务态度、服务质量直接影响着顾客的满意度，决定着回头客的多少。把工作做得更细致一点，顾客的麻烦就少一点，从而满意度和信任度也会高一点。一点一滴的累积，微笑为手段，真诚为行动，软硬件的完美结合为工具，这便是沃尔玛的服务之道。沃尔玛服务策略中最主要的就是顾客满意战略，即必须站在消费者使用者的立场上，而不是站在生产者消费者的立场上考虑和处理问题；从售前服务、售中服务、售后服务全程贯彻顾客第一、顾客至上的理念。

价格策略方面，沃尔玛实行"天天平价，为顾客节省每一美元"；同时，沃尔玛实行折价销售、会员制销售等让利销售活动，与其他商家普遍使用让利销售所不同的是，沃尔玛在定价时坚持两点原则：一是尽可能地低廉，仅仅高出成本一点儿；二是长期稳定地保持这种低价，即使是某些商品拥有某种垄断优势或是遇到意外情况也不轻易改变。总而言之，沃尔玛的低价策略不是降低商品质量，而是在质量保证的情况下想尽一切办法从进货渠道、分销方式以及营销费用、行政开支等各方面节省资金，努力做到"天天平价、始终如一"，实现价格比其他商家更便宜的承诺。

（改编自：严佳君．透视沃尔玛的营销战略．http://www.em-cn.com/Article/200702/122865_8.html）

沃尔玛从选址、广告、产品、服务、价格、危机管理等方面始终以顾客为中心，以提高顾客满意度为衡量行为的标准，并采取切实可行的措施，充分体现了它的现代市场营销观念在实践中的运用。除了销售，沃尔玛还重视选址、危机管理、成本控制、定价等经营环节，说明销售不是营销全部，而只是营销整体活动中的一个组成部分。正因为沃尔玛事先科学地选址、控制成本、控制价格、真诚服务，因而其销售环节容易成功，似有"水到渠成"、"顺水推舟"之效应，由此，我们不难理解推销只是"市场营销冰山"的尖端的深刻涵义。

五、社会营销观念

社会营销观念主张企业制定营销策略时，注重社会与道德的因素，统筹兼顾企业利润、消费者需要和社会利益等三个方面，强调将用户利益和社会利益同时纳入自己的营销决策系统，这是对现代营销观念的完善和补充，充分体现了企业对社会责任的履行。

社会营销观念的产生是基于以下背景：一是全球气候变暖，越来越多企业的生产使空气、土壤污染更为严重，但企业迫于竞争压力追求成本控制而在排污方面"偷工减料"，甚至有意不配置排污设备，从而使环境"雪上加霜"，留给子孙后代的环境的可容纳性和可生存性越来越差，人类将无法实现可持续发展，这使得大至全球、一国政府，小至企业都无法回避思考这样的现实问题：如何科学地处理消费需求的更好满足和在此过程中所带来的生态环境问题，即要深思如何正确处理需求满足、企业利润和社会责任与利益三者间的关系问题。二是一些企业的产品虽没有大量消耗自然资源和产生大量排放物给环境造成威胁，但却同样给社会带来严重的不良后果，如色情、暴力、赌毒等，在严重损害消费者身心健康的同时，对社会精神文明建设、和谐社会的构建和培育产生严重的阻碍作用。三是越来越多的节约资源、保护地球家园活动的开展和公众环保意识的增强，从全球、全社会范围内响起了环保的强烈呼声，这迫使企业不得不考虑社会责任的履行和必须兼顾的社会利益。

伴随竞争加剧，消费者对非环保产品的抵制和对环保产品有意识的偏好，社会营销观念越来越被广大企业所接受和奉行，在经营管理中，兼顾消费者利益、社会利益和企业利益，并且深刻认识到只有三者利益有机结合，才能美化企业的公众形象，才能实现企业可持续发展。近几年来，有些学者提出并不断研究"绿色营销"、"企业伦理"、企业的"社会公民"等新观念，是社会营销观念广被社会所关注、被企业所奉行和在实践中被发展的具体体现。

六、营销观念创新

(一)绿色营销(green marketing)

绿色营销是在社会营销观念基础上提出的，是社会营销观念的直接体现和发展。

环境保护是企业开展绿色营销活动的最直接和最深层次的动因。企业在整个营销过程中充分体现环保意识和社会意识，向消费者提供科学的、无污染的、有利于节约资源使用和符合良好社会道德准则的商品和服务，并采用无污染或少污染的生产和销售方式，引导并满足消费者的有利于环境保护及身心健康的需求。其主要目标是通过营销实现生态环境和社会环境的保护及改善，保护和节约自然资源，实行养护式经营，确保消费者使用产品的安全、卫生、方便，以提高人们的生活质量，优化人类的生存空间。经济开发和环境保护是一对孪生兄弟，经济开发促进人类进步，但不加协调的开发注定会引起环境的"愤怒"而对人类进行惩罚。人类在环境惩罚和与环境搏斗中，逐渐清晰地意识到不能因为自己的愚蠢行为而导致自身生存环境的毁灭，挽救生态、挽救自然、挽救环境、挽救地球成为全球公民的呼声，强烈的使命感和责任感正唤起人类的良知，也成为企业经营必须奉行的原则。于是，"绿色营销"的观念便应运而生。

绿色营销观念的提出是人类跨世纪营销活动的一个新飞跃。绿色营销作为一种营销观念，它指导、规范着企业行为，促使企业利用高科技手段实行合理利用资源、减少资源消耗，实施资源回收与使用更环保的替代资源等，以尽量减少污染对环境的不利影响。

学习伴随资料：

绿色营销活动

德国在2/3的消费品上印有绿色标志，表明此种包装材料可以回收利用；美国造纸公司减少了用来进行漂白的氯气使用量，推出用回收纤维制造的绿色纸；德国正推出“绿色电视机”，其有害辐射只有德国国家标准的千分之一，电视机外壳则用不污染环境的喷涂材料；建筑师正采用可再生材料，设计低能耗采暖和降温系统，减少化学品使用与防止室内污染的"绿色建筑"；我国一些企业也开发、生产和使用电动汽车、无铅汽油，以液化气代替汽油作为能源等，利于减少空气中的有害物质，从而保护人类的生存空间。

(引自：什么是绿色营销. http://www.795.com.cn/wz/43206_2.html)

绿色营销是指企业适应可持续发展的需要，在经营战略的制定、市场细分与目标市场选择、特色塑造、产品的生产、定价、分销、促销过程中注重个人利益与社会整体利益的统一，运用科学的手段，在环境保护的基础上取得企业利益的一系列经营活动。美国威尔斯大学的肯毕提(Ken Peattie)教授曾指出：“绿色营销是一种能辨识、预期及符合消费的社会需求，并且可以带来利润及永续经营的管理过程。”① 从本质内涵上看，企业绿色营销是企业以环保观念作为其经营指导思想，以绿色消费为出发点，以绿色文化作为企业文化核心，在满足消费者绿色消费需求的前提下，为实现企业目标而进行的营销活动。它是传统市场营销的进一步扩展和深层次延伸，它比传统市场营销意义更深远，更具时代性。从市场营销的角度看，绿色营销、环境保护、可持续发展三者之间实际上是一个协调统一的有机体。企业运用科学的手段开展绿色营销，有利于保护人类生存的环境和可持续发展战略的实现，有利于企业信誉的提高和形象的美化，可谓是一举多得。国际商会和联合国环境规划署联合在巴黎召开的可持续发展商务宪章委员会提出的第一条基本原则就明确指出，要把可持续发展和保护环境作为企业发展的首要目标，只有“绿色企业”才有竞争力。

综合来看，绿色营销具有以下特点。

1. 综合性

绿色营销观念要求企业在满足顾客需要和保护生态环境的前提下取得利润，把企业利润、顾客需求、生态环境三方利益协调起来，实现可持续发展。

①绿色营销. http://www.qsng.cn/html/bkjzx/shkxjinjiView/20070828124448.html

2. 统一性

(1)绿色营销强调社会效益与企业经济效益的有机统一。企业在制定和实施产品策略时,既要考虑产品的经济效益,同时又必须考虑社会公众的长远利益与身心健康及社会和环境效益,只有这样,产品才能在市场中站稳脚跟。

(2)人类要寻求可持续发展,就必须约束自己,尊重自然规律,实现经济、自然环境和生活质量三者之间的相互促进与协调。

(3)只有国家、企业和消费者三者同时牢牢树立绿色意识并付诸实施,绿色营销才能蓬勃发展。当今,有些国家、地方政府出台鼓励绿色营销的政策;消费者选购产品时不仅考虑对自己身心健康的影响,还考虑对环境的影响,谴责破坏生态环境和污染社会环境的企业,拒绝接受有害于环境的产品、服务和消费方式,社会公众的绿色消费意识越来越强烈,这些迫使企业进一步增强绿色营销意识,实现与国家、政府和消费者的有益互动,有利于提高企业信誉和美化企业的形象。

3. 无差别性

绿色标准及标志呈现世界无差别性。绿色产品的标准尽管世界各国不尽相同,但都是要求产品质量、产品生产及使用消费及处置等方面符合环境保护要求,对生态环境和人体健康无损害。

4. 双向性

绿色营销不仅要求企业树立绿色观念,生产绿色产品,开发绿色产业,同时也要求广大消费者购买绿色产品,对有害产品进行自觉抵制,树立绿色观念,从而形成绿色产品生产与消费的互动效应,共同推动绿色营销发展。绿色营销也是降低资源消费、提高经济效益的重要途径。日本推出节省25%燃油、少排80%废气的绿色汽车;美国研制出燃烧效率比现有汽车高3倍的小型汽车,推出装有计算机闲置部件"安眠"的电流控制芯片,推行低辐射的节能电视机等。越来越多的事实证明,只有发展清洁技术,生产绿色产品,推进生产全过程控制和预防,才能建立节能、降耗、节水、节地的资源节约型经济,实现生产方式的变革,加速工业、交通及通信业发展模式的全面转换,实现以尽可能小的代价和最少的能源、资源消耗,获得最大的经济发展效益。同时,大量绿色食品的出现,引导和刺激着消费者绿色消费意识的形成,形成了绿色消费浪潮,人们抵制泡沫餐具的使用,开始大量使用可降解的纸质餐具,2008年6月1日我国实行的限塑令、国家提倡小排放量汽车的生产和购买等,都大大推动了绿色生产与绿色消费。

(二)生态营销观念(ecological marketing)

20世纪70年代以后,生态营销观念在经济发达国家被企业广泛采用。以前营销观念过度强调按消费者需要进行生产经营,较好地解决了顾客需求的满足问题,然而却忽视了企业自身资源和能力相适应的问题,导致了另一种生产经营的盲目性，即不顾企业生产经营的实际条件而一味去迎合消费者的需要，以致企业生产的往往不是自己所擅长的产品，导致不能超越竞争对手更好地满足消费者需要，使产品大量积压。对此，有些市场学家认为，企业应当把面向消费者与面向生产者结合起来，实行“生态营销观念”。所谓“生态营销观念”，就是强调企业在开展市场营销活动时，把市场需要与企业自身优势有机结合起来，就像生物生长要与自然环境相适应一样，企业的生存发展要与周围的营销环境包括自身资源条件、自身经营优势，及市场要求相协调，而不能只考虑市场需要而忽视自身条件，也不能只考虑自身条件而忽视了市场需要变化。通过考虑两个方面的情况，企业就有可能生产经营既符合市场需要又能发挥企业自身优势的产品，实现企业与市场的良性互动。

传统的市场营销是将合适的产品在适当的时间，以正确的方法销售给需要的人。生态营销，则是把企业的价值观念、外观形象、服务水准等诸多常规管理要素纳入整体形象中，把所有的人都作为公司产品的潜在客户。就像生物界中的生物链一样，形象决胜、美感经营，营销是给所有可能接触到公司员工、产品或者说是任何有关公司信息的人尽可能留下好印象。如果传统的营销是银行在吆喝“顾客，请注意”的话，那么生态营销就是银行引导员工“请注意，他们都是我们的顾客”。生态营销有助于企业生产经营既满足了市场需求，又充分发挥了企业自身优势和资源利用率。实际上这两方面是互相促进的，因为企业依托于自身内部优势生产提供的产品，则能更有效地满足顾客需求，刺激市场扩大；而市场扩大反过来推动企业技术创新和提高营销能力，从而巩固和提升企业优势。

由上可以看出，以满足市场需要和发挥企业优势相结合为中心的企业营销思想，是对市场营销观念的补充和完善，它要求企业在产品生产过程中既要适应市场需求又要符合企业的优势和条件，在企业各个方面能力允许的条件下最大限度地满足市场需求。由此看来，生态营销观念强调企业内部条件要与企业所处的外部环境相协调。

（三）大市场营销观念（megmarketing concept）

大市场营销观念是 20 世纪 80 年代以来市场营销观念的新发展。1986 年，科特勒提出了“大市场营销”这一概念，提出了企业如何打进被保护的市场的问题，因而，大市场营销是指导企业在封闭型市场上开展市场营销的一种新的营销战略思想，其核心内容是强调企业的市场营销既要有效地适应外部环境，又要能够在某些方面发挥主观能动作用，使外部环境朝着有利于企业的方向发展。从系统论的观点看，企业是一个开放系统、耗散结构，其经营过程不断地与外界进行着物质、能量、信息的交换，因而，企业这一系统既要受外部环境的影响和制约，同时又可以通过发挥企业主观能动性影响外部环境，使外部朝着有利于企业经营的方向发展，如企业参与慈善活动、和当地媒体联手发起环保宣传、向四川灾区捐钱（物）赈灾活动等，有效地提高了企业的知名度和美誉度，密切了与顾客的关系，提高了顾客忠诚度，从而有效地维系老顾客或激发新顾客选购本企业产品。由此看来，企业通过发挥主观能动性，可以影响外部环境促进企业的市场营销。另外，从营销实践来看，在 20 世纪 80 年代，世界许多国家和地区加强了对经济的干预，实行贸易保护主义，造成了国家之间或地区之间的市场“壁垒”或市场封锁（如提高关税、征收反倾销税、名目繁多的进入条款等），给企业实施市场开拓战略造成直接的障碍，这迫使企业思考如何消除这些障碍。企业可以通过运用权力（power）和搞好公共关系（public relations）使外部环境朝着有利于企业营销的方向发展。

大市场营销是市场营销观念的新发展，因而，两者有一定的联系和区别（表 1-1）。由表可以看出，大市场营销相对一般市场营销更复杂，要付出更大的营销努力。大市场营销特别强调通过企业高层、有头面人物的参与来处理好与多方面的关系，包括与政府机构、公众团体、新闻媒体等，于是，有学者提出除了常规的价格、渠道、促销、产品，大市场营销还可以运用权力和公共关系，具体可运用表 1-2 中所示的创新手段。

表 1-1　大市场营销和市场营销的比较

比较项目	市场营销	大市场营销
市场营销任务	明确已经存在的目标需求或消费者群，设计出适当的产品，建立分销网络，并要制定市场营销信息传递方案	首先解决如何打进市场
所牵涉的主体	顾客、经销人、商人、广告代理商、市场调研公司	立法机构、政府部门、政党、公共利益团体、工会、宗教机构等
市场营销手段	4P：产品、价格、渠道、促销	6P：产品、价格、渠道、促销，加上权力和公共关系
诱导方式	信奉自愿交换的原则：有关各方都应给对方提供足够的利益来鼓励自愿的交换	可能不得不支出额外的付款，或采取威胁手段，以加速对方的批准过程
期限	通常投入期只有几年	需要更长时间；尤其当推出新产品时，还要做大量宣传工作以引导消费
投资成本	相对要低	开拓工作时间长，而且需要支出额外款项以赢得各方的配合，因此投入成本高
参加的人员	营销经理、广告专家、市场研究人员、产品经理及其他专业人员	最高管理人员、律师、公共关系和公共事务的专业人员等

表 1-2 大市场营销手段

常规手段	价格、渠道、促销、产品
创新手段	借助公关活动，树立良好的社会形象，赢得消费者对企业、品牌的敬意
	借助生动化营销，娱乐营销，营造消费者与品牌之间的互动，让商品充满人情人性，充满情感魅力
	把营销放在公众心中，运用积极的方式来诱导消费者，满足消费者心中未被满足的需求
	着眼于品牌的长期战略，避免营销的短期行为；着眼于品牌的整体战略，避免营销的局部分解
	致力于管理团队的建设，致力于企业核心竞争力的营造
	注重品牌价值建设，即使这样会增加成本
	注重政治资源的建立与逐渐积累，并使其长期维持
	积极响应并参与政府权威机构组织的社会公益活动
	热情地发起或倡导有益于社会的，又与关键政府机构意愿相一致的社会性活动

从中国的特殊国情和转型时期的市场来看，大市场营销战略更有实际意义。在中国市场从计划经济转型到市场经济的过程中，消费者、企业、政府都呈现出不成熟的市场表现。例如，消费者对价格敏感，缺乏理性，迷信广告；企业的短期行为、过度的价格战以及幼稚的市场营销战略；政府迷恋对企业控制的权力，地方保护严重，随意阐释或者改变市场的游戏规则。企业行为深受政府行为的约束和控制，政府行为有时又被权力利益甚至腐败所左右。如此众多的"非营销"因素对企业营销的影响十分严重，但是中国的市场是如此之大，它潜在的市场容量让所有企业踌躇满志，让所有的资本疯狂；与此同时，中国市场潜伏的陷阱让缺乏战略、缺乏管理、缺乏营销经验的投资者支付昂贵的学费。在这种背景下，了解大市场营销观念及在实践中的指导运用对中国企业有着非同寻常的意义。

(1)大市场营销战略指导下的企业营销模式发生改变，企业的僵硬组织转变成弹性组织，企业的组织结构转变成企业的神经触觉，能够随时对外界的变化作出反应。

(2)大市场营销战略让企业对资源控制能力、运用能力加强，彻底改变企业原来"看天吃饭"的思想。企业的各种经营活动、公益活动以及其他的经济活动变得有序而又理性，彻底改变营销、经营的随意性和任意发挥。

(3)大市场营销战略更加注重对消费者、对品牌的呵护，更加关注消费者的声音和品牌的运行状况，改变了过去一切以产品、一切以自我为核心的错误观念。

(4)大市场营销战略为中国企业走向国际化提供了管理上的保证。我国企业凭什么跟国际巨头竞争？在走向国际市场过程中，会遇到来自东道国政治、人文、规则等方面的限制，我国企业是束手等毙、听天由命，还是发挥主观能动性，积极寻求和利用国际资源、关系资源，积极参与东道国的有益活动，美化企业在东道国公民心目中的印象。对所有企业来说，答案是十分明确的，企业要树立自信心，发挥主观能动性，攻克国际营销中的障碍，在这一过程中，大市场营销观念起着有效的指导作用和管理保证。

(5)大市场营销战略有助于打破各种封闭市场、封闭行业的壁垒，促使企业经营管理更加顺畅，更加主动，左右逢源，市场空间也就更加宽阔。

学习伴随案例：

我国白酒行业的大市场营销

我国产业政策不支持白酒行业的发展；同时，消费者越来越追求健康、营养的消费观念使啤酒、红酒的需求量上升，而白酒的市场份额进一步缩小，其创新步伐也跟不上消费者的需求；另外，白酒企业之间低级竞争不断升级，优胜劣汰的自然规律不断发生作用。白酒产业所处的政策因素、竞争环境以及社会文化因素已经发生了巨大的变化。在这样的背景下，大市场营销观念可以指导企业扭转乾坤，取得营销佳绩，水井坊便是其中一个不错的例子。大市场营销观念在水井坊营销中体现得十分明显。第一，大市场营销要求白酒企业充分协调好与白酒原材料供应商、立法机构、政府部门、政党、公共利益团体、工会、宗教组织、文化团体等的关系，并成为企业价值链的一部分，为营销贡献力量；水井坊借助立法机构、政府部门、政党等的权力资源，赢得了有影响力的政府官员、官方机构、专家学者的认可和支持，为市场营销打开了通往成功之路的大门。第二，善于利用权力、权威，如2000年8月9日，成都水井坊有限公司在广州花园酒店召开"水井坊考古发现暨水井坊酒展示会"，邀请了四川省、广州市、成都市领导以及白酒专家、考古学家等权威人士，并宣布考古发现了特殊菌群，这种特殊的菌群对白酒生产有极高的价值，此举既提高了品牌的知名度，又扩大了品牌的美誉度，权力、权威的捧场为品牌增辉。第三，善用公关活动，提高品牌知名度和品牌价值，如2000年奥运期间，水井坊在广州发布了"为奥运干杯，为中国喝彩，为冠军庆功"的公益广告；春节期间，水井坊刊登了"鸿运临门，吐故纳新"的贺岁公益广告。第四，媒体宣传策略，如水井坊在电视、户外媒介、报纸、杂志上刊登形象广告和软文章宣传广告，并保证不同媒体间相得益彰，广告表现从历史价值、文化内涵、精神价值等各个层面诉求水井坊的品牌特色，不断深入的广告内涵进一步丰满了水井坊的品牌形象，诠释了水井坊酒的历史文化主题。

(引自：足可奇，大市场营销战略。http://www.emkt.com.cn/article/59/5981-4.html)

以上案例说明,实施大市场营销可以借助于搞好公共关系和充分合理地利用权力,其实际操作手段还是比较多的,关键在于企业如何去挖掘、去创新,如何用好、用足、用正企业周边的社会资源、权力关系资源,而又不违反法律和经营道德。水井坊在这一方面的成功做法无疑对其他企业有积极的借鉴和启发作用。

(四)全球市场营销观念(global marketing concept)

全球营销观念是20世纪90年代以后市场营销观念的最新发展,它是指导企业在全球市场进行营销活动的一种崭新的营销思想。全球营销观念在某种程度上完全抛弃了本国企业与外国企业、本国市场与外国市场的概念,而是把整个世界作为一个经济单位来处理。

进入21世纪,尤其是加入WTO之后,中国企业将面临着国际国内经营环境的深刻变化:经济全球化、高度信息化、知识经济的形成和进一步发展、世界性的产品过剩、价格滑坡,以及全球范围的环境保护运动及绿色消费运动的兴起等。因此,为了适应环境变化,企业营销国际化已成为市场营销发展的主流趋势之一,企业国际化营销是否成功成为决定企业命运的重要因素。或许有些企业认为"我针对的仅仅是本土市场",实际上,全球市场一体化后,任何一个国家的风吹草动,都会波及到你的企业,不管你是否愿意,你都会被卷入到国际市场的漩涡之中,因此,明智的企业应该尽早地把自己往上拔,站得高一些,看得远一点,重新调整营销观念,树立新世纪的全球营销观。

全球营销和以往的营销观念最大的区别在于营销范围的不同,全球营销已完全突破国界的概念,将企业的营销融入到整个"地球村"中去,从世界的角度去考察企业的生产、流通和促销等全部营销活动。由于不同国家在自然资源、劳动力资源、科技资源等方面具有比较优势,由此在全球营销中要按照最优化和优势互补原则,将不同国家中的企业整合在一起,以实现最低成本和最优化的营销效果去满足不同国家的市场需求。美国西北大学凯洛格管理学研究生院国际营销问题教授菲利普·科特以"我们将从这里走向何方?"为题,预言了2005年后国际市场营销的十大新趋势。

(1)由于电子商务的发展,在批发和零售之间已经出现实质性的非区间化。实际上,不需要到商店去,所有产品都可以买到。消费者从因特网上可以得到任何产品的图片,阅读产品说明书,按最好的价格和条件从自动售货机上买到商品。

(2)以商品为基地的零售商发现,商店的交易量在减少。为改变这种局面,更多的零售商开始在他们的商店里经营娱乐性项目和建剧场。许多书店、食品店和服装店现在也设有咖啡厅和艺术片的讲座和放映。从根本上来说,这些商店是在推销"体验",而不是销售各种产品。

(3)大多数公司已经建立了专门客户的基本材料库,其中包括某个客户在商业活动中的表现和特别需要。它们可以利用这些材料向个别客户提供"大批按要求订做的"商品。

(4)商家在通过富于想像力的方法来超过消费者的期望方面做了出色的工作，因此竞争者发现，他们越来越难以得到新的客户。大多数公司正在花费更多的时间以找到如何售出更多的商品、为客户提供更多的服务的方法。

(5)公司最终设法说服他们的会计核算部门通过个别的客户、产品和销售渠道生产出更多实际利润来。公司现在正把他们的注意力集中到这些方面。

(6)公司已经从必须具有的做成交易的远见转变为具有树立忠于客户思想的远见。许多公司已经开始具有为客户终生服务的思想。靠什么做到这一点呢？他们定期以低价提供消费品。它们能够经得起在每一笔生意中获得较低利润这种损失。因为这是按长期销售合同进行的。

(7)大多数公司活动和需要中的60%以上现在要在外部进行或从外部得到，少数公司甚至100%要靠外部，这使得他们实际上只拥有少数资产，而因此赢得惊人的回报率。

(8)许多现场销售人员比公司雇员拥有更多的特许权限。他们装备了电子技术的自动销售工具，能够开发自己特有的可供多媒体展示、按市场需求定做和按合同要求生产的产品。大多数买主宁愿选择在计算机荧屏上与销售人员接触，而不愿到他们的办公室去。越来越多的销售人员正出现在电子媒体上，销售人员的出差机会减少，航班次数已经在减少。效率高的销售人员信息灵通、信誉极高、讨人喜欢，而且乐意听取别人的意见。

(9)由于有500个可供观看的频道，大量的电视广告已经从荧光屏上消失了。报纸和杂志上的广告则更少。另一方面，市场人员现在通过特别上网的杂志和报纸做广告能够更有效地达到他们的"目标"市场。

(10)公司不可能长久地保持它的竞争优势(专利权、版权、专有信息等除外)。一些公司很快通过找到参照物，改变工艺和利用别人成果等做法复制别人具有的任何优势，公司唯一可以永远保持的优势是他们尽快学习和尽快跟上形势变化的能力。

(五)节约营销(resource-efficient marketing)

节约营销是生态营销、绿色营销的发展。当前，我国正在构建和谐社会，提倡资源节约型、环境友好型的两型社会建设，在生产、流通、消费等领域，通过采取法律、经济和行政等综合性措施，提高资源利用效率，以最少的资源消耗获得最大的经济和社会收益，保障经济社会可持续发展。建设资源节约型社会，其目的在于追求更少资源消耗、更低环境污染、更大经济和社会效益，实现可持续发展。此"节约"具有双重涵义：其一，是相对浪费而言的节约；其二，是要求在经济运行中对资源、能源需求实行减量化。即在生产和消费过程中，用尽可能少的资源、能源，或用可再生资源，创造相同的财富甚至更多的财富，最大限度地充分利用回收的各种废弃物。这种节约要求企业彻底转变现行的经济增长方式，进行深刻的技术革新，真正推动经济社会全面进步。

第三节　市场营销与技术创新

学习伴随案例：

康佳的技术创新

康佳的技术创新坚持了先导性原则、市场化原则和快速化原则，每年拿出上亿元用于研究开发，而且还区别不同市场需求制定相应的营销战略，因而在国内彩电市场竞争激烈的环境下始终保持着明显的竞争优势。康佳自主开发的16∶9阔屏彩电、100赫兹背投电视、纯平电视，以及高清晰度数字电视(HDTV)等一系列视听精品，在质量和性能上均居世界领先水平。针对农村市场开发的福临门系列彩电，1998年售出100多万台；针对城市市场开发的七彩小画仙系列工艺彩电，在全国市场上一直购销两旺。从2000年开始，康佳进入手机市场。通过科技领先，快速开发人无我有的特色产品，去创造和争夺市场，有效地满足市场需求，是康佳赢得市场喝彩的竞争利器。

（改编自：竞争——理性的超越. http://www.cmmo.cn/space.php? uid=98737 & do=blog & id=40844）

康佳的科技领先对其经营成功固然重要，但它的科技发挥作用是基于有效的市场营销。试想如果一个企业不顾市场需求，闭门造产品，很有可能生产出来的产品不为顾客所接受，即使科技含量很高；另外，即使产品符合市场需求，但仍需要灵活的营销策略为其铺平通向市场大门的道路。因而，纵使我们强调技术创新的重要性，但必须意识到在市场经济条件下，企业仅依靠技术创新或技术先进是不能确保其在竞争中取胜的，因为技术创新并不能包揽一切。一些注重技术创新且颇有成效的高技术企业，由于忽视市场需求变化，缺乏明确的市场营销战略，结果导致经营失败，如美国铱星公司因为缺乏市场营销导向，忽视市场需求变化，结果贷款50亿美元创新开发的由66颗低地球轨道卫星组成的移动通讯网络少人问津而最后不得不宣告破产。

在我国，高科技企业在实施技术创新时必须坚持市场营销导向显得尤为重要。因为高科技行业具有高投入、高风险、高附加值等特点，以市场为导向进行技术创新，能够给企业带来新的市场机遇，增强企业竞争实力，带来丰厚的利润回报；相反，若缺乏市场导向(market orientation)，只满足于技术的超前性、先进性，由此导致的损失往往要比传统产业更为惨重。为了正确处理好技术创新与市场营销的关系，使技术创新真正发挥其市场和社会价值，需要遵循以下两点。

一、技术创新应瞄准市场营销

技术创新是以市场为导向，将科技潜力转化为营销优势的创新活动，涉及从新创意到技术开发、产品研制、生产制造、市场营销和服务的全过程。从市场营销的角度理解技术创新的内容，我们至少应具备如下意识：

(1)技术创新是一种营销理念。技术创新不是纯粹的科技概念，也不是一般意义的科学发现或发明，而是一种现代化的营销理念。它强调企业必须面向市场进行研究开发，把市场需求、社会需求和国家安全需求作为研究开发的基本出发点，而且创新全过程的各个环节都要贯彻营销观念，即技术创新必须能给企业和市场购买者带来实实在在的利益。用海尔集团总裁张瑞敏的话来说，就是：要把市场的难题作为创新的课题。

(2)技术创新是一项系统工程。正如同市场营销的成功需要有一系列行之有效的营销组合一样，技术创新也需要有一系列与之配套的目标市场战略、市场定位战略以及产品、价格、渠道、促销战略等。因此，它是一个系统工程，而不是某一单项活动或一个环节。只有借助众多战略、战术的有机配合，才能确保技术创新的成功。

(3)技术创新重视应用价值。它强调技术开发与技术有效应用的统一，重视技术要素同其他要素的重新组合。如前所述，企业的生存与发展，必须以市场为导向。技术创新必须注重科技成果的转化和应用，依靠技术进步和产业升级来提高企业的竞争实力和经济效益。因此，技术创新需要与营销创新、服务创新、渠道创新等相关要素有机配合。这样，技术创新才能给顾客带来高的消费价值，给企业带来实际效益，从而确保创新的最终成功。

(4)技术创新的检验标准是市场。技术创新的主要动力来自市场，市场是技术创新的基本出发点和最终归宿。技术创新最重要的是要有市场效果，这是检验技术创新成功与否的唯一标准，通过技术创新开发的新技术、新成果最终要通过商品化回到市场，接受市场的检验。高技术企业要善于调查了解所在领域的世界科技最新成就、本行业国内外市场对高技术产品的需求，从而确定企业的主攻目标。

总之，技术创新与市场营销并不是非此即彼的对立关系，而是互相渗透、互相联系、互为前提和补充的有机整体。技术创新不能脱离市场营销的有效支持，不能超越或滞后市场需求的实际水平，不能忽视市场购买者的承受能力及其未来趋势；

同时市场营销的成功和市场需求的满足又离不开技术创新的贡献，而且市场营销本身也面临着不断创新的艰巨任务，需要依托创新技术来完成。

二、必须体现市场导向

1. 市场营销不同于销售或促销

市场营销是从市场需求出发生产产品或提供服务，并通过一定的分销渠道和沟通传播，以一定的价格将产品或服务提供给购买者的经营活动。现代企业的市场营销活动包括市场营销研究、市场需求预测、市场细分、市场定位、新产品开发、定价、分销、物流、广告、人员推销、销售促进、售后服务等，而销售仅仅是现代企业市场营销活动的一部分，而且不是最重要的部分。销售的目的是为了卖出现有产品，而市场营销的目的则是为了开发出市场需要的产品或服务并将其更好地交付购买者。著名管理学权威彼得·德鲁克曾指出："市场营销的目的就是使销售成为不必要。"海尔集团公司总裁张瑞敏指出："促销只是一种手段，但营销是一种真正的战略"，营销意味着企业应该"先开市场，后开工厂"。所以，技术创新过程中，不能为了销售新产品而进行创新，而必须建立在符合市场需求，提高顾客消费和生活质量的前提下，即以市场为导向来组织技术创新。

2. 营销部门参与创新过程

在市场导向的企业里，创新部门能够很好地与营销部门配合，营销部门能够积极参与创新过程，如参加创新目标的确定、新产品构想的筛选和创新预算的制定，与技术部门共同研究市场需求、产品说明书的编写、用户培训及售后服务工作，向技术部门定期提供有关用户对新产品的意见、消费反馈、竞争对手的动向等信息，对正在研究的技术开发项目进行市场需求的调查、预测并将结果反馈给技术部门，确定新产品的目标市场、市场定位、上市时机以及相应的产品策略、价格策略、渠道策略、促销策略和服务策略等，进而确保创新产品市场营销的成功。

营销部门是市场变化的直接感受者，但根据市场需求变化做出快速反应的重任最终要落实到企业的技术创新部门。因此，必须充分认识市场营销对技术开发的贡献，在技术创新过程中真正体现市场导向，这样才能提高技术创新的成功率。

第四节　市场营销学的产生与发展

市场营销学于20世纪初期形成于美国。几十年来，随着社会、经济及市场经济的发展，市场营销学发生了根本性的变化，从传统市场营销变为现代市场营销，其应用从盈利组织扩展到非盈利组织。当今，市场营销学已成为与企业管理相结合，并与经济学、行为科学、人类学、心理学、统计学等学科相结合的应用边缘管理学科。西方市场营销学的产生与发展同商品经济的发展、企业经营哲学的演变是密切相关的。市场营销学自20世纪初诞生以来，其发展经历了六个阶段。

1. 萌芽阶段(1900—1920年)

这一时期，各主要资本主义国家经过工业革命，生产力迅速提高，城市经济迅猛发展，商品需求量亦迅速增多，出现了供不应求的卖方市场，因而，企业产品销售不成问题；然而，随着生产率的进一步提高，商品供给大大增加，一些大企业的产品销售出现了问题，因而，在发展生产的同时，必须解决产品及时销售的问题。于是，经济学界开始着手研究销售问题。1902年，美国密执安大学、加州大学和伊利诺大学的经济系开设了市场学课程，以后相继在宾夕法尼亚大学、匹兹堡大学、威斯康星大学也开设此课。在这一时期，出现了一些市场营销研究的先驱者，其中最著名的有阿切·W·肖(Arch W Shaw)、巴特勒(Ralph Star Bulter)、约翰·B·斯威尼(John B Swirniy)及哈佛大学教授赫杰特齐(J E Hagerty)。其中赫杰特齐走访了大企业主，了解他们如何进行市场营销活动，于1912年出版了第一本销售学教科书，它是市场营销学作为一门独立学科出现的里程碑。这本教材同现代市场营销学的原理、概念不尽相同，它主要涉及到分销和广告学。

阿切·W·肖于1915年出版了《关于分销的若干问题》一书，率先把商业活动从生产活动中分离出来，并从整体上考察分销的职能。但当时他尚未能使用"市场营销"一词，而是把分销与市场营销视为一回事。

韦尔达、巴特勒和斯威尼在美国最早使用"市场营销"术语。韦尔达提出"经济学家通常把经济活动划分为三大类：生产、分配、消费……生产被认为是效用的创造"、"市场营销应当定义为生产的一个组成部分"、"生产是创造形态效用，营销则是创造时间、场所和占有效用"，并认为"市场营销开始于制造过程结束之时"。

这一阶段的市场营销理论与企业经营哲学相适应，具体与生产观念相适应。其依据是传统的经济学，是以供给为中心的观念。

2. 功能研究阶段(1921—1945年)

这一阶段以营销功能研究为其特点。此阶段最著名的代表者有：克拉克(F E Clerk)、韦尔达(L D H Weld)、亚历山大(Alexander)、瑟菲斯(Sarfare)、埃尔德(Ilder)及奥尔德逊(Alderson)。1932年，克拉克和韦尔达出版了《美国农产品营销》一书，对美国农产品营销进行了全面的论述，指出市场营销目的是"使产品从种植者那儿顺利地转到使用者手中。这一过程包括三个重要又相互关联的内容：集中(购买剩余农产品)、平衡(调节供需)、分散(把农产品化整为零)"。这一过程包括七项市场营销功能：集中、储藏、财务、承担风险、标准化、推销和运输。1942年，克拉克出版的《市场营销学原理》一书，在功能研究上有创新，把功能归结为交换功能、实体分散功能、辅助功能等，并提出了推销是创造需求的观点，实际上是市场营销的雏形。

3. 形成和巩固时期(1946—1955 年)

这一时期的代表人物有范利(Vaile)、格雷特(Grether)、考克斯(Cox)、梅纳德(Maynard)及贝克曼(Beckman)。1952 年,范利、格雷特和考克斯合作出版了《美国经济中的市场营销》一书,全面地阐述了市场营销如何分配资源,指导资源的使用,尤其是指导稀缺资源的使用;市场营销如何影响个人分配,而个人收入又如何制约营销;市场营销还包括为市场提供适销对路的产品。同年,梅纳德和贝克曼在出版的《市场营销学原理》一书中,提出了市场营销的定义,认为它是"影响商品交换或商品所有权转移,以及为商品实体分配服务的一切必要的企业活动"。梅纳德归纳了研究市场营销学的五种方法,即商品研究法、机构研究法、历史研究法、成本研究法及功能研究法。

由此可见,这一时期已形成市场营销的基本原理及方法,传统市场营销学已形成。

4. 市场营销管理导向时期(1956—1965 年)

这一时期的代表人物主要有罗·奥尔德逊(Wraoe Alderson)、约翰·霍华德(John A Howard)及尤金尼·麦卡锡(E J Mclarthy)。

奥尔德逊在 1957 年出版的《市场营销活动和经济活动》一书中,提出了"功能主义";霍华德在出版的《市场营销管理:分析和决策》一书中,率先提出从营销管理角度来论述市场营销理论和应用,从企业环境与营销策略两者的关系来研究营销管理问题,强调企业必须适应外部环境;麦卡锡在 1960 年出版的《基础市场营销学》一书中,对市场营销管理提出了新的见解,他把消费者视为一个特定的群体,即目标市场,企业要针对目标市场制定市场营销组合策略,适应外部环境,满足目标顾客的需求,实现企业经营目标。

5. 协同和发展时期(1966—1980 年)

这一时期,市场营销学逐渐从经济学中独立出来,与管理科学、行为科学、心理学、社会心理学等理论相结合,使市场营销学理论更加成熟。

在此时期,乔治·道宁(George S Downing)在 1971 年出版的《基础市场营销:系统研究法》一书中提出了系统研究法,认为公司就是一个市场营销系统"企业活动的总体系统,通过定价、促销、分配活动,并通过各种渠道把产品和服务供给现实的和潜在的顾客"。他还指出,公司作为一个系统,同时又存在于一个由市场、资源和各种社会组织等组成的大系统之中,它将受到大系统的影响,同时又反作用于大系统。

1967 年,美国著名市场营销学教授菲利普·科特勒(Philip Kotler)出版了《市场营销管理:分析、计划与控制》一书,该著作更全面、系统地发展了现代市场营销理论。他精粹地对营销管理下了定义:营销管理就是通过创造、建立和保持与目标市场之间的有益交换和联系,以达到组织的各种目标而进行的分析、计划、执行和控制过程,并提出市场营销管理过程包括分析市场营销机会,进行营销调研,选择目标市场,制定营销战略和战术,制定、执行及调控市场营销计划。

菲利普·科特勒突破了传统市场营销学认为营销管理的任务只是刺激消费者需求的观点,进一步提出了营销管理任务还涉及需求的水平、时机和构成的研究,因而提出营销管理的实质是需求管理,还提出了市场营销是与市场有关的人类活动,既适用于盈利组织,也适用于非盈利组织,从而扩大了市场营销学的运用范围。1984 年,菲利普·科特勒针对国际市场及国内市场贸易保护主义抬头,出现封闭市场的状况,提出了大市场营销理论,即 6P 战略:在原来的四大策略(产品、价格、分销及促销)基础上增加两个 P——政治权利及公共关系,表达了企业不应只被动地适应外部环境,而且应该发挥主观能动性影响企业的外部环境的战略思想。

6. 分化和扩展时期(1981 年至今)

在此期间,市场营销领域又出现了大量丰富的新概念,使得市场营销这门学科出现了变形和分化的趋势,其应用范围也在不断地扩展。

1981 年,莱维·辛格和菲利普·科特勒对"市场营销战"这一概念以及军事理论在市场营销战中的应用进行了研究,几年后,列斯和特罗出版了《市场营销战》一书。1981 年,瑞典经济学院的克里斯琴·格罗路斯发表了论述"内部市场营销"的论文,科特勒也提出要在企业内部创造一种市场营销文化,即使企业市场营销化的观点。1983 年,西奥多·莱维特对"全球市场营销"问题进行了研究,提出过于强调对各个当地市场的适应性,将导致生产、分销和广告方面规模经济的损失,从而使成本增加。因此,他呼吁跨国公司向全世界提供一种统一的产品,并采用统一的沟通手段。1985 年,巴巴拉·本德·杰克逊提出了"关系市场营销"、"协商推销"等新观点。1986 年,科特勒提出了"大市场营销"这一概念,提出了企业如何打进被保护的市场的问题。在此期间,"直接市场营销"也是一个引人注目的新问题,其实质是以数据资料为基础的市场营销,电视通讯技术的发展和事先能够获得大量信息使直接市场营销成为可能。

进入 20 世纪 90 年代以来,关于市场营销、市场营销网络、政治市场营销、市场营销决策支持系统、市场营销专家系统等新的理论与实践问题开始引起学术界和企业界的关注。进入 21 世纪,互联网的发展和应用推动着网上虚拟营销的发展,以及基于互联网的网络营销得到迅猛发展。

本章关键术语中英文对照

市场营销(marketing)	市场(markets)	交换(exchange)
交易(transaction)	竞争(competition)	需求(demands)
消费者(customers)	竞争优势(competitive advantage)	价值让渡(value delivery)
市场份额(market share)	企业社会责任(corporate social responsibility,CSR)	需要(needs)
欲望(wants)	产品(products)	价格(price)
渠道(place)	沟通(communication)	关系(relationship)
协同(cooperation)	价值(value)	满意(satisfaction)
交易营销(transaction marketing)	关系营销(relationship marketing)	价值链(value chain)
市场营销观念(marketing concept)	生产观念(production concept)	产品观念(product concept)
推销观念(selling concept)	现代市场营销观念(modern marketing concept)	社会营销观念(societal marketing concept)
绿色营销(green marketing)	生态营销观念(ecological marketing)	大市场营销观念(megmarketing concept)
全球市场营销观念(global marketing concept)	节约营销(resource-efficient marketing)	市场导向(market orientation)

本章重要概念中英文释义

1. 市场:一般意义上,市场是商品交换的场所,即商品买卖交易活动的场所。经营者认为市场是现实顾客与潜在顾客的总和;经济学家认为市场是商品交换关系的总和;营销者认为市场是购买者、购买力和购买欲望的集合。

market:The common meaning is a physical place where buyers and sellers gather to exchange goods. Businessmen think a market is the current and potential consumers. Economists describe a market as a collection of exchanging relationships. Marketers view: Market＝Buyers＋Buying Power＋Buying Thirst.

2. 市场营销:市场营销是指组织基于市场营销调研,透彻把握消费者需求和市场竞争格局,结合组织自身实际情况,确定所要提供的、具有竞争优势的产品或服务,并向消费者进行产品信息的有效传播和产品的适时送达或传递,以满足消费者需求和实现组织目标的活动过程。

marketing:Marketing is a societal process by which individuals and groups obtain what they need and want through creating, offering, and freely exchanging products and services of value with others.

3. 需要:人类需要是指感受到的贫乏状态,是行为动机的源泉,是人们行为的基础。

needs：Needs are the states of felt deprivation，the source of behavioral motive，and the basis of behavior.

4. 欲望：是指人类需要经由文化和个性塑造后所采取的形式。

wants：Wants are the form taken by human needs；they are shaped by culture and individual personality.

5. 需求：具有购买力的欲望。

demands：Demands are human wants for specific products backed by buying power.

6. 营销观念：是指导企业市场营销决策者进行市场营销实践活动的指导思想，是一种经营理念或经营哲学，有时也叫营销哲学。其实质是企业在处理企业、顾客、社会三者利益所持的态度、思想和观点。

marketing concept：Marketing concept are the ideologies under which organizations conduct their marketing activities. It is regards as the soul of marketing activities and the key clue of marketing activities.

7. 生产观念：大规模地开展单一产品的生产与销售，充分发挥规模经济效益，努力降低成本，同时提高产品的市场供给量，使顾客能随处购买到价格低廉的产品的经营思路和相应运作方式。

production concept：Production concept holds that consumers will prefer products that are widely available and inexpensive and so concentrates on achieving high production efficiency，low costs，and mass distribution.

8. 产品观念：从企业内部生产经营条件出发，将经营重心放在不断改进产品、努力生产优质产品上的营销观念。

product concept：Product concept holds that consumers will favor those products that offer the most quality performance，or innovative features and so focus on making superior products and improving them over time.

9. 推销观念：主动、积极地促销，千方百计地刺激顾客大量购买企业已经生产出来的产品的营销观念。

selling concept：Selling concept holds that consumers and businesses，if left alone，will ordinarily not buy enough of the organization's products，and so the organization must undertake an aggressive selling and promotion effort.

10. 现代市场营销观念：现代市场营销观念是以顾客需求和欲望为导向，不断满足目标市场的需要和欲望从而获得利润的过程。

modern marketing concept：Modern marketing concept holds that the key to achieving its organizational goals consists of the company being more effective than competitors in creating, delivering, and communication customer value to its chosen target markets.

11. 社会营销观念：主张企业在制定营销策略时，必须统筹兼顾企业利润、消费者需要和社会利益等三个方面。

societal marketing concept: Societal marketing concept requires marketers balance and juggle the often conflicting criteria of company profits, consumer want satisfaction, and public interest during formulating marketing strategies.

12. 绿色营销：是指企业适应可持续发展的需要，在经营战略的制定，市场细分与目标市场选择，特色塑造，产品的生产、定价、分销、促销过程中注重个人利益与社会整体利益的统一，运用科学的手段，在环境保护的基础上取得企业利益的一系列经营活动。

green marketing: Green marketing is defined as the holistic management process responsible for identifying, anticipating and satisfying the requirements of customers and society, in a profitable and sustainable way. Its aim is to include environmental issues in the marketing efforts.

本章小结

本章介绍了市场与市场营销、营销观念、技术创新与市场及市场营销学的产生与发展。内容要点主要包括：

(1)市场属于商品经济的范畴，是商品经济的产物。由于视角不同，研究的角度不同，对市场的界定也有所不同。本章从市场构成的基本要素和市场营销两个角度来理解市场。

(2)从基本要素构成来看，市场包含人口、购买力、购买欲三个要素，成为市场营销的三个基本轮子。从市场营销角度看，企业首先要从需求角度认识市场，只有如此，才能更好地满足市场需求，当然，市场需求有规模大小之分，它是某种商品的所有现实消费者和潜在消费者需求的集合。其次，竞争在市场中无处不在，因而，企业必须知“彼”，制定有效的竞争策略。最后，市场是由相关的机构、组织、团体、个人所构成的复杂体系，它们相互依赖，对具体企业的营销产生影响，因而，企业必须有效地协调与它们的关系，使它们对企业营销的影响朝着有利的方向发展。

(3)市场营销有关的概念包括需要、欲望和需求，产品、价格、渠道、沟通，交换、交易和关系，竞争与协同，价值与满意。其中，需要是市场营销学最基本的概念，它表示人类感受到的需要的贫乏状态；欲望是指人类需要经由文化和个性塑造后所采取的形式，可用满足需要的实物来描述；需求指具有购买力的欲望。交换是指通过提供东西作为回报，从而从交换对象处取得所需东西的行为；交易是市场营销的度量单位，它是指买卖双方价值的交换过程。关系指营销中要处理好企业同顾客的关系，最终为企业建立起一个市场营销网络和忠诚的顾客群。竞争是市场经济的主要表现，其实质就是争夺顾客，因而，企业要"知彼"，了解竞争对手的竞争优势与劣势，在此基础上确立本企业的竞争定位；协同指企业内部不同部门间的协作，和经营活动中与相关者之间的协作。价值指顾客从消费所选择的产品或服务中所获得的让渡价值，它与产品的价格、质量、性能、服务、形象、品牌价值，及所付出的时间、精力和体力等有关；顾客满意等于产品实际绩效 P 与顾客期望 E 的差值。让渡价值越大，则顾客满意度越高。

(4)市场营销是指组织基于市场营销调研，透彻把握消费者需求和市场竞争格局，结合组织自身实际情况，确定所要提供的、具有竞争优势的产品或服务，并向消费者进行产品信息的有效传播和产品的适时送达或传递，以满足消费者需求和实现组织目标的活动过程。市场营销是一个系列活动的过程，它以满足消费者需求为出发点和目标，消费者需求、市场竞争、组织自身是市场营销中必须要考虑的三个方面。

(5)市场营销观念是指导企业市场营销决策者进行市场营销实践活动的指导思想，是一种经营理念或经营哲学，有时也叫营销哲学，其实质是企业在处理企业、顾客、社会三者利益所持的态度、思想和观点。市场营销观念大体经历了生产观念、产品观念、推销观念、市场营销观念和社会营销观念。随着营销环境的变化和营销理论与实践的不断发展，出现了如绿色营销、生态营销、大市场营销、全球营销和知识营销等新的营销观念。

(6)生产观念主张单一产品大规模的生产与销售，充分发挥规模经济效益，努力降低成本，提高产品的市场供给量，使顾客能随处购买到价格低廉的产品；但它忽视了消费需求的差异性，忽视有差异产品的提供。产品观念却追求为市场提供至高质量和性能的产品，但它同样地没有真正了解消费者的需求，而是从自我意识出发，只看重自己产品的质量，因而可能导致"营销近视症"。在推销观念倡导下，企业选择主动、积极的促销，千方百计地刺激顾客大量购买企业已经生产出来的产品，因而，也是一种"以产定销"的营销模式，它只能解一时之急，长久对企业十分不利。市场营销观念以顾客需求和欲望为导向，认为企业的生产经营不仅仅是制造或销售某种产品或服务的过程，而是一个不断满足目标市场的需要和欲望从而获得利润的过程，坚持以市场为导向来指导企业的一切营销活动。社会营销观念主张企业必须统筹兼顾企业利润、消费者需要和社会利益来开展营销活动，它是对现代营销观念的完善和补充，充分体现了企业的社会责任感。

(7)技术创新必须正确处理好与市场营销的关系，这样才能真正发挥技术创新的市场和社会价值。具体来说，一方面技术创新应瞄准市场营销，要以市场为导向，将科技潜力转化为营销优势，要充分认识到：技术创新是一种营销理念，是一个系统工程，它强调应用价值，它的检验标准是市场。另一方面，创新部门要很好地与营销部门配合，营销部门要参与创新过程，共同促进创新产品市场营销的成功。

(8)市场营销学的产生与发展同商品经济的发展、企业经营哲学的演变密切相关。市场营销学的发展经历了以下几个过程：萌芽期——主要涉及分销与广告学；功能研究期——提出交换、实体分配、辅助等营销功能，并认为推销能制造需求；形成和巩固期——主要围绕市场营销的原理及研究方法展开，形成了传统的市场营销学；市场营销管理导向期——提出了目标市场、市场营销组合策略，强调企业营销必须适应外部环境；协同和发展期——突破传统营销学认为营销管理的任务是刺激消费者需求的观点，认为营销管理的实质是需求管理，提出大市场营销的6P理论，将市场营销引入非盈利组织，拓宽了市场营销学范围；分化和扩展期——提出大量新概念，如内部市场营销、全球市场营销、关系营销、协商推销、直接市场营销、政治市场营销等等，可谓是“百家争鸣”。

本章思考题

1. 为了有效地开展市场营销，我们应如何来理解市场？
2. 什么是市场营销？与之相关的核心概念有哪些？
3. 阐述五种营销观念的主要特征。
4. 查找例子来说明技术创新与市场营销之间关系的合理处理。

章末案例分析

海尔的“大地瓜洗衣机”

海尔公司销往四川农村地区的洗衣机返修率比较高。维修人员发现其原因是当地人用它来洗地瓜。因而，返修率较高不是产品质量问题，而是顾客错误地使用了产品。与大多数企业的营销人员不同的是，海尔营销人员思考：顾客为什么要用洗衣机洗地瓜，这是否充分说明顾客有洗地瓜的需求。哪里有未满足的需求，哪里就有市场。我们为什么不由此开发出既能洗衣服，又能洗地瓜的洗衣机呢？于是，按照这一创意，海尔开发出了既能洗衣服，又能洗地瓜的两用“大地瓜洗衣机”，深受当地农民欢迎，十分畅销。

(本案例正文改编自：刘子安.《现代营销学》案例与习题集.
北京：中国对外经济贸易出版社，2002)

思考：

1. 你认为当一般企业得知是顾客错误地使用了洗衣机而导致返修时，他们可能会采取什么措施？

2. 本案例反映了海尔奉行哪类营销观念？为什么？

本章实践题

如何打开本地化肥市场——请你试招

我国北方有家中外合资的化肥厂，根据国际化肥发展趋势，生产一种优质的复合性化肥，肥效很好，但销售却弃近求远，本省销量很少，而主要销往山东、广东两省。其实，该化肥也很适合本省农民，但本地农民由于观念保守，接受新事物慢，而习惯用传统的化肥，不接受这种化肥。然而，经估算，若本省农民也使用这种化肥，销售将供不应求，本地这种化肥市场前景将相当好。

（本案例正文改编自：刘子安.《现代营销学》案例与习题集.北京：中国对外经济贸易出版社，2002）

思考：

1. 结合市场的三个主要构成要素来分析说明本省该化肥市场未能形成的主要原因。

2. 结合有关营销观念，为该化肥厂制定开发本省该化肥市场的策略。

推荐阅读书目

1. 吕一林.市场营销学[M].北京：科学出版社，2005
2. 黄金火.市场营销学[M].上海：上海财经大学出版社，2006
3. 张文贤.市场营销创新[M].上海：复旦大学出版社，2002
4. 菲利普·科特勒.市场营销[M].北京：华夏出版社，2003

第二章　顾客价值与顾客满意度

本章主要内容

1. 顾客价值的涵义
2. 顾客满意的涵义
3. 顾客价值优势的重要性以及提升策略
4. 顾客满意度的衡量方法以及衡量指标
5. 客户关系管理的涵义以及在关系营销中的运用

本章重点与难点

重点：

1. 顾客价值、顾客感知价值和顾客让渡价值的关系
2. 顾客让渡价值的提升
3. 顾客满意度的衡量指标
4. 客户关系管理在关系营销中的运用

难点：

顾客价值、顾客感知价值和顾客让渡价值的关系

本章要求

1. 学习并了解顾客价值、顾客让渡价值、顾客满意的涵义。
2. 学习提高顾客价值的策略。
3. 了解顾客满意对于企业的重要性以及顾客满意度的衡量。
4. 了解客户关系管理在关系营销中的运用。

开章引例

诺基亚:新兴市场战略打响中国　消费者选择趋多

诺基亚在“诺基亚新兴市场战略及产品发布会”上,一口气发布七款专门针对新兴市场用户的手机新品。此外,诺基亚还推出了旨在控制手机整体拥有成本的“共享手机”新概念。

另外,诺基亚推出了专门针对新兴市场的“简·约”系列J110c、J120c、K200c、K220c全新产品。

这四款全新入门级产品物美价廉、简洁易用,并采用了大字体、大按键、大铃声等深受消费者喜爱的五“大”功能。

尽管没有大规模发布,MOTO的视角也从未从新兴市场离开。去年,MOTO曾一度表示要通过面向新兴市场的低端抢回失去的市场份额。

业内人士认为,洋品牌大举进入新兴市场,加上目前绝大多数国产手机品牌,新兴市场的消费者购买选择将更加丰富,黑手机泛滥的现状将会有所改观,另外,由此产生的售后纠纷也将大幅下降。“在新兴市场,价格已经不再是消费者购买的唯一驱动力。市场调查表明,品牌、质量、功能和设计已经成为影响新兴市场消费者购买的重要因素。”诺基亚(中国)投资公司总裁赵科林如是说。

(资料来源:广州日报,2007-06-13)

由此可以看出,手机市场新兴产品越来越多,顾客的选择余地越来越大,因此,不管是诺基亚、索爱还是MOTO公司都将为争夺顾客展开竞争。

其实,在当今这个竞争激烈的市场,不仅仅是手机市场,其他市场也同样因为物种的丰富,使得顾客有太多的选择,而且当前又处于买方市场,顾客有更大的选择权,因此,每个企业都会感觉到,开发新顾客、留住老顾客是一件很困难的事情。如何来解决这一问题?开发新顾客之所以困难,是由于在现在市场中同类产品或者服务浩如烟海,由于信息的不对称,顾客很难对每一种产品的真实信息进行具体的了解,因此他们的选择可能并不是最好的,很大程度上是随机的行为。但是,当顾客一旦选择,就会产生“路径依赖”效应,因为顾客如果对自己的购买满意,就不会轻易改变购买,这要求付出更高的信息搜寻成本。因此,顾客价值(customer value)、顾客满意(customer satisfaction)对于一个企业来说是至关重要的,是留住顾客的最佳选择。

第一节 顾客期望和顾客满意

一、顾客感知价值、顾客期望和顾客满意的涵义

(一)顾客感知价值的涵义

顾客感知价值(customer perceived value,CPV)的思想,Porter 在 1985 年就提出过,他在《竞争优势》一书中提出了"买方价值链"的概念,并指出如果企业想获得为买方创造价值的溢价回报,就必须设法让买方感觉到企业为他们所创造的价值。从中可以看出,虽然当时 Porter 并没有对顾客感知价值进行直接定义,但顾客感知价值的思想已经初显端倪。到了 20 世纪 90 年代,西方学者开始对顾客感知价值关注,并加以研究,顾客感知价值的概念也随着研究的拓展而不断完善。下面是几位著名学者对顾客感知价值的理解:

Zeithaml、Parasuraman 和 Berry (1990)①:基于所得与所失的感知,对产品效用所做的总体评价,即感知利得(perceived benefits)与感知利失(perceived sacrifices)的比值。

Monroe(1991)②:买方参照可选供应商的产品和价格,对某一产品为其带来以货币计量的经济、技术、服务和社会利益中的感知溢价。

Anderson、Jain 和 Chintaguntel(1993)③:期望属性与利失属性间的权衡。

Wroodruff 和 Gardial(1996)④、Flint 等(1997)⑤:顾客对产品的某些属性、性能以及在具体情形中有助于(或有碍于)达到其目标和意图的产品使用结果的感知偏好与评价。

Ulaga 和 Chacour(2001)⑥:在具体的使用过程中,买方组织的关键决策者参照竞争产品对其供应商所提供的产品的利得与利失进行的多重权衡。

---

①Zeit haml V, Parasuraman A, and Berry L L. Delivering quality service, balancing customer perceptions and expectations[M]. New York: The Free Press, 1990:30~32.

②Monroe K B. Pricing-making profitable decisions[M]. New York: Mc Grew Hill, 1991:25~27.

③Anderson J C, Jain C, and Chintaguntel P K. Customer value assessment in business markets[J]. Journal of Business-to-Business Marketing, 1993, 1 (1):3~30.

④Woodruff R B and Gardial S F. Know your customer: new approaches to customer value and satisfaction[M]. Cambridge: Blackwell, 1996:54~59.

⑤Flint D J, Woodruff R B, and Gardial S F. Customer value change in industrial marketing relationships: a call for new strategies and research[J]. Journal of Industrial Marketing Management, 1997, 26 (2): 163~175.

⑥Wolfgang Ulaga and Samir Chacour. Measuring customer-perceived value in business markets[J]. Journal of Industrial Marketing Management, 2001, 30 (2):525~540.

从上面各位学者的定义来看,虽然对于顾客感知价值的表述有所不同,但是表达的意思大致是相同的,对于顾客感知价值就是顾客对于某一产品或服务所感知到的价值与得到这些产品(或服务,下同)所耗费的成本的溢价。

上面对于顾客感知价值的定义中,感知利得是指在购买和使用产品过程中感知到的产品的物理和服务属性以及可获得的技术支持等;感知利失主要包括买方购买某一产品所需要承担的全部成本,如购买价格、获得成本、运输、安装、订购、维修费用以及维护与供应商的关系所花的精力和时间等。

(二)顾客期望的涵义

对于"期望"的理解,在不同的研究领域都有不同的定义。比如,在研究"顾客满意度"领域中,"期望"被定义为顾客对他们自己认为可能接受的事物的一种预测。在研究服务质量这一领域中,"期望"被看成是顾客对企业所提供产品或服务的要求和愿望,即顾客认为企业应当提供的事物。但是有更多的学者认为:顾客期望是指顾客通过多种渠道(如过去的购买经验、朋友和伙伴的言论、营销者和竞争者的信息许诺、口碑等)获得产品或服务的信息后,从而对企业及其提供的产品或服务形成一种内在的"标准",进而就会对企业及其产品或服务形成期望,即顾客期望(customer expectations)。

学习伴随案例:

捷蓝(JETBLUE)

1999 年成立于纽约的捷蓝航空公司,颇具长远目光地培养顾客对于低价运输的期望。在他们的全新空客喷气飞机上,有舒适的皮座椅、实时的卫星电视、免费的互联网接入端口和在通道中从不冲撞任何顾客的友善服务政策,这使许多低价/高服务的仿效者得到了灵感。就像业界领头羊西南航空一样,JETBLUE 的首席执行官大卫·尼尔曼(David Neeleman)亲自试乘该公司的航班,JETBLUE 公司寻找那些知道如何使顾客回头的员工。他要求他雇用的每个人将公司的纪律像自己的价值观一样去遵守,包括安全、同情心、诚实、娱乐和激情。甚至,首席执行官尼尔曼和他的飞行员亲自从座位间拾起垃圾并且打扫休息室为飞机准备下一次航行。这样的飞行前的努力准备使得换班时间持续减少,这也是另一个越来越多的顾客选择 JETBLUE 公司的原因。无数的事实证明:当几乎每家航空公司都出现赤字的时候,JETBLUE 公司却保持着盈利。在 2003 年,它的航线在公司 9.98 亿美元的总收入中创造了 1.04 亿美元的利润。现在,在从纽约到福特·劳德戴尔的航线上有着比其他公司更多的顾客。

(资料来源:[美]菲利普·科特勒.梅青豪,欧阳明译.营销管理(第 12 版).上海:上海人民出版社)

思考题:捷蓝航空公司的盈利基础是什么?

(三)顾客满意的涵义

顾客满意与心理学的关系很密切。“满意”一直都是心理学研究的问题。自1965 年 Cardozo 将“满意”引入市场营销领域后，这才将研究范围具体化为“顾客满意”。Cardozo 首次将顾客满意的观点引入营销领域，提出顾客满意将会带动顾客的购买行为。Cardozo 运用实验研究方法测量了产品披露之前的顾客期望，发现顾客使用多样化的信息来源作为产品的评价标准。Cardozo 的研究结论是期望对购物体验和产品消费评价具有直接的积极影响①。

对于“顾客满意”的概念也有很多的说法，到目前为止没有一个统一的定义，主要的观念是：顾客满意通常被定义为与顾客在购买或使用某一产品或服务前的期望相关的对产品或服务性能的感知(James H. Myers，1991)。Oliver(1997)认为企业要使顾客满意就是要使顾客获得一种心理上的愉悦，即顾客感觉到其消费满足了一些需要、期望，实现了目标等，而且这种满足是令人愉快的。因此，满意感是顾客对消费结果满意与否的一种评价。

国外学者菲利普·科特勒也对其作了定义，他认为：“满意是指一个人通过对一个产品或服务的可感知的效果(或结果)与他的期望值相比较后，所形成的愉悦或失望的感觉状态。”用公式可以表示为：$CS(T)=F(P_V,E_V)=P(Z_1,Z_2,Z_3,\cdots,Z_n,T)/E(X_1,X_2,X_3,\cdots,X_m,Y_1,Y_2,Y_3,\cdots,Y_i,T)$，其中 CS 代表顾客满意，F、P、E 代表函数关系，X 代表为货币投入、时间投入、机会成本等企业成本投入综合因素，Y 代表企业广告、产品和企业品牌、企业承诺等非成本投入综合因素。Z 代表顾客所感知的产品或服务的实际价值(或实际质量)，T 代表时间参数。当 $CS(T)>1$ 时，顾客就会感觉到高度满意甚至惊喜，当 $CS(T)=1$ 时，顾客就会感觉到满意，当 $CS(T)<1$ 时，顾客就会感到不满意。

《CB/T19000—2000 质量管理体系基础和术语》对顾客满意做了规定，即顾客对其要求已被满足的程度的感受。

学习伴随案例：

营销之父——科特勒

科特勒(Philip Kotler)，被称为“营销之父”，他是为管理作出实质贡献的学者。据说，德鲁克还曾经向科特勒请教有关非牟利机构的营销问题。不过，

①Woodruff R B and Gardial S F. Know your customer：new approaches to customer value and satisfaction[M]. Cambridge：Blackwell，1996：54～59.

科特勒本人则把德鲁克视为楷模，每年都要再三阅读德鲁克的管理著作。针对人们封他为“营销之父”，他说，“假如这是事实，那么，德鲁克就是营销的祖父。”

科特勒在读硕士时，师从芝加哥大学米尔顿·弗里德曼；在MIT攻读博士学位时，师从保罗·萨缪尔森。因此，他本可以顺顺当当地跟着诺贝尔经济学奖得主在经济学领域成就一番事业。可是，在几位朋友的影响下，他终于在而立之年决定正式转向营销学。1962年，他受邀加盟克劳格(Kellogg)管理学院(属于西北大学)，从营销学助教开始，一步一步走向营销学的顶峰。他曾三次获得《营销学杂志》最佳年度论文奖。美国营销学学会在1985年把首届卓越营销学教育家年奖颁给了科特勒；美国健康医疗服务营销学会设立菲利普·科特勒奖，用以表彰卓越的医疗服务营销；他还在1989年获颁查尔斯·科尔里兹·帕丁奖，颁奖词中提到，“科特勒博士是我们时代起领导作用的卓越学者之一。他对营销学研究的广泛贡献和为世界各地一流公司所做的创造性咨询工作使他成为营销学的一位领袖”。

科特勒的《营销管理》是现代营销学的奠基之作。这本教科书改变了主要以推销、广告和市场研究为主的营销概念，大大扩充了营销的内涵，并将营销上升为科学。科特勒对营销概念的扩大是革命性的，由他开创的营销范式不再以利润最大化为中心，而是围绕社会利益、健康利益和心理利益的交换。由此导致在世界范围内把营销实施于非牟利机构和全球研究计划，这将带来极为深远的影响。

(资料来源：百度百科 http://baike.baidu.com/view/1213880.htm)

二、顾客感知价值、顾客期望和顾客满意的关系

顾客感知价值、顾客期望和顾客满意三者之间是密切相关的。这一关系主要是通过顾客满意相连接的。顾客感知价值与顾客期望之间的比较决定顾客是否满意。它可以通过期望差异理论(expectancy disconfirmation theory)来理解。

“期望差异理论”最早是用于研究零售服务业中的消费者满意度的。根据这一理论，消费者具有对某种产品或服务的消费前期望(pre-purchase expectations)，在消费活动结束后，消费者会将感知实绩(perceived performance)，即顾客感知价值与消费前期望进行对比，如果两者不一致就会出现差异(disconfirmation)，正差异(positive disconfirmation)就是实绩高于期望，这时消费者会感到非常满意，负差异(negative disconfirmation)就是实绩低于期望，消费者会感到失望(barksy, 1992; Hill, 1986; Oliver, 1980; Parasuraman, Zeithaml &Berry, 1988)，就会造成顾客不满意。

第二节 顾客价值与顾客让渡价值

一、顾客价值

(一)顾客价值的涵义

什么是“价值”？人们对其没有一个统一的理解。从营销学的角度来说，作为管理学的一个独特分支，营销学主要是研究处于竞争中的企业与顾客之间的关系，因此营销学中的价值主要是指顾客价值(customer value)。早在1980年代初，德鲁克就提出：“营销的真正意义在于了解对顾客来说什么是有价值的。”尤其是到了现在，随着竞争的不断加剧，越来越多的企业将视角转移至顾客价值，考虑通过价值分析，扩大企业所能够提供的顾客价值。但是，人们对如何理解顾客价值却远未取得一致。

顾客价值(customer value，简称CV)从20世纪80年代西方学者提出以来，顾客价值理论就成为理论和实务界共同关注的焦点，具有重大影响的顾客价值理论包括：波特的买方价值理论(Porter，1985)、泽瑟摩尔的顾客感知价值理论(zeithaml，1988)、劳特朋的4Cs理论(Lauteborn，1990)、格朗鲁斯的顾客价值关系理论(gronroos，1997)、伍德鲁夫的顾客价值认知理论(Woodruff，1997)、科特勒的顾客让渡价值理论(Kotler，2001)。

上述西方学者是从不同的角度诠释了顾客价值理论，从他们各自的角度上都是合理的。本书主要是从顾客出发，站在企业的角度来看待顾客价值，认为顾客价值是企业为顾客所带来的一切利益，它应该是产品价值、人员价值、服务价值、形象价值、体验价值的总和(所谓体验价值主要是由企业借助产品、服务等载体来向顾客提供体验，这些体验也带给顾客价值，因此也是顾客价值构成的一部分。)

(二)建立顾客价值优势的意义

顾客价值已经成为当前企业增强竞争力的焦点，它的最大创新之处就是从顾客的视角来研究价值，其核心是顾客对企业提供的产品或服务满足其需求能力的预期，以及对需求满足过程、需求满足之后所得结果的感知。市场是企业生存的土壤，而市场的载体是顾客，顾客对企业产品或服务的感知将直接影响其竞争力。因此，企业的竞争力不仅来自于其所拥有的核心技术、营销网络、企业文化等比竞争对手做得出色，还在于它能够为顾客提供多少价值，这是衡量企业竞争力的关键和目的。顾客价值的重要意义主要表现在以下几点。

1. 顾客价值是企业获得利润的源泉

从营销角度来说，企业竞争的基本目的之一是追逐利润。而利润的实现方式是企业对市场的提供物能够实现交换，并且使其变现的价格大于所发生的成本。这关键要看企业能否提供优质的顾客价值。因为营销强调通过满足顾客需求来实现企业利益最大化，对于顾客需求的满足主要是向顾客提供他们希望获得的利益，企业也是围绕这个中心来展开活动的，所有的营销组合策略的制定都是围绕顾客需求，实际上也是要使每个因素都能成为顾客价值增加的驱动因素，都是为了给顾客带来更多的利益，以此来使顾客为自身带来更高的利润。

2. 顾客价值是企业持续发展的关键

经济全球化的今天，市场竞争的焦点究竟应该是顾客还是竞争对手呢？很多人在提到战略时常常会与如何超过或击败竞争对手联系在一起，在实践中，很多企业也常常认为顾客需求与竞争对手相比居于次要地位，甚至根本不予考虑。这是一个错误的认识，以前，在卖方市场中，市场供不应求，产品供不应求，企业关注的重点是提高生产效率和生产能力，尽量多地去生产产品，不愁卖不出去。它是厂商左右市场，企业基本无竞争而言，也就难以考虑顾客价值。企业只是追求自己的价值，向顾客收取尽可能高的价格。但是现在，在竞争激烈的、供过于求的买方市场上，总有一些企业的产品永远都卖不出去，企业之间的竞争焦点不再是竞争对手，焦点应该是顾客，在这种情形下研究顾客价值具有重要意义。

企业必须以顾客及其需求为核心、以创造更大的顾客价值为目标，否则，如果企业不能向顾客提供理想的利益，就不可能从顾客那里得到理想的回报，从而为投资者、员工及整个社会提供利益就失去了基础，给投资者的分红将失去来源，企业也难以向员工支付令其满意的报酬，就业机会的扩大也难以实现，企业发展空间就很小，难以持续、健康发展。

3. 顾客价值为企业核心竞争力在企业开拓市场的过程中发挥了巨大的作用

在现在的市场中，企业的核心竞争力、最终客户产品与核心产品在市场中构成了三个相互依托的竞争纽带，不仅可以制造较大的市场盈利空间，同时也为其他市场进入者制造了难以逾越的市场壁垒。目前很多跨国公司在其创造新的市场需求和新的客户群体的过程中，首先考虑的就是自身核心竞争力能否在现有的和新的市场中发挥作用。

企业的核心竞争力是别人难以模仿的，它可以更好地为顾客带来一些其他企业无法满足的利益，因此，顾客价值对于企业核心竞争力的提升是关键。而在开拓新的市场中，企业必须要考虑到企业的核心竞争力是否能发挥作用，能否继续强于竞争对手，获得成功。从以上可以看出，顾客价值首次将企业的核心竞争力作为企业细分目标市场和创建新兴市场的关键考虑因素，是对企业核心竞争力作为在今后目标市场中产品定位所需显示优势的一次重大飞跃。

4. 顾客价值是企业创新的前提

在当今激烈的市场竞争中，企业如果要生存下去，创新是必要的，它是一个企业发展的灵魂。但是，一个新事物的诞生是否能代替旧事物，是否能够成功地取代旧事物的地位，主要在于创新的成果能够为顾客带来新的利益，比原有的利益更多、更好。这就要求企业必须从顾客价值的角度考虑，为顾客带来更多的利益、更多的好处，不断创新。零售业经营模式的不断创新充分说明了顾客价值优势是创新成功的前提，一种新的零售经营形式若不能为顾客提供比原有形式更多或更适合顾客需要的利益，就不可能取得成功。①

(三)提高顾客价值的策略

顾客价值在当前市场竞争中占据着举足轻重的地位，那么企业应该怎样来提高自己的顾客价值呢？这将是各个企业所面临的问题，要想在竞争中立于不败之地，必须要比竞争对手更好地满足顾客需求，保持良好的顾客价值优势。

1. 从企业内部来说

(1)通过优化价值链(value chain)来建立优势。Zeithaml 等在研究服务营销问题的过程中，提出了服务质量缺口模型，他们认为企业在服务营销过程中会出现下面几种情况：①企业对于顾客的知觉识别有误解；②企业对顾客价值的设计与顾客价值的诉求不一致；③企业在顾客价值设计与顾客价值创造能力之间有一定的差距；④企业在顾客价值创造、提供和传播之间也存在着偏差；⑤顾客价值期望与顾客感知价值之间有缺口。第 1 个是顾客缺口，其余 4 个是服务提供者缺口。其实这也是顾客价值创造过程中的缺口，在建立顾客价值优势时，首先要对价值链进行优化。

对价值链的优化，主要是要提高顾客的感知价值，应该围绕顾客价值的创造、传递或创新来展开。一般可以采取：①改良策略。比如缩短顾客价值创造流程时间、增强企业应变能力等；②集中策略。放弃自己的弱项，进行外包；③扩展策略。在价值链中增加新的价值创造环节；④革新策略。主要是技术创新。企业可以通过以上几个方面来改善自己的价值链，增加顾客价值，建立顾客价值优势。

(2)提高员工素质。人永远都是一个企业最宝贵的资源，没有人就不会有企业的存在，因此，顾客价值的提高，必须要有高素质的员工。而且，只有满意的员工，才会有满意的顾客，才能使顾客的感知价值增加。因此，企业要建立可持续的顾客价值优势，就必须把培育一流的、敬业的员工队伍作为企业管理工作的重点。而培育一流的、敬业的员工队伍要求企业首先对于员工招聘要选择具有良好潜质、有奉

---

①有关零售业经营方式变化的详细内容，可参见 Clayton M. Christensen and Richard S. Tedlow, Patterns of Disruption in Retailing, Harvard Business Review, Jan. ~Feb. 2000.

献精神的人，而不能胡乱地利用关系招一些不合适的人员，这样不利于公司培养优秀人才，甚至会引起其他人员的不满，造成整个公司形成不良的气氛；其次，更需要建立合理的激励制度，构建有助于员工成长和发展的平台，诸如建设以增强顾客价值优势为内容的企业文化，增强员工构建顾客价值优势的能力等。

2. 从企业外部来说

(1)加强企业间的竞争合作。一个市场就像是一块蛋糕，只有先将这块蛋糕做大，才能分到的更多，而不能只在这个市场中彼此竞争，这样得到的只是很小的一块，而且还可能会加速这个市场的消失，被其他替代市场所取代。同样，顾客价值的创造都不可能是一个企业自身孤立的行为，而必须是企业与外部环境之间互动的结果。谋求顾客价值优势一个重要的策略就是展开企业间的合作。

随着经济全球化的加速，竞争的成败将首先取决于企业是否善于通过合作，充分利用各种有利资源去更有效地竞争。企业间合作能够为企业开拓顾客价值或提高顾客价值提供效率的新的空间，企业集群现象的大量涌现已证实了这一点。构建顾客价值优势必须注重与顾客的合作，与中间商的合作、与供应商的合作及与补充品供应商的合作，从理论上来讲，与任何一个外部组织的合作，都是创造利益的选择。

(2)更好地利用网络资源。在互联网时代，企业应该更好地利用网络资源，网络化为企业的顾客价值优势构建提供了重要手段，同时也改变了构建顾客价值优势的环境，其中既包括对企业的价值创造能力的影响，也包括对顾客知觉能力的影响。主要表现在：顾客价值创新的速度在不断加快；信息不对称问题的不断降低；利用外部资本能力的逐渐增强；最终顾客的作用持续加强；中间商的作用在弱化；企业形象的重要性不断增强；供求双方的交互性逐渐增强；服务价值份量也在增大等。这些对于顾客价值的增加都是有很大帮助的，可以节约购买时间成本，给予顾客更多的选择余地，使顾客更加满意，企业也可以通过网络来增强自已的形象价值，让顾客提高对企业自身的评价，感知价值自然就会提高。

但是，万事都有两面性，网络资源也有不利的一面，所以企业对于网络资源的管理和利用要慎重选择。企业在构建顾客价值优势的过程中，采取网络化提供策略需要注意解决建立顾客忠诚度、产品合理定价、加强渠道管理等一系列问题。其中，由于顾客在网上交易，供应商的成本相对较低，口碑借助于网络传播更快，顾客的忠诚对网络环境下经营的成功具有更为重要的意义。因此，在这一方面企业应该下功夫，对于网上交易一定要讲诚信，让顾客放心。

(3)加强体验营销(experiential marketing)。所谓体验营销，正如伯德·施密特在他所写的《体验式营销》一书中指出的那样，体验营销是指企业以商品为载体，以服务为舞台，以满足消费者的体验需求为目的而开展的一系列营销活动。它是站在消费者的感官(sense)、情感(feel)、思考(think)、行动(act)和关联(relate)五个方面重新设计、定义营销的思考方式,并将这些不同的体验形式称之为战略体验模块(strategic experiential modules,简称 SEMs)。它自始至终都把为顾客营造难忘的、值得回忆的体验作为其工作重点,通过满足消费者的体验需求来实现其利润目标。

因此,企业要想提高顾客的感知价值,对于顾客体验这一块是不能疏忽的。顾客价值本来就是一个动态的概念,动态性是顾客价值的一个重要特征,其构成内容随顾客需求约束的不同而异,体验经济环境下,消费者重视体验感受是因为这种"体验"能带给他某种满足,即带给他价值,这种价值是传统营销所不能提供的。如果企业通过运用体验营销为消费者提供区别于竞争对手的差异化体验,就可以增加顾客价值,就会增强顾客满意度,提高顾客忠诚度,从而为企业构筑竞争优势。

二、顾客让渡价值

(一)顾客让渡价值的涵义

顾客让渡价值是菲利普·科特勒在《营销管理》一书中提出来的,他认为,顾客让渡价值是指总顾客价值(total customer value)与总顾客成本(total customer cost)之差。总顾客价值就是顾客期望从某一特定产品或服务中获得的一组利益。而总顾客成本是在评估、获得和使用该产品或服务时引起的顾客的预计费用。其中,总顾客价值包括产品价值、服务价值、人员价值和形象价值四个方面;总顾客成本则包括货币价格、时间成本、精力成本和体力成本等四个方面(图 2-1)。他认为,顾客让渡价值可以用绝对数表示,也可以用相对数表示。当用相对数来比较供应品时,他们通常被称为价值/价格比。

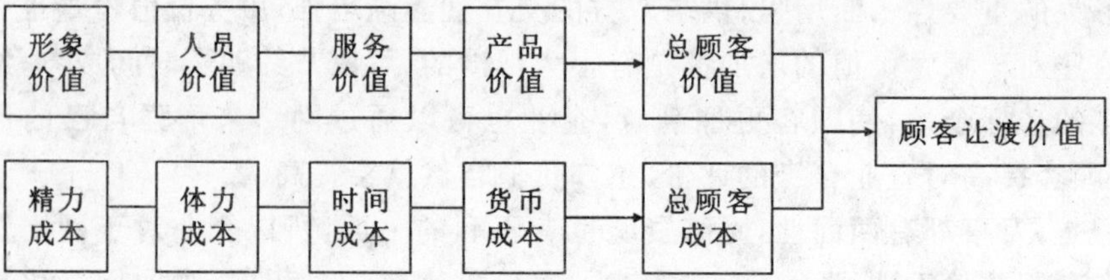

图 2-1　顾客让渡价值的决定因素

将顾客让渡价值表示为函数的形式:$CDV=TCV-TCC$

总顾客价值函数:$TCV=F(X_1, X_2, X_3, \cdots)$

总顾客成本函数:$TCC=F(Y_1, Y_2, Y_3, \cdots)$

顾客让渡价值函数又可以表示为:$CDV=F(X_1, X_2, X_3\cdots; Y_1, Y_2, Y_3\cdots)$

以上各式中:

CDV(customer delivered value)表示顾客让渡价值;

TCV(total customer value)表示总顾客价值;

TCC(total customer cost)表示总顾客成本;

X_1, X_2, X_3…表示影响总顾客价值的各种变量;

Y_1, Y_2, Y_3…表示影响总顾客成本的各种变量。

影响顾客让渡价值的因素(X_1, X_2, X_3…; Y_1, Y_2, Y_3…)很多,如企业的营销组合策略、企业所处的市场环境、科技水平的进步,乃至顾客的行为、意识等,它们之间的关系以及作用机制也非常复杂。

学习伴随案例:

我们可以用例子来解释。如果一家大型建筑公司作为买主要向A或B公司购买一台推土机,相互竞争的销售员十分谨慎地向这位买主介绍他们的产品。这位买主在他的脑中已有了一个具体的推土机的用途:这台推土机是用于建筑工地施工的。他希望这台推土机能提供一定程度的可靠性、耐用性、良好的性能和再出售价值。他对这两种推土机进行评估,并根据可靠性、耐用性、性能和再出售价值做出判断:A公司具有较高的产品价值。他也发觉了所提供服务上的差异性,如送货、培训、保养等。结论是A公司提供的服务比较好。他还发现A公司的职员知识丰富,并且有责任心。最后,他给A公司的形象也打了高分。他把这四种价值(产品、服务、人员和形象)加在一起,认为A公司所提供的总顾客价值较高。

但是,他并不会一定就购买A公司的推土机,他还要对与A和B交易所产生的总顾客成本进行比较。这位顾客经过计算后还要考虑,相对于A公司的总顾客价值,其总顾客成本是否太高。如果太高,这位顾客可能购买B公司的推土机。总之,这位顾客将购买能提供最高认知价值的产品。

思考题:顾客购买过程中考虑的主要因素有哪些?

(二)顾客让渡价值的提升

顾客总价值与总成本的各个构成因素的变化及其影响作用是相互作用、相互影响的,不是各自独立的。某一项价值因素的变化不仅通过影响其他相关价值因素的增减来影响顾客总成本的大小,而且还影响"顾客让渡价值"的大小;反之亦然。因此,企业在制定各项市场营销决策时,应综合考虑构成顾客总价值与总成本的各项因素之间的这种相互关系,从而用较低的生产和市场营销费用为顾客提供具有更多的"顾客让渡价值"的产品。

(1)提高生产效率,提高产品质量。与此同时,企业必须认真分析不同经济发展时期顾客需求的共同特点以及同一发展时期不同类型顾客需求的个性特征，并据此进行产品的开发与设计，增强产品的适应性，从而为顾客创造更大的价值。

(2)提供完善的服务。产品是属于核心价值，而服务则是附加价值，它也是不容忽视的，因此在提供优质产品的同时必须向消费者提供完善的服务，它已经成为现代企业市场竞争的新焦点。

(3)提高员工素质。产品是由人制造出来的，服务也是由人工提供的，因此在整个传递价值的过程中，人员的重要性就脱颖而出。所以高度重视对企业人员综合素质与能力的培养，加强对员工日常工作的激励、监督与管理，使其始终保持较高的工作质量与水平也就显得至关重要。

(4)提升企业自身形象。企业自身的形象属于企业的无形资产，在市场竞争日益激烈的新形势下，同行业的企业激增，竞争更加体现在“高、精、尖”领域，如果企业要在竞争中取胜，除了拥有质优价廉的商品和高超的技术外，更为关键的环节在于企业能否独具慧眼地塑造个性鲜明、信誉良好的企业形象，因为“酒香不怕巷子深”的年代早已成为历史。企业要赢得消费者青睐，必须独树一帜，突出个性化，因此，企业应高度重视自身形象的塑造。

(5)努力提高工作效率，减少时间成本。主要是在保证产品与服务质量的前提下，尽可能减少顾客的时间支出，降低顾客的购买成本，这是为顾客创造更大的“顾客让渡价值”、增强企业产品市场竞争能力的重要途径。

(6)减少获取信息的成本。企业必须通过多种渠道向潜在顾客提供全面详尽的信息，以此来减少顾客为获取产品情报所花费的精神与体力，从而降低顾客购买的总成本。

(7)降低精神与体力成本。对于结构性能比较复杂、装卸搬运不太方便的机械类、电气类产品，如果企业能为顾客提供良好的售后服务，如送货上门、安装调试、定期维修、供应零配件等，就会减少顾客为此所耗费的精神和体力。

企业为了争取顾客，战胜竞争对手，巩固或提高企业产品的市场占有率，往往采取“顾客让渡价值”最大化策略。追求“顾客让渡价值”最大化的结果却往往会导致成本增加，利润减少。因此，在市场营销实践中，企业应掌握一个合理的度的界线，而不应片面地追求“顾客让渡价值”最大化，以确保实行“顾客让渡价值”所带来的利益超过因此而增加的成本费用。换言之，企业“顾客让渡价值”的大小应以能够达到实现企业经营目标的经济效益为原则。

(三)顾客价值与顾客让渡价值的关系

从不同角度来说，顾客价值与顾客让渡价值之间的关系是有变化的。如果是从消费者角度来说，顾客价值是公司创造的总价值与消费者自己为获得这些价值所付出的总成本之间的差值，因此它与顾客让渡价值是一致的，它们之间是相同的；如果是从企业角度来说，顾客价值是指企业为顾客所创造的总价值，它与顾客的让渡价值之间既有联系又有差别。

1. 二者的差别

从企业角度来看，顾客价值是企业为顾客所带来的一切利益，它是产品价值、人员价值、服务价值、形象价值、体验价值的总和，它包括顾客感知到的价值和顾客没有感知到的价值。顾客让渡价值是顾客总价值与顾客总成本之间的差值。

2. 二者的联系

顾客让渡价值是顾客价值与顾客总成本之间的差值，因此顾客价值的提升也同时将提高顾客让渡价值，它们之间是一种正相关的关系，因此，顾客价值的策略对于顾客让渡价值的提升都是可以运用的。尤其在顾客感知价值的提升方面，要求企业必须能够很好地向消费者传递他们为顾客所创造的一切价值，更好地提升顾客让渡价值。

第三节　顾客满意对企业的意义

当今社会，生产力不断发展，这也为人们带来了极为丰富的物质资源，从而让市场实现了从卖方市场向买方市场的转换，买方市场占主导地位，左右市场的发展方向。中国经济已全面进入"过剩经济"时代，"消费者主权"日渐增强。据统计，消费者要从290种冰箱中选冰箱，从455种啤酒中选啤酒，从478种化妆品中选化妆品，从575种衬衫中选衬衫。因此，在这种消费者选择越来越多的时代，顾客满意显得尤为重要，对于企业的重要性也是举足轻重的。

一、顾客满意是企业生存和发展的需要

企业之所以存在，是因为其提供的产品或服务能够被正常稳定地卖出去，因此，任何企业在提供产品或服务时，其目的都是在于使其提供的产品或服务得到顾客的认可，并让其乐于接受。这就要求企业必须先了解顾客需要什么样的产品和服务，对产品和服务有什么样的要求。否则，即使是再精美的产品，如果顾客不需要，它也不会得到顾客的认可，不能很好的流通。因此，企业只有掌握了这个出发点，才能为顾客提供满意的产品或服务。

同时，顾客满意的程度方面是不同的，同一个产品，有些人可能觉得非常满意，有些人可能会觉得还不错，因此，顾客满意的程度决定了企业赚钱的程度，决定了企业发展的思路，顾客满意达到一定的程度，长此以往就会形成顾客忠诚，获得稳定的顾客源，支撑企业稳定的发展。按常规算法，一家企业若保住5%的稳定顾客，那该企业的利润至少会增加25%。因此，企业的发展也应该是在于使顾客满

意，不断提高顾客满意的程度来获得顾客忠诚，企业才能得到长足的发展。

二、顾客满意将使企业获得更高的长期盈利能力

了解了顾客满意的重要性，企业就会采取各种措施达到顾客满意，在这一过程中，企业本身也可获得许多具有竞争力的、导致企业长期盈利的优势。

（一）成本优势

在企业保证顾客满意的过程中，企业对于顾客的了解将会越来越深刻，因此，对于预测顾客的需求和愿望的准确程度将越来越高。这样，企业在市场研究方面所花的精力就会相对减少，而且也不用花更多的时间和精力去做市场，尤其在新产品的研制和生产方面，也会少走不少弯路，成功率将大大提高。这在很大程度上减少了企业的浪费，压缩了成本，从而相对于其他企业来看成本会降低，可以获得成本优势。

（二）价格优势

企业能够提供令顾客满意的产品或服务，满意的顾客往往愿意为此付出更多的额外支出。比如联邦快递（FEDERAL EXPRESS），由于它的服务速度、时效性使得它的价格即使比竞争者高也为顾客所接受。由此可以看出，满意的顾客可以获得价格优势，当然顾客的额外付出并不是无限度的，付出多少取决于满意度之外的一些因素，如全面的竞争环境、顾客的价格敏感度、购买类型和公司地位等。

（三）更高的顾客回头率

顾客满意将会促使顾客忠诚，满意的顾客比不满意的顾客有更高的品牌忠诚度，也更可能再次购买该产品或者购买企业的其他产品。与上述的价格优势结合起来，重复购买率高将导致更多的收入，最终使企业获得更多的利润。

（四）交易成本低

销售人员都知道一个事实，成交一次重复购买比说服新顾客购买容易得多。越高的顾客忠诚度意味着销售的花费越低，交易成本越低，因为对于重复购买，销售人员只需向顾客推荐应该买哪种产品，多少钱，而不需要费时费力地向顾客推荐为什么要买本企业的产品。

（五）沟通成本低

每个顾客的周围至少有 250 个潜在的顾客存在，满意的顾客愿意将自己的感受告诉别人，诸如朋友、亲戚，甚至于其他的顾客，这种口碑效应比其他沟通方式更加有效，并且几乎不需要成本。

三、顾客满意使企业在竞争中得到更好的保护

产品品种的日益丰富，企业竞争也越来越激烈，顾客的忠诚度对于一个企业来

说是至关重要的。满意的顾客才能形成顾客忠诚,满意度越高,这种忠诚保持的时间越长,他们不大可能转向其他产品或为了更低的价格抛弃原来的供应商。即使在企业出现困难时,这些顾客也会在一定范围对企业保持忠诚,这给企业提供了缓冲困难的时间,最大限度地降低对企业产生的影响。

(一)满意顾客不会立即选择新产品

IBM 公司进入小型电脑的市场较晚,在苹果公司开发 APPLEⅡ之后的五年后才推出第一台自己的个人电脑,然而在这段时间里,IBM 原来的顾客(主要是大公司的采购者)都在耐心等待。最终,IBM 成为这一行业的领导者,当然这其中也有 IBM 的努力和苹果公司等其他计算机公司本身存在的问题等各方面原因,但不可否认,顾客忠诚也是其中重要的原因之一。

(二)满意顾客不会很快转向低价格产品

满意的顾客愿意额外付出,因此,在一定的价格差之内,他们不大可能仅仅由于价格低的诱惑而转向其他的供应商。但是,当价格相差很大,而其产品或服务也能够使其满意时,顾客可能不会永远保持对高价格产品的忠诚。

四、顾客满意使企业能够更好地应付顾客需求的变化

顾客的需求是动态的,它随着时代的发展在不断变化,因此,企业在发展中遇到的关键问题就是:如何抓住这一变化并去满足不断产生的新需求。而顾客满意最大化为这一问题的解决提供了现实意义。因为,为了达到顾客满意,首要的就是要了解顾客愿望、预测到顾客的需求变化,这样才能使其提供的产品或服务符合顾客的要求,达到顾客满意。而且,满意的顾客一般也会给企业为满足顾客需求而进行调整的时间。

例如,瑞士航空公司一直以来都具有较高的顾客满意度,但在适应顾客的新需求,如介绍售票的分机情况、制定常客计划、加大头等舱座位等方面都落后于竞争对手,但顾客仍乘坐它的航班,同时在这些方面提供了大量的反馈信息。

学习伴随案例:

感动顾客的豆浆店

在一所学校的附近有好几家豆浆店,大部分的店家生意起起落落、时好时坏,但有一家生意特别兴旺,每天客人川流不息。经过细心的观察,原来这家店生意特别好是有其原因的。

一般豆浆店卖的甜豆浆只能加白糖,但这一家却提供三种不同的糖供顾客选择。

第一种是白糖，和其他几家并无不同。

第二种是具有滋养喉咙保护声带功用的蔗糖，这是为在附近教学的老师所贴心准备的。

第三种更绝了，由于学生群也是该店的主力客户，而学生们喜欢新奇，店家特别针对他们的特性准备了黑糖，加上去整碗黑黑的，别有一番滋味，学生们戏称为"巧克力豆浆"，除此之外，这家店对客户的姓名都能熟记，并亲切招呼，同时还为老顾客准备了一些赠品相送。例如浮在豆浆上的豆皮层，店老板特地捞起来送给年纪较大的老客户，让他们带回去作为营养补品。轧豆浆剩下的豆渣则是送给老太太们，并教她们带回去用酸菜煎炒，做成一道可口又下饭的佳肴。

他们这家店每天车水马龙，每个人也都忙得不亦乐乎，而其他店家门庭冷落车马稀，与此形成强烈的对比，真是几家欢乐几家愁。

（资料来源：sunky 的美食空间 http://www.eatday.cn/103/blog_co.asp? id=5384&boke_id=457）

思考题：这家豆浆店是怎样取胜的？

第四节　顾客满意度调查及衡量

一、顾客满意度调查的意义与原则

（一）顾客满意度的涵义及影响因素

1. 顾客满意度的涵义

顾客满意度（customer satisfaction degree，简称 CSD）是顾客满意程度的简称。它是顾客满意的量化统计指标，描述了顾客对产品的认知（期望值）和感知（实际感受值）之间的差异，可以测量顾客满意的程度。当顾客的认知小于感知时，顾客的满意度就高，就会赞誉该产品；反之，当顾客的认知大于感知时，顾客的满意度就低，就会抱怨该产品。因此，顾客满意度实际上包含了顾客满意（积极的）和顾客不满意（消极的）两个方面的涵义。它是由顾客让渡价值决定的，顾客让渡价值越大，顾客就越满意，反之亦然。

顾客满意度是一个变动的概念，因为能够使一个顾客满意的东西，未必会使另外一个顾客满意，能使得顾客在一种情况下满意的东西，在另一种情况下未必能使其满意。只有对不同的顾客群体的满意度因素非常了解，才有可能实现 100% 的顾客满意。

2. 顾客满意度的影响因素

影响顾客满意度高低的因素主要可以归纳为以下几种：

(1)预期质量(expected quality):即在获得产品和接受服务前对其质量的期望。

(2)感知质量(perceived quality):顾客在获得产品和接受服务后感受到的产品和服务的质量,如对设施设备、服务人员、服务项目、健康和安全、服务环境的感受等。

(3)感知成本(perceived cost):顾客对获得产品或服务的过程中所要花费的有形或无形的成本,比如时间、金钱、体力、精神成本等。

(4)宣传和承诺:如宣传是否得当、服务承诺的兑现情况等。

(5)对顾客投诉的处置。这是个关键,客户抱怨可以帮助企业改进不足,提高产品和服务的质量,要把客户的抱怨看成一面镜子,这样才能提高。因为企业要做好营销,很重要的工作就是要去了解客户的信息,不了解客户的信息,就不能生产适合消费者需求的产品。很多企业根本没有将客户抱怨纳入自己的管理过程,这是对于客户的不重视,不重视就谈不上正确认识,更谈不上解决,所以观念上首先要重视。

(二)顾客满意度调查的意义

据美国《财富》杂志对"全球500强企业"的跟踪调查,企业的顾客满意度指数同"经济增值"和"市场增值"呈明显的正比关系:企业的顾客满意度指数若每年提升1个点,则5年后该企业的平均资产收益率将提高11.33%。对企业而言,"满足顾客的要求和期望"将取代追求质量合格或服务达标而成为企业所追求的最高目标。顾客满意度指数测评对企业的意义表现在以下几个方面。

1. 调整企业经营战略,提高经营绩效

通过顾客满意度指数测评,可以使企业尽快适应从"卖方"市场向"买方"市场的转变,意识到顾客处于主导地位,真正确立"以顾客为关注焦点"的经营战略。在提高顾客满意度、追求顾客忠诚的过程中显著提高经营绩效。

2. 塑造新型企业文化,提升员工整体素质

外部顾客满意度测评使员工了解顾客对产品的需求和期望,了解竞争对手与本企业所处的地位,感受到顾客对产品或服务的不满和抱怨,这使员工更能融入企业文化氛围,增强责任感。内部顾客满意度测评使员工的需求和期望被企业管理层了解,可以建立更科学完善的激励机制和管理机制,最大限度地发挥员工的积极性和创造性,促进企业的发展。

3. 促进产品创新,利于产品/服务的持续改进

顾客满意度测评使企业明确产品或服务存在的急需解决的问题,并识别顾客隐含的、潜在的需求,利于产品创新和持续改进。

4. 增强企业竞争力

经营战略、企业文化和员工队伍的改善,创新机制的推进,能显著增强企业的适应能力和应变能力,提高市场经济体制下的竞争力。

(三)顾客满意度评估的原则

顾客满意度是顾客接受产品或服务的实际感受与期望值比较的实际程度。选择测量顾客满意的因素不应仅采用服务的技术标准作为评价项目,必须从顾客的需求和期望中判断选择影响因素,确定测评内容。因此在建立顾客满意度测评指标体系时,必须遵循以下几条原则。

1. 指标体系必须是顾客认为是重要的

"由顾客来确定测评指标体系"是设定测评指标体系最基本的要求,所以要准确把握顾客的需求,选择顾客认为是最关键的测评指标。

2. 测评指标必须能够控制

顾客满意度测评会使顾客产生新的期望,促使企业采取改进措施。但是如果企业在某一领域还无条件或无能力采取行动加以改进,则应暂时不采用这方面的测评指标。

3. 测评指标必须是可测量的

顾客满意度测评的结果是一个量化的值,因此设定的测评指标必须是可以进行统计、计算和分析的。

4. 建立顾客满意度测评指标体系

还需要考虑到与竞争者的比较,设定测评指标时要考虑到竞争者的特性。

二、顾客满意度的衡量指标

(一)顾客满意度指数的涵义

1989 年,美国密歇根大学商学院质量研究中心的费耐尔(Fornell)博士总结了理论研究的成果,提出了把顾客期望、感知质量等多方面因素组成一体的计量经济学逻辑模型,即费耐尔模型。该模型把顾客满意度的数学运算方法和顾客购买商品或服务的心理感知结合了起来。以此模型运用偏微分最小二乘法求解所得的指标,就称为顾客满意度指数(customer satisfaction index,简称 CSI)。自此以后,顾客满意度指数作为测度顾客满意程度的通行指标,在西方各国得到了广泛的运用。

(二)顾客满意度测评的理论模型

顾客满意度指数是用来反映顾客对产品或服务的满意程度,它是由若干层次指数构成的指标体系,这一体系是依据顾客满意度模型建立的。目前许多西方发达国家如瑞典、德国、美国等,先后都构建了国家的顾客满意度指数。CSI 具有跨行业的性质,不仅涉及到各工业企业,又包括提供服务的政府机构。在顾客满意度测评理论模型中运用最广泛的是 1989 年美国密歇根大学商学院质量研究中心的费耐尔博士建立的第一个顾客满意度指数指标体系 ACSI 模型，如图 2-2 所示。

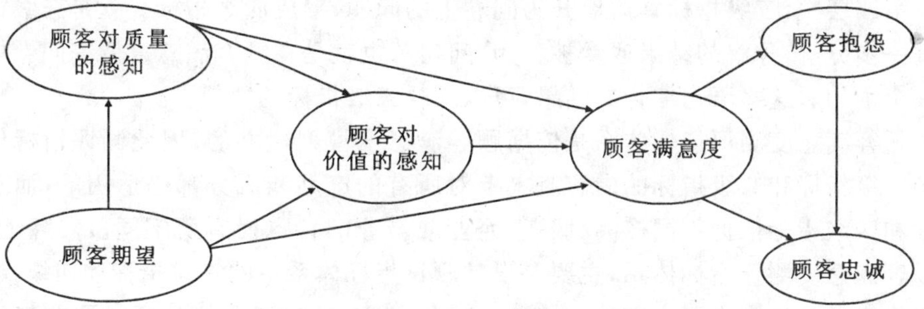

图 2-2　ACSI 模型

该模型主要由六种变量组成，即顾客期望、顾客对质量的感知、顾客对价值的感知、顾客满意度、顾客抱怨(customer complaints)、顾客忠诚(customer loyalty)。其中，顾客期望、顾客对质量的感知、顾客对价值的感知决定着顾客满意程度，是系统的输入变量；顾客满意度、顾客抱怨、顾客忠诚是结果变量。ASCI 模型认为：顾客满意的三个前提变量(顾客期望、顾客对质量的感知、顾客对价值的感知)和三个结果变量之间存在着复杂的相关关系，该模型假定顾客是理性的，即顾客具有从以前的消费经历中学习的能力，而且能够据此预测未来的质量和价值水平，换句话说，顾客具有足够的知识保证他们的预期能够正确地反映当前的产品和服务质量。如果产品和服务的感知质量超过顾客的预期，那么顾客就满意；如果产品和服务的感知质量没有达到顾客的预期，那么顾客就不满意。

(三)顾客满意度的衡量指标

顾客满意度指数(customer satisfaction index)测评指标体系是一个多指标的结构，运用层次化结构设定测评指标，能够由表及里、深入清晰地表述顾客满意度测评指标体系的内涵。通过长期的时间总结，将测评指标体系划分为四个层次较为合理。每一层次的测评指标都是由上一层测评指标展开的，而上一层次的测评指标则是通过下一层的测评指标的测评结果反映出来的。四个层次分别为：

第一层次：总的测评目标"顾客满意度指数"，为一级指标。

第二层次：顾客满意度指数模型中的六大要素——顾客期望、顾客对质量的感知、顾客对价值的感知、顾客满意度、顾客抱怨、顾客忠诚，为二级指标；这六大指标间相互联系，构成了顾客满意度指数的一个较完美的模型。反映这种关系的模型有很多，但是最有代表性的是美国的顾客满意度指数模型(ACSI)，如图 2-2 所示。

第三层次：由二级指标具体展开而得到的指标，符合不同行业、企业、产品或服务的特点，为三级指标。

第四层次：三级指标具体展开为问卷上的问题，形成四级指标。就是三级指标的进一步分解，分解的结果通常被称为"问句"，也就是在顾客满意度调查问卷中的每一个语句。这些语句综合的结果，可以反映三级指标的数值。

顾客满意度测评指标体系是依据顾客满意度模型建立的，因此测评指标体系中的一级指标和二级指标的内容基本上对所有的产品和服务都是适用的；而三级指标和四级指标依据不同产品、服务、企业或行业的特点而有所不同。实际上，建立顾客满意度测评指标体系，主要是设计测评指标体系中的三级指标和四级指标。三级指标的具体内容可以归纳为表 2－1，共有 20 项三级测评指标。这些三级指标是一个逻辑框架，在原则上对各行业都是适用的。对某一具体产品或服务的顾客满意度测评的实际操作中，应该根据顾客对产品或服务的期望和关注点具体选择，灵活运用。

表 2－1 顾客满意度测评的一、二、三级指标

一级指标	二级指标	三级指标
顾客满意度指数	顾客期望	对产品或服务质量的总体期望
		对产品或服务质量满足顾客需求程度的期望
		对产品或服务质量稳定性的期望
	顾客对产品质量的感知	顾客对产品质量的总体评价
		顾客对产品质量满足需求程度的评价
		顾客对产品质量可靠性的评价
	顾客对服务质量的感知	顾客对服务质量的总体评价
		顾客对服务质量满足需求程度的评价
		顾客对服务质量可靠性的评价
	顾客对价值的感知	给定价格时顾客对质量级别的评价
		给定质量时顾客对价格级别的评价
		顾客对总成本的感知
		顾客对总价值的感知
	顾客满意度	总体满意度
		感知与期望的比较
	顾客抱怨	顾客抱怨
		顾客投诉情况
	顾客忠诚	重复购买的类别
		能承受的涨价幅度
		能抵制的竞争者的降价幅度

测评指标体系的四级指标是由三级指标展开而来，是顾客满意度测评中直接面对顾客的指标，它是和顾客满意度测评问卷中的问题相对应的。

三、顾客满意度的衡量方法

针对顾客满意度的各项指标，一般可以通过以下两种方式进行衡量。

1. 直接衡量法

所谓直接衡量法，就是通过直接询问的方式进行衡量，一般是通过一个五级满意度量表，采用：请按下面的量度说出你对某项商品/服务的满意程度：非常不满意、不满意、一般、满意和非常满意，5 分表示非常满意，1 分表示非常不满意的提问方式，了解顾客对影响满意程度指标的看法；同时还要求受访者评价他们期望得到一个什么样的商品/服务，实际上他们目前得到的是什么样的商品/服务，从而引申出顾客对商品/服务的不满意之处。

2. 间接衡量法

所谓间接衡量法，就是要求受访者罗列出企业在商品/服务上出现的任何问题、希望的任何改进措施，并且要求受访者按商品各要素的重要性不同进行排列，对组织在每个要素上的表现做出评价，目的是帮助企业了解它是否在一些重要的要素方面表现不佳，或在一些相对不重要的要素方面过于投入。

学习伴随案例：

河南君友商务咨询有限公司从 2000 年即开始为服务行业的客户进行连续的顾客满意度研究。通过对近一万个样本的顾客满意度研究的实践探索，并结合国外先进的研究技术，已经建立了科学、行之有效的顾客满意度研究模型。他们对服务行业的顾客满意度衡量采取了综合的方法，首先通过直接方法得出顾客对某项产品或服务的满意程度，然后结合间接衡量得到的各因素重要程度，采用国际上通用的重要性推导模型，利用象限分析的方法了解顾客对影响满意度指数的各项指标目前的满意情况，进而指导企业采取一定的措施来改进。

并且，君友公司通过长期对顾客满意度的研究，建立了一套科学的顾客满意度实施系统。主要包括两个指标体系：

1. 测定企业的 CSI(Customer satisfaction index 顾客满意度指标)

他们可以根据企业对顾客的了解以及对整个行业状况的认识，从而确定达到各项目标的测试指标，并使用统计技术核算指标的指数。根据企业的不同，测试指标也不尽相同，但总体上包括对企业产品/服务的顾客总体满意度、对各因素的满意度评价、重要性评价、消费缺憾、再次购买率及推荐率等等。

例如他们在对移动电话客户满意度的研究中，总体测试指标包含了网络服务、营业厅服务、收费服务、增值服务、1860 服务、投诉服务和公司形象，各分项里面还包含一些具体的测试指标；在对超市的客户满意度研究中，各分项的测试指标包括了地理位置的优越性、服务时间长短、内外卫生清洁、空气流通、光线充足、进出方便、便民措施是否到位、服务亲切感、导购耐心讲解、退货保障、投诉渠道畅通、可信赖度、价格的合理性、品种齐全、标识清楚、付款等候时间短、优惠活动多、商品有特色、新鲜等具体指标。

2. 建立企业的 CSS(Customer satisfaction system 顾客满意度体系)

在他们公司的满意度模型中，建立企业的满意度系统是一个非常关键的环节。首先他们要对企业的顾客满意度进行初步的诊断；然后根据诊断的结果，对各影响产品/服务的因素进行规范并加以改进；最后进行跟踪测试，以了解改进后的具体效果，进一步完善满意度测试模型，从而更好地改进产品/服务，提高顾客对产品/服务的满意程度。

（资料来源：报告直通车，如何实施顾客满意度调研 http://www.reportbus.com/free/SYFW/200706/free_49428.html）

思考题：君友是怎样来测量顾客满意度的？

第五节　客户关系管理及其在关系营销中的运用

在“客户为王”的买方市场条件下，“客户革命”导致的“客户经济”时代，企业不为了客户而改变自己，就只有把客户推向自己的竞争对手。在这种背景下，世界范围内的企业人士都在密切关注和高度重视客户关系管理。

一、客户关系管理

(一)客户关系管理的涵义

客户关系管理(Customer relationship management，简称 CRM)理论起源于20 世纪 80 年代初提出的接触管理，即专门搜集整理与客户相联系的所有信息。经过 20 多年的发展，客户关系管理最终发展成为一套基于客户价值管理的完整的理论体系。它既是一种以客户为中心的企业经营服务理念，也是一整套优化市场资源、整合营销渠道、提升服务价值等面向客户的业务流程，同时也是增强企业内部部门间协同工作的能力，加快客户服务和支持的响应速度，提高客户满意度和忠诚度的解决方案。但至今还没有一个公认的定义。

1. Gartner Group 的 CRM 观点

客户关系管理作为一种概念，最早由 Gartner Group 提出，Gartner Group 认为，CRM 将看待客户的概念从独立分散的单个部门提升到了企业层面，虽然与每个客户的具体交互行为是由每个部门来完成的，但是企业要对客户负全面责任。在 CRM 提出之前的数据库营销，主要关注的是如何使企业所作的努力更加有效，而 CRM 则是使客户处理过程更有效率。

2. 埃森哲的 CRM 观点

埃森哲认为，从企业的角度而言，CRM 的最终目标还是为了达到企业的长期发展。通过组织和业务流程的变革，来获取以及发展最有价值的客户之间的关系，研究的基础是对客户的洞察与了解。企业必须要了解客户的需求和特征是什么，不同客户的价值之何在。根据对客户的洞察了解进一步确定企业提供什么样的产品和服务才能够满足客户的需求。

3. IBM 对 CRM 的见解

IBM 对客户关系管理的定义包括两个层面：一是企业的商务目标，即通过一系列技术手段了解客户目前的需求和潜在客户的要求；二是企业要整合各方面的信息，使得企业对某一个客户的信息了解达到完整性和一致性，因此，客户关系管理是包括企业识别、挑选、获取、发展和保持客户的整个商业过程。它把客户关系管理分为三类：关系管理、流程管理和接入管理。

4. 德勤公司对 CRM 的论点

德勤咨询公司客户关系管理部门的全球负责人史蒂夫认为，客户关系管理是一个创新过程：第一，把公司内部孤立和分散的客户数据综合起来，从而使公司对每一个客户都能够有一个比较全面完整的看法；第二，可以使客户不管从哪一种渠道与公司打交道都能够得到满意服务；第三，不管企业服务人员通过什么渠道与客户交往，与客户的每一次交往都要有个个性化，每一次交往都要有详细记录；第四，公司必须随时在每一次与客户交往的活动中学到新经验，对客户加强了解，对市场加强了解，使企业根据这些反馈做出改善，使公司整体的服务比以前更加优秀。

虽然对于客户关系管理的定义没有统一，但是它们的核心思想却是一致的，他们都认为客户是企业发展最重要的资源之一，对企业与客户发生的各种关系进行全面管理，进一步延伸了企业供应链管理。

（二）客户关系管理的主要内容

1. 企业组织分析

通过行业与企业组织分析，明确企业在行业中的地位，企业有什么样的资源可以利用，能够向客户提供什么样的产品和服务。在整个企业组织范围内建立以客户为中心的企业文化，在产品与服务的质量功能上满足客户的需要，使得客户在购买任何产品和服务时减少风险，在产品与服务的传递、售后服务与技术支持上，以至于经济利益、社会和心理方面都充分考虑客户的实际要求，实实在在追求客户满意度。总而言之，通过企业组织的分析，找到自己的长处，通过企业内部以及客户关系的管理，从理念上以及实际流程中建立与完善各项功能。

2. 客户分析

该项工作主要分析谁是企业的客户，这些客户的基本类型，个体消费者、中间商和制造商客户的不同需求特征和购买行为，并在此基础上分析顾客差异对企业利润的影响等问题。在对客户群体分析的基础之上，找到企业组织的目标客户。

3. 信息交流

它是一种企业与客户双向的信息交流，其主要功能是实现双方的互相联系、互相影响。从实质上说，客户关系管理过程就是客户交流信息的过程，实现有效的信息交流是建立和保持企业与客户良好关系的途径。一方面，企业组织通过现代技术手段，及时将企业产品与服务信息提供给客户，给客户以技术支持与良好的售后服务，另一方面从客户那里收集到重要的信息。客户反馈是一种重要的信息交流，客户反馈对衡量企业承诺目标实现的程度、及时发现在为客户服务过程中的问题等方面具有重要的作用。投诉是客户反馈的主要途径，如何正确处理客户的意见和投诉，对于消除客户不满、维护客户利益、赢得客户的信任都是十分重要的。

4. 建立良好的客户关系保留与吸引客户

企业组织提供多种营销与销售渠道来满足客户对自己的要求，同时企业组织通过多种渠道识别客户行为的变化及其特征，并经常进行客户关系情况分析，评价关系的质量，采取有效措施，还可以通过建立顾客组织等途径，保持企业与客户的长期友好关系。客户关系管理是一个循环的过程。在这个循环过程中：①企业组织可以给客户留下长期的良好影响，巩固与客户的关系；②企业组织根据环境的变化，及时调整公司的营销战略；③建立高质量的客户知识库。

(三)客户关系管理的特征与功能

1. 客户关系管理的特征

(1)一对一营销(one-to-one marketing)。"一对一营销"就是企业根据客户的特殊需求来响应调整自己的经营行为。"一对一营销"要求企业与每一个客户建立一种学习型关系。所谓学习型关系，是指企业每一次与客户的交往都使企业对该客户增长一份了解，客户不断地提出需求，而企业按此需求不断地改善产品和服务，从而使企业不断提高使客户满意的能力。与客户建立学习型关系的时间越长，客户离开的成本就越大，因为当客户重新面对一个新企业时，这种学习型关系必须重新开始，即客户必须给新企业——你的竞争对手重新上一遍课。否则，他无法从新企业获得同样高质量的产品或服务，而这正是客户离开你所要付出的昂贵代价。

(2)高度集成的交流渠道。CRM 通过采用先进的信息技术，将电话、传真、WEB、无线接入等多种交流渠道进行高度集成，使企业的客户无论通过何种渠道、何种地点、何种时间，都能够以自己喜欢的方式通畅地与企业进行交流；同时，企业也能够对客户做出及时的反应，并提供准确、一致以及最新的信息，从而使客户的问题或抱怨能更快地和更有效地得以解决，最终提高客户的满意度。

(3)基于 INTERNET 的基础架构。INTERNET 的迅猛发展戏剧性地改变了企业的外部商业模式和内部组织架构，企业都在利用 WEB 无所不达的特性来扩展自己将产品和服务推向市场的能力。CRM 将 INTERNET 作为基础架构，采用标准化的 WEB 浏览器来实现客户端的访问，同时集中管理和维护商业逻辑和数据，因而大大降低了系统部署、职员培训、软件升级等成本。CRM 使企业可以通过 WEB 直接与客户进行销售和服务，企业还可通过 WEB 进行电子商务，进行自助服务、自助销售、潜在客户开发、时间登记、服务员请求以及电话反馈等。所有这些在时间和空间上极大地扩展了传统的营销、销售和服务渠道，从而达到企业收益机遇的最大化。

2. 客户关系管理的功能

客户关系管理一般应该具备以下功能：

(1)客户信息的管理。对于客户基本信息的管理、对于联系人的管理，一般情况下，一个客户应该可以有多个联系人对于客户进行各种分类的标记，比如行业、规模、企业形态等，对于分类的方法、分类的代码进行灵活的设置。

(2)联系过程的管理。记录与客户的每一次联系过程、保存与客户联络的相关文档(这里应该和知识文档管理紧密关联)、为未来的客户联系设置计划(这里应该和日程、工作计划的管理紧密关系)。

(3)销售机会的管理。管理销售机会，为每个可能的销售机会记录预估的销售额、时间与机会大小等信息，根据销售机会的信息对销售前景进行综合的分析。

(4)销售合同的管理。管理每个销售报价单和合同等(这里应该和知识文档管理紧密关联)。

(5)电子邮件营销。根据数据库中保存的客户电子邮件地址，进行电子邮件营销。

(6)服务的管理。以流程化的方法，管理对客户的服务(这里应该和工作流程紧密关联)。

(7)严格的权限控制。对不同职位、不同分工的经理和销售代表能访问的客户信息进行严格的权限控制。

(四)客户关系管理的实施

如何实施 CRM 呢？成功实施 CRM 的公司已经意识到，现在面临的真正挑战是通过长期地引导顾客行为，强化公司与顾客的关系。这种关系不是“优惠卡”，而是从顾客利益与公司利益两个方面实现的价值最大化，是顾客与公司的“双赢”。

从顾客角度增加客户关系的价值是 CRM 的根本。成功并不在于你拥有怎样的工具，而在于你为客户做了些什么，从而真正显示了你对顾客的关怀。在德国，如果你买了一辆保时捷(Porsche)轿车，不管什么时候你要乘飞机旅行，只要驾驶保时捷车到机场，把它停在 Vias 汽车租赁行，那里的工人会为你提供免费洗车、泊车服务，并将负责你的汽车的安全。

顾客需要的是直接的、持久的、个性化的服务，而不是积攒积分换取优惠。他们不喜欢被一视同仁，而需要公司对他们做出有意义的关怀。而建立客户关系管理，正是基于客户有这些价值需要。

因此，CRM 实施的最大投资在于人。

(1)领导意识上的投资。让高层管理者对实行 CRM 有全面和正确的认识。CRM 会给企业带来长期价值，但同时是一项管理的变革，最初阶段通常见不到回报，有时因体系的震荡可能业绩会有下降。但只要方向清楚，顾客利益与公司利益的结合必定产生最大的价值回报。

(2)投资于改变公司的组织结构，使得整个组织可以把只注重销售数量转向注重顾客的长期价值。CRM 的成功需要全员的参与。组织的变动会引发一些人的反对。如果不能让全体员工意识到 CRM 对大家将产生长期的好处，实行过程中的阻力可能产生致命的作用。

(3)投资于相关的软件和硬件系统。包括客户数据库(收集和储存关于顾客姓名、联络方法、生活习性、心理特征、购买时间、频度、数量等信息)、数据库查询工具(把庞杂的数据库信息按一定的目的搜索和查询，把信息转化为全面了解顾客的知识)、互联网(向客户提供产品和服务信息、听取客户意见和进行对话的场所)、电子邮件系统(最低成本，可在同一时刻与百万客户进行一对一联络的工具)、个性化彩色打印系统(提供每份都不一样的高质量的信件)、呼叫中心(提供公司最直接地与顾客对话和提供服务)等。

(4)投资于员工的学习。把 CRM 作为一项长期的商业过程对待，员工在这一过程中不断地学习了解提高客户价值和公司价值的方法，学习通过“对话”这一最基本但又最重要的方法与客户保持长期的关系。学习不断采用新的信息分析方法提高认识客户的知识。同时公司还应投资与“知识管理”，让员工在工作中总结出来的知识得到最大程度的推广。

二、客户关系管理在关系营销中的运用

(一)关系营销的内涵

关系营销(relationship marketing)最先由美国的营销学学者巴巴拉·本德·

杰克逊于1985年提出。他认为交易营销更适合于“短浅眼光和低转换成本的顾客”，而关系营销则投资用于“具有长远眼光的和高转换成本的顾客”，他认为：“关系营销是指获得、建立和维持与产业用户紧密的长期关系。”

菲利普·科特勒则认为：“关系营销可以指导推销人员如何与顾客打交道。大凡善于与主要顾客建立和维持牢固关系的推销员将从这些顾客中得到许多未来的销售机会。关系营销是市场营销人员必须具备的重要技术，关系营销应成为买卖双方之间创造更亲密工作关系和相互依赖关系的艺术。”

中国人民大学郭国庆教授认为关系营销是“企业与顾客、分销商、经销商、供应商等建立、保持并加强关系，通过互利交换及共同履行诺言，使有关各方实现各自目的”。

关系营销虽然没有一个统一的定义，但其主要的理念是一致的，其基本内容是：

(1)强调的是与各相关方建立良好的关系，而不是单纯地完成交易；

(2)充分考虑到留住客户所能产生的经济效益，从而督促企业在经营活动中平衡地调配资金和资源，双管齐下地完成吸引和留住客户两项任务；

(3)强调了内部营销对外部营销能否取得成功的重要影响；

(4)关系营销的原理所涉及的范围更广，不仅仅局限于客户市场；

(5)意识到需要将产品质量、客户服务以及市场需求更加紧密地结合在一起；

(6)诠释了传统的“4Ps”营销组合理论已经不能全面兼顾到企业建立和维护与客户以及其他各方关系的方方面面；

(7)强调将营销活动看作是企业多部门协同合作的整体行为。①

(二)关系营销的本质特征

关系营销的本质特征可以概括为以下几个方面：

(1)沟通。在关系营销中，沟通应该是双向而非单向的。只有广泛的信息交流和信息共享，才可能使企业赢得各个利益相关者的支持与合作。

(2)合作。一般而言，关系有两种基本状态，即对立和合作。只有通过合作才能实现协同，因此合作是“双赢”的基础。

(3)双赢。即关系营销旨在通过合作增加关系各方的利益，而不是通过损害其中一方或多方的利益来增加其他各方的利益。

(4)亲密。关系能否得到稳定和发展，情感因素也起着重要作用。因此关系营销不只是要实现物质利益的互惠，还必须让参与各方能从关系中获得情感的需求满足。

(5)控制。关系营销要求建立专门的部门，用以跟踪顾客、分销商、供应商及营

①[英]马丁·克里斯托弗，[英]阿德里安·佩恩，[澳]大卫·巴伦泰恩著，逸文译. 关系营销——为利益相关方创造价值. 北京：中国财政经济出版社，2005

销系统中其他参与者的态度，由此了解关系的动态变化，及时采取措施消除关系中的不稳定因素和不利于关系各方利益共同增长的因素。此外，通过有效的信息反馈，也有利于企业及时改进产品和服务，更好地满足市场的需求。

(三)客户关系管理与关系营销的关系

1. CRM是对关系营销核心思想的继承

CRM是持续性的关系营销(continuous relationship marketing)，CRM的营销观念定义为“由以前的广告信息般的大众营销转型为目标区隔营销”，也就是清楚界定不同价值的客户群，找出最有价值的客户，并以不同产品、不同渠道满足不同区隔的客户群，在关键时刻，对最有价值客户提供一对一营销，强化客户的价值贡献，也就是“在正确的时间，将正确的产品服务及时送到正确的客户手上”。

所以CRM的核心思想仍然是“以客户为中心”，从这点上讲，它是对关系营销理论的继承，它要求企业从传统的“以产品为中心”的营销理念中解放出来，确立“以客户为中心”的企业运作模式。这就意味着企业将把客户作为其运作的核心，也就是说企业的一切活动都是围绕客户展开，客户需要什么，企业就做什么。

2. CRM是对关系营销理论的创新

CRM作为新的管理思想，延续了关系营销的核心思想，但绝不仅限于此。CRM更强调对现有客户关系的保持与提升，从而达到长期的客户满意，以及客户忠诚；CRM不但考虑了如何产生营销策略，而且包括了如何让营销策略通过卓有成效的方式作用于目标客户。因此，CRM更像是一种企业战略或管理活动，其目标在于利用自己所拥有的客户数据进行分析，以更有利可图和更有效的方式获取、保留、开发高价值客户，从而获得客户可支配收入中更大的份额。CRM着重解决以下问题，例如：如何识别客户的差别？哪部分客户是最具价值的，哪部分是最具成长性的，哪部分是利润低于边际成本的？面对客户的流失，如何保住老客户、潜在客户和业务资源？如何有效地开发新客户和新业务？怎样做好客户关怀，提高客户忠诚度？对各种商务数据，要分析哪些方面，如何能做到定量分析，而不是只停留在定性分析上？对生意、项目、过程和结果采用什么方法掌控，怎样预测未来的销售收入？销售部门和服务部门之间怎样高效协作？

(四)客户关系管理在关系营销中的运用

1. 通过数据库营销来加强关系

CRM是基于INTERNET架构的，因此对于企业来说，企业要充分利用现代信息技术，建立营销数据库，实现与客户保持密切关系的目标。使用营销数据库描述企业的顾客类型、数量、需求、特点、能力等，能够找出最忠实的顾客；确定顾客最倾向于购买哪些产品；原来属于竞争对手的客户哪些可以争夺过来。数据库里保存着企业大量的客户信息以及他们习惯的服务需求，并不断予以补充、修正和完善。

2. CRM 能够更好地维护必须的关系

任何长久稳定的良好关系都会给企业带来好处，但是对这种关系的推崇并不意味着对所有消费者都同样的“宠爱”，因为根据“二八原则”，80％的利润来自于20％的顾客，所以说，应该本着“有所为有所不为”的理念进行集中性的营销。但是也不要静止地看待 20％的顾客，那就无异于“刻舟求剑”，随着时间和条件的变化，原有的大客户可能会不盈利，原有的小客户也可能带来丰厚的利润。

现如今对于潜在的重点客户的关注比比皆是，中国移动的动感地带品牌瞄准的就是具有新的消费理念的受众，而招商银行的 1 000 万的发卡人数更是针对极具成长性的高学历大学生，这样的品牌忠诚如果确立的话，招商银行的未来发展就可以预期了，因为这些都是潜在的高收入群体。

CRM 中的重点客户生成模型和客户流失模型就可以帮助我们确定“关系”的对象。有的放矢的投入可以节约企业的支出，还可以获得有效率的产出。

3. CRM 能够使关系的建立具有针对性

顾客与企业间的“关系”能带来顾客对企业深深的认同，从而在感情认同、口碑传播、重复购买、失误容忍方面为企业带来相当大的益处。可是“关系”的建立却是最困难的，两个具有不同思想、背景的个体达到一定的契合点才能和谐。企业在和消费者建立“关系”的过程里，就经常地犯错误，所进行的关系的营销没有针对性，没有激起消费者的好感，消费者也就漠然视之了。这样一来，企业的营销投入沉淀了不说，更可惜的是浪费了很好的沟通机会。

营销大师科特勒曾提出“营销就是满足消费者的需要”，关系营销依然也脱离不了这个道理，营销的诉求点应该是消费者心中最敏感的那一点，也就是说“投其所好”。不同的消费者由于自身的价值观念、知识条件、社会经历、生活环境等等有着不同的偏好，甚至在不同的时间和情境下都有着不同的喜好，所以为关系营销投入的产品或者服务就必须满足消费者的需要。考虑到消费者需要的多变性，一对一营销的实现是很困难的，通过较多的产品或服务也许会给消费者提供更多的选择，使得关系营销更能打动消费者的心，更好地树立良好的关系。

CRM 中大量的数据就会发挥用武之地，通过描述统计和推论统计，以及数据挖掘去归纳总结更好的营销手段和方式。另外，关系的营销根据和消费者的接触程度也可分为直接的和间接的关系营销。直接的关系营销见效快，但问题是不好掌握消费者的需求，而间接的关系营销则是通过一些潜在的、含蓄的方式不经意间就让消费者感动，如雕牌洗衣粉的亲情广告，一个稚气的孩子吃力地为母亲端水洗脚，便“润物细无声”，起到了很好的效果。一些公益广告用很少的钱就能“四两拨千斤”。

4. CRM 可以使关系适度，更好发挥关系营销

中国人传统文化的基础之一就是“中庸”，“中者，不偏不倚也”。这也就是说凡事要把握“度”，企业在进行关系营销的时候也一样，要把握分寸。这主要体现在“关系”的建立、巩固和利用上。

通常，消费者在首次购买或服务时，也就是“关系”建立之初，销售人员都会很贴心地服务，令消费者倍感亲切，但是如果销售人员坚持探询消费者更多的信息，这可能会引起反感，而使得之前的努力白费。其实每个人都有自己的隐私，尤其在这个信息社会里，人们很不愿开放自己的信息，而且人与人之间是有着心理距离的，所以说获取顾客信息要掌握好技巧，同时建立好的关系并不是说必须要详细地了解顾客的信息。比如现在消费者在房地产商的售楼人员面前会很小心地保护自己的个人信息和联系方式，这样的话，好的“关系”从何建立？关系的维系和巩固也十分重要，企业必须要主动地联系消费者，让消费者感受到企业的诚意。

CRM 的基础就是数据，但这并不是最后的目的，CRM 的目标是在数据的基础上为企业的运营服务。在“关系”的利用上，CRM 的模型一般都会有交叉销售分析的结果，CRM 的魅力也恰恰在此，有很多经典的案例。但是这样也会有风险。有的电子商务网站利用顾客在注册时留下的兴趣爱好，向消费者的电子邮箱发送了过量的信息，就引起了很大的厌恶。因为一是顾客留下的偏好可能是过于宽泛，二是偏好的复杂多变，三是发送的垃圾信息的频次，都会带来灾难性的后果。的确，足够多的数据会让企业的 CRM 更加锋利，可是这要依靠积累。

5. CRM 可以帮助企业补救“关系”

“关系”的维持肯定不会是百分之百的成功，一定会有失败了的、流失的关系。客观上的顾客流失，比如顾客的死亡、搬迁、生命周期的变化等等是正常的，但是主观上的顾客流失，比如是由于服务不周，供货不及时等造成的顾客不满意而带来的流失则是很可惜的。那么面对这些破裂了的关系，企业应该怎么办呢？

企业要考虑长远的利益，所以说，“关系”的修复也就是企业应该做的了。虽然 CRM 很少有关于服务补救的模块，但是从顾客流失模块中可以发掘到补救的时机，如果再加上合适的补救措施，也许“旧船票”也可能“登上往日的客船”。有些实证研究表明，在企业的产品或者服务出现问题时，合理的补救措施会带来更高的顾客满意和顾客忠诚。

学习伴随案例：

迪克连锁超市客户关系管理案例

肯·罗布有一个秘密，但实际上他并非那种不愿袒露心迹的人。他性格外向开朗，心里想什么就说什么，从不犹豫，这一点很好，因为他是迪克连锁超市的高级营销副总裁，这是一家在威斯康星州乡村地区拥有八家分店的超级市场。噢，原来这与当美国中央情报局的头不太一样，所以他的“秘密”也不可能让詹姆斯·邦德(James Bond，007系列电影中的神探——译者注)感兴趣。我们只是想说罗布知道一些不为其对手所了解的东西。

罗布的秘密是当他的顾客来商场采购时，他十分了解这些顾客想要买些什么。这一点连同超市所提供的优质服务的良好声誉，是迪克连锁超市对付低价位竞争对手及类别杀手的主要防御手段。迪克超市采用数据优势软件(DataVantage)——一种由康涅狄格州的关系营销集团(RMG，Relationship marketing group)所开发的软件产品，对扫描设备里的数据加以梳理，即可预测出其顾客什么时候会再次购买某些特定产品。接下来，该系统就会“恰如其时地”推出特惠价格。

它是这样运行的：在迪克超市，每周消费25美元以上的顾客每隔一周就会收到一份订制的购物清单。这张清单是由顾客以往的采购记录及厂家所提供的商品现价、交易政策或折扣共同派生出来的。顾客购物时可随身携带此清单也可以将其放在家中。当顾客到收银台结账时，收银员就会扫描一下印有条形码的购物清单或者顾客常用的优惠俱乐部会员卡。无论哪种方式，购物单上的任何特价商品都会被自动予以兑现，而且这位顾客在该店的购物记录会被刷新，生成下一份购物清单。

“这对于我们和生产厂家都很有利，因为你能根据顾客的需求订制促销方案。由此你就可以做出一个与顾客商业价值成正比的方案。”罗布说。

迪克超市还依靠顾客特定信息，跨越一系列商品种类把订制的促销品瞄准各类最有价值的顾客。比如，非阿司匹林产品(如泰诺)的服用者可以被分成三组：全国性品牌，商店品牌和摇摆不定者。这些组中的每组顾客又可以根据低、中、高用量被分成三个次组。用量就代表着在某类商品中顾客对迪克超市所提供的长期价值(仅在这一个产品种类中，就有6个“模件”，产生出总共9种不同类型的顾客——这足以发动一次批量订制营销运动了)。

假设超市的目标是要把泰诺用户转变成商店品牌的用户，那么罗布就会将其最具攻击性的营销活动专用于用量大的顾客，因为他们最有潜在价值。

给予大用量顾客的初始折扣优惠远高于给予低用量和中等用量的顾客。促销活动的时间会恰好与每一位顾客独有的购买周期相吻合，而对这一点，罗布通过分析顾客的以往购物记录即可做出合理预测。

“顾客们认为这太棒了，因为购物清单准确地反映了他们要购买的商品。如果顾客养有狗或猫，我们就会给他提供狗粮或猫粮优惠；如果顾客有小孩，他们就可以得到孩童产品优惠，比如尿布及婴幼儿食品；常买很多蔬菜的顾客会得到许多蔬菜类产品的优惠。”罗布说，“如果他们不只在一家超市购物，他们就会错过我们根据其购物记录而专门提供的一些特价优惠，因为很显然我们无法得知他们在其他地方买了些什么。但是，如果他们所购商品中的大部分源于我们商店，他们通常可以得到相当的价值回报。我们比较忠诚的顾客常会随同购物清单一起得到价值为30到40美元的折价券。我们的目标就是回报那些把他们大部分的日常消费都花在我们这儿的顾客。”

有时可以通过获取其他相关单位的赞助，来尽量减少折扣优惠所造成的经济损失；反过来，这些单位可以分享你不断收集到的信息资讯。以迪克超市为例，生产厂商会给予绝大多数的打折商品补贴。作为整个协议的一部分，生产厂家可以获得从极为详尽的销售信息中所发现的分析结果（消费者名字已去除）。这些销售信息的处理加工均是由关系营销集团进行的，这家公司不但提供软件产品，而且还提供扫描数据采掘服务。

（资料来源：服务与营销论坛 http://www.c800.com/msg/2007/05/31/04.php）

思考题：1. 迪克成功的秘密何在？迪克连锁超市是怎样来维护的？

2. 客户关系管理的作用是什么？

本章关键术语中英文对照

顾客感知价值	customer perceived value		
顾客期望	customer expectation	顾客价值	customer value
顾客满意	customer satisfaction	关系营销	relationship marketing
顾客让渡价值	customer delivery value		
顾客满意度	customer satisfaction degree		
顾客满意度指数	customer satisfaction index		
客户关系管理	customer relationship management		
期望差异理论	expectancy disconfirmation theory		
战略体验模块	strategic experiential modules		

续表

持续性的关系营销		continuous relationship marketing	
感知利得	perceived benefits	感知利失	perceived sacrifices
消费前期望	pre-purchase expectation	正差异	positive disconfirmation
负差异	negative disconfirmation	价值链	value chain
一对一营销	one-to-one marketing	总顾客价值	total customer value
总顾客成本	total customer cost	顾客抱怨	customer complaint
感知质量	perceived quality	感知成本	perceived cost
体验营销	experiential marketing	顾客忠诚	customer loyalty

本章重要概念中英文释义

1. 顾客感知价值:顾客对于某一产品或服务所感知到的价值与得到这些产品(或服务)所耗费的成本的溢价。

customer perceived value: the ratio of benefits to the sacrifice necessary to obtain those benefits.

2. 顾客让渡价值:指总顾客价值与总顾客成本之差。总顾客价值包括了产品价值、服务价值、人员价值和形象价值四个方面;总顾客成本则包括了货币价格、时间成本、精力成本和体力成本四个方面。

customer delivery value: the margin between total customer value and the total customers cost. the total customer value include product value, staff value, service value and image value; the total customer cost value include money cost, time cost, energy cost and manual cost.

3. 顾客价值:企业为顾客所带来的一切利益,它应该是产品价值、人员价值、服务价值、形象价值、体验价值的总和。

customer value: all the benefits brought by enterprise for customers. It should include product value, staff value, service value, image value and experience value.

4. 顾客满意:指一个人通过对一个产品或服务的可感知的效果(或结果)与他的期望值相比较后所形成的愉悦或失望的感觉状态。

customer satisfaction: the feeling that a product has met or exceeded the customer's expectations.

5. 关系营销:企业与顾客、分销商、经销商、供应商等建立、保持并加强关系,通过互利交换及共同履行诺言，使有关各方实现各自目的。

relationship marketing：Business maintains and strengthens relations with customers，distributors，dealers，suppliers，etc. They through mutually beneficial exchange and jointly fulfil its promise to achieve their respective purpose.

6. 客户关系管理：它是一种以客户为中心的管理理念和战略，是建立在互联网和电子商务基础上的一个新的系统，最终目的是实现并提高企业的价值。

customer relationship management：It is a customer-focused management philosophy and strategy. It is a new system which built on the internet and e-commerce basis. Its ultimate aim is to achieve and enhance the value of the enterprise.

本章小结

本章介绍了顾客价值、顾客满意、顾客满意度以及客户关系管理等内容。内容要点主要包括：

(1)顾客感知价值就是顾客对于某一产品或服务所感知到的价值与得到这些产品(或服务，下同)所耗费的成本的溢价。顾客满意是指一个人通过对一个产品或服务的可感知的效果(或结果)与他的期望值相比较后所形成的愉悦或失望的感觉状态。顾客感知价值与顾客期望之间的比较决定顾客是否满意。

(2)顾客价值是企业为顾客所带来的一切利益，它应该是产品价值、人员价值、服务价值、形象价值、体验价值的总和(所谓体验价值主要是由企业借助产品、服务等载体来向顾客提供体验，这些体验也带给顾客价值，因此也是顾客价值构成的一部分)。顾客价值的重要意义主要表现在：①顾客价值是企业获得利润的源泉；②顾客价值是企业持续发展的关键；③顾客价值是企业创新的前提；④顾客价值为企业核心竞争力在企业开拓市场的过程中发挥了巨大的作用。顾客价值提升策略：①通过优化价值链来建立优势；②提高员工素质；③加强企业间的竞争合作；④更好地利用网络资源；⑤加强营销体验。

(3)顾客让渡价值是指总顾客价值与总顾客成本之差。总顾客价值就是顾客期望从某一特定产品或服务中获得的一组利益。顾客让渡价值的提升：①提高生产效率，提高产品质量；②提供完善的服务；③提高员工素质；④提升企业自身形象；⑤努力提高工作效率，减少时间成本；⑥减少获取信息的成本；⑦降低精神与体力成本。

(4)顾客满意对企业的意义：①顾客满意是企业存在和发展的需要；②顾客满意将使企业获得更高的长期盈利能力；③顾客满意使企业在竞争中得到更好的保护；④顾客满意使企业能够更好地应付顾客需求的变化。

(5)顾客满意度是顾客满意程度的简称。它是顾客满意的量化统计指标，描述了顾客对产品的认知(期望值)和感知(实际感受值)之间的差异，可以测量顾客满意的程度。顾客满意度受到预期质量、感知质量、感知成本、宣传和承诺、对顾客投诉的处置的影响。顾客满意度调查可以调整企业经营战略，提高经营绩效；塑造新型企业文化，提升员工整体素质；促进产品创新，利于产品/服务的持续改进；增强企业竞争力。顾客满意度评估应遵循指标重要可控制性、测量性等原则。顾客满意度的衡量指标分为四层：一级指标、二级指标、三级指标、四级指标。衡量方法主要有直接和间接两种。

(6)客户关系管理没有统一的定义，但是它们的核心思想却是一致的，它们都认为客户是企业发展最重要的资源之一，对企业与客户发生的各种关系进行全面管理，进一步延伸了企业供应链管理。客户关系管理的主要内容：企业组织分析、客户分析、信息交流、建立良好的客户关系保留与吸引客户；其主要特征是一对一营销、高度集成的交流渠道、基于 INTERNET 的基础架构；它的实施主要在于对人的投资。

(7)客户关系管理是对关系营销的继承和创新。客户关系管理可以通过数据库营销来加强与顾客的关系，可以维护应该的、必须维护的顾客关系，并且能够针对性地、适度地建立关系，还可以帮助企业进行关系“补救”。

本章思考题

1. 顾客感知价值、顾客期望和顾客满意之间的关系是什么？
2. 顾客价值优势有什么意义？
3. 提升顾客价值的策略有哪些？
4. 顾客满意对企业有何意义？
5. 顾客满意度的衡量指标是怎样的？
6. 客户关系管理的功能有哪些？
7. 客户关系管理在关系营销中是如何运用的？

本章实践题

通过对本章的学习，运用本章所学习的内容，根据顾客满意度的衡量指标，设计本校学生对于学校满意度的学生满意度调查问卷，以此来调查本校学生对学校的满意程度。

推荐阅读书目

1. 万后芬，汤定娜，杨智. 市场营销教程[M]. 北京：高等教育出版社，2003

2. 菲利普·科特勒，凯文·莱恩·凯勒著，梅清豪译. 营销管理（第 12 版）[M]. 上海：上海人民出版社，2006

3. 彭志忠，李蕴. 客户关系管理——理论、实物与系统应用[M]. 济南：山东大学出版社，2005

4. 李扣庆. 顾客价值优势论[M]. 北京：经济科学出版社，2004

5. 朱立恩. 顾客满意——服务企业理解 GB/T19000—2000 标准的新视角[M]. 北京：中国标准出版社，2003

6. [美]罗卜特 B·伍德拉夫（Robert B. Woodruff），萨拉·费雪·加缔（Sarah Fisher Gardial），董大海，权小妍译. 洞察你的顾客[M]. 北京：机械工业出版社，2004

7. [英]马丁·克里斯托弗，[英]阿德里安·佩恩，[澳]大卫·巴伦泰恩. 逸文译. 关系营销——为利益相关方创造价值[M]. 北京：中国财政经济出版社，2005

第三章　战略规划与市场营销过程

本章主要内容

1. 企业战略的涵义与战略层次
2. 企业战略规划的一般过程、企业增长战略类型及其特征
3. 市场营销的一般过程、4P 与 4C

本章重点与难点

重点：

1. 企业增长战略
2. 市场营销的一般过程、4P 与 4C

难点：

1. 各类企业增长战略的正确理解
2. 4P 与 4C 的互补性应用

本章要求

1. 掌握企业战略的涵义、层次结构。
2. 掌握市场营销的一般过程。
3. 理解战略规划与市场营销的关系。
4. 掌握 4P 与 4C。

开章引例

一块“象牙皂”宝洁“洗”了一百年

宝洁象牙皂 1879 年上市。当时大多数公司都在生产一般的粗制肥皂，只有少数肥皂企业生产一些昂贵的精制皂。宝洁公司决定生产当时市场上没有

的纯净、温和的条形皂。就在制造过程中，又有了另一个意外发现，因为工人在制造中偶然发现它可以漂浮在水面上，这个独一无二的特点很受顾客喜爱。除此之外，那时市场上的肥皂大多是棕色的，象牙皂取而代之以白色，本身就为顾客增加了洁净的感觉。为了使消费者建立起肥皂纯度的概念，当时主管品牌推广的亨利·鲍克特制定了度量纯度的标准，即著名的纯度99.44%的口号，这个口号后来使象牙皂的品牌个性化。除了纯度标准的建立，鲍克特还通过让化学家和医师认证象牙皂的纯度，从而强化该类皂的个性化特征；使用婴儿形象来表征象牙皂最早的象征——柔和。

象牙皂的有效战略取得了惊人的效果，在美国它成了与众不同的肥皂，获得了肥皂市场领先的份额。但是20世纪50至60年代出现了新的香皂品牌来分割香皂市场。第一个就是Dial，Dial是第一个除臭皂产品，除了基本的清洁功能，它还具有除臭功能；第二个是Dove，Dove特别强调对皮肤的护理，被称为美容皂。随后，除臭皂和美容皂也相继多了起来，对象牙皂构成了威胁，这些新品种有象牙皂没有的特点。面对这种市场态势，宝洁公司并没有将这些特点中的一个或多个添加到象牙皂中，而是继续保持象牙皂原来的特点：白色、可飘浮、99.44%的纯度；但其从具有与众不同特点的肥皂变成了具有较高性价比的普通型肥皂。为了实现其高性价比，新的象牙皂提倡要拥有一个有基本功能但不加装饰，没有不必要的成分和香料，包装也力求简单，没有艳丽的色彩；同时采用捆式包装，每捆6块一起卖，提高销量。由于进行及时而科学的调整，并实施包括营销策略在内的有效的基本职能管理活动，象牙皂继续保持了它的市场领导地位。

（改编自：一块"象牙皂"宝洁"洗"了一百年. http://www.jrj.com.cn/NewsRead/Detail.asp? News ID=212080）

"战略管理是企业经营的纲领，没有经营纲领的企业是盲目的、短视的经营"、"战略第一，没有方向等于零"等充分说明了战略规划的重要性。战略规划（strategy plan）是企业高层管理人员在充分分析企业外部环境和内部条件的基础上，为了企业长期的生存和发展而进行的谋划。无论企业规模大小，都必须要有战略，都必须要进行战略规划。如宝洁公司在一开始发现许多肥皂企业生产粗制肥皂时，决定生产当时市场上没有的纯净、温和的条形皂，即采用差异化战略。然而，企业组织是一个开放系统，受外部环境的影响，因而，企业必须要认清这些影响，以便适时调整战略以适应外部环境的变化，提高企业适应能力，使企业可持续发展下去。如宝洁意识到Dial、Dove的进入对它构成竞争威胁时，及时转向为低成本战略。

战略直接关系到企业发展方向，关系到企业的前途和命运，是全局性、长远性、纲领性的谋划，它对企业的基本职能管理活动（如生产运作管理、财务管理、市场营销管理、人力资源管理等)进行有机整合,使企业整体经营管理水平达到最优。由此可见,市场营销管理活动必须在战略规划的指导下有目的地进行,是与战略规划相适应的,以达到战略目标的最终实现。如宝洁为适应开始的差异化战略,建立纯度标准、运用证言广告宣传、使用婴儿形象等来表征它的象牙皂的与众不同;而在调整成为低成本战略后,相应地采用简单包装、捆式包装进行销售来降低成本。以上充分说明,市场营销与战略规划密不可分,前者可被看作是后者实施的重要保证。

第一节　企业战略的涵义与战略层次

一、企业战略的涵义和特征

战略(strategy)一词原是个军事方面的概念。在中国,它源于兵法,指将帅的智谋;《辞海》如此解释:军事术语,对战争全局的筹划和指挥;《中国大百科全书、军事卷》解释为指导战争全局的方略。在西方,战略概念起源于古代的战术,与希腊文"strategos"相对应,其涵义是"将军",原指将帅本身,后来指军事指挥中的活动。

其实,究竟何为战略,尚无统一的定义,不同学者给出的定义有所差异。安索夫从战略构成的要素角度认为战略体现为产品与市场范围、增长向量(发展方向)、竞争优势、协同作用(整体效应);拜亚斯认为战略包括对实现组织目标和使命的各种方案的拟定和评价,以及最终选定将要实施的战略方案;德鲁克认为战略是企业发挥战略优势、迎接环境挑战而制定的统一的、内容广泛的、一体化的计划(plan);贝茨和艾德雷奇认为战略是组织投入其资源、实现其目标的指导哲学,它为组织做出必要的行动决策提供约束和限制。综上所述,本书认为战略是指企业在市场经济、竞争激烈的环境中,在总结历史经验、调查现状、预测未来的基础上,为谋求生存和发展而做出的长远性、全局性的谋划或方案,是企业一系列决策的结果,是创造竞争优势的必要前提,是制定中长期计划的依据。

企业战略具有以下几大特征:

(1)全局性。以企业全局为研究对象,确定总目标,规定总行动;不是研究局部性质问题,而是整体发展。

(2)长远性。着眼企业的未来,谋求企业长远利益。

(3)纲领性。为实现战略目标和企业使命的一种原则性、概括性、面向未来的一种粗线条的总体谋划,而不是着眼于现实的细枝末节;它不在于精细,而在于洞察方向。

(4)抗争性。是企业战胜对手,应付环境威胁和挑战的整套行动方案,是针对竞争对手制定的,具有直接的对抗性。

(5)风险性。考虑的是企业的未来,而未来是不确定的,因而企业战略必然具有一定的风险性。

(6)层次性/结构性:企业战略根据战略决策问题、战略侧重点的差异划分为公司总体战略、经营单位战略、职能战略。

二、企业战略层次

企业总体战略目标的实现需要企业内部各个经营单位和各个业务部门共同努力,因而,相应地企业战略分为不同的层次,一般分为公司战略、经营(事业部)战略、职能战略。三类战略在决策问题、风险、成本等方面有差异。由表 3-1 可以看出,公司战略和经营战略强调"做正确的事"(do the right things),而职能战略则强调"将事情做好"(do the things right)。只有将被选择的正确的事做好,才能使企业有效地发展。同时,从表中还可以看出,三个层次战略是相互作用、紧密联系的;一个企业要想成功,必须将三者有机地结合起来。图 3-1 说明企业上一层次的战略构成下一层次的战略环境,因而,下一层次战略制定必须依据上一层次战略,并与之相协调;同时,低一层次战略为上一层次战略的实施提供保障和支持。

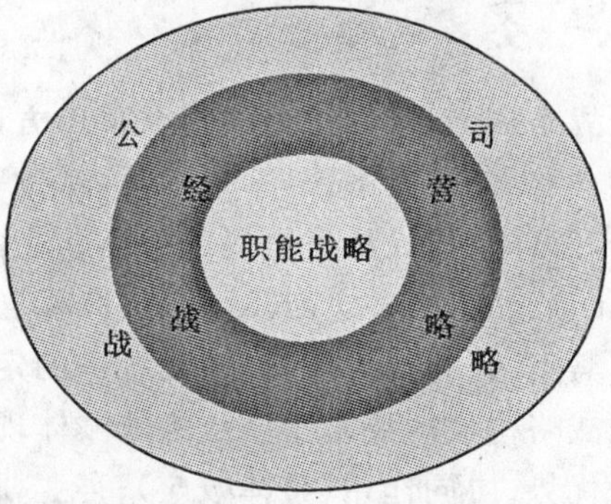

图 3-1 企业三个层次战略的关系

表 3-1 战略三个层次的特点

战略层次	特点
公司战略 (corporate-level strategy)	企业总体的、最高层次的战略,决策问题:一是经营业务选择,二是资源在各经营业务(事业部)间的分配 不甚具体,灵活性大,需要外部信息多,风险大,成本高
经营(事业部,业务层)战略 (strategic business unit strategy or busines-level strategy)	也称竞争战略,处于战略结构的第二层次。决策问题:在选定的业务范围内或在选定的市场—产品区域内,事业部门应在什么样的基础上进行竞争,才能取得超过竞争对手的竞争优势 较具体,相对较小的风险、成本
职能战略 (function-level strategy)	为落实上级的战略计划,具体进行生产、营销、研发、人力资源管理、财会等职能活动的决策 作业性的、具体的,风险小,成本小

第二节 企业总体战略规划

规划总体战略就是企业高层管理者为保持企业目标与不断变化的经营环境相适应而制定长期战略的管理过程，具体包括确定企业任务和目标、制定企业业务投资组合、规划企业的增长战略。

一、确定企业任务和目标

（一）确定企业的任务

1. *确定时应考虑的因素*

企业任务的确定就是对该企业的业务性质、服务的顾客群进行思考和解答。企业任务的确定可以使企业明确自身的活动领域和发展总方向。企业任务通常由其高层管理者决定。在确定时应考虑如下因素：

(1)企业的历史和特色。除非是新企业，任何企业都有其历史和特色，它是企业持续发展的基础和资源，因而，确定企业任务时必须注意自身的历史和特色的延续性，使企业能在充分利用原有的资源或优势的基础上快速成长。

(2)市场环境的发展和变化。根据组织与环境互适性原理，任何企业组织的存在都必须与总体环境相适应，因而，环境的发展和变化预示着企业任务需要作必要的调整；通过环境分析，把握环境的发展和变化，以便从中识别企业面对的机会和威胁，然后，企业任务确定时要确保利用机会，避开威胁。

(3)企业资源的变化。资源是企业任务完成的限制因素之一，因而，必须明确企业资源(主要包括人力资源、金融资源、物质资源、信息资源和关系资源等)现状和可能的变化趋势，为确定企业应该进入哪些领域提供决策依据。

(4)企业领导者的偏好。企业主要领导者都有着自己的人生观和价值观，对某些问题有着自己独特的偏好，如追求产品的创新、注意产品的品质或顾客服务等，这些偏好对企业任务的确定有很大影响。

(5)企业的核心能力(core competence)。核心能力是企业发展独特技术、开发独特产品和创造独特营销手段的能力，是企业持久竞争优势的源泉，是多元化战略的核心和基础。越来越多的战略管理学者认为，企业间的竞争实质上是核心能力之间的竞争。因而，企业任务应尽可能利用核心能力，并在任务执行过程中能培育核心能力，从而不断提高竞争优势。

(6)相关利益主体的要求与期望。股东、员工、债权人、顾客、竞争者、政府、社区、公众等相关利益主体的要求与期望既可能成为企业生存和发展的支持力量，也可能成为制约力量。

2. 任务报告应遵循的原则

企业任务应以任务报告形式表述出来，一份有效的任务报告应符合以下原则：

(1)市场导向原则。企业任务首先应明确企业的业务经营范围，在这一点上，传统的表述是用企业生产的产品或所在的行业，如“本公司旨在销售复印机”，然而产品和技术都会随市场需求的变化而调整；根据市场营销观念，企业的业务活动是一种满足顾客需要的过程，是为了满足市场需求来提供相应产品，而不是单纯的制造产品。因而，企业应时刻关注市场需求动向，坚持市场导向来确定企业的任务，如“本公司旨在提高办公自动化的效率”就显示了市场需求导向的企业任务，在这一任务下，企业经营范围不再局限于复印机，只要能提高办公自动化效率的均可被企业所考虑。

(2)切实可行原则。应避免把任务规定得太窄或太宽，如某电话电报公司的任务确定为“提供更迅速、更有效地传达信息的工具”是可行的，而一个造纸公司的任务确定为“生产信息传播的工具”那就太宽了，需要太多投入和太多项业务才能实现。

(3)富有鼓动性原则。管理者和员工都希望所从事的工作对社会富有价值和良好的发展前景，因而，企业任务要能激励企业全体员工的进取心和积极性。如商务通的“科技让你更轻松”、奥帝泊在线的“帮助别人，成就自己”、民生银行的“为民开源，生生不息”，及某化肥公司的“增进农业生产力，以解决世界粮食短缺”，都富有激励性。

(4)具体明确原则。指明确完成任务的主要方针和措施，如规定如何对待顾客、供应商、经销商以及如何对待竞争者等，尽量限制个人作任意解释的范围，避免误解和曲解。

(二)确定企业目标(corporate objectives)

企业总任务确定后，需要具体化为企业各个管理层的支持性目标，形成一整套完整的目标管理体系，各层次的分目标体现总目标对其要求，同时也体现其对总目标的责任与贡献。企业常用目标包括产品销售额和销售增长率、市场占有率、生产率、利润和投资收益率、产品创新、研究与开发、企业形象等。其中，利润和投资收益率是企业最重要的目标。

企业目标制定应把握以下原则：

(1)层次性原则。一个企业同时往往有多种目标，但有主次和轻重缓急之分，因而有必要通过目标重要性的分析与排序分出哪些目标是重要的、关键的，哪些是派生的、次要的。要突出企业经营成败的重要问题、全局问题，避免将职能目标替代企业的战略目标。

(2)可行性原则。考虑资源条件和主观努力程度，确保所制定战略能如期完成。

(3)定量化原则。表现为数量指标和质量指标，保证可衡量性和可比性。

(4)一致性/平衡性原则。横向一致指各分目标间的协调；纵向一致指公司总体目标与子目标协调一致。

(5)激励性原则。指只有通过努力才能完成所制定的目标，只有这样，全体员工才会产生工作压力和紧迫感，进而会全力以赴，努力工作去实现目标。

(6)稳定性原则。一经制定，保持相对稳定性，但当环境变化使目标与之不适应时，则要作相应调整。

二、制定企业业务投资组合

大多数企业同时进行多项业务的经营，但不同业务的市场占有率和所在行业成长情况有差异，因而，在企业资源有限的情况下，有必要分析评价现有业务状况，以确定应发展、维持、缩减、淘汰的业务，使企业资源得到最优化的配置。企业业务投资组合有以下步骤。

(一)确定战略业务单位

这是业务投资组合分析的前提。战略业务单位是企业值得为其专门制定经营战略的最小经营管理单位。它可以是企业组织中的一个部门或一个单位，也可以是企业所经营的一类产品或一种产品，还可以是一个品牌。

(二)决定资源分配

这要基于对各战略业务单位经营效果的分析和评估。其方法通常是波士顿矩阵法和通用电器公司法。

1. 波士顿矩阵法(boston consulting group approach)

它由美国著名咨询公司波士顿咨询公司提出。该模型用“市场增长率(market sale growth rate)—相对市场占有率(relative market share)矩阵”来分类和评价企业的所有战略业务单位(图 3－2)。在矩阵中，纵坐标代表市场增长率，即一定时期市场销售增长的百分比，可以年为单位。市场增长率以 10%为界，高于 10%为高增长率，低于 10%为低增长率。横坐标代表相对市场占有率，即各战略业务单位的市场占有率与其所在行业中最大竞争者的市场占有率之比。相对市场占有率以 1 为界，高于 1 为高相对市场占有率，反之则为低相对市场占有率。矩阵中的圆圈代表企业所有的战略业务单位，圆圈的位置表示各单位的市场增长率和相对市场占有率的状况，圆圈的面积表示各业务单位销售额的大小。

矩阵法把企业所有业务分为四种类型，各类型具有不同的特点，因而，需要配合以不同的策略(表 3－2)。

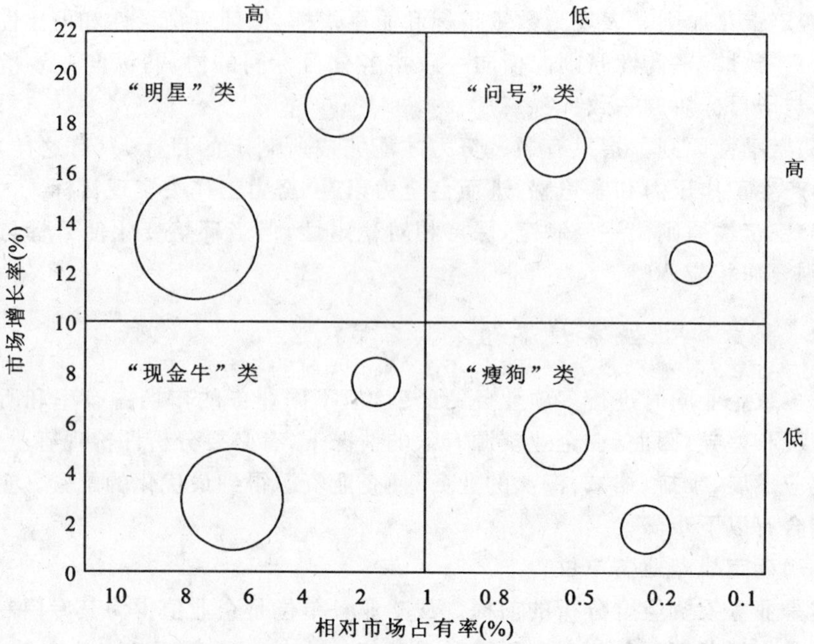

图 3-2　波士顿"市场增长率—相对市场占有率矩阵"法

表 3-2　四类业务的特征与策略

业务类型（象限）	特征			策略
	市场增长率	相对市场占有率	其他特征	
"问号"类（question marks）	高	低	多数产品的最初类型；前景并不明朗；有可能转变为"明星"类	发展策略：对有望转变为"明星"类的业务，投入大量现金，扩大生产，加强推销 收割或放弃策略：对无望转变为"明星"类的业务
"明星"类（star）	高	高	处于迅速增长阶段，发展前景可观；由"问号"类成功经营发展而来；向"现金牛"类发展而去	发展策略：投入大量资金维持并促进快速发展
"现金牛"类（cash cows）	低	高	由"明星"类转变而来，产生较高收益	维持策略：维持大"现金牛"类，使其继续提供"财源" 收割策略：放弃弱小"现金牛"，尽可能追求短期利润
"瘦狗"类（dogs）	低	低	微利、保本甚至亏损	收割策略、放弃策略

从产品生命周期来看，一项业务可能依次经历"问号"类—"明星"类—"现金牛"类—"瘦狗"类。但由于企业营销管理的不同，某项业务也可能发生跳跃，如放弃掉的"问号"类业务就可能直接转化为"瘦狗"类业务。

企业对其所有战略业务单位进行分类以后，需要评估自己的业务组合是否恰当。一般来说，市场占有率越高，业务单位的盈利能力越强，利润水平也有可能越高；市场增长率越高，业务单位所需的资源也越多。因此，对一个企业来说，"现金牛"类和"明星"类的业务不能太少，"问号"类和"瘦狗"类的业务不能太多。

2. 通用电气公司法(GE's strategic business-planning grid)

通用电气公司认为，企业在分析其战略业务单位时，不仅要考虑市场增长率和相对市场占有率，还要考虑更多的因素。这些因素可归纳为市场吸引力(market attractiveness)和竞争力(competitiveness)。市场吸引力取决于市场大小、市场年增长率、历史利润率、竞争强度、技术要求、由通货膨胀引起的脆弱性、能源要求、环境影响及社会、政治、法律的因素等。竞争力则取决于该业务单位的市场占有率、市场占有率增长、产品质量、品牌信誉、商业网、促销能力、生产能力、生产效率、单位成本、原料供应、研发成绩及管理人员素质等因素。企业只有进入那些既有市场吸引力、自己又拥有相对优势的市场，才能取得成功。于是，通用电气公司对波士顿法进行发展，提出了"多因素投资组合矩阵"(图 3－3)。矩阵中的两个因素分别是市场吸引力和竞争力，这两个指标又分别由多个因素组成，因而使企业战略业务单位的分析、评价更全面、可靠。

图 3－3 矩阵中，纵坐标代表市场吸引力，有大、中、小之分；横坐标代表竞争力，有强、中、弱之别；圆圈代表企业的战略业务单位；圆圈的位置代表战略业务单位的市场吸引力和竞争力的状况，市场吸引力和竞争力数值通过对每个因素分等级打分(最低分 1 分，最高分 5 分)，并给出权数计算加权值，加权累计得出；圆圈的大小表示各个战略业务单位所在行业市场的规模大小；圆圈内的阴影部分则表示各业务单位的市场占有率。依据市场吸引力的大、中、小，竞争力的强、中、弱，通用电气公司法将市场分为九个区域、三个地带(表 3－3)。

表 3－3　通用电气公司法的类型划分与战略设计

三个地带	绿色地带	黄色地带	红色地带
区域构成(对应图 3－3)	Ⅰ、Ⅱ、Ⅳ	Ⅲ、Ⅴ、Ⅶ	Ⅵ、Ⅷ、Ⅸ
战略设计	市场吸引力和战略业务单位的竞争力都比较有利，适合增加投资和发展的战略	市场吸引力和战略业务单位的竞争力总体上处于中等水平，适宜维持原投资水平和市场占有率	市场吸引力偏小，战略业务单位的业务力量偏弱，适宜收割或放弃

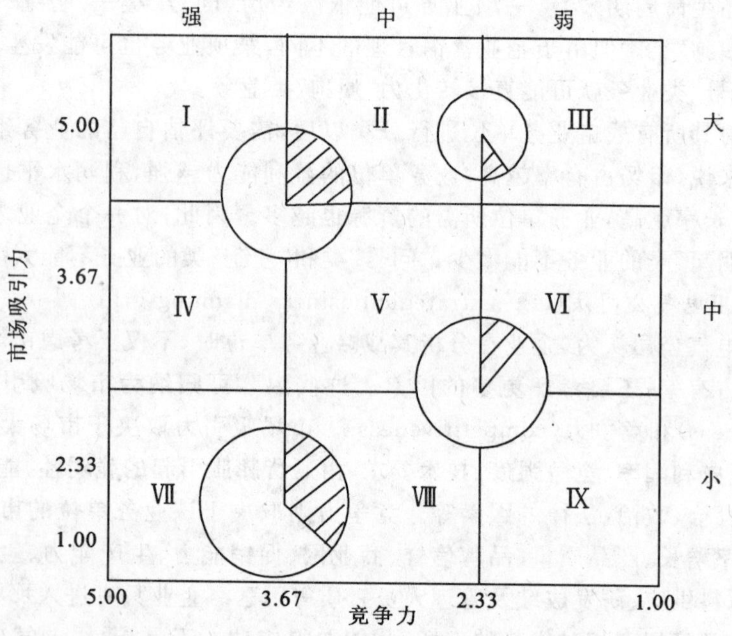

图 3-3　通用电气公司“多因素投资组合矩阵法”

波士顿咨询公司法和通用电气公司法给战略计划的制定带来了革命性的创新，但它们也有局限性。首先，采用这些方法可能难度较大、费时耗资、成本昂贵；其次，管理部门可能发现和确定战略业务单位、测量市场份额和市场增长率都很困难；最后，这些方法基本集中在对当前业务的分类和评价上，对未来业务很少能提供参考建议。管理者只能依靠经验为各个业务单位制定目标、配置资源以及引入新业务。这些局限性不可避免地会产生一些问题：如可能使企业过于强调市场份额的扩大或通过进入有吸引力的新市场实现增长，结果导致虽然取得了高速增长，但却由于进入了不相关的业务，缺乏管理经验而最终导致失败；还有些企业则可能过早地放弃了健康成熟的业务，失去继续发展的机遇。

三、规划企业的增长战略

企业要可持续发展，就不能停留在现有业务的发展上，而是要培育新的利润增长点，做到“后继有业”，因而，在评价当前业务的同时，还必须分析选择宜于企业增长或发展的市场机会即寻找企业的新业务。市场机会的实质即为市场上存在的未被满足的需求。只有当市场机会与企业的任务相一致，企业具备利用该机会的资源优势，利用该机会有利于企业目标实现时，市场机会才能成为可被企业利用的企业机会。

企业在寻找新业务时可以有三种思考：一是分析现有业务领域范围是否有进一步发展的机会；二是上下游行业或同一行业中是否有进一步发展的机会；三是与自己目前业务无关的领域是否有较强吸引力的市场机会，也即企业增长战略可以通过表 3-4 的途径来实现。

表 3-4　企业增长战略

三大类增长战略	密集化增长战略	一体化增长战略	多角化增长战略
具体类型	市场渗透	后向一体化	同心多角化
	市场开发	前向一体化	水平多角化
	产品开发	水平一体化	混合(不相关、集团)多角化

(一)密集化增长战略(intensive growth strategy)

此战略适用于因市场购买潜力尚未达到极限而形成的市场机会，这种机会使企业可能在原有业务领域内求得进一步发展。

1. 市场渗透(market pentration)

学习伴随案例：

外资巨头在华全面渗透

2005 年，中国日化业的全线战斗已经展开。在上一年末 CCTV 的广告招标会上，宝洁在央视砸下 3.85 亿元重金，成为首位外资标王，而此前从未参与央视招标的联合利华也一掷亿元，高露洁则掏出 5 000 万元。另外，雅芳、欧莱雅这些化妆品巨头也不甘落后，纷纷加大广告投放。事实上，宝洁等外资日化巨头除了广告攻势之外，在分销、人力等其他业务环节中为了扩大在中国的销售已备战多时。如果说央视广告是行业发展的晴雨表，那么外企在 7 亿广告中分得大约 80%的份额，是否也已预示了未来中国日化市场的势力分布？有人惊呼，以宝洁为代表的外资企业，在遭遇本土日化枭雄狙击后重新收复了大批失地，如今开始全线清场。

(引自：联合利华：品牌瘦身与市场渗透. http://club.hr.com.cn/bbs/archiver/? tid-10256.html)

通过各种营销手段促使现有顾客增加购买数量，争取竞争对手的顾客，以及吸引新顾客(潜在顾客、从未购买本企业产品的顾客)购买本企业的产品，从而扩大现有产品的销售量，实现企业业务增长，这种增长战略即为市场渗透。如宝洁等日化业外资企业运用广告、分销等营销手段扩大现有产品在中国市场的销售量，从而实现企业业务的增长。

2. 市场开发(market development)

学习伴随案例：

日化外资进攻中国二、三级市场

2004年末，宝洁、联合利华、高露洁等外资日化企业在CCTV广告招标会上一掷千金，尽管最后标王被宝洁夺走，成为首位外资标王，但这些外资企业纷纷加大广告投放的行动折射出外资对央视这一中国最大覆盖面的超级营销平台的空前重视，显示出它们不仅觊觎中国一级市场，而且对中国二、三级市场也酝酿已久，似有势在必得的野心，真如联合利华一位经理所说，没有一个外资企业不想占领中国二、三级市场。这样一来，外资品牌除了在一级市场继续巩固自己的地位外，还将投入大量资源"下乡"，挤压本土品牌割据的二、三级市场。

(引自：联合利华：品牌瘦身与市场渗透. http://club.hr.com.cn/bbs/archiver/? tid-10256.html)

通过努力开拓新市场扩大现有产品销售量，实现企业业务增长，即为市场开发增长战略。市场开发的主要方式：一是扩大现有产品的销售地区，如日化外资企业开拓中国二、三级市场，提高其现有产品的销量，从而实现业务的增长；另一种是在现有销售区域内寻找新的细分市场等，如大宝化妆品公司从女性市场切入到男性市场。

3. 产品开发(product development)

学习伴随案例：

松下电器的传真机开发

传真机是由"扫描"、"数据资料压缩"、"传送"、"记录"等四大要素技术有机组合起来的系统产品，传真机产品性能的衡量指标包括电传速度、扫描密度、成本(价格)、操作简便性、体积与重量等。围绕着传真机的产品性能，日本的10多个厂家在开发上展开了激烈竞争。比如，1972年松下电器公司运用自己开发的模拟式数据资料压缩技术推出商用传真机VS701，次年在世界上首次实现了运用静电记录方式的中速商用传真机P2000的量产化，1975年开发出60秒的高速传真机UF100。其后，又将数码处理技术运用于数据资料压缩和记录上，逐步改良和提高产品的性能，从而更好地满足用户需要。从1978—1987年，该公司平均每年有4个型号的新产品问世。从松下电器连续不断地开发出来的新产品上可以发现这样的事实：所有的新产品在技术要素和组合原理上很大程度与原有的产品有着许多共同之处，就是说，所谓的新产品都是在改良产品系统的某一特定部分和追加了原有产品没有的附加性能，由此更好地满足用户的需求的一类产品。

（引自：尹良富.日本企业的竞争优势与产品开发. http://202.198.25.8:8080/was40/full/b425.pdf）

通过围绕原产品，向现有市场提供与原产品属同一类的改型变异产品（如增加花色品种、增加规格档次、改进包装、增加服务等），以满足不同顾客的需要，从而扩大销售，实现企业业务增长，即为产品开发。如松下电器公司运用自身技术创新优势，通过改良或增加传真机产品性能，从而更好地满足了用户需求，进而扩大了传真机的销量。

以上分析表明，密集型增长战略的共同点是通过扩大销售实现企业业务的增长，只不过扩大销售的手段有差异，这种差异可以通过产品和市场两个方面来反映。

（二）一体化战略

当企业所在行业很有发展前途，则企业可考虑实行供产、产销等供应链整合，或同业整合，即采用一体化战略。通过一体化战略实施，企业可以提高对生产或销售的控制，增强企业自身生产和销售的整体能力，从而扩展业务，提高效益。一体化战略有以下三种方式：

(1)后向一体化(backward integration)。即整合上游的原料供应商，以拥有或控制自己的供应系统。如2000年北京三元公司在实施“步步为营、逐步拓展市场”的战略目标过程中，为解决优质奶源不足问题，以控股、托管等方式将呼伦贝尔盟近一半的优质奶源敛入势力范围，不仅解决了奶源短缺问题，而且显著增强了对奶源的控制。

(2)前向一体化(forward integration)。即整合下游的分销商，以拥有或控制自己的分销系统，或沿产业链向下游延伸，从事原属于自己用户经营的业务，如纺纱企业一改以往将纱销售给织布厂的经营模式而自己来织布。

(3)水平一体化(horizontal integration)。即整合行业内现有的竞争对手，或联合同类企业，以扩大经营规模和实力，实现企业业务增长。如北京三元在解决奶源问题后，对紧随而来的产能不足问题，则以930万美元购买卡夫乳品有限公司持有的原中美联合投资企业85%的股权。

从产业链(industry chain)角度看,上述一体化的三种战略可以图3-4形象直观地加以表示。

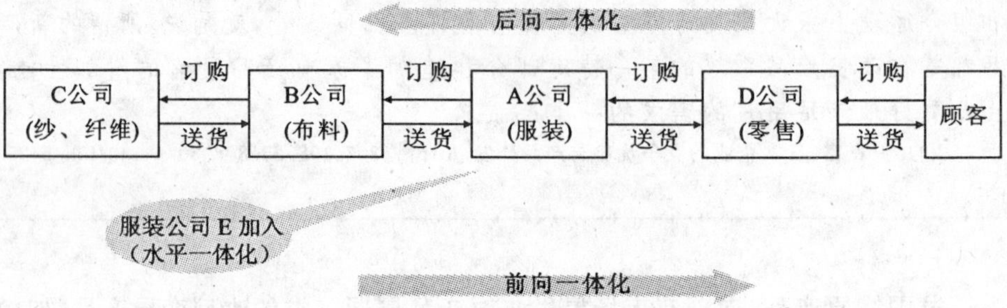

图3-4 产业链与一体化战略

从纺纱公司到服装公司、零售公司,直到顾客,构成了服装行业的产业链,沿链条向上游为后向一体化,向下游为前向一体化;若加入同类企业,则为水平一体化。

(三)多角(元)化增长战略

当企业实施密集型增长和一体化增长受到限制而无法发展,或其他行业有更好的诱人的发展机遇时,企业可考虑选择多角化增长战略。多角(元)化增长是企业利用经营范围之外的市场机会,新增与现有产品业务有一定关联性或毫无关联的业务,实行跨行业经营,从而实现企业业务的增长。

(1)同心多角化(concentric diversification)。利用原有技术、特长开发新产品,犹如从同一圆心向外扩大企业的业务范围,谋求业务增长。由于该战略新、老业务在技术上相关,因而新业务经营风险小,容易成功,同时有利于充分发挥原有技术优势。如海尔依托于冰箱专业化经营中积累的制冷技术方面的优势,成功地进入了冰柜和空调行业。

(2)水平多角化(horizontal diversification)。针对现有市场和现有顾客,利用新技术开发新产品,扩大业务经营范围,谋求业务增长。这种战略中所运用的新技术与企业现有技术没有必然的关系,如娃哈哈继儿童口服液后生产雪饼,雪饼生产技术与最先产品口服液的生产技术是不一样的,但两者的市场顾客群是一样的,均为儿童。由于企业在技术、生产上进入了全新的领域,因而有一定的风险;但由于顾客是一样的,可以充分运用在顾客中已形成的声望和知名度及已建的分销渠道资源,因而可以减少新业务的营销风险。

(3)集团(混合,非相关)多角化(conglomerate diversification)。企业进入与现有技术、产品和市场无关联的经营领域,以寻求新的业务增长,如三九集团进入宾馆服务和工程建设项目。由于新业务与现有业务无关联，因而，这种战略实施风险最大。它需要企业具备足够强的核心能力，资金实力雄厚，管理机制完善，对新业务了解，因而，一般来说，中小企业特别是小企业不适宜采用。

第三节　企业市场营销过程

前面已提到，战略对包括市场营销管理等企业的基本职能管理活动进行有机的整合，达到企业整体经营管理水平最优；市场营销管理活动必须在战略规划的指导下有目的地进行，因而，企业营销战略的制定也必须符合企业总体战略的要求。

一、市场营销战略与总体战略之间的关系

战略规划确定了企业的任务、总体目标及资源在各项业务间的分配。企业总体战略的实施需要各个业务单位分别实施各自的经营(事业部)战略，在总体战略和各业务单位的经营战略实施中，必然涉及生产、营销、研发、人力资源管理、财会等职能管理活动，而其中，市场营销与其他职能不同，它是连接市场需求与企业反应的桥梁、纽带，要想有效地满足顾客需要，就必须将市场营销置于企业的中心地位，由它对其他职能管理活动进行整合集成(图 3－5)，因而，市场营销在实现总体战略方面起着重要的作用，被看作是实现企业战略的重要保证。首先，营销为企业总体战略的制定提供了“应围绕满足关键顾客群的需要而设计”的指导性观念；其次，营销通过识别有吸引力的市场机会以及企业利用这种机会的潜力，为企业的高层管理者提供制定战略的决策依据；最后，在企业的每一个战略业务单位内，营销为实现各自业务单位的目标设计了营销战略。此外，市场营销以顾客需求为导向整合其他职能管理活动，使其他职能活动能围绕更好地满足顾客需求而展开。对应总体战略的制定与实施，及各业务单位经营(事业部)战略的制定与实施，市场营销也需要制定其自身的战略并进行实施，而这实质就是企业市场营销过程。因而，企业战略管理与市场营销管理密不可分。

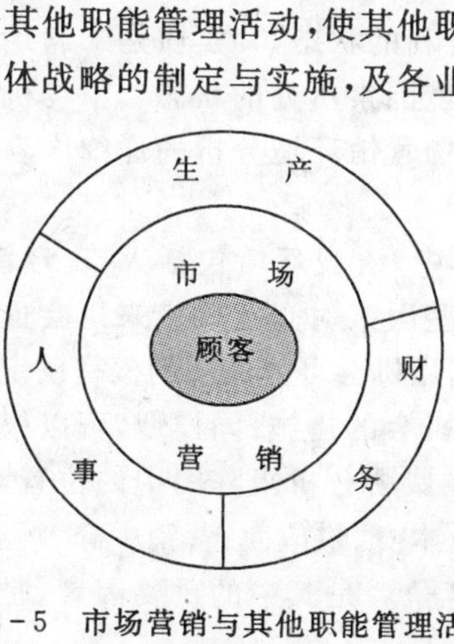

图 3－5　市场营销与其他职能管理活动

二、市场营销过程

企业的市场营销过程是在业已确定的经营范围内，由企业的市场营销部门按照企业总体战略中已经规定的任务目标、产品投资组合特点和增长战略模式，从外部环境出发分析、评价各种产品业务增长的市场机会，结

合企业的资源状况，综合考虑各项因素后，选择目标市场、实施市场定位、确定市场营销组合、制定市场营销计划的完整过程。

在营销过程中，目标消费者是核心。企业的目标就是与其目标消费者建立牢固并且有利可图的关系。为此企业首先要界定整个市场，然后对市场进行细分，选择其中最有发展前景并且企业又能够胜任的子市场，集中精力为这些子市场服务。为了满足目标消费者的需求，企业进而需要设计出相应的由产品、价格、分销和促销所构成的营销组合。为了保证选择适宜的营销组合付诸实施，企业还需要进行营销分析、计划、实施和控制。通过这些活动，企业与环境才能保持动态适应。市场营销过程可用图 3－6 表示，取各英语单词的首字母，市场营销过程也叫STP——4Ps。其中，市场机会分析、选择目标市场和市场定位、制定市场营销组合分别在第四章、第八章、第九章至第十二章详细介绍，故在此只作概括性描述。

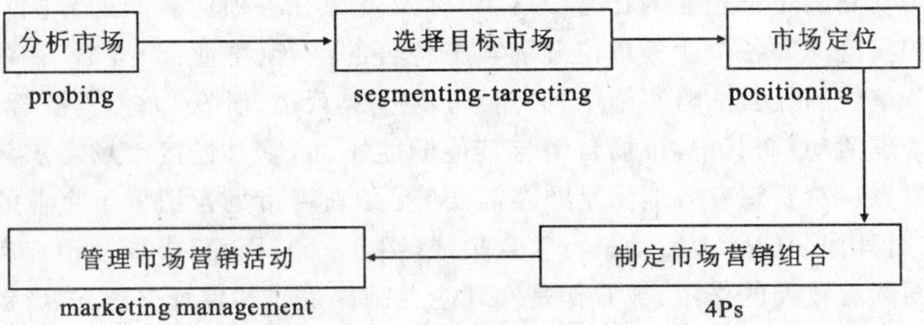

图 3－6　市场营销管理过程

（一）市场机会分析

市场营销环境对企业市场营销的影响通过市场机会和威胁加以体现。其中，市场机会是指营销环境因素所处的对企业营销有利的状态，其实质是未满足的市场需求；环境威胁则是对企业营销不利的营销环境因素所处的状态。市场机会的识别要建立在对市场营销环境分析的基础上，市场营销环境分析的详细内容请见第四章。

市场营销环境包括宏观环境和微观环境，其中，宏观环境包括人口、经济、自然、技术、政治和法律以及社会和文化等因素，这些因素对企业既带来机会也产生威胁。可以根据各种机会的吸引力大小和企业利用机会可能成功的概率确定其在机会分析矩阵图中的位置，并据此制定相应利用机会的措施；同样地，可以根据各种威胁的潜在危害程度和出现的可能性确定其在威胁分析矩阵图中的位置，并据此制定相应规避威胁的措施。微观环境包括企业本身、供应商、营销中介、顾客、竞争者和各种公众等因素，其中，企业本身、顾客、竞争者是其中的重要因素，是后续目标市场选择和市场定位的重要依据。

(二)目标市场选择

按照一定标准,在市场细分基础上,选择其中最有吸引力的,并且企业能为之有效提供产品和服务的细分市场,叫目标市场选择。如娃哈哈创业之初,根据年龄将整个营养液市场划为老年、中年、青壮年、儿童等不同年龄层次的细分市场,然后分析比较各细分市场的规模、发展潜力、竞争状况、企业经营能力等,最后选择了在当时还是空白领地的儿童营养液市场作为目标市场。市场细分和目标市场选择的详细内容将在第八章介绍。企业本身、顾客、竞争者三个重要的微观环境因素是目标市场选择的重要依据。

(三)市场定位

某一企业所选中的目标市场,可能也是其他企业的目标市场,因而,目标市场同样存在竞争,这就要求企业确定本企业产品与其他企业产品不同的鲜明个性特征,以便在消费者心目中留下鲜明印象,激起消费购买欲望,进而提高产品的市场竞争力,这便是市场定位。如娃哈哈儿童营养液在消费者心目中树立起"滋养儿童五脏、健胃养智"之产品独特形象,这便是娃哈哈的市场定位。关于市场定位的详细内容将在第八章介绍。市场定位中,必须充分分析和考虑企业本身、顾客、竞争者三个重要的微观环境因素。

(四)制定市场营销组合

1. 市场营销组合的构成

(1)4P 观点。为了满足已选定的目标市场中的顾客的需求,同时实现本企业产品的鲜明个性特征(即市场定位),企业必须对一系列可以控制的要素如产品的质量、性能、外观、包装、价格的高低、折扣、支付条件、分销模式、促销方式等进行科学决策,达到最优化的组合。市场营销中,将针对选定的目标市场而优化整合一系列可控要素的营销活动过程,称为市场营销组合。麦克锡最早提出这些可控要素包括产品(product)、价格(price)、地点(place)、促销(promotion),称之为传统的市场营销组合;由于这四个变量的首字母均为 P,因而,也叫 4P 组合。这四个营销变量又由各自具体的因素构成,反映了营销组合的层次性(表 3-5)。第九章至第十二章将以章的篇幅介绍这四个营销组合因素。

表 3-5　市场营销 4P 组合及其具体构成

市场营销 4P 组合	具体构成要素
产品(product)	品种、质量、设计、性能、品牌、包装、尺码或型号、服务、保证、退货
价格(price)	价格表、折扣、付款期限、赊销付款条件
地点(place)	渠道、覆盖面、场所、运输
促销(promotion)	广告、人员推销、销售促进、公共关系

(2)4C组合观点。营销的4P组合表明只要企业围绕4P制定灵活的营销组合策略，则产品销售就有了成功的可能，然而，随着营销环境的变化，企业面临着技术爆炸、资源均等、全球化、市场成熟化、新的社会价值，及消费个性化、人文化、多样化等的挑战，4P理论已越来越显示其缺陷，在此情况下，美国市场营销专家劳特朋于20世纪90年代提出了用新的4C营销组合理论取代传统的4P理论。4C即顾客(customer)、成本(cost)、便利(convenience)、沟通(communication)，如表3-6所示。

表3-6 市场营销中的4C

4C	与4P的对应	描 述
顾客(customer)	产品(product)	创造顾客比开发产品更重要，满足消费者需求和欲望比提高产品功能更重要
成本(cost)	价格(price)	将消费者接受价列为决定性因素，使企业为追求更高利润而努力降低成本
便利(convenience)	渠道(place)	为顾客提供全方位的服务贯穿于营销全过程；实现消费者既买到商品，也买到便利
沟通(communication)	促销(promotion)	强调企业重视与顾客的沟通，建立基于共同利益之上的新型的企业—顾客关系，融洽感情，培养忠诚顾客

4C理论充分展示了企业营销中对顾客需求的考虑和满足，有效地揭示了企业市场营销的顾客导向理念，因而，它一提出就引起了营销传播界及企业界的极大反响，从而也成为后来整合营销沟通(integrated marketing communication)的核心。然而，从企业的实际应用和市场发展趋势看，4C理论依然存在以下不足：①4C理论以消费者为导向，着重寻找消费需求，满足消费者需求；而市场经济还存在竞争导向，企业不仅要看到需求，而且还需要更多地注意到竞争对手，冷静分析自身在竞争中的优、劣势并采取相应的策略，才能在激烈的市场竞争中立于不败之地。这显然与市场环境的发展所提出的要求有一定的差距；②4C以消费者需求为导向，但消费者需求有合理性问题。消费者总是希望质量好、价格低，特别在价格上要求是无界限的，如果企业只得到满足消费者需求的一面，企业必然付出更大的成本，久而久之，必然会影响企业的持续发展，最终反过来必然影响消费需求的进一步满足。所以从长远来看，企业营销和消费需求满足要遵循Win—Win原则，因而，如何将消费者需求满足与企业利润较好地结合起来，这是4C需要进一步解决的问题；③虽然4C理论的思路和出发点都是满足消费者需求，但它没有提出解决满足消费者需求的操作性问题，如提供集成解决方案、快速反应等，使企业难以操作、掌

握和普及;④4C理论已被企业关注,企业已把塑造、提升企业的品牌融入到企业营销策略和行为中,在一定程度上推动了企业营销活动的发展和进步,但它对品牌差异优势的塑造并未作实质性的解决,因而,难以在构建和培育企业竞争优势上作充分的指导;⑤根据市场的发展,参与竞争的企业不仅要积极适应周围的环境,而且在某种状况下,应引导和创造环境,包括消费需求,而不是完全被动地围绕消费需求转,但4C被动适应消费者需求的特色较重。因此,在某种程度上说,4C理论抑制了企业的主动性和创造性。

(3)4P与4C的互补应用。4P理论与4C理论的区别表现为以下方面:①从导向来看,4P理论提出的是自上而下的运行原则,重视产品导向而非消费者导向。4C理论以"请注意消费者"为座右铭,强调消费者为导向;②从营销组合的基础来看,4P理论是以产品策略为基础,制造商决定制造某一产品后,乃设定一个既弥补成本又能赚到最大利润的价格,且经由其掌控的配销渠道,将产品陈列在货架上,并大大方方地加以促销。4C理论是以传播和良好的双向沟通为基础,通过双向沟通和消费者建立长久的一对一关系;③从宣传上看,4P理论注重宣传的主要是产品知识,即产品的特性和功能,强调的是产品自身的特点。4C理论注重品种资源的整合,注重宣传企业形象和建立品牌,把品牌的塑造建立作为企业市场营销的核心;④从传播上看,4P理论的传播媒介是大众取向且单向。4C理论其传播是双向的,选择媒体"细"而目"多",并更加关注"小众媒体"。

毫无疑问,4P理论的贡献是巨大的,它的出现一方面使市场营销理论有了体系感,另一方面它使复杂的现象和理论简洁化,从而促进了市场营销理论的普及和应用。然而,随着时代的发展、环境的变化,4P理论的不足也越来越明显。由于不同产品或行业的营销活动的可控因素并不完全相同,4P理论无法涵盖所有的行业;4P理论源于制造业中消费者的营销活动,在指导制造业的消费品的营销活动较为适用,但对如零售业、金融业、公共事业等就显得不太适应。尽管4C理论是对4P理论的修正,是对4P一定程度上的发展,但仍存在如前面分析的缺陷,因而,在实践中应将两者有机结合,相互借鉴,并根据企业各自的特点灵活地互补应用。

(4)其他组合观点。针对一些特殊产品(如服务业)、特定的市场条件和市场环境,有学者提出增加第5个P——people(人员)和第6个P——packing(包装);另有学者则认为应增加people(人员)、physical evidence(实物展示)、process(过程),即7P。在强调"大市场营销"时,科特勒提出应增加另两个P,即适应大市场营销观念的public relations(公共关系)和political power(政治权力),这一观点在国际市场营销中尤其重要,因为它有助于克服国际贸易中的保护屏障。当市场营销被提上企业战略的日程表时,科特勒再次提出了市场营销战略计划中的4P,即probing(探查,即市场营销调研)、partitioning(分割市场,即细分市场)、prioritizing(优先、选择目标)和 positioning(定位,即在顾客心目中树立产品的独特形象)。这样,到今天营销组合已演变成了 12P,即 probing(探查)、partitioning(细分市场)、prioritizing(选择目标)和 positioning(定位)、product(产品)、price(价格)、place(地点)、promotion(促销)、people(人员)、packing(包装)、public relations(公共关系)、power(权力)。

2. 市场营销组合的特点

(1)复合性和层次性。市场营销组合是由一系列为企业可以控制的因素构成,同时,各因素又有其自身的具体构成,如产品因素由品种、质量、设计、性能、品牌、包装、尺码或型号、服务、保证、退货等构成,价格因素由价格表、折扣、付款期限、赊销付款条件等构成等。因而,市场营销组合在体现多因素构成同时,又体现了因素的多层次性。

(2)整体性和协调性。市场营销组合中的各个因素要优化整合为一个有机的系统才能有效地协调运行。可以认为企业营销优势、经营特色、竞争力形成很大程度上取决于市场营销组合因素整合的效果,而绝非单因素所能决定的。

(3)动态性和适应性。由于市场营销组合的协调性,因而,当由于营销环境的变化导致其中某一因素变化时,其他因素也要作相应的调整,于是出现了新的市场营销组合。很显然,这一新的市场营销组合是与变化了的营销环境相适应的。

(4)与企业战略的一致性。市场营销战略是企业战略实施的重要手段之一,市场营销策略必须符合和有利于企业战略的实施;市场营销组合作为市场营销中一种很重要的营销战略,必须符合企业战略意图,与其取得一致。

(5)发展性。从传统的 4P 到 4C、6P 和 7P、12P,每次调整都是对现有市场营销组合理论的深入和系统化。可以相信,随着营销理论与实践的进一步不断深入,市场营销组合理论也将更趋系统和完善,对营销实践的指导作用也更加明显。

3. 市场营销组合制定

现代市场营销强调以顾客需求为中心展开整个企业的经营活动,通过满足顾客需求来实现企业利益的最大化。市场营销组合是企业重要的市场营销活动,是企业满足目标顾客需求的关键手段,因而,营销组合战略的制定必须围绕着顾客需求这个中心。

市场营销组合制定时要坚持以下原则:①价格、促销方式要服从产品和分销渠道;②市场营销中的各要素策略必须在综合分析的基础上同时制定,以确保彼此间的协调,即强调整体优化;③市场营销组合的策略界限是销售额或利润额是否还会增加;④要有针对性,避免盲目竞争,即要针对目标顾客需求,围绕着反映和实现产品的市场定位而制定;⑤尽量避免同声誉较高的名牌产品展开正面竞争;⑥要尽量采取非价格竞争策略；⑦市场营销组合总体效果要能有利于加强产品在市场上的地位。

本章关键术语中英文对照

战略规划(strategy plan)	战略(strategy)	战略层次(strategy levels)
公司层战略(corporate-level strategy)	经营(事业部)战略(strategic business unit strategy)或业务层战略(busines-level strategy)	职能战略(function-level strategy)
核心能力(core competence)	业务投资组合(business portfolio analysis)	战略业务单位(strategic business units)
资源分配(resource distribution)	波士顿矩阵法(boston consulting group approach)	市场增长率(market sale growth rate)
相对市场占有率(relative market share)	"问号"类(question marks)	"明星"类(star)
"现金牛"类(cash cows)	"瘦狗"类(dogs)	通用电气公司法(GE's strategic business-planning grid)
市场吸引力(market attractiveness)	竞争力(competitiveness)	增长战略(growth strategy)
密集化增长战略(intensive growth strategy)	市场渗透(market pentration)	市场开发(market development)
产品开发(product development)	一体化战略(integration strategies)	后向一体化(backward integration)
前向一体化(forward integration)	水平一体化(horizontal integration)	产业链(industry chain)
多角(元)化增长战略(diversification growth strategy)	同心多角化(concentric diversification)	水平多角化(horizontal diversification)
集团(混合，非相关)多角化(conglomerate diversification)	市场营销过程(marketing process)	市场机会分析(marketing opportunity analysis)
目标市场选择(target markets selection)	市场定位(positioning)	市场营销组合(marketing mix)
产品(product)	价格(price)	地点(place)
促销(promotion)	顾客(customer)	成本(cost)
便利(convenience)	沟通(communication)	整合营销沟通(integrated marketing communication)
人员(people)	实物展示(physical evidence)	过程(process)
公共关系(public relations)	政治权力(political power)	

本章重要概念中英文释义

1. 企业战略:战略是指企业在市场经济、竞争激烈的环境中,在总结历史经验、调查现状、预测未来的基础上,为谋求生存和发展而做出的长远性、全局性的谋划或方案,是企业一系列决策的结果,是创造竞争优势的必要前提,是制定中长期计划的依据。

corporate strategy: Corporate strategy can be defined as the art and science of formulating, implementing and evaluating cross-functional decisions that enable an enterprise to achieve its objectives.

2. 波士顿咨询集团法:由美国著名咨询公司波士顿咨询公司提出。该模型用"市场增长率—相对市场占有率矩阵"来分类和评价企业所有战略业务单位的获利潜力。

Boston consulting group approach: Boston consulting group approach is an analytical tool for classifying a firm's businesses by profit potential. It classifies a firm's businesses based on market growth rate and relative market share.

3. 通用电器公司法:通用电气公司法采用"多因素投资组合矩阵"对企业的战略业务单位加以分类和评价。矩阵中的两个因素分别是市场吸引力和竞争力,这两个指标又分别由多个因素组成。

GE's strategic business-planning grid: GE's strategic business-planning grid is an analytical tool for classifying a firm's businesses by profit potential. It classifies a firm's businesses based on market attractiveness and business strength which consist of several factors.

4. 市场营销过程:企业的市场营销过程是企业对所要提供的产品或服务、价格、促销和分销进行计划并执行,以创造交易,从而满足消费需求和实现企业目标的过程。

marketing process: Marketing process is the process of planning and executing the conception, pricing, promotion and distribution of ideas, goods, and services to create exchanges that satisfy individual and organizational goals.

5. 市场营销组合:市场营销中,将针对选定的目标市场而优化整合一系列可控要素的营销活动过程,叫市场营销组合。

marketing mix: Marketing mix is the set of controllable tactical marketing tools—product, price, place and promotion—that the firm blends to produce the response it wants in the target.

6. 前向一体化:企业自行对本公司产品做进一步深加工,或建立自己的销售组织来销售本公司的产品或服务的战略。

forward integration: Forward integration is a strategy the purpose of which is to gain ownership or increased control over distributors or retailers.

7. 后向一体化：企业自己供应现有产品或服务所需要的全部或部分原材料或半成品，或所销售的最终产品。

backward integration: Backward integration refers to gain ownership or increased control over firms on last chain.

8. 水平一体化：指企业收购、兼并国内外的同类企业，或者与它们合资生产。

horizontal integration: Horizontal integration is a strategy that seeks ownership or increased control over a firm's competitors through merger, acquisition, takeover, and cooperation.

9. 市场渗透：指通过扩充分配、销售网点，或加强促销来增加现有产品在现有市场的销售量。

market pentration: Market pentration is a strategy which seeks to increase market share for present products or services in present markets through greater marketing efforts.

10. 市场开发：指通过向新地域或新的顾客群体来增加现有产品的销售量。

market development: Market development refers to introducing present products or services into new geographic areas or new segmented markets.

11. 产品开发：指通过依据消费需求开发同产品线的不同产品项目，充实现有产品线，从而增加企业产品的销售量。

product development: Product development is a strategy that seeks increased sales by improving or modifying present products or services through R & D, and developed products and present ones are in the same product line.

12. 同心多元化战略：企业进入与现有业务在技术、生产、职能、管理技巧能共享的经营领域。

concentric diversification: Concentric diversification refers to adding new but related to original products or services in technology.

13. 水平多元化战略：企业进入与现有业务具有相同类市场即顾客的经营领域。

horizontal integration: Horizontal integration refers to adding new but unrelated to original products or services in technology for present customers.

14. 集团（混合，非相关）多角化：企业进入与现有的产品或服务、技术、市场都没有直接或间接联系的业务领域。

conglomerate diversification：Conglomerate diversification refers to new products or services unrelated to present ones both in technology and in customers.

本章小结

本章介绍了企业战略、企业战略规划、企业市场营销过程及市场营销组合等。内容要点主要包括：

(1)战略是指企业在市场经济、竞争激烈的环境中，在总结历史经验、调查现状、预测未来的基础上，为谋求生存和发展而做出的长远性、全局性的谋划或方案，是企业一系列决策的结果，是创造竞争优势的必要前提，是制定中长期计划的依据。企业战略具有全局性、长远性、纲领性、抗争性、风险性及层次性等特征。

(2)企业总体战略目标的实现需要企业内部各个经营单位和各个业务部门的共同努力，企业战略分为不同层次，一般分为企业战略、经营(事业部)战略、职能战略。规划总体战略是企业高层管理者为保持企业目标与不断变化的经营环境间的"战略适应"而制定长期战略的管理过程，具体包括确定企业任务和目标、制定企业业务投资组合、规划企业的增长战略。

(3)在企业资源有限的情况下，有必要分析评价现有业务状况，以确定应发展、维持、缩减、淘汰的业务，使企业资源得到最优化的配置。企业业务投资组合经历以下步骤：首先，确定战略业务单位；而后，决定资源的分配。决定资源的分配要基于对各战略业务单位经营效果的分析和评估之上。其方法通常是波士顿咨询集团法和通用电器公司法。

(4)企业的市场营销过程是在业已确定的经营范围内，由企业的市场营销部门按照企业总体战略中已经规定的任务目标、产品投资组合特点和增长战略模式，从外部环境出发分析、评价各种产品业务增长的市场机会，结合企业的资源状况，综合考虑各项因素后，选择目标市场、实施市场定位、确定市场营销组合、制定市场营销计划的完整过程。在营销过程中，目标消费者是核心。企业的目标就是与其目标消费者建立牢固并且有利可图的关系。

(5)市场营销中，将针对选定的目标市场而优化整合一系列可控要素的营销活动过程，叫市场营销组合。市场营销组合具有复合性和层次性、整体性和协调性、动态性和适应性、与企业战略的一致性及发展性等特点。麦克锡最早提出，这些可控要素应该是产品(product)、价格(price)、地点(place)、促销(promotion)，我们称之为传统的市场营销组合，也叫4P组合。随着营销环境的变化，企业面临着技术爆炸、资源均等、全球化、市场成熟化、新的社会价值，及消费个性化、人文化、多样化等的挑战，美国市场营销专家劳特朋于20世纪90年代提出了用新的4C营销组合理论取代传统的 4P 理论，即顾客（customer）、成本（cost）、便利（convenience）、沟通（communication）。

本章思考题

1. 描述企业战略层次。
2. 总体战略规划包括哪些内容？
3. 试述波士顿咨询集团法和通用电器公司法的结构与用途。
4. 市场营销过程包括哪些环节？
5. 营销 4C 组合的四个组合要素是什么？4P 与 4C 的主要区别有哪些？
6. 市场营销组合有哪些特点？

章末案例分析

"福临居"房产营销的成功

有着数年房产开发经历，已具较大实力的鼎盛房产开发公司在发现大多珠海房产商为本地居民设计建造面积较大、价格较高的较气派型套房，却忽视了来珠海的打工者后，决定专门为来珠海打工一族开发适合于他们所需的经济适用型套房，并命名为"福临居"。随后，公司在房型、定价、如何销售等方面做更细致的工作。

首先，由专业性的楼盘设计商作专门设计，以保证既经济又适用，尤其能更好地迎合打工者们的需求心理；同时在施工中加强中期验收控制，以保证施工质量和控制成本。其次，为更好地进行销售，鼎盛委托专业性的珠海德安地产代理公司代为销售。代理商经过多方研究，认为只有"真实"才是最感人的，于是代理商结合"福临居"特色，设计了"家不在大，有福最好"创意的系列广告。除报纸广告外，代理商还制作了一系列条幅广告及指示牌等户外广告。由于"福临居"顺应当地政府提出的"关心打工一族生活"的号召，因而得到媒体如电台、电视台的采访和宣传，使"福临居"更深入打工一族心目中，激起了打工仔对"福临居"的购买欲望。最后，"福临居"销售代理商还组织培训一批售楼专员，专门上打工仔集中地作楼盘特色、价格等方面的讲解、咨询，以进一步推动楼盘销售。当然，"福临居"销售代理商忘不了打工一族的实际购买力水平，与鼎盛磋商，实施了按揭付款办法；并约定若首期付款比率较大，则购楼折让更多，同时还赠送电动公仔长毛狗以拉近和购楼者的距离。为了使购楼者对楼盘有更形象、直观、真实的实物感觉，"福临居"代理商还专门展示了楼盘模型，以让购楼者先一睹而心中有数。

由于采用了上述诸多营销策略并协调使用，使“福临居”销售得以成功。

思考：

1. 试分析“福临居”的市场营销组合。
2. 你认为“福临居”的目标顾客是谁？

推荐阅读书目

1. 吕一林. 市场营销学[M]. 北京：科学出版社，2005

2. 吴志华，潘敏. 市场营销决策：理论与策略[M]. 北京：东华大学出版社，2000

3. 罗纳德·耐克尔. 营销战略布局(营销新思维系列). 北京：中国水利水电出版社，2005

第四章　市场营销环境分析

本章主要内容

1. 市场营销环境的概念、分类和特征
2. 市场营销宏观环境
3. 市场营销微观环境

本章重点与难点

重点：

1. 市场营销宏观环境构成要素
2. 市场营销微观环境构成要素

难点：

对市场营销宏观和微观环境构成要素的准确把握

本章要求

通过本章学习，应明确市场营销环境所包含的主要内容；了解市场营销环境的现状、变化趋势及其对企业市场营销活动的影响；通过对环境的正确分析，掌握灵活应对环境变化的策略。

开章引例

洋快餐也要入乡随俗

商海沉浮，事事难料。1973 年 9 月，香港市场的肯德基公司突然宣布多间家乡鸡快餐店停业，只剩下四间还在勉强支持。到 1975 年 2 月，首批进入香港的美国肯德基连锁店集团全军覆没。为了取得肯德基家乡鸡首次在香港推出的成功，肯德基公司配合了声势浩大的宣传攻势，在新闻媒体上大做广告，采用该公司的世界性宣传口号“好味道舔手指”。凭着广告攻势和新鲜劲儿，肯德基家乡鸡还是火红了一阵子，很多人都乐于一试，一时间也门庭若市。可惜好景不长，3个月后，就“门前冷落鞍马稀”了。在世界各地拥有数千家连锁店的肯德基为什么唯独在香港遭受如此厄运呢？经过认真总结经验教训，发现是中国人固有的文化观念决定了肯德基的惨败。首先，在世界其他地方行得通的广告词“好味道舔手指”在中国人的观念里不容易被接受。舔手指被视为肮脏的行为，味道再好也不会去舔手指。人们甚至对这种广告起了反感。其次，家乡鸡的味道和价格不容易被接受。鸡是采用当地鸡种，但其喂养方式仍是美国式的。用鱼肉喂养出来的鸡破坏了中国鸡的特有口味。另外家乡鸡的价格对于一般市民来说还有点承受不了，因而抑制了需求量。此外，美国式服务难以吸引回头客。在美国，顾客一般是驾车到快餐店，买了食物回家吃。因此，在店内是通常不设座的。而中国人通常喜欢三五成群地在店内边吃边聊，不设座位的服务方式难寻回头客。10年后，肯德基带着对中国文化的一定了解卷土重来，并大幅度调整了营销策略。广告宣传方面低调，市场定价符合当地消费，市场定位于16岁至39岁之间的人。1986年，肯德基家乡鸡新老分店的总数在香港为716家，占世界各地分店总数的十分之一强，在香港快餐业中与麦当劳、汉堡包、必胜客薄饼并称四大快餐连锁店。肯德基在香港市场上的沉浮深刻地说明了：市场犹如一匹烈马，只有了解它才能更好地驾驭它。

（来源：http://blog.sanfo.com/user/sunnybeauty/archives/2006）

第一节　市场营销环境的涵义与特征

一、市场营销环境（marketing environment）的涵义与特征

（一）市场营销环境的涵义

市场营销环境指影响和制约企业市场营销活动和决策，而营销部门又难以控制的企业内部条件和外部影响因素的总和。成功的公司总是认识到，营销环境一直在持续不断地创造机会和威胁。企业在一定的市场环境中进行营销活动，必须重视对环境的分析研究和预测，才能抓住市场机会，避免环境威胁。

适应环境变化的微软公司

微软公司总比他的竞争者领先好几步，从计算机语言到操作系统，从word文字处理到光盘百科全书式的消费产品。盖茨不断地分析营销机会，花费他1/3的时间与顾客和潜在消费者谈话交流。由于他能把握环境的变化及未来的发展趋势，因此他能将他的公司不断带入新的更高的发展阶段。

（改编自：菲利普·科特勒．营销管理——分析、计划、执行和控制（第9版）．上海：上海人民出版社，1999）

（二）市场营销环境的特征

1. 不可控性

营销环境中存在着各种不以企业的意志为转移的客观因素。例如一个国家的政治法律制度、人口增长以及一些社会文化习俗等，企业不可能随意改变。对于这些不可控的因素，营销部门必须深入分析它们的变化，掌握它们的发展趋势，积极主动地适应它们，使其向有利于企业营销的方向转化。

2. 复杂性

市场营销环境的内容和范围随时间、空间的变化而变化。不同的企业处于不同的营销环境中，不同的营销环境存在不同的差异性，企业与企业、环境与环境之间又相互关联、彼此影响。不同的国家、民族、地区之间在人口、经济、社会文化、政治、法律、自然地理等各方面存在着广泛的差异性。这些差异性对企业营销活动的影响显然是很不相同的。由于外界环境因素的差异性，企业必须采取不同的营销策略才能应付和适应这种情况。

3. 相关性

市场营销环境是一个系统，在这个系统中，各个影响因素是相互依存、相互作用和相互制约的。这是由于社会经济现象的出现往往不是由某一单一的因素所能决定的，而是受到一系列相关因素影响的结果。例如，企业开发新产品时，不仅要受到经济因素的影响和制约，更要受到社会文化因素的影响和制约。

4. 动态性

营销环境是企业营销活动的基础和条件，这并不意味着营销环境是一成不变的、静止的。以中国所处的间接营销环境来说，今天的环境与十多年前的环境已经有了很大的变化。

二、市场营销环境分类

1. 按照对企业营销活动影响时间的长短将营销环境分为：长期环境与短期环境

根据时间因素的影响，我们要区分在环境变化中的趋势和大趋势。

(1)趋势:是指具有某些势头和持久性的事件的方向或演进①。分析一种趋势,搜索出可能的发展结果和确定公司的机会是一项关键的技术。

学习伴随案例:

费思·波普康所提出的经济十大趋势

1. 超越金钱:是一种使人的生活向较为缓慢但较有价值的节奏转化的动力。

2. 茧式生活方式:是指一种将自己包裹起来,以躲避外部世界风霜刀剑的侵袭。

3. 追逐年轻化:即行为和感觉较之实际年龄年轻。

4. 自我中心主义:是指人们渴望发展某种个性,从而使自己看上去与众不同。

5. 奇幻探险:满足了人们对于逃避日常生活琐事的日益增强的需要。

6. 99 条命:是指人们必须尽力承担各种角色和义务的无奈的情景。

7. 拯救我们的社会:是指越来越多的人积极承担起围绕 3E 的社会责任,3E 是指环境、教育和道德伦理。

8. 小小的嗜好:是指一部分生活压力大的顾客对必要的情绪休整的需要。

9. 活得更有生机:是指人们活得更长久,生活得更好的一种向往。

10. 警觉的消费者:是指那些不堪忍受劣质产品和不合格服务的消费者。

(改编自:菲利普·科特勒.营销管理——分析、计划、执行和控制(第 9 版).上海:上海人民出版社,1999)

(2)大趋势:是社会、经济、政治和技术的大变化。其不会在短期内形成,而一旦形成则会对我们的生活产生较长时间的影响。

2. 按对企业营销活动影响因素的范围将营销环境分为:微观环境和宏观环境

(1)微观环境(micro-environment):指与企业紧密相连且直接影响企业营销能力的各种参与者,包括企业内部、营销渠道企业、顾客、竞争者及社会公众。

(2)宏观环境(macro-environment):是指影响企业营销活动的一系列巨大的社会力量和因素,通常是指一个国家的经济、社会及其发展变化状况,具体包括人口、经济、政治法律、科学技术、社会文化及自然生态等因素。

企业经济环境结构如图 4-1 所示。

①[美]菲利普·科特勒.梅汝和,梅清豪,张桁译.营销管理——分析、计划、执行和控制(第 9 版).上海:上海人民出版社,1999

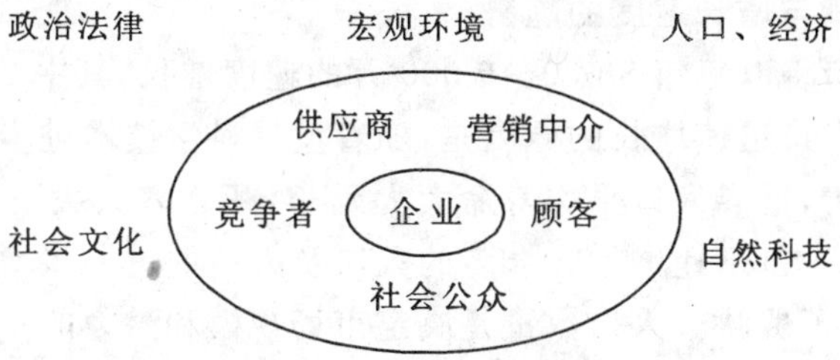

图 4-1　企业经营环境结构图

第二节　市场营销宏观环境

微观环境中的所有要素都要受宏观环境中各种力量的影响。宏观环境主要以微观营销环境为媒介间接影响和制约企业的市场营销活动。宏观环境是指那些给企业产生市场机会和威胁的主要社会力量，包括人口环境、经济环境、政治法律环境、社会文化环境、技术和自然物质环境。市场营销宏观经济环境结构如图 4-2 所示。

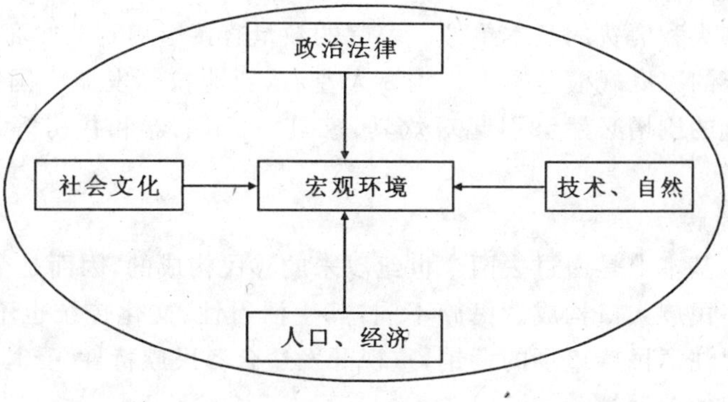

图 4-2　市场营销宏观经济环境结构图

一、人口环境

人口环境(population factors) 包括人口数量、性别与年龄结构、婚姻状况、出生率、死亡率、人口密度、人口流动性、地理分布、家庭组成、教育程度、职业、居住环境。市场是由那些想购买商品同时又具有购买力的人构成的。因此，人口的多少直接决定市场的潜在容量，人口越多，市场规模就越大。当人口环境产生市场机会和出现威胁时，企业应及时、果断地调整营销策略以适应人口环境的变化。

(一)人口数量与增长速度的趋势

预计世界人口将以每年 8 000～9 000 万的速度增长,其中 80%的人口属于发展中国家。世界人口迅速增长的原因是:随着世界科学技术进步、生产力发展和人民生活条件的改善,世界人口平均寿命大大延长,死亡率大大下降;发展中国家的人口出生率上升,人口迅速增加。众多的人口及人口的进一步增长,给企业带来了市场机会,也带来了威胁。人口数量是决定市场规模和潜力的一个基本要素,人口越多,如果收入水平不变,则对食物、衣着、日用品的需要量也越多,那么市场的规模和潜力也就越大。如果人口增加,收入水平下降,将会导致消费者实际购买力降低,因此市场规模和潜力变小。

(二)人口结构

人口结构主要包括人口的年龄结构、家庭结构以及民族结构。

1. 年龄结构

人口可以细分为六个年龄组:学龄前,学龄前儿童,少年,青年人(25～40 岁),中年人(40～65 岁),老年人(65 岁及以上)。许多国家尤其是发达国家的人口死亡率普遍下降,平均寿命延长,出现了人口老龄化的趋势。这将导致诸如保健用品、营养品、老年人生活必需品等市场的兴旺。

2. 家庭结构

家庭是购买和消费的基本单位。家庭的数量直接影响到某些商品的品种和数量。欧美国家的家庭规模基本上户均 3 人左右,亚非拉等发展中国家户均 5 人左右。家庭数量的剧增必然会引起对炊具、家具、家用电器和住房等需求的迅速增长。

3. 民族结构

美国人口基本上是由过去两个世纪以来的移民构成的,因而是个多民族国家。我国也是由多民族人口构成。民族不同,其生活习性、文化传统也不相同。因此,企业营销者要注意民族市场的营销,重视开发适合各民族特性、受其欢迎的商品。

(三)人口的流动性

许多国家的人口流动都具有两个特点。

1. 人口从农村流向城市

人口集中在城市使城市人口需要和城市市场迅速增长和扩大。20 世纪 20 年代美国人口迅速从农村流向城市,城市人口迅速增加。为适应这种变化,1921 年蒙哥马利·沃德公司在城市开办了其第一家百货商店,1925 年西尔斯·罗巴克公司也在城市开办了其第一家零售商店。这两家公司也同时继续经营农村邮购业务,以适应人口环境的变化。可见,人口环境的变化发展是影响零售商业结构变化发展的一个重要因素。

2. 人口从城市流向郊区

在发达国家除了国家之间、地区之间、城市之间的人口流动外，还有一个突出的现象就是城市人口向郊区和农村流动。战后由于美国城市交通日益拥挤，污染日益严重，同时交通运输快速发展，许多人从城市迁往郊区，在大城市的周围出现了郊区住宅区。日本的大城市人口比重也一直上升，但在1970年以后开始下降。东京、大阪、名古屋三大城市50公里以内人口逐渐向郊区迁移。对于人口流入较多的地方而言，一方面由于劳动力增多，就业问题突出，从而加剧行业竞争；另一方面，人口增多也使当地基本需求量增加，消费结构也发生一定的变化，继而给当地企业带来较多的市场份额和营销机会。

二、经济环境

经济环境(economic factors)是指直接或间接影响和制约企业营销活动的各种经济因素的集合。经济发展水平和速度决定了国民收入水平，也决定了市场的规模和需求档次。个人收入水平决定了消费者的购买力水平、需求层次与结构。

(一)消费者收入水平的变化

消费者的收入包括个人工资、红利、租金、退休金、馈赠等。消费者的购买力来自消费者的收入，但消费者并不是把全部收入都用来购买商品或劳务，购买力只是收入的一部分。因此，要区分个人可支配收入和个人可随意支配收入。

(1)个人可支配收入：是指扣除税款和非税性负担后所得余额，它是个人收入中可以用于消费支出或储蓄的部分，它构成实际的购买力，是影响消费者购买力和消费者支出的决定性因素。

(2)个人可随意支配收入：是指在个人可支配收入中减去用于维持个人与家庭生存的固定费用(如房租、水电、食物、燃料、衣着、分期付款、抵押贷款等项开支)后剩余的部分。这部分收入主要用于满足人们购买高档耐用消费品、旅游、储蓄等，它是影响非生活必需品和劳务销售的主要因素。

在分析消费者收入水平的变化时，还要关注国民生产总值、人均国民收入及家庭收入的变化。从国民生产总值的增长幅度，可以了解一个国家经济发展的状况和速度。一般来说，工业品的营销与这个指标有关，而消费品的营销则与此关系不大。国民生产总值增长越快，对工业品的需求和购买力就越大；反之，就越小。人均国民收入大体反映了一个国家人民生活水平的高低，也在一定程度上决定了商品需求的构成。家庭收入的高低会影响很多产品的市场需求。一般来讲，家庭收入高，对消费品需求大，购买力也大；反之，需求小，购买力也小。

(二)消费者支出模式的变化

消费者收入的变化是影响消费者支出模式的重要因素。1857年德国统计学家恩斯特·恩格尔根据研究，发现了关于工人家庭收入变化与各方面支出变化之间规律的比例关系。西方一些经济学家常用恩格尔系数(brain storming)来反映这种变化。恩格尔系数是衡量一个国家、地区、城市、家庭生活水平高低的重要参数。根据国家统计局1995年的调查资料，按全国居民平均水平计算，我国的恩格尔系数约为54%。按此标准，我国已进入温饱阶段后期，到2000年，可达到小康阶段，而到2010年，则可进入中等收入国家行列。恩格尔系数的计算公式为：

恩格尔系数＝食物支出变动百分比/收入变动百分比

公式表明：食物开支占总消费量的比重越大，恩格尔系数越高，生活水平越低；反之，食物开支所占比重越小，恩格尔系数越小，生活水平越高。

对恩格尔定律的表述为：①家庭收入增加，用于购买食物的支出占家庭收入的比重即恩格尔系数下降；②家庭收入增加，用于住宅建筑和家务经营的支出占家庭收入的比重大体不变(燃料、照明、冷藏等支出占家庭收入的比重会下降)；③家庭收入增加，用于其他方面的支出(服装、交通、娱乐、卫生保健、教育)的支出和储蓄占家庭收入的比重就会上升。

消费支出模式还受到下面两个因素的影响：

(1)家庭生命周期的阶段。处于不同家庭生命周期阶段的家庭具有不同的支出特点。据调查，没有孩子的家庭，更多的收入用于购买冰箱、电视机、家具、陈设品等耐用消费品。有孩子的家庭，在孩子的娱乐、教育等方面的支出较多。当孩子独立生活后，父母就有大量可随意支配的收入，有可能增加保健、旅游、储蓄部分的支出，家庭收支预算又会发生变化。

(2)消费者家庭所在地点。处于不同地点的家庭用于住宅建筑、交通、食品等方面的支出也不相同。例如住在农村的消费者与住在城市的消费者相比，前者用于交通方面的支出较少，用于住宅方面的支出较多；后者用于衣食、交通、娱乐方面的支出较多。

(三)消费者储蓄和信贷情况的变化

储蓄和信贷直接对消费者购买力产生影响。储蓄来源于消费者的货币收入，但最终目的仍然是为了消费。一定时期内，当收入不变时，如果储蓄增加，则现实消费量减小，但潜在消费量增加；如果储蓄减少，则现实消费量增大，但潜在消费量减少。另外不同的储蓄目的，影响着潜在需求量、消费模式、消费内容和消费的发展方向。企业营销人员应根据储蓄和市场潜力来制定适宜的营销策略。如1979年，日本电视机厂商发现，由于中国人有储蓄的习惯，并且人口众多，所以尽管中国人可任意支配的收入不多，他们仍然决定开发中国黑白电视机市场，不久便获得成功。当时，西欧某国电视机厂商虽然也来中国调查，却认为中国人均收入过低，市场潜力不大，结果贻误了时机。

目前，消费者不仅可用货币来购买所需商品，而且可以用贷款来进行消费。特别是在西方国家，广泛存在的消费者信贷对其购买力的影响非常大。所谓消费者信贷，就是消费者在购买商品的过程中凭信用先取得商品使用权，然后按期归还贷款。消费者信贷主要有四种：

(1)短期赊销。消费者在零售商店购买商品的时候可以有一定的赊欠期限。在这一期限内，如果付清货款，不付利息；如果超过期限，要计利息。

(2)购买住宅分期付款。消费者在购买住宅的时候，先预付一部分房款，然后以所购住房作为抵押向银行贷款，以后按照借款合同在规定的时间内偿还银行的贷款和利息。买主对所购买的房屋有装修、改造和出售权。

(3)分期付款购买昂贵的消费品。消费者在购买诸如彩电、冰箱等生活耐用品时，可签订分期付款合同并按规定偿还贷款和利息。如果消费者没有按照合同还款，商店有权将商品追回。

(4)信用卡信贷。信用卡有两类：一类是由大百货公司、超级市场发行的；另一类是银行等金融机构发行的，如运通、维萨和万事达卡。发卡银行(公司)在企业和顾客之间承担中间担保人的作用，他们不仅向客户收取一定的费用，而且要向企业收取一定的佣金。

信贷消费允许人们购买超过自己现实购买力的商品，从而创造了更多的就业机会、更多的收入以及更多的需求；同时，消费者信贷还是一种经济杠杆，它可以调节积累与消费、供给与需求的矛盾。当市场供大于求时，可以发放消费信贷，刺激需求；当市场供不应求时，必须收缩信贷，适当抑制、减少需求。

三、物质环境

物质环境(natural factors)是指自然界提供给人类的各种形式的物质财富，如矿产资源、森林资源、土地资源、水力资源等。影响企业营销的物质环境包括自然条件和基础设施两个方面。

(一)自然条件

自然条件包括自然资源、土地面积、地形和气候条件等。自然条件体现了一个国家或地区的物质特点，是决定该社会具有何种特点，以及采用何种方式满足自身需要的主要因素，其影响范围很广泛。

1. 自然资源

地球上的自然资源包括三大类：无限资源，如空气；有限但可以更新的资源，如森林、粮食等；有限但不能更新的资源，如石油、煤炭、铀、锡等。一个国家或地区的自然资源包括矿产、水力、土地、地形、气候等。这些自然资源条件对企业的营销活动产生不同的影响。资源在不同地区的分布、质量和可供利用的程度不同导致了相互贸易的产生。自然资源的发展变化为企业带来了新的市场机会或新的环境威胁，除此之外，利用资源进行生产是现代技术发展的关键。

2. 地形和气候条件

地形是指一个国家或地区的表面特征，如山川、湖泊、森林、沙漠等。气候条件主要用日照、温度、风雨量和湿度等指标来衡量。地形条件将直接影响实体产品分销体系的建立。地势平坦的地区、便利的铁路和公路运输可以方便地实现实体产品的分销，反之则不便。由于不同的地形而造成的市场区域的分隔，不仅导致市场的经济文化具有显著差异性，而且可能产生区域市场的集结和分散。气候条件直接影响产品决策，决定了产品的物理和化学性质。在不同的国家和地区，需要针对当地特定的气候条件来修正产品。如罗尔斯·罗伊斯公司发现，他们生产的小汽车在加拿大使用很短一段时间后就要进行车体大修。造成车体损坏的原因不是寒冷的天气，而是当地市政当局为了在下雪的日子保证道路通畅在公路上撒下的盐。这说明要适应千差万别的自然条件需要付出极大的努力。

(二)基础设施

基础设施包括交通运输、商业基础服务能力和通讯条件。自然条件是天然禀赋，基础设施是物质文化的成果。

1. 交通运输

包括公路、铁路运输和空运。便利的交通运输为营销活动提供了更多的选择机会。公路、铁路运力是显示一个市场区域内部运输能力的重要指标。在亚洲，日本是人口较多的国家，土地只有巴基斯坦的一半，而日本的汽车保有量却是巴基斯坦的100倍，铁路运力是巴基斯坦的5倍。在美国和西欧，高速公路对商品的运输相当重要，同时对于户外广告的使用也有影响。在非洲某些国家主要以铁路运输和空运为主。

2. 商业基础服务能力

主要是指一个地区内的商业设施状况和服务水平。如银行和其他金融机构、广告代理商和广告媒介覆盖能力、分销机构的网点分布，管理资源机构、仓库和其他支持性服务组织的状况。商业基础服务能力直接影响营运成本和营销效力的大小。

3. 通讯条件

通讯条件直接影响着信息交流的效率。因此，必须对当地市场所拥有的电话、传真、快邮、电脑普及率、电话、电讯、电传、网络等进行细致的调查。通讯条件还对市场调查的方式和效率有着直接的影响。在巴西，有30%的国内信函根本收不到。在这样邮政系统不完善的国家，不适宜采用邮寄问卷的调查方法。在许多发展中国家，电话数量很少，除非只调查富裕阶层，否则电话调查法就没有价值。据估计，在开罗，有50%的电话线可能同时失灵。在这些国家中，即使是进行工业调研，采用电话调研也是不足取的。

(三)物质环境的发展动向

1. 能源成本的增加

石油已经成为未来经济增长所遇到的最严重的问题。石油的价格直接影响着企业的生产成本。世界上的主要工业国都对石油有极大的依赖，在其他替代能源问世之前，石油将继续成为左右世界政治与经济前景的一种力量。石油资源的不可再生性激起对替代能源不断的研究。在这种情况下，研究与开发新资源和原料的需求就给企业造就了新的市场机会。

2. 环境污染的增加

随着工业化和城市化的发展，环境污染的程度日益增加。有些工业生产活动将不可避免地破坏自然环境的质量。公众对环境问题的关心，为那些敏锐的企业创造了市场机会，比如，为清洗器、回流装置等控制企业污染的产品创造了一个极大的市场，同时也会促使企业探索新的制造和包装产品的方法。

3. 政府对自然资源管理的干预日益增强

1992年6月，由100多位国家政府首脑出席的联合国环境与发展大会在巴西里约热内卢召开。大会通过了包括《21世纪议程》在内的一系列重要文件。议程提出人类社会应该走可持续发展的道路。可持续发展理论认为，人类应当跳出单纯追求经济增长，忽视生态保护的传统发展模式，通过产业结构调整与合理布局，发展高新技术，实行清洁生产和文明消费，协调环境与发展的关系。许多国家的政府对自然资源管理加强干预，但为了兼顾社会利益和企业的利益，必须统筹解决这种矛盾，不能仅仅用简单关闭污染生产工厂的方法来减少环境污染。

四、技术环境

科学技术是社会生产力的新的和最活跃的因素，是推动人类历史进步和经济发展的内在动因之一。技术是指人们所有行事方法的知识总和，它直接影响着企业的产品开发、设计、销售和管理。技术环境不仅直接影响企业内部的生产和经营，还与经济环境和文化环境产生交互作用。新技术的产生同时为企业带来了机会和威胁。

(一)技术环境的变化趋势

1. 技术进步促进了新行业的产生

科学技术在20世纪得到了快速发展，今天被人们视为普通的产品如网络、移动通讯、合成洗涤剂在半个世纪前并不存在。新技术的研究导致了新行业的产生。据美国《设计新闻》报道，大量启用的自动化设备和新技术的采用，将出现许多新的行业，包括新技术培训、新工具维修、电脑教育、信息处理、自动化控制、光导通讯、遗传工程和海洋技术等。新的技术为企业带来了市场机会，创造了新的行业。同时，也对某些行业的企业造成了环境威胁。例如，电视机出现后，对收音机制造业是个威胁，对电影院的冲击则更为明显。

2. 研究与开发预算不断增长

在世界范围内，美国每年投入研究与开发的费用领先于其他国家，大约为740亿美元①。研究领域主要集中在材料科学、生物技术和微机械学。而日本的研究与开发费用增长很快，到2008年已经达到了300亿美元，并且集中于探索物理、生物和计算机科学领域。

3. 政府有关技术革新的政策不断完善

由于产品变得越来越复杂，公众需要在使用产品的过程中保证他们的安全。因而，政府机构便加大了对可能不安全产品进行调查的力度，并拥有禁止生产和使用的权力。在美国，食品、汽车、服装、电器用品和建筑行业等领域也增加了关于安全和健康的规定。

(二)新技术对企业营销策略的影响

1. 产品策略

随着全球统一市场的建立以及日趋激烈的竞争，通过开发新产品延长产品的生命周期是企业开拓新市场和赖以生存发展的重要手段。因此，企业营销人员必须不断寻找新市场，预测新技术，时刻注意新技术在产品开发中的应用，从而开发出给消费者带来更多价值的新产品。

2. 价格策略

产品定价由供需关系及市场结构决定。新技术的发展和应用不仅降低了产品成本使价格下降，而且使企业能够通过信息技术提高信息交流和反馈的效率，从而正确应用价值规律、供求规律、竞争规律来制定和修改价格策略。

3. 服务方式

技术环境的变化改变了人们的工作和生活方式。为适应这种变化，大量特色和自我服务式的零售形态不断出现。例如，20世纪30年代出现的超级市场，40年代出现的廉价商店，60、70年代出现的快餐服务、自助餐厅、特级商店、左撇子商店等。

4. 产品销售方式

新技术的采用使得产品销售方式发生深刻的变化，即更多采用直接销售和网

---

①[美]菲利普·科特勒：梅汝和，梅清豪，张桁译. 营销管理——分析、计划、执行和控制(第9版). 上海：上海人民出版社，1999. 148.

上采购。目前,直接订货和发货已在发达国家的制成品市场占60%。当把市场信息和交货结合起来时,许多仓库就变成多余,功能也从存货点变为中转站。同时运输实体的多样化提高了运输速度,增加了运输容量及货物储存量。

五、政治与法律环境

政治环境指企业市场营销活动的外部政治形势和状况,以及国家方针政策的变化对市场营销活动带来的或可能带来的影响。法律环境包括政府颁布的关于经济活动、竞争及环保的法规、条例,以及有关监督、管理服务于企业营销活动的政府部门的职能和任务。政治与法律相互联系,共同对企业的市场营销活动发挥影响和作用。

(一)政治环境

1.政府在经济中所起的作用

许多国家的政府在经济活动中扮演的角色主要为参与者和规范者。在中央计划经济类型的国家,政府参与的程度最高。在西方发达国家,政府作为参与者的作用也很大,但对企业所有权的拥有并不普遍。政府以消费者或购买者的角色出现,是政府参与经济活动的另一个表现。在很多国家,政府采购支出占商品与劳务购买市场的比重较大。日本政府支出占GNP的17%,美国约为32%,西欧国家则在45%~50%之间,瑞典政府高达62%。政府也可以作为企业的合伙人,但企业对营销组合的可控制因素将降低①。政府对企业经济活动的规范作用主要通过其制定的货币、金融政策以及对竞争的法律条款来实现。

2. 政府颁布的方针政策

政府用以规范经济和市场活动的政策主要包括宏观和微观经济政策两大方面。宏观经济政策的目标是实现:高的且不断增长的国民产出水平;高就业、低失业;稳定或温和上升的价格水平;政局的稳定性。具体来说宏观经济政策包括财政、货币、收入、产业和消费政策。微观经济存在的必要性是:公共产品的特性需要国家来提供公共产品;由于市场的不完全性、不完善性,信息的不对称性以及外部效应的存在等"市场失灵"问题靠市场自身是无法克服的;为了避免市场经济运行陷入无调节的状态,需要国家采取公共供给、公共引导和公共管理的方式调节微观经济,以弥补"市场失灵"。

3. 政局的稳定性

对于投资者来说,政局的稳定非常重要。特别是对于长期投资者来说,政治环境稳定的重要性要比经济发展的速度更加重要(表4-1)。

---

①薛求知,沈伟家.国际市场营销管理(第3版).上海:复旦大学出版社,2001. 104.

表 4-1 非正常的政权更迭:1948—1982 年每个国家平均发生次数

收入组别	1948—1952	1953—1958	1959—1964	1965—1970	1971—1976	1977—1982
低收入国家	1.0(21)	1.1(24)	1.2(39)	1.4(51)	1.3(53)	0.9(55)
中收入国家	1.6(30)	1.7(32)	1.4(41)	0.8(4.7)	0.9(51)	0.6(55)
高收入国家	0.0(23)	0.2(23)	0.1(24)	0.2(35)	0.1(28)	0.1(28)

注:非正常的政权更迭是指国家行政部门领导人的变更没有按照传统的法律或习惯程序来进行权力的变更。圆括号中的数字表示有关的国家数。

资料来源:薛求知,沈伟家.国际市场营销管理(第3版).上海:复旦大学出版社,2001.107

(二)法律环境

法律是评判企业营销活动的准则,只有依法进行的各种营销活动,才能受到国家法律的有效保护。因此,企业开展市场营销活动,必须了解并遵守国家或政府颁布的有关经营、贸易、投资等方面的法律、法规。

1. 管制企业的法律体系日益完善

对企业立法是为了保护消费者利益不受不正当商业行为的损害,保护公司不受不公平市场竞争的损害,保护社会利益不受不道德商业行为的损害。西方国家一贯强调以法治国,对企业营销活动的管理和控制的法律手段日益完善。欧盟为其成员国建立了新的法律框架,包括竞争行为、产品标准、产品责任和社会交易等。前苏联和东欧国家也在加快立法,以推动和规范开放的市场经济。近几年来,我国在发展社会主义市场经济的同时,也加强了市场法制方面的建设,陆续制定、颁布了一系列有关的重要法律法规,如《公司法》、《广告法》、《商标法》、《经济合同法》、《反不正当竞争法》、《消费者权益保护法》、《产品质量法》、《外商投资企业法》等,这对规范企业的营销活动起到了重要作用。

学习伴随案例:

影响营销活动的美国立法里程碑

1. 谢尔曼反托拉斯法案(1890 年)

禁止(a)独占或企图独占(b)在州际贸易及对外贸易中以限制交易为目的的合同、合并或图谋。

2. 肉类检验法案(1906 年)

规定肉类包装设施必须执行卫生规定,并对所有肉类公司在州际销售的肉类进行联邦检验。

3. 汽车信息提供法案(1958 年)

禁止汽车经营商抬高新车的出厂价。

4. 妥善包装与标贴法案(1966 年)

对消费品的包装与标贴给予规定。要求制造商标明包装商品的内容、制造商厂名及其中含量有多少。允许各行业采用统一的包装标准。

5. 公平信用报告法案(1970 年)

保证消费者信用报告准确、有效和最新的信息,除非有关方面提不出适当的理由,这些报告应给予保密。

6. 消费品定价法案(1975 年)

禁止厂商与经销商在州际贸易中使用价格维持协定。

7. 公平索债行为法案(1978 年)

宣布骚扰和辱骂他人、捏造假证或索债时使用不公平方法,均为非法。

8. 玩具安全法案(1984 年)

给政府以回收被发现的危险玩具的权力。

(改编自[美]菲利普·科特勒. 梅汝和,梅清豪,张桁译. 营销管理——分析、计划、执行和控制(第 9 版). 上海:上海人民出版社,1999. 150)

2. *政府执法更严*

各个国家都根据自己不同的情况,建立了相应的执法机关。例如,在美国,就有联邦贸易委员会、联邦药物委员会、环境保护局、消费者事务局等执法机构,日本有公正交易委员会,德国有联邦卡特尔局,瑞典有消费者行政长官处和市场法院,加拿大有市场保护委员会等。这些官方机构对企业的营销活动有很大的影响力,近年来执法更加积极、严格。我国的市场管理机构比较多,主要有工商行政管理局、技术监督局、物价局、医药管理局、环境保护局、卫生防疫部门等机构,分别从各个方面对企业的营销活动进行监督和控制,在保护合法经营,取缔非法经营,保护正当交易和公平竞争,维护消费者利益,促进市场有序运行和经济健康发展方面发挥了重要作用。

六、社会与文化环境

社会文化是指在一种社会形态下已经形成的信息、价值、观念、宗教信仰、道德规范、审美观念以及世代相传的风俗习惯的总和。文化由两部分组成:①核心文化,是某一社会群体所共同拥有的核心信仰和价值观念。核心文化具有延续性,可以代代相传;②包括不同价值观、生活方式、风俗习惯的亚文化。根据不同的标准可分为民族亚文化、宗教亚文化、地理亚文化和种族亚文化。企业营销人员应针对不同的社会文化环境及特征制定有效的营销策略。

(一)价值观

价值观是人们对社会生活中各种事物的态度和看法,是区分不同文化类型、不同社会、不同群体的根本。价值观是社会文化的核心内容,它包括人们对时间、社会成就、财富和创新、过程和结果、变化和个性的态度和评判标准,这些又影响着消费者的购买行为。对成就要求高的人把主要精力集中在目标而非过程上,利用达到目标的程度来衡量他们的成就。有些国家的人时间观念很强,准时成为社会中受人尊敬、获得信赖的前提。因此能节约时间的产品就会受到欢迎,如快餐、速溶饮料。在美国,新奇变化的事物较受欢迎,而同样的事物在一些保守的国家中就有可能被当作冒险和另类遭到抵制。因此,重视价值观会使营销活动变得更有效率。

(二)宗教信仰

不同的宗教有不同的价值观和行为准则。据估计,全世界有近 20 亿宗教教徒。基督教、伊斯兰教、印度教和佛教是当今世界最主要的宗教。某些国家和地区的宗教组织在教徒购买决策中也有重大影响。一种新产品出现,宗教组织有时会提出限制,禁止使用,认为该商品与宗教信仰相冲突。如托姆·麦克安(Thom Mc An)是孟加拉的一家鞋业公司。当公司的鞋子刚刚走俏时,就发生了一场暴乱,导致 50 多人受伤。事件的原因仅仅是因为印在每只鞋底上的字迹是模糊的托姆·麦克安签名,但看起来很像阿拉伯语中草写的"Allah"(上帝)。在穆斯林世界,脚,特别是脚底被认为是不干净的。所以企业可以把影响大的宗教组织作为自己的重要公共关系对象,在经销活动中也要针对宗教组织设计适当方案,以避免由于矛盾和冲突给企业营销活动带来的损失。

(三)审美观

审美观是人们对自然、艺术、社会生活的审美标准、审美方式和审美习惯①。在不同的文化环境下,人们对美有着不同的评价。如各种颜色在不同国家和地区有不同的寓意,如白色在日本、欧洲和美国代表纯洁、光明、坦率和美好,而在印度却代表不受欢迎。绿色在日本和巴西代表不吉利、不吉祥,是一种恶兆,但在多数国家却代表着春天、青春、生机、平静和安全。人们在市场上挑选、购买商品的过程,实际上也就是一次审美活动。审美观对产品的设计、色彩、广告促销中的音乐、商标名称有着重大的影响。近年来,我国人民的审美观念随着物质水平的提高发生了明显的变化,表现为追求健康美、追求形式美、追求环境美。在这种趋势下体育用品、运动服装需求上升,鲜艳、明快、富有活力的色调以及对环境的美感体验成为消费的重点。

---

①吴晓云. 国际市场营销学教程(第一版). 天津:天津大学出版社,2004. 48.

(四)风俗习惯

风俗习惯是人们历代传递下来的,在长期经济与社会活动中形成的一种消费方式。禁忌是风俗习惯的特殊表现形式。如中国人比较喜欢2、6、8、9这几个数字,对4比较忌讳。西方基督徒都忌讳13。中国人喜欢逢年过节送酒,因为酒与"久"同音,代表健康长寿。吃年夜饭要有鱼,代表年年有余。不同的消费习俗,具有不同的商品需要,研究消费习俗,有利于对消费用品的生产与销售进行管理,有利于正确、主动地引导健康的消费。了解目标市场消费者的禁忌、习俗、避讳、信仰、伦理等是企业进行市场营销的重要前提。

在研究社会文化环境时,还要重视亚文化群对消费需求的影响。每一种社会文化的内部都包含若干亚文化群。因此,企业市场营销人员在进行社会和文化环境分析时,可以把每一个亚文化群视为一个细分市场,生产经营适销对路的产品,满足顾客需求。

第三节　市场营销微观环境

市场营销微观环境是指对企业的经营管理活动产生直接影响的各种因素的总和,主要由企业、企业的供应商、营销中介、顾客、竞争对手以及社会公众组成(图4-3)。

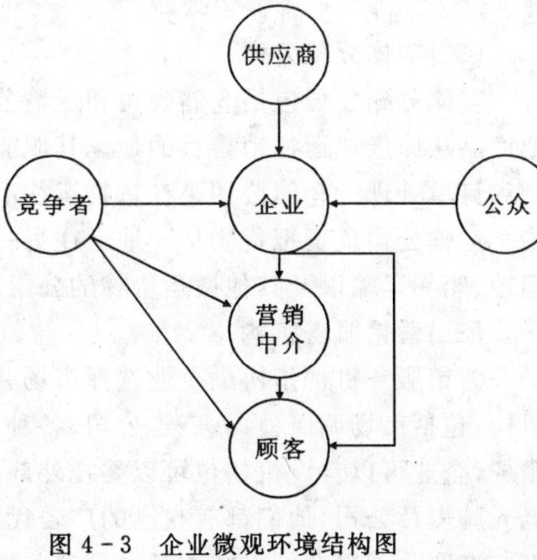

图4-3　企业微观环境结构图

一、企业

企业对营销活动产生的影响主要来自于企业内部的各个部门。企业内部各管理层次之间分工的合理性、科学性和合作的协调性均影响着营销管理的决策和实施。营销计划要获得最高决策管理层的支持,同时,要充分考虑财务部门、研究与开发部门、生产和采购部门、人力资源管理等部门的现实情况,通过协作研究制定和完善营销计划,最终通过各部门的配合实现计划目标。企业的各个部门构成了企业营销活动的内部营销环境。

二、供应商

供应商是指向企业及其竞争对手提供生产特定产品和服务所需各种资源的企

业或个人。供应商所提供的资源主要包括原材料、零配件、设备、能源、劳务、资金和其他用品等。供应商供货的稳定性与及时性影响着企业生产活动的正常开展，影响着企业能否按期完成生产和交货任务。供应商供货的价格直接影响企业的成本，影响着企业的销售量和利润。供应商提供资源的数量和质量将直接影响产品或服务的数量及质量。因此，企业应正确认识并处理好与供应商的关系。在寻找和选择供应商的时候要充分考虑供应商的信用状况，要使自己的供应商多样化，减少对一家或少数几家供应商的过分依赖。

三、营销中介

营销中介是协助公司推广、销售和分配产品给最终买主的那些企业，包括中间商、实体分配公司、营销服务机构及金融机构等。

（一）中间商

中间商是协助公司寻找顾客或直接与顾客进行交易的商业企业。中间商分两类：代理中间商和经销中间商。代理中间商专门介绍客户或与客户磋商交易合同并由此获得佣金，但并不拥有商品所有权，包括代理人、经纪人、制造商代表等。经销中间商购买产品，拥有商品所有权，再出售商品，包括批发商、零售商和其他再售商。

（二）实体分配公司

实体分配公司包括仓储公司和运输公司，它们的作用是协助公司储存产品和把产品从原产地运往销售目的地。其职能有包装、运输、仓储、装卸与搬运、库存控制和订单处理。仓储公司是在货物运往下一个目的地前专门储存和保管商品的机构。运输公司负责把货物从一地运往另一地，包括从事铁路运输、汽车运输、航空运输、船舶运输以及其他搬运货物的公司。

（三）营销服务机构

营销服务机构指协助企业选择市场并帮助他们向选定的市场进行产品促销的机构，包括市场调研公司、广告公司、各种广告媒介及市场营销咨询公司。对此类服务，企业可以自设机构也可以委托外部的专业机构。有些大公司，如杜邦公司和老人牌麦片公司，他们都有自己的广告代理人和市场调研部门。但是，大多数公司都与专业公司以合同方式委托办理这些事务。在企业决定委托外部专业公司提供这些服务时，除根据需要进行筛选外，还必须定期检查委托机构的业绩，以确保质量和服务水平。

（四）金融机构

金融机构包括银行、信贷公司、保险公司以及其他对货物购销提供融资或保险的各种公司。在市场经济中，企业间的财务往来要通过银行结算，财产和货物要通过保险进行风险转移，而企业的营销活动会因贷款成本的上升或信贷来源的限制而受到严重的影响。

四、顾客

顾客是企业的目标市场。企业与供应商和中间商保持密切关系的目的，是为了有效地向目标市场提供商品与劳务。顾客需求是企业经营活动的出发点和归宿。根据购买动机和购买者身份，企业的目标市场分为以下几种：

(1)消费者市场：购买商品及劳务以供个人消费的个人和家庭。

(2)工业市场：组织机构购买产品与劳务，供生产其他产品及劳务所用，以达到盈利或其他的目的。

(3)中间商市场：组织机构购买产品及劳务用以转售，从中盈利。

(4)政府市场：政府机构购买产品及劳务以提供公共服务或把这些产品及劳务转让给其他需要它们的人。

(5)国际市场：买主在国外，这些买主包括外国消费者、生产厂、转售商及政府。

五、竞争者

有效的营销活动是要比竞争对手更好、更快地满足消费者的需要与欲望。一个组织很少能单独做出努力为某一顾客市场服务。企业的营销系统总会受到一群竞争对手的包围和影响。在和竞争对手竞争的过程中，企业不仅要识别消费者的需求，而且要进行有效的市场定位，使其产品和品牌在消费者心目中与竞争对手具有明显的差异。竞争者包括①：

(1)愿望竞争者：即提供不同产品，满足顾客的不同愿望，与本企业争夺同一顾客购买力的企业；

(2)产品属类竞争者：即提供不同种类的产品和服务，满足顾客同种需要的企业；

(3)产品形式竞争者：即提供能满足同一种需求的不同规格、型号、款式的同类产品和服务的企业；

(4)品牌竞争者：即以相似价格向同一顾客提供相似的产品和服务的企业。

六、公众

公众是对企业完成其目标的能力有着实际或潜在压力和影响的群体。公众的存在有可能有助于增强一个企业实现自己目标的能力，也可能妨碍这种能

①吴健安. 市场营销学. 合肥：安徽人民出版社，2005.

力。包括:

(1)金融公众:金融界对企业的融资能力有重要的影响。金融界主要包括银行、投资公司、证券经纪行、股东。

(2)媒介公众:媒介公众指那些刊载、播送新闻、特写和社论的机构,特别是报纸、杂志、电台、电视台。

(3)政府公众:企业管理当局在制定营销计划时,必须认真研究与考虑政府政策与措施的发展变化。

(4)公民行动团体:即各种消费者权益保护组织、环境保护组织、少数民族组织等。

(5)地方公众:每个企业都同当地的公众团体保持联系,如邻里居民和社区组织。

(6)一般公众:企业需要关注一般公众对企业产品及经营活动的态度。虽然一般公众并不是有组织地对企业采取行动,然而一般公众对企业的印象却影响着消费者对该企业及其产品的看法。

(7)内部公众:企业内部的公众包括蓝领工人、白领工人、经理和董事会。大公司还发行业务通讯和采用其他信息沟通方法,向企业内部公众通报信息并激励他们的积极性。

本章关键术语中英文对照

市场营销环境	marketing environment	市场营销宏观环境	macro-environment
人口环境	population factors	市场营销微观环境	micro-environment
社会和文化环境	socio-cultural factors	经济环境	economic factors
技术环境	technological factors	政治和法律环境	legal and regulatory factors
消费者	customers	物质环境	natural factors
供应商	suppliers	员工	employees
竞争者	competitors	中间商	intermediary

本章重要概念中英文释义

1. 微观环境:即直接营销环境(作业环境),指与企业紧密相连,直接影响企业营销能力的各种参与者,包括企业本身、市场营销渠道企业、顾客、竞争者及社会公众。

micro-environment: This environment influences the organization directly. It includes suppliers that deal directly or indirectly, consumers and customers, and other local stakeholders. Micro tends to suggest small, but this can be misleading. In this context, micro describes the relationship between firms and the driving forces that control this relationship. It is a more local relationship, and the firm may exercise a degree of influence.

2. 宏观环境：即间接营销环境，指影响企业营销活动的一系列巨大的社会力量和因素，主要是人口、经济、政治法律、科学技术、社会文化及自然生态等因素。

macro-environment: This includes all factors that can influence organization, but that are out of their direct control. These factors mainly include population, economics, politics, technology culture and nature.

3. 政治和法律环境：政治法律因素像一只有形之手，调节着企业营销活动的方向，法律则为企业规定商贸活动行为准则。政治与法律相互联系，共同对企业的市场营销活动发挥影响和作用。

legal and regulatory factors: The political arena has a huge influence upon the regulation of businesses, and the spending power of consumers and other businesses.

4. 经济环境：指企业营销活动所面临的外部社会条件，其运行状况及发展趋势会直接或间接地对企业营销活动产生影响。

economic factors: Marketers need to consider the state of a trading economy in the short and long-terms. This is especially true when planning for international marketing.

5. 社会文化环境：一般指在一种社会形态下已经形成的信息、价值、观念、宗教信仰、道德规范、审美观念以及世代相传的风俗习惯等被社会所公认的各种行为规范。

socio-cultural factors: The social and cultural influences on business vary from country to country. It is very important that such factors are considered.

6. 供应商：是指向企业及其竞争者提供生产产品和服务所需资源的企业或个人。供应商所提供的资源主要包括原材料、设备、能源、劳务、资金等。

suppliers: Increase in raw material prices will have a knock on affect on the marketing mix strategy of an organization. Prices may be forced up as a result. Closer supplier relationships is one way of ensuring competitive and quality products for an organization.

7. 中间商：是协助公司寻找顾客或直接与顾客进行交易的商业企业。

Intermediary: An intermediary is a third party who facilitates a deal between two other parties. Marketing intermediary is a business firm that operates between producers and consumers or business users, such as agent merchant middleman, wholesaler, and retailer.

本章小结

本章主要介绍了市场营销环境的有关概念,市场营销宏观环境、微观环境的构成要素。内容要点主要包括:

(1)市场营销环境指影响和制约企业市场营销活动和决策而营销部门又难以控制的企业内部条件和外部影响因素的总和。一个企业的营销环境由企业营销管理机能外部的行动者与力量所组成,这些行动者与力量冲击着企业管理当局发展和维持同目标顾客进行成功交易的能力。

(2)市场营销环境的主要特征:不可控性、复杂性、相关性和动态性。

(3)市场营销环境的分类:按对企业营销活动影响因素的范围分为微观环境和宏观环境。

(4)微观环境:即直接营销环境(作业环境),指与企业紧密相连,直接影响企业营销能力的各种参与者,包括企业本身、市场营销渠道企业、顾客、竞争者及社会公众。

(5)宏观环境:即间接营销环境,指影响企业营销活动的一系列巨大的社会力量和因素,主要是人口、经济、政治法律、科学技术、社会文化及自然生态等因素。

本章思考题

1. 什么是市场营销环境?什么是市场营销宏观环境?什么是市场营销微观环境?

2. 试举例说明政治法律因素如何影响企业的营销活动。

3. 试举例说明竞争者的存在对企业营销活动的影响。

本章实践题

摩托罗拉手机市场营销案例:作秀精彩 MOTO

2002 年初,摩托罗拉公司推出了 MOTO 策略,借此拉近了与消费者之间的距离,在 2002 年末,摩托罗拉在中国手机市场全年市场份额中依旧保持了第一的位置(并且是中国 CDMA 手机市场份额第一,各省手机市场占有率第一)。这表明,在手机激烈竞争的市场环境中,摩托罗拉摆脱了过去沉稳僵化的营销风格,重新引领了时尚潮流,并保持了自己的市场地位。显然，MOTO 策略成功了，那么，MOTO 到底是什么？它的神奇之处在哪里？请看“摩托罗拉手机市场营销案例”。

第一次听到“MOTO！ MOTO！”的声音时，以为是摩托车的广告，看了才发现原来是摩托罗拉的新招。在 MOTO 的广告里，一帮像“有病”一样的年轻人到处喊着：“MOTO！ MOTO！”摩托罗拉将自己的名字减去了一半，从严格的营销理论意义上讲，等于是换了自己的“CI”，绝对是冒险行为。但摩托罗拉似乎并不在乎，它脱掉了“西装”，换上了“休闲服”，把自己从“老摩”变成“小摩”，市场果然又火了起来。细想，一个一贯以推崇技术领先为最高荣誉的企业，到了新时代，也不能不幽默自己一下，这确实值得市场营销人士深思。

这个时代确实是“感性时代”，多数人都受到了“时尚病毒”的传染，有大名不叫，非叫小名才过瘾。如果是消费者“得病”了，是先治好了他们的“病”再卖东西，还是反过来顺应潮流，看来摩托罗拉选择了后者。他们明白，这个时代的主流就是：“不断变化的时尚潮流”，产品想要卖得好，必须迎合甚至带动“时尚潮流”才行，反之则死。

如果说带动时尚潮流太难，那么迎合时尚潮流对企业来讲就不失为最有效的一招。不仅是摩托罗拉，这两年来迅速增长的中国手机企业在迎合潮流方面也有出色表现。2001 年 7 月，TCL 花了一千万的“天价”请了当红的韩国美女金喜善为产品做广告。说实话，广告拍得确实一般，金喜善的镜头要比产品多得多，不少专家也出文抨击该广告“错位”，混淆了代言人与产品诉求的关系，无法体现产品的科技诉求。但颇有讽刺意味的是，在广告播出后三个月的时间里，TCL 每月基本上实现了 3～4 亿的销售额，比没播广告上涨了 3 倍以上。“韩国第一美女”没有让 TCL 失望，2001 年 TCL 手机卖了 30 多亿元，利润超过 3 个亿，消费者似乎并不在乎“科技诉求”和“产品定位”什么的。他们似乎只关心所谓“时尚的东西”：什么最流行？什么已经被淘汰了？金喜善是否整过容？手机外型“酷不酷”？在感性消费时代，消费者多数都是“病人”，和病人讲理是行不通的，有效的办法应该是：仔细研究是什么让他们得了病，并马上对症下药，让病人舒服。只有他们舒服了，产品才能卖出去。

（来源：http://www2.sdfi.edu.cn/netclass/jiaoan/2006/shichangyingxiao/anli.htm）

思考：

1. 结合案例说明环境对摩托罗拉公司的影响。
2. 面对环境的影响和变化摩托罗拉公司采取了哪些营销策略？

第五章　消费者市场及购买行为

本章主要内容

1. 消费者市场及其特点
2. 影响消费者购买行为的各种因素
3. 消费者购买决策的类型
4. 消费者购买决策的过程

本章重点与难点

重点：

影响消费者购买行为的各种因素

难点：

消费者购买决策的类型

本章要求

1. 深入分析影响消费者购买行为的各个因素。
2. 掌握消费者购买决策的类型。
3. 掌握消费者购买决策的过程。

开章引例

当电脑又一次卡在一个界面不动时，刘航狠狠地敲击了键盘，“这破电脑，真的该换了。”作为一名二年级研究生，其实刘航早就有换台笔记本电脑的想法。一是因为自己的这台 2004 年买的台式机已经完全适应不了需求了，再者笔记本的便携性也是马上要找工作的刘航的进一步需求。

价格的持续走低、配置的不断提高以及新技术的不断出现说明2007年是笔记本飞速发展的一年。市场上品牌很多，刘航通过在网上查找和对电脑城的走访，了解了IBM、联想、惠普、戴尔、宏基等一线品牌的价格在6 000元人民币左右的配置型号，最终确定了IBM的R61、联想的F41、惠普的6515b这三款笔记本作为候选。有了候选的方案刘航就需要在这三款笔记本电脑之间做出选择。通过不断地走访电脑城去看样机，向销售人员咨询，在网上看网友们对这三款笔记本的评价以及用过笔记本的朋友的经验介绍，刘航最终确定了购买惠普的6515b这一款笔记本电脑。这款商务笔记本价格在5 700～6 000元，惠普的经典的商务机外观，由于运用了AMD的CPU和芯片组，并且没有预装操作系统，所以价格比一般的商务机要便宜1 000元左右，它成了刘航的较优选择。

随后，刘航和同学一行三人来到了电脑城，通过在各个店面之间的比较，选择了武汉银嘉科技公司的店面。刘航通过首付3 000元，利用招商银行的信用卡分期付款的方式付剩余的2 900元购买了这款惠普6515b笔记本电脑。在技术员将笔记本电脑的软件和硬件都安装完毕后，刘航开心地带着笔记本回学校了。

回到学校的第一件事情就是打开电脑，根据说明书将电脑的功能都检测了一遍，没有发现什么问题，就马上根据《惠普给消费者的一封信》将一年送修服务免费升级到两年的送修服务。

一切完毕后，刘航就开始体验新的笔记本电脑给他带来的终极体验了。

在我们的现实生活中，像刘航这样的购买行为随处可见。在刘航的这次购买行为过程中，是哪些因素影响了刘航的选择？哪些人对他的决策产生了影响，影响的程度有多大？刘航的购买行为属于哪种类型？他的购买过程经过了哪些阶段，他在每个阶段都做了些什么？这都是营销者关心的问题。针对这些问题，本章将展开讨论。

第一节 消费者市场及其特点

一、消费者市场的定义

消费者市场(consumer market)，即消费品市场，是个人和家庭为了生活而购买产品和服务的市场。在消费者市场上，消费者购买产品和服务是为了个人和家庭的最终消费，而不是为了作为生产资料来加工、销售、获得利润，所以消费者市场又称为最终产品市场。消费者市场上的消费者的需求是人类的原生需求，其他市场如生产者市场、中间商市场上的需求都是该原生需求的派生需求。所以，从根本上说，消费者市场决定着其他市场的需求，是最重要的市场，是消费者行为研究的中心。

二、消费者市场的特点

1. 购买者的广泛性

人类，尤其是现代社会的人要生存就需要各种各样的产品和服务，他们无法将所有的需要都自给自足，缺少的就需要诉诸于消费者市场。凡是有人的地方就有消费者市场的存在。消费者市场的购买者存在于社会的各个阶层、各个地方，因此消费者市场人数众多，范围广泛。

2. 购买行为的经常性和反复性

由于受到消费者的经济状况或家庭的储存容量，以及如保质期等消费品特点的影响，消费者一次购买的消费品的数量是有限的，只能满足一定时间内消费者个人或家庭的消费。但是，消费者的需求是持续的，消费者要满足这持续的需求就需要经常性的、反复性的购买消费品。

3. 购买需求的差异性

市场上的消费者是千差万别的，由于在年龄、性别、经济状况、生活习惯等方面的差别，消费者的购买需求存在着巨大的差异性。例如，同样的热干面在湖北的销售情况很好，但到了山东却基本卖不出去，这就显示了由于生活习惯不同而引起的购买需求的巨大差异。

4. 购买需求的易变性和发展性

在当今中国社会，由于人们生活水平的不断提高和科技的迅速发展，消费者的购买需求也在不断的变化和发展。今天受到消费者追捧的消费品在明天可能就会无人问津了，因为有更好的消费品满足了消费者的需求。这个特点在电子产品消费市场上是最明显的。例如，一直到 2004 年 CD 机仍然是消费者音乐播放器的首选，但是随着科技的发展，MP3 和 MP4 逐渐取代了略显笨重的 CD 机，成为消费者的首选，只有少量的对音乐音质有较高要求的消费者仍然在购买 CD 机。

5. 购买者的非专业性和情感性

市场上的消费品有成千上万，消费者一般对所要购买的消费品大多缺乏专业的知识，对消费品的性能、质量、产地、维修保养以及市场行情等都不太了解，他们的购买行为表现出很强的情感性和可诱导性。消费者容易受到广告、产品包装、品牌、商店氛围和销售者的建议等因素的影响，来做出他们的购买决策。

6. 购买需求的伸缩性

消费者市场上的购买需求表现出一定的伸缩性。消费者受到政治、经济、社会、心理因素和企业促销力度的影响，在对购买消费品的数量和品种的选择上表现出一定的需求弹性或伸缩性。例如，可支配收入多则增加消费，可支配收入少则减少消费。不同的消费品，消费者需求的伸缩性不同。一般来说，生活必需品的需求伸缩性小，而非生活必需品的需求伸缩性大一些。

7. 购买行为的季节性

一般来说，购买行为的季节性分为三种情况。一是季节性的气候变化引起季节性的消费。例如，冬天是羽绒服、棉衣和电暖气的销售热季，夏天则是单衣、短裤和电风扇的销售热季。二是季节性的生产引起季节性的消费。例如，柑橘在秋天上市，春天下市，在这段时间内是柑橘的消费季节，在一年中的其他时段是没有柑橘的。三是风俗习惯和传统节日引起的季节性消费。例如，元宵节期间是汤圆的销售时段，中秋节期间是月饼的销售时段等。

第二节　影响消费者购买行为的因素

消费者生活在纷繁复杂的社会环境之中，购买行为受到诸多因素的影响。要彻底把握消费者购买行为，有效地开展市场营销活动必须分析影响消费者购买行为的有关因素。消费者购买行为受文化、社会、个人和心理特征的影响很大(图 5－1)。营销者基本上无法控制这些因素，但必须考虑到这些因素。

一、文化因素

文化因素在消费者行为中起着最广泛、最深刻的影响。营销人员需要了解消费者的文化(culture)、亚文化(subcultures)和社会阶层(social classes)在购买行为

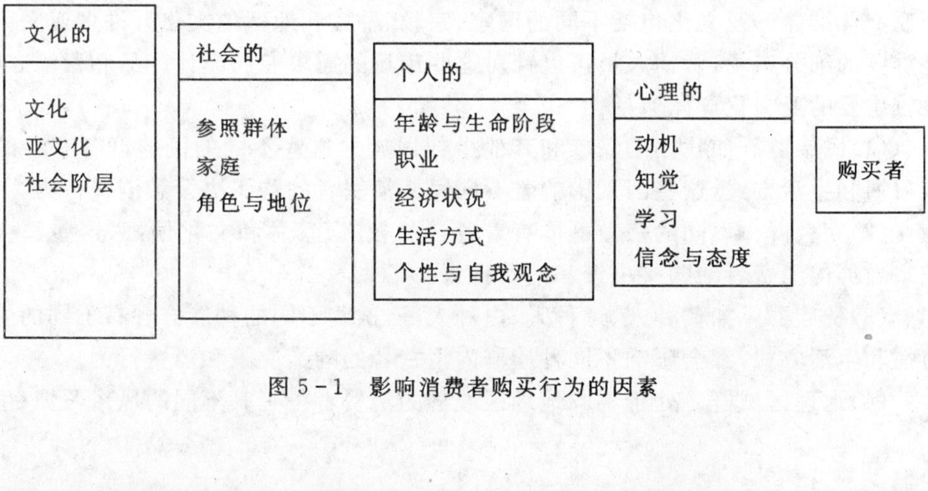

图 5－1　影响消费者购买行为的因素

中所起的作用。

(一)文化

文化是理解消费者行为的一个关键概念。人们可以把文化看成是社会的个性。文化包括价值和道德等抽象的概念,还包括社会所生产和重视的实质物品和服务,如汽车、衣服、食物、艺术和运动等。换一种说法,文化是组织和社会成员间共有的意义、仪式、规范和传统的集合。文化是引发人们的愿望及行为的最根本原因。人们的行为是通过学习形成的。在特定社会中成长的人会从家庭及其他重要组织那里学到基本价值观、对事物的理解、愿望和行为。每个群体或者社会都有自己的文化,而且文化对购买行为的影响在不同的群体或社会间差异很大,营销活动如果不针对这些差异进行调整就会没有效果,甚至会出现失误。

中国的文化价值观是造成中国消费者行为差异的深层次原因。有研究表明,有五千年文化传统的中华民族在哲学观、价值观、思维方式、处世方式、生活态度等方面都不同于西方人。中国人有着自己的思维和行为逻辑,西方人是很难理解的。

从文化的深层面看,对中国消费者购买行为影响最大的文化价值观有:

(1)以“根”为本的文化——重家、族、国;生命血统延续;望子成龙、光宗耀祖、投资子孙。

(2)中庸文化——阴阳平衡的行为向导;不过为好;祸福相依。

(3)关系文化——礼尚往来,来而不往非礼也。

(4)和文化——和谐、和气、和睦、和平;天时、地利、人和。

(5)面子与从众心理——有脸有面;群体舆论。

(6)地位与礼仪文化——孔子强调举止行为与地位要一致。

(二)亚文化

消费者的购买行为受到社会中群体成员身份的影响。这些群体就是亚文化群体,群体成员有着与其他群体相区别的共同信仰和经历。每个消费者都从属于多个亚文化群体。亚文化包括不同的国家、宗教、种族和地区的文化。许多亚文化都是重要的细分市场,营销人员可以针对这些市场的需求专门设计产品和营销方案。比较重要的亚文化群体包括:

(1)民族群。如我国的汉族和其他少数民族。这些不同的民族群各有各的民族习惯和生活方式,这些因素影响着不同民族消费者的购买决策和消费行为。

(2)宗教群。不同的宗教群体有着各自的教义、禁忌和文化偏好,这些都会影响宗教群内消费者的购买决策和消费行为。

(3)种族群。如黄种人、黑种人、白种人等,这些不同的种族群各有不同的生活习惯和生活方式,都会影响不同种族群内消费者的购买决策和消费行为。

(4)地理区域群。处于不同地理区域群的消费者各有其不同的风俗习惯、生活方式等。俗语“十里不同俗”就说明了这一点。这都会影响消费者的购买决策和行为。美国学者 L·R·凯纳(L. R. Kahle)(1992)提出了研究区域消费差异的概念模型(图 5－2),并从地理亚文化的角度提出了“北美九国”之说,认为美国和加拿大的地界中存在九个文化独立的可以称为“国家”的地区,每一个都具备自身的优势和习俗。

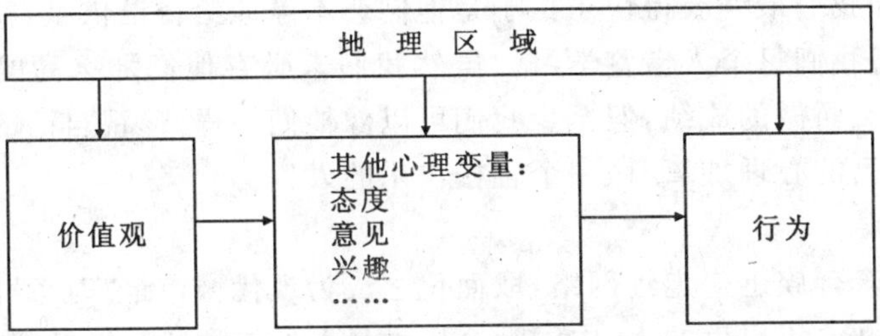

图 5－2　凯纳的区域消费差异概念模型

在讨论这四种重要的亚文化群体时,应该注意到每一种主要的亚文化又是由许多更小的亚文化组成,这些更小的亚文化也具有自己的偏好和行为。

现代城市中流行的三种亚文化族群。

1. 波波族

波波族是现在城市中流行的亚文化族群。BoBos 这一新生词是《纽约时报》资深记者戴维·布鲁克斯在其大作《天堂里的 Bobo 族——新社会精英的崛起》中首次提出,由 Bourgeois(布尔乔亚)及 Bohemian(波西米亚)两词合并而成。意思是指既赞成资本主义的布尔乔亚,又崇尚自由与解放的波西米亚;既拥有高学历、丰厚收入,又讲究生活品位、注重心灵成长的一族。[①]

波波族用心感受生活,追求自然的个性,用智慧的头脑创造自己的文明。

他们不接受媚俗的时尚物件;他们着装从不讲究搭配,随意的有点极端;他们向往大自然,吃杂粮、面包、有机蔬菜和纯绿色食品;他们修瑜伽功做极限运动,尤其值得推崇的是波波族有着独到的减压策略和生活理念。

波波族从来把矛盾划分的很清楚,工作是工作,友谊是友谊,在工作中可以跟你讲个你死我活,但跳出工作状态永远都是朋友,波波族看淡冲突和矛盾,认为快乐最重要。

波波族喜欢外出旅行,走出自己整天生活的城市,感受新鲜,开拓视野。他们既能享受现代文明的产物,又能深入蚊虫肆虐的热带森林艰辛旅行。他们不是走

①http://baike.baidu.com/view/362875.htm.

马观花地旅游，而是要深入到当地的文化和民俗中去！

在波波族看来，健康是极其重要的，跑步锻炼取代了吸烟，Espresso 代替了烈酒；多用途的运动旅行车更换了最新流行款式的家用轿车，目的都是为了身体更健康。

总之，波波族们从来不会让自己生活得很累，因为他们明白，世界是个舞台，生存的意义是让我们最终获得快乐！于是他们会不停地给自己供氧，释放压力，这种生活理念值得我们每个人借鉴学习。虽然我们未必有他们那么高的学历、那么丰厚的待遇、那么骄傲的成绩，但至少我们可以像他们一样，珍视自己的心情，懂得调剂，学会给自己的心理加氧，做一个轻松快乐的人！

2. 奔奔族

在今天，奔奔族迅速走红网络，取而代之成为现代城市最"时髦"的族群。奔奔族是 1975—1985 年出生的人，中国社会压力最大的族群。另一解释是指年龄介于 20～30 岁的全新族群。他们年轻快乐，率真坦诚，创意无穷，不拘传统。奔奔族被称为"当前中国社会中最重要的青春力量"，他们一路嚎叫地奔跑在事业的道路上；同时他们又是中国社会压力最大的族群，身处于房价高、车价高、医疗费用高的"三高时代"，时刻承受着压力，爱自我宣泄表达对现实的抗争！他们甘当草根、为网络而生，他们玩命工作，痛快享乐，却由于承受巨大压力，不得不提前预支，他们特立独行张扬自我，却容易在香烟加可乐中得到满足。奔奔族虽然充满烂漫幻想，但与已经打拼多年、事业有成的波波族相比，最大的优势就是奔奔族自身青春的护照。他们对波波族的所谓小资情调嗤之以鼻，严重鄙视波波族"猪鼻子插大葱——装象"的面具化生活，穿着打扮不追求所谓体面、身份的名牌，而是追求休闲、适合自己的，对于波波族浑身上下名牌伺候的原则，奔奔族讥讽是"就知道花冤枉钱的傻冒"。①

奔奔族的"三个奔"：奔波、奔跑、奔放。

(1)奔波：奔奔族大都处于事业的初级阶段。为了体面生活，为了事业有成，为了健康，为了将来，他们不敢稍作停留，因为每个月的房贷、车贷、信用卡还款、医疗费用……一个接一个的账单在等待清还。在现实的一顿顿棒喝中，"烦恼化生存"已经成了奔奔族的生活常态。

(2)奔跑：互联网时代下历史的车轮转得飞快，知识更新快、模式变得快、创富速度更快，奔奔族不进则退。职场上需要不断充电，创业上需要突破、需要新创意，所以必须不断奔跑。

(3)奔放：奔奔族在压力的夹缝下同样要享受生活，成群结队的交友、户外运

①http://baike.baidu.com/view/360090.htm.

动、自驾游、拓展训练等都是奔奔族的典型享受方式。爱情上奔奔族抛去羞答答的面具，开门见山地谈谈情、跳跳舞，也造就了8分钟约会的风行。

3. 乐活族

1984年，美国社会学者保罗·瑞恩带领同事苦干15年，依靠发放调查问卷和统计学研究的方法，在1998年写出了《文化创造：5 000万人如何改变世界》。在书中，他提出乐活概念。以life styles of health and sustainability中英文单词的第一个字母组成了"LOHAS"这个新词汇，直译过来就是"健康可持续性的生活方式"，再形象一点说，乐活就是在消费时会考虑到自己和家人的健康以及对生态环境的责任心。他们关心生病的地球，也担心自己生病，他们吃健康的食品与有机野菜，穿天然材质棉麻衣物，利用二手家用品，骑自行车或步行，练瑜伽健身，听心灵音乐，注重个人成长，通过消费和衣食住行的生活实践，希望自己有活力。①

目前，在美国每4人中有一人是"乐活族"，欧洲约是三分之一，社会学家预估，10年内美国将有一半的消费者都是"乐活族"。

乐活族遵循的准则：

(1)坚持自然温和的轻慢运动。

(2)不抽烟，也尽量不吸二手烟。

(3)电器不使用时关闭电源以节约能源。

(4)尽量选择有机食品和健康食品食用，避免高盐、高油、高糖。

(5)减少制造垃圾，实行垃圾分类和回收。

(6)亲近自然，选择"有机"旅行。

(7)注重自我，终身学习，关怀他人，分享"乐活"。

(8)积极参加公益活动，如社区义工、支教等。

(9)支持社会慈善事业，进行旧物捐赠和捐款。

(10)节约用水，将马桶和水龙头的流量关小，一水多用。

(11)向家人、朋友推荐与环境友善的产品。

(12)减少一次性筷子和纸张的使用，珍惜森林资源。

乐活族的生活态度：

不管别人怎样，自己要做环保的事情，自己要过健康环保的生活。虽然一直以来也有环保生活、有机生活、慢生活等概念生活形态出现，那么"乐活"生活又有何不同呢？差别在于，很多人至今所关心的还停留在"危险、有害"的危机感上，强调的是"什么不能做、不能吃"，相比之下，"乐活族"则强调努力主动争取健康、快乐的日子。认为关心生态环境，等于关心自己。"乐活"作为一种健康的生活方式和生

---

①http://baike.baidu.com/view/40363.htm.

活态度，迅速被越来越多的人接受，进而还形成了一种特定的文化。这让更多的人去重新思考生活，重新审视时尚，重新定义流行。

随着“乐活”的流行，相应的“乐活”经济也开始活跃，一些原始生态游、原生态的农家菜馆逐渐红火起来，各种健康概念食品、用品也都逐渐热销，而且相关的杂志书籍、服务也迅速崛起，甚至有些商家正在探讨修建有机公寓。还有一些已然出现的纯手工制品店，其经营理念是“非大量制造”、“多样性”和“环保”。

一些经营者还提出，自己不是单纯在卖产品，而是在经营人与人之间日常生活的情感。这就是“乐活族”的理念：作为一名普通公众，通过消费、透过生活，支持环保、做好事，获得很好的自我感觉，于是身心健康，每个人也会变得越来越靓丽、有活力。这个过程就是：做好事，心情好，有活力。

(三)社会阶层

所有的社会都有某种形式的社会阶层结构。社会阶层是指特定社会中所划分的具有相对同质性和持久性的按等级排列的群体。社会阶层中每一阶层的成员具有类似的价值观、思维方式和行为方式。

中国社科院“当代中国社会阶层研究”课题组对当代中国社会阶层进行了分析。以职业分类为基础，以组织资源、经济资源和文化资源的占有状况为标准划分当代中国社会阶层结构的基本形态，它由十个社会阶层和五种社会地位等级组成，如图 5-3 所示。

各社会阶层及地位等级群体的高低等级排列，是依据其对三种资源的拥有量和其所拥有的资源的重要程度来决定的。在这三种资源中，组织资源是最具有决定性意义的资源，因为党和政府组织控制着整个社会中最重要的和最大量的资源；经济资源自 20 世纪 80 年代以来变得越来越重要，但它在当代中国社会中的作用并不像在资本主义社会中那么至关重要，相反，现有的社会制度和意识形态都在抑制其影响力的增长；文化(技术)资源的重要性则在近十年来上升很快，它在决定人们的社会阶层位置时的重要性并不亚于经济资源。

由于处于不同的社会阶层的消费者的社会地位、经济基础、价值观念和生活方式等有所不同，他们反映出不同的消费需求和购买行为。社会阶层的划分是综合衡量职业、收入、教育和财富等变量而形成的，其分层不是那么固定和严格，相邻阶层间的界限是比较模糊的。人们即可能升到更高的层次，也可能降到更低的层次。

二、社会因素

消费者的购买行为受到社会因素的影响，包括参照群体(reference groups)、家庭、社会角色和地位等。

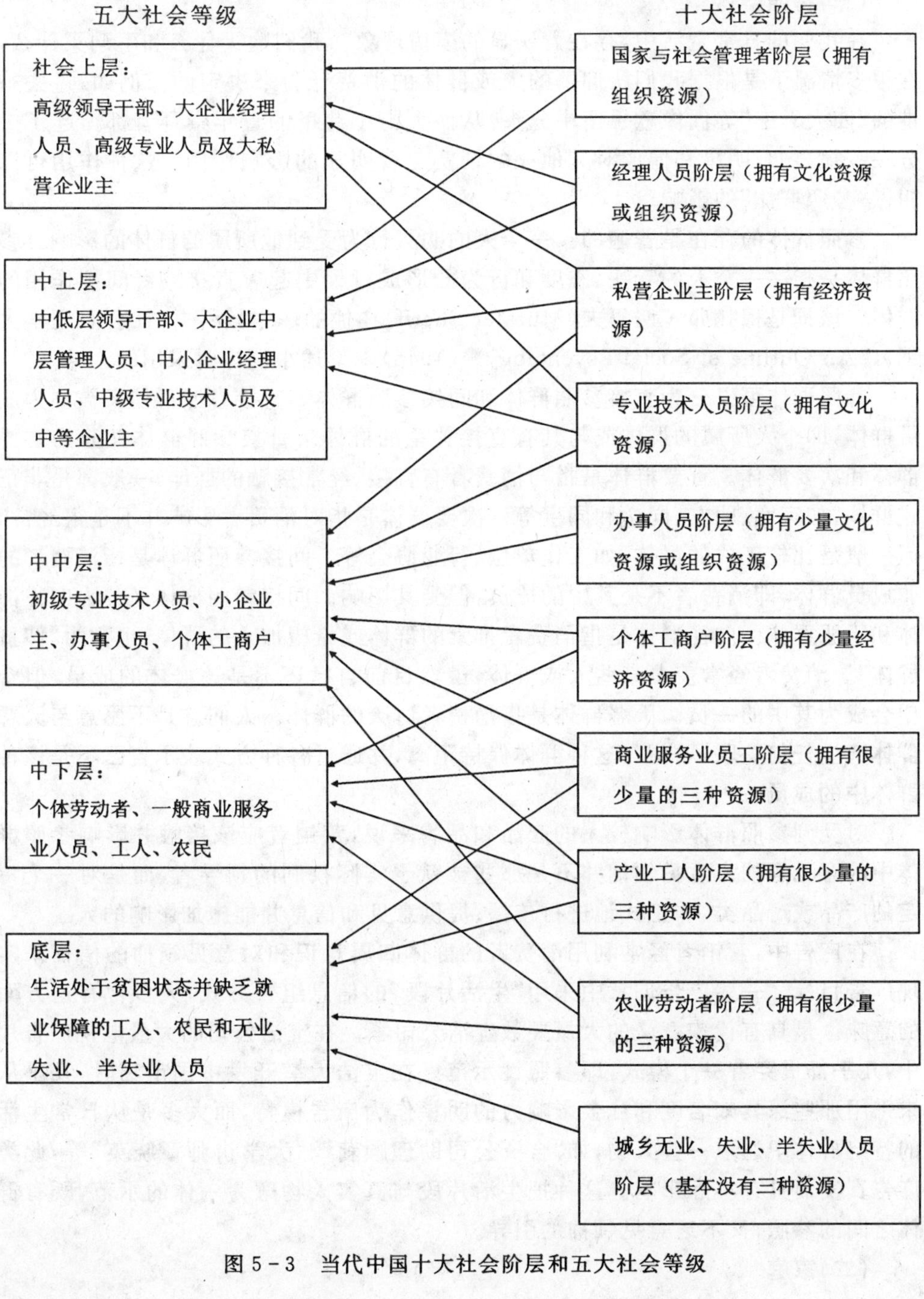

图 5 - 3 当代中国十大社会阶层和五大社会等级

(一)参照群体

在我们的日常生活中,存在着明显的模仿现象。我们购买什么和不购买什么,在很多情况下是根据我们所仰慕的人或群体的消费行为来决定的。例如,过去香港的"四大天王"等偶像歌手留中分头,从而大街小巷里的青年崇拜者都留起了中分头。很显然,明星和偶像对其他人的消费起着明显的影响作用。这种作用可以叫做"参照群体"的影响。

参照群体的存在是普遍的。一个人的购买行为受到他所属的群体的影响。参照群体是指在一个人的看法、态度和行为的形成过程中起着直接或者间接作用的群体。该词是穆扎弗·谢里夫(Muzafer Sherif)在他的一本教科书《社会心理学大纲》(《An Outline of Social Psychology》)(1948)中论述小群体时采用的。

参照群体可以分为直接参照群体和间接参照群体。直接参照群体又被称为成员群体,即个人所属的群体或与其有直接关系的群体。直接参照群体又分为首要群体和次要群体。首要群体是指与消费者有直接、经常接触的群体,一般都是非正式群体,如家庭、朋友、同学和同事等。次要群体是指对消费者影响并不是很经常,但一般是比较正式的群体,如工作单位、行业协会等。间接参照群体是指消费者的非成员群体,即消费者不是其中的成员,但受其影响。间接参照群体又分为向往群体和厌恶群体。向往群体是指消费者推崇的群体或希望加入的群体,也称为"仰慕群体"。消费者经常羡慕某些人或群体,虽然目前自己还不是该群体的成员,但希望会成为其中的一员。厌恶群体是指消费者讨厌的群体。人们总是不愿意与厌恶群体产生任何关联,希望与这种群体保持距离,并通过各种方式表示自己不是该种群体中的成员。

对受到参照群体影响较大的产品和品牌来说,营销者应该接触并影响参照群体中的意见领袖。意见领袖并不是那些被赋予实际权利的领导者,而是对一个特定的产品或产品类,非正式地进行传播、提供意见和信息并能施加影响的人。

在广告中,营销者经常利用消费者的群体归属意识和对意见领袖的信任来实现广告目标。一些广告创意中采用"生活片段"的信息组合方式,大多含有这方面的意味。最具有代表意义的大概要数宝洁公司了。在宝洁公司的大量电视广告片中,几乎都贯穿着一个模式,即参照性示范。在宝洁大举开发中国市场时,几乎从未采用那些深具知名度和社会影响力的明星作为广告模特,而大多是从日常生活的特定群体中选取一些人物,如"合资公司助理顾莉"、"大学讲师章晓英"等,此类广告真实而具有实际影响。这种把生活片段与真实人物融为一体的示范,既有群体之间的参照,又不乏意见领袖的引导。

(二)家庭

家庭是指一个由两个或两个以上的相关的人构成的家户单位,其中一人(户主)拥有或租住他们的住房。家庭可分为核心家庭和扩展家庭。核心家庭是指由两个异性成年人组成的家庭,在这个家庭中,他们同自己的孩子或收养的孩子保持着合法的关系。扩展家庭是一种包括核心家庭和其他亲属在内的家庭,最为常见的一种是包括一方或双方父母和祖父母在内的大家庭。本章主要讨论核心家庭对消费者购买行为的影响。

家庭是社会的一个基本组织单位,它对其成员消费者的影响最深远、最持久。人们的价值观、生活习惯、思维方式等,基本都是在家庭的影响中形成的。家庭对消费者的购买行为的影响是显著的。

家庭作为一个购买单位进行购买决策时,可以分为丈夫主导型、妻子主导型、联合(或配合)型和个人型(或自主型)。丈夫主导型决策,一般出现于汽车、酒类产品和人寿保险等产品的购买中;妻子主导型决策则普遍存在于家具、食品和日常用品的购买中;联合决策最常出现于购买房屋、卧室家具和度假时。然而,这些模式今天已经很少被提及了,因为随着妇女职业角色的扩展,她们参与或者主导的家庭决策范围也在不断扩大。在中国由于计划生育政策的实施,一般家庭中都只有一个孩子,所以中国家庭决策中孩子的影响力也是不容忽视的,甚至是关键的。

(三)社会角色与地位

一个人在一生之中会参加许多群体——家庭、俱乐部和各类其他的组织。每个人在各群体中的位置可以用角色和地位来确定。角色是由一个人应该进行的各项活动组成。每个角色都伴随着一种地位。特聘教授的地位比一般教授的地位高,而一般教授的地位比讲师的地位高。消费者在购买商品时,往往结合自己在社会中所处的角色和地位来考虑,购买符合自己角色和社会地位的商品。大型公司的高级管理人员坐豪华汽车、入住高档酒店、穿昂贵的服装;而普通职员搭公共汽车、在小饭馆用餐、穿普通的职业装,这都符合他们的角色和社会地位。企业将自己的产品或品牌塑造成某种身份或地位的象征,会吸引来符合该身份和地位的顾客。

三、个人因素

一个消费者的购买决策也受到其个人特征的影响,特别是受其年龄和生命周期阶段、职业和经济状况、个性与自我概念、生活方式和价值观的影响。因为这些个人特征中的许多因素直接影响了消费者的购买行为,对于营销者来说,必须研究这些因素。

(一)年龄及生命周期阶段

一生之中,不同年龄阶段的消费者对商品和服务的需求是不断变化的。儿童消费者偏爱糖果和玩具等消费品,需要看护、幼儿教育等服务;中年消费者则是住房、汽车等商品的追随者;保健品的购买者或使用者主要是老年人。

消费者的消费需求和购买行为是根据家庭生命周期不断演变的，它随着家庭成员的年龄、数量的改变而及时的更新。美国学者 P·C·格里克最早于 1947 年从人口学角度提出比较完整的家庭生命周期(family life cycle)概念，并对一个家庭所经历的各个阶段作了划分，如表 5-1 所示。

表 5-1 家庭生命周期

阶 段	起 始	结 束
(1)形成	结婚	第一个孩子出生
(2)扩展	第一个孩子出生	最后一个孩子出生
(3)稳定	最后一个孩子出生	第一个孩子离开父母家
(4)收缩	第一个孩子离开父母家	最后一个孩子离开父母家
(5)空巢	最后一个孩子离开父母家	配偶一方死亡
(6)解体	配偶一方死亡	配偶另一方死亡

一般来说，家庭生命周期分为以下几个阶段：

(1)单身阶段。处于单身阶段的消费者一般比较年轻，几乎没有经济负担，可随意支配的收入较多，消费观念紧跟潮流，注重娱乐产品和基本的生活必需品的消费。

(2)新婚阶段。新婚夫妇一般具有双份收入，而且有来自家长的经济支持，经济状况较好，具有比较大的需求量和比较强的购买力，耐用消费品的购买量高于处于家庭生命周期其他阶段的消费者。

(3)满巢阶段Ⅰ。指最小的孩子在 6 岁以下的家庭。由于孩子的出生，家庭生活方式和消费方式较以前发生了很大变化。孩子需要照顾，家庭收入会相应减少，而支出却会增多，所以家庭的购买行为趋向理性，购买的产品和服务以为孩子服务为中心。

(4)满巢阶段Ⅱ。指最小的孩子在 6 岁以上的家庭。由于孩子已经开始上学，消费者的收入会因家长恢复工作而较以前有所增加。此阶段的家庭消费比较慎重，较少受到广告的影响，倾向与购买大规格包装的产品，购买取向仍以孩子为中心，除了必要的生活支出外，教育服务产品的购买比重加大。

(5)满巢阶段Ⅲ。指夫妇已经上了年纪但是有未成年的子女需要抚养的家庭。处于这一阶段的家庭经济状况尚可，消费习惯稳定，可能购买富余的耐用消费品。

(6)空巢阶段Ⅰ。指子女已经成年并且独立生活，但是家长还在工作的家庭。处于这一阶段的消费者经济状况最好，可能购买娱乐品和奢侈品，对新产品不感兴趣，也很少受到广告的影响。

(7)空巢阶段Ⅱ。指子女独立生活，家长退休的家庭。处于这一阶段的消费者收入大幅度减少，消费更趋谨慎，倾向于购买有益健康的产品。

(8)鳏寡阶段。夫妇中一方已经去世，家庭进入解体阶段，消费者退休或仍在工作，经济收入减少，对医疗、保健和社会服务的需求较大。

在家庭生命周期的不同阶段，消费者有着不同的消费观念、购买需求和购买取向，在中国的特殊国情下（计划生育政策），家庭生命周期有一些新的特点，这都需要营销者研究和注意。

(二)职业和经济状况

消费者的职业对其购买决策和购买行为也有较大影响。娱乐明星会购买高档服装和化妆品以保持他们的光鲜形象；蓝领工人会购买工作服和午餐盒饭。营销者试图识别那些对其产品和服务比一般人更有兴趣的一些职业群体，甚至要为某一特定的职业群体定制他们所需要的产品。如中国移动专门为学生群体定制了产品"动感地带"来赢得学生市场，取得了成功。

消费者的经济状况对其产品的选择和购买具有重要的影响，它包括：消费者的可支配收入、储蓄与个人资产、举债能力和对花钱和储蓄的态度等。营销者需要密切注意其目标市场上的居民收入、支出、利息和储蓄等的变化，并通过调整或重新设计产品方案、营销方案等来适应这些变化，从而使产品和营销活动仍能吸引目标顾客。

(三)个性和自我概念

每个人的独特个性对其购买行为的影响也是不容忽视的。个性(personality)是指个人独特的心理结构，以及这种结构如何长期、稳定地影响个人对环境做出反应的方式。它具体表现在一个人的气质、性格、能力和兴趣方面，如外向与内向、乐观与悲观、温柔与坚毅、活泼与安静、自信心的高与低等。消费者千差万别的购买行为往往是以他们独特的个性心理特征决定的。如外向的人爱穿浅色的和时髦的衣服，而内向的人爱穿深色的和庄重的衣服；自信心强的人往往是新产品的早期购买者。

在进行消费者的品牌选择时，个性是一个重要的变量。我们将品牌个性定义为可以归属于被人类的个性特征所吸引的一个品牌特质的组合体。消费者在选择和使用品牌时，往往会选择和使用那些与自我概念(self-concept)相一致的品牌，避免选择和使用那些与自我概念相抵触的产品。

自我概念是指一个人所持有的关于自身特征的信念，以及他(她)对于这些特征的评价。但自我概念是比较复杂的，现实自我概念是指我们对自己所拥有的和缺乏的特性做的更加真实的评价；理想自我概念是指一个人希望自身所成为的人的概念；他人自我概念是指自我认为别人是如何看待和评价自身的。在我国，他人自我概念对消费者的影响较大。儒家观点之一强调的是"脸面"的重要性，即他人眼中的自我以及在他人眼中保持自己所渴望的地位。我国消费者往往会为了维护面子而去购买一项产品或服务。

(四)生活方式

不同文化背景、不同地区、不同社会阶层的消费者一般都有着不同的生活方式。生活方式是指一个人在他的活动、兴趣和看法中表现出来的生活模式，简而言之，就是人如何生活。

营销者应研究具有不同生活方式的各群体的需要，从而推出适合不同生活方式的产品或服务来满足这些需要。如笔记本电脑生产商根据商务人士和一般用户的不同的生活方式，推出了外观大方、坚固、安全性强的商务笔记本和外观精美、性能强大的家用笔记本来满足不同的需要。

一个人或一个群体的生活方式是在不断变化的，但这种变化是比较缓慢的。科技的进步和不同文化的冲击正在不断地改变着人们的生活方式，营销者应该把握这种大趋势。

生活方式部分取决于消费者是比较在乎金钱还是比较在乎时间。对于比较在乎金钱的消费者，营销者可以为其提供低价格的产品和服务，来吸引这类消费者。对于比较在乎时间的消费者，营销者应该为其提供满足他们追求便利需求的产品和服务。

四、心理因素

消费者的购买行为受到动机(motivation)、知觉(perception)、学习以及信念与态度等主要的心理因素的影响。心理因素的影响涉及消费者购买活动的各个方面和全过程。营销者需要研究这些心理因素。

(一)动机

动机这一概念是由伍德沃兹(R. Wood-worth)于 1918 年率先引入心理学的。一般来说，动机是“引起个体活动，维持已引起的活动，并促使活动朝向某一目标进行的内在作用”。动机是一种需要，他能够产生足够的压力去驱使人行动。当消费者希望满足的需要被激活时，动机就产生了。一旦一种需要被激活，就有一种紧张的状态驱使消费者试图减轻或除去这种需要。这种需要可能是功利性的，也可能是享乐性的。不论是功利性的还是享乐性的，消费者当前的状态和理想的状态之间总是存在差距的，而这种差距造成了一种紧张状态，紧张的轻重程度决定了消费者缓解紧张的迫切程度。一旦紧张状态被消除或减轻，动机就会消退。总之，动机是产生行动的直接原因，研究消费者购买行为就必须研究动机。

最权威的动机理论有三种，分别是西格蒙德·弗洛伊德(Sigmund Freud)的精神分析论、亚伯拉罕·马斯洛(Abraham Maslow)的需要层次理论，以及弗雷德里克·赫兹伯格(Frederick Herzberg)的双因素理论。

1. 精神分析论

弗洛伊德将人的心理比作冰山,露在水面上的一小部分为意识领域,水下的大部分为无意识领域。他认为形成人们行为的真正的心理因素大多是无意识的。无意识动机理论是建立在精神的三个系统基础之上的,即本我、自我和超我。

本我是完全以直接的满足为导向的。本我的唯一机能就是直接释放心理能量和降低紧张。它根据"唯乐原则"行动,一味地追求快乐最大化、逃避痛苦。本我是自私而不合逻辑的,它把一个人的精神力量指引向获得快乐和逃避痛苦的行动而不考虑任何后果。

超我是站在本我的对立面的,它本质上是个人的道德或良心。超我追求至善至美,不考虑"唯乐原则",它内化了社会准则,起到了阻止寻求自私满足的作用。

自我是介于本我和超我之间的系统,它在某种程度上是诱惑或道德间的调解者。自我试图根据现实原则平衡这两股相反的力量,通过外界所接受的方式来满足本我。这些冲突发生在无意识层面,因此人们不一定明白自己行为的潜在原因。

在20世纪50年代,动机研究主要建立在弗洛伊德的精神分析的基础上,并着重强调无意识动机。这种观点的一个基本假设是:不被社会所接受的需求会被引导到一种可被接受的宣泄途径中。这种研究形式依赖于与个体消费者的深度访谈。深度访谈使用较少的消费者,但对每个消费者的购买动机却调查得十分深入。这种研究是建立在受访者不能直接、清晰地表明他的隐藏的或潜在的动机的假设基础上的。这些动机只有通过训练有素的访问者进行广泛的提问并解释后才可能得出。

把弗洛伊德的精神分析学说用于消费者购买行为分析研究的主要代表人物是恩纳斯特·狄希特(Ernest Dichter),他认为研究消费者购买行为必须深入到无意识层面,并设计了多种投射调查法,如语言联想法、语句完成法、图像故事法和角色扮演法等调查无意识动机与购买情景和产品选择的关系。狄希特为超过230类不同的产品进行了深度访谈,识别出消费者的许多主要的消费动机,比如皮大衣是地位的象征、树木是生命的象征等。

2. 需要层次理论

亚伯拉罕·马斯洛在第二次世界大战后提出了需要层次理论,他认为人类的需要可按层次排列,先满足最迫切的需要,然后再满足其他需要。将人类的需要按重要程度从低到高排列,分别为生理需要、安全需要、社会需要、尊重需要和自我实现需要,如图5-4所示。

(1)生理需要。是指人们对于为了生存而不可缺少的吃、喝、睡眠等的需要。这是人类最基本的需要。

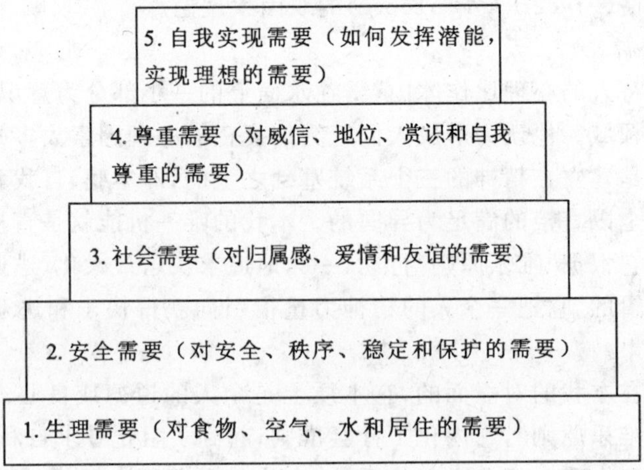

图 5－4　需要层次理论图

(2)安全需要。是指人们对于人身安全、财产安全、社会秩序和稳定生活等的需要。

(3)社会需要。是指人们为了被群体接受而对于归属感、友谊和爱情等的需要。

(4)尊重需要。是指人们对于实现自尊和赢得他人赏识、尊重等的需要。

(5)自我实现需要。是指人们对于发挥个人才能，实现理想和抱负，获得成功的需要。这是人类的最高需要。

马斯洛认为，一个人同时存在多种需要，但在某一特定时期每种需要的重要性并不相同。人们首先追求满足最重要的需要，即需要结构中的主导需要，它作为一种动力推动着人们的行为。当主导需要被满足后就会失去对人的激励作用，人们就会转而注意到另一个相对重要的需要。一般而言，一个人总是首先满足最基础的需要，但当他满足了最基础的需要之后，就转向满足下一个重要的需要。如一个食不果腹、衣不蔽体的乞讨者绝对不会首先观察街边的广告有多大的艺术价值，也不会首先注意别人看他的眼神，对他是否尊重，甚至不会首先考虑马路上汽车释放的尾气会对他的身体造成多大的伤害，他首先需要的是填饱肚子。然而，当他解决了温饱之后，下一个重要的需要就会成为主导需要。

马斯洛认为，这五种基本需要之间的关系是复杂的。一般来说，在低层次需要得到满足后，高层次需要才会出现，但也有例外情况，同时，任何一种需要都不会由于高层次需要的产生而结束，只是对行为的影响力有所降低。各层次需要是相互依赖、彼此共存的。这五种基本需要在人的心理发展的不同阶段占有不同的地位。

马斯洛的理论来自于观察、调查和实验。他指出这五个层次的先后顺序并不是固定不变的。他说:“迄今为止,我们所认为的似乎这一层次是个固定顺序。但实际上它远非我们认为的那样刻板。确实多数人都把这些基本需要视为基本上遵循我们业已指出的那个顺序,然而却有许多例外。”他指出,有些人为了某种理想或价值将牺牲一切,有些人“还能不惜个人巨大的牺牲而坚持真理”。

马斯洛也并不认为他的理论完美无缺,他在 1943 年曾说:“我们对自我实现在实验上和临床上都还了解不多,有待于进一步研究。”1954 年,他在《激励与个性》一书中又补充了两个需要层次,即在尊重的需要之后,增加了“求知的需要”和“求美的需要”。

3. 双因素理论

弗雷德里克·赫兹伯格提出了动机的双因素理论。根据双因素理论,满意的对立面是没有满意,不满意的对立面是没有不满意。因此,影响职工工作积极性的因素可分为两类:保健因素和激励因素,这两种因素是彼此独立的并且以不同的方式影响人们的工作行为。

所谓保健因素,就是那些造成职工不满的因素,它们的改善能够解除职工的不满,但不能使职工感到满意并激发起职工的积极性。它们主要有企业的政策、行政管理、工资发放、劳动保护、工作监督以及各种人事关系处理等。由于它们只带有预防性,只起维持工作现状的作用,也被称为“维持因素”。

所谓激励因素,就是那些使职工感到满意的因素,唯有它们的改善才能让职工感到满意,给职工以较高的激励,调动积极性,提高劳动生产效率。它们主要有工作表现机会、工作本身的乐趣、工作上的成就感、对未来发展的期望、职务上的责任感等。

双因素理论与马斯洛的需要层次理论是相吻合的,马斯洛理论中低层次的需要相当于保健因素,而高层次的需要相似于激励因素。

根据双因素理论,在消费者购买行为研究中,营销者应该注意和区分哪些是保健因素,哪些是激励因素;应该尽最大努力避免各种不满意因素,即提供保健因素,尽管这些因素不能起到促进销售的作用,但如果不被满足就会影响销售;应该识别消费者购买产品的各种主要满意因素和激励因素,并提供这些因素,这可以促进产品的销售。

(二)知觉

消费者对外部世界的认识是从感觉开始的。消费者通过眼、耳、口、鼻等感觉器官接受外部刺激,并对这些刺激做出的直接反应称为感觉。知觉是对视觉、听觉和嗅觉等物理感觉进行选择、组织和解释的过程。如图 5-5 所示,暴露、注意和解释这三个阶段构成了知觉的过程。

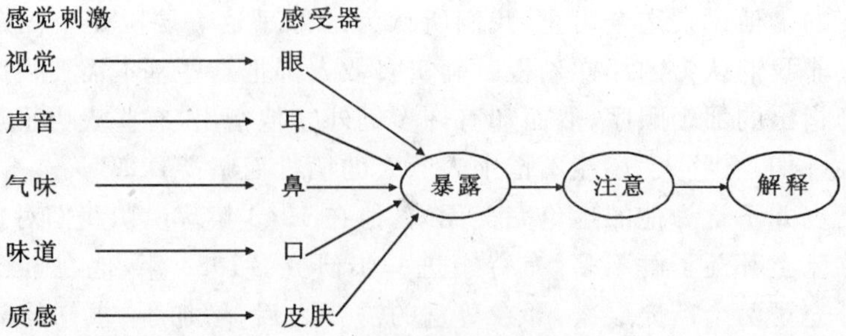

图 5－5　知觉过程示意图

消费者的知觉不但取决于刺激物的特征，而且还依赖于购物环境和个人特征等。两个消费者对同一产品的知觉可能存在巨大的差别，因为购物环境和个人的心理特征不同。

在营销中，消费者的知觉比真实更加重要。消费者对同一刺激物产生三种认知过程：选择性注意（selective attentive）、选择性扭曲（selective distortion）和选择性保留（selective retention）。

1. 选择性注意

在这个信息爆炸的时代，消费者随时都面临着海量的信息。在众多的信息中，消费者不可能对所有的刺激物都加以注意，大部分的信息都被筛选掉，只有对消费者有意义的或者与其他信息有明显差异的信息才能引起消费者的注意，这个过程称为选择性注意。例如，一个打算购买汽车的消费者对汽车广告会十分关注而不会去注意家具广告的信息；一些创意别出心裁的广告获得的消费者注意力总是比平淡的广告要多。

2. 选择性扭曲

即使刺激物引起了消费者的注意，消费者对它的认知也不一定与传播者的预期相一致。选择性扭曲就是消费者将注意到的信息加以扭曲，使之符合自己的意思，然后加以接受。消费者往往会对一些领先品牌或其信任品牌的产品产生信息的扭曲。例如，消费者是 INTEL 计算机处理器的忠诚使用者，即使 AMD 的计算机处理器在性能和价格上都不逊于 INTEL，甚至优于 INTEL，该消费者会想方设法地贬低 AMD 计算机处理器，以维持自己原有的“INTEL 是最好的计算机处理器”的认知。

3. 选择性保留

消费者会遗忘许多的信息，但他们倾向于记住那些符合他们态度和信念的信息，这就是选择性保留。例如，一位对 IBM 笔记本电脑持欣赏态度的消费者会对

IBM 笔记本电脑的优点记忆犹新，而将其他品牌的笔记本电脑的优点抛在脑后。

（三）学习

学习是由经验引起的相对长久的个人行为改变。学习论者认为，一个人的学习是通过驱动力（drive）、刺激物、诱因（cues）、反应和强化的相互影响和相互作用而形成的。

1. 驱动力

驱动力是指驱使消费者行动的一种强烈的内在刺激，即内在需要。心理学家把驱动力分为原始驱动力和学习驱动力两种。原始驱动力是指先天形成的内在驱动力，例如减轻饥饿感、逃避疼痛等。学习驱动力是指后天形成的内在驱动力，例如渴望成功、追求名利等。

2. 刺激物

刺激物是满足驱动力的物品，如食物之于饥饿，成功之于渴望成功等。当驱动力被引向可以减弱它的刺激物的时候，就形成了动机。

3. 诱因

诱因是决定消费者在何时、何地以何种方式做出反应的次要刺激物。例如，同样是解决饥饿问题，饮食习惯、经济状况等诱因决定了一个饥饿的北方人会在平价的饭馆里吃面食，而不是去高档的酒店里吃西餐。

4. 反应

反应是驱动力对于具有一定诱因的刺激物所发生的反射行为。

5. 强化

强化是指驱动力对具有一定诱因的刺激物发生反应后的效果。强化可能是积极的，也可能是消极的，积极的强化称为正强化，消极的强化称为负强化。例如，购买和服用"脑白金"感觉效果好的，再次购买时就会仍然购买，甚至会对同一公司的另一种保健品"黄金搭档"持肯定态度；如果效果不好，就不会再次购买，甚至对"黄金搭档"的评价也会打折扣。

（四）信念与态度

1. 信念

信念是指消费者对某些事物所持有的描述性思想。例如，某个消费者可能认为某种名牌运动鞋可以增强他的运动能力。营销人员应该关注消费者对本企业及其产品所持有的信念，即该企业产品或品牌的形象。消费者的某些信念是建立在科学知识基础上的，是值得推敲的，例如消费者认为某种品牌的洗衣粉除污能力更强的信念是可以通过实验来验证的。消费者还有一些信念是建立在偏见的基础上的，例如认为穿着某品牌的服装会给自己带来好运气。消费者是根据自己的信念来行动的，如果发现消费者的一些信念是错误的，甚至影响到了购买行为，影响者就应该运用有效的促销活动来改变这些错误观念,促进销售。

2. 态度

态度是指人们对某些事物或观念长期持有的认识上的评价、情感上的感受和行动倾向。人们对所有的事物或观念都持有一定的态度,例如对电脑、艾滋病、周杰伦等。消费者对某一事物或观念的态度可能是支持的或反对的、亲近的或疏远的等。

(1)态度具有一般性,消费者通常不会对每个事物都做出新的解释或反应,态度使消费者对相似的事物产生相对一致的行为。例如,喜欢看篮球比赛的人一般都会喜欢看足球比赛;支持贝克汉姆的球迷一般都不会讨厌他所效力的足球俱乐部。

(2)态度具有持续性,消费者一旦形成了对某产品或品牌的态度,在较长一段时间内是不会改变的。消费者会根据态度做出重复性的购买决策。由于消费者的态度在相当长的时间内呈现稳定一致,所以改变消费者的态度是十分困难的。企业最好使自己的产品或品牌去迎合消费者的应有态度,而不要试图去改变消费者的态度。

第三节　消费者购买行为类型

一、购买者角色

消费者的购买行为通常是以家庭为单位的,在家庭购买决策的制定过程中,家庭成员通常都会扮演许多特定的角色。根据决策的不同,家庭中的部分或全部成员会参与到决策中,并且扮演某些购买者角色。这些角色包括:

(1)发起者。提出购买想法和需求的人。

(2)影响者。其意见或想法对最终的购买决策具有某些直接的或间接的影响的人。

(3)决策者。做出最终的购买决策的人,即决定在何时、何地、购买多少何种产品的人。

(4)购买者。实际进行购买的人。

(5)使用者。直接使用或消费所购买商品的人,即购买决策最终的受益者。

在家庭购买决策中,五种购买者角色可能都由一个人担当,但多数情况下是由家庭中的不同成员来担当。例如,一个由老人、夫妻和孩子组成的四口家庭中,孩子提出需要购买一台电子计算机来帮助他学习,此时孩子就是发起者。对于孩子提出的想法,老人和夫妻都发表了自己的意见,此时他们都是影响者,如母亲提出计算机最近价格变化频繁，近期可能会有大的价格调整，可以等待一段时间再买。在综合了各种意见之后，通常是由家庭中最权威的人来做出购买决策，父亲决定在本周末到电脑城去购买联想品牌的电子计算机，此时父亲就是决策者。最终是由孩子和老人一起去电脑城购买电子计算机，他们是购买者。购买完成之后，可能四个家庭成员都会用到电子计算机，此时他们都是使用者。

在以上五种购买者角色中，决策者是购买行为的决定者，是最受营销者关注的角色。对于不同的购买行为，决策者是不同的。例如，烟酒的购买决策者一般都是家庭中的男性；化妆品则一般是由女性决策的等。家庭的购买决策类型有丈夫支配型、妻子支配型、自主型和共同支配型 4 种。其中，自主型处于重要地位。事实上，在核心家庭中夫妻二人购买决策权的大小取决于多种因素，例如各地的生活习惯、妇女就业状况、双方工资和受教育水平、家庭内部的劳动分工以及产品的种类等。随着独生子女在家庭中受重视的程度越来越高，孩子在家庭购买决策中的影响力已不容忽视。

营销者需要了解和确定每次购买活动中扮演不同购买角色的家庭成员，针对不同的角色采取不同的营销活动。

二、消费者购买行为类型

消费者购买行为究竟有多少种类型？不同的学者做出了不同的分类。

霍华德(1969)提出例行反应行为、解决有限问题的行为和解决广泛问题的行为三种决策类型。

阿塞尔(1987)根据购买者的介入程度和品牌间的差异程度，对消费者的购买行为进行了分类，如图 5－6 所示。消费者介入度可以定义为消费者在购买过程中对于一些营销刺激的反应和参与程度。一般来说，介入度的水平可能受个人、情境和购买客体这三个因素中一个或多个的影响，并可能发生个人、情境和客体因素间的相互影响。如果要购买的产品价格昂贵，消费者缺乏产品知识和购买经验，这类购买行为存在着较大的风险，消费者需要对产品进行深入的了解和仔细的选择，这属于高介入度的购买行为，如不熟悉计算机的消费者对电子计算机的购买；如果要购买的产品价格低廉或消费者对所购买的产品非常熟悉，这类购买行为没有什么风险，属于低介入度的购买行为，如 IT 从业者对电子计算机的购买行为或洗衣粉的购买等。同类产品的不同品牌之间的差异也是决定消费者购买行为类型的重要参数，差异大，消费者需要花费较多的心思去选择，购买行为复杂；差异小，消费者选择起来比较简单，购买行为简单。

(一)复杂的购买行为

当消费者购买一件贵重的、不经常购买的、有风险而且意义重大的产品时，由

		介入程度：高	介入程度：低
品牌差异	大	复杂的购买行为	寻求多样化的购买行为
	小	减少失调感的购买行为	习惯性购买行为

图 5 - 6　消费者购买行为的四种类型

于产品品牌差异较大，消费者对产品缺乏了解，因而需要一个介入程度较高的学习过程，来广泛了解产品性能和特点，从而对产品产生某种信念，然后逐步形成态度，接着对产品产生喜好，最后做出慎重的购买选择，这就是复杂的购买行为。例如，电子计算机价格昂贵，不同品牌之间的差异较大，一般消费者对其了解较少，想要购买电子计算机，但又对中央处理器、内存、硬盘、主板和显卡等硬件知之甚少，对不同品牌计算机之间的性能、价格和质量没有了解，随便购买需要承担很大的风险。他需要广泛地收集资料，弄清和解决困扰他的问题，对某一产品产生信念，然后形成态度甚至喜好，最后做出购买决策。

因此，对于需要购买者介入程度较高的产品，营销者必须了解消费者进行信息收集并加以评价的行为；营销者应采取有效措施帮助消费者了解产品的各种属性、各种属性的相对重要程度以及本企业品牌的比较重要属性的声望；营销者还必须注意运用多种信息沟通手段来突出本企业品牌的这些特征，介绍产品的优势及其能给购买者带来的利益，从而影响购买者的最终选择。

(二)习惯性购买行为

如果消费者对所购买的产品是低度介入，并且认为各品牌之间没有什么显著的差异，就会产生习惯性购买行为。习惯性购买行为是指消费者并没有深入地收集信息、评价品牌，对决定购买什么品牌并不重视，他们只会被动地接受信息，不会真正形成对某一品牌的态度，之所以选择某一品牌，仅仅是因为熟悉，在购买行为完成后，可能会评价产品，也可能不评价产品。消费者对大多数价格低廉、经常购买的产品的购买行为就是习惯性购买行为。例如，消费者去超市购买某一品牌的食盐，尽管他长期购买同一品牌，但这只是出于习惯，而不是出于对品牌的忠诚。

对于习惯性的购买行为，营销者应该采用各种策略增大企业或品牌的知名度，加深消费者对其产品的熟悉程度。在习惯性购买行为中，消费者不主动收集信息，也不评估品牌，他们被动接受信息，然后根据这些信息所建立的对品牌的熟悉程度做出购买决策，因此企业必须采用频繁的广告、显著的广告牌、积极的公关手段来增加消费者对该品牌的熟悉程度，促成消费者的购买行为。营销者应该采取办法增加消费者的介入程度和品牌差异。在习惯性购买行为中，消费者选择自己熟悉的品牌，较少更换品牌，营销者可以通过技术手段使低介入产品转换为介入度较高的产品并增加与同类其他产品的差异，促使消费者改变原来的习惯性购买，从而转换品牌。营销者可以通过三种技术使低介入度的产品转换为较高介入度的产品：①可以通过将产品同与之相关的问题相联系来完成，如将牙膏同牙齿健康联系在一起；②推出一些广告来引发一种强烈的个人价值和情感共鸣，如生产保健品的企业会宣称他们的产品是可以治疗疾病的，长期服用甚至可以延年益寿；③增加一些重要的特色，如在洗发水中添加了中药成分等。这些手段可以将消费者从低介入度提高到一定的介入度水平，但无法推入到高度介入的水平。

(三)寻求多样化的购买行为

有些产品品牌差异明显，但消费者并不愿意花较多时间进行选择和评估，而是不断变化所购买产品的品牌，这称为寻求多样化的购买行为。消费者这样做并不是因为对产品不满意，而是为了寻求多样化。

针对这种购买行为类型，市场领导者品牌可以采用销售促进、占据有利货架位置、避免脱销以及提示性的频繁广告来鼓励习惯性的购买行为。对于以挑战者身份出现的新品牌则可通过低价、优惠、赠券、免费样品以及强调试用新产品的促销活动来鼓励寻求变化的购买行为。

(四)减少失调的购买行为

有些产品品牌差异不大，价格相对较高，消费者不经常购买，购买要冒一定的风险，使消费者参与购买的决策程度较高。这时消费者会到处观察并比较哪里可以买到产品，但由于品牌差异不明显，购买会比较迅速，购买者此时主要关心的可能是价格是否合适和购买是否方便。例如购买地毯是参与程度较高的决策，因为地毯比较昂贵而且又能表现自我，但购买者往往认为一定价格幅度内的各种品牌的地毯差异不大。

但是，消费者购买后可能会有心理不平衡的感觉，在使用过程中会了解更多情况，并寻求种种理由来减轻、化解这种不平衡的感觉，力图证明自己的购买决策是正确的。经过由不平衡到平衡的过程，消费者会有一系列的心理变化。针对这种购买行为类型，营销者应注意运用价格策略、分销策略和人员推销策略，并且营销沟通的目标应该是尽力提供有助于购买者对自己所选品牌寻求心理平衡的信息和评价，使消费者在其购买后能相信自己做出了正确的决策。

第四节 消费者购买决策过程

不同的消费者购买行为类型有着不同的特点，每种类型的购买行为都代表了一种特殊的消费者购买决策过程。营销学者对消费者购买决策过程进行了深入的研究，并提出了若干模式，其中最重要的是“五阶段模式”，如图 5-7 所示。消费者的购买过程会经历的五个阶段分别为：问题识别，信息收集，对可供选择方案的评价，购买决策和购后行为。显然消费者的购买过程在实际购买发生之前就已经开始了，而且在购买之后还会持续一段时间。

这种购买过程的模式适用于复杂的购买行为过程，因为复杂的购买行为过程是最完整，也是最典型的购买过程。该模式反映了消费者面对一项复杂的购买行为时的全部的思考过程。消费者的实际购买过程并非完全遵循于该模式，消费者可能会越过或颠倒某些阶段。例如，一位某品牌纸巾的习惯性购买者会越过信息收集和对可供选择方案的评价两个阶段，而直接进入购买决策阶段；一位笔记本电脑的急需者可能会在购买决策发生之后才去收集信息，完成对购买决策的评估。

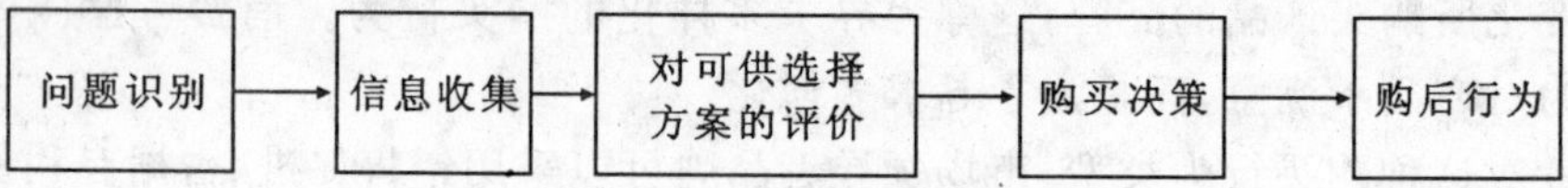

图 5-7 购买过程的五个阶段

一、问题识别

问题识别即消费者确认自己的需求，是消费者购买行为的起点。当某一消费者认识到自己的某种需要并准备购买某种商品来满足自己的这种需要时，购买决策的过程就开始了。需要的产生有时很简单，但有时也很复杂。一般来说，人的需要是由两种刺激引起的：一是来自身心的内在刺激，如饥饿、口渴、寒冷等，是人的某种正常生理需要上升到某一界限成为的一种驱动力；一是来自外部环境的刺激，这是引起需要的触发诱因，如蛋糕店的香气、精美的产品包装、各种别出心裁的广告等。

如图 5-8 所示，问题识别有两种方式：一种是消费者的实际状态质量下降，称为需要识别，例如当汽车没有油的时候，意识到需要加油了，当消费者买到一个不能完全满足自己需要的产品时，他需要一个更好的产品来满足自己等；一种是消费者的理想状态质量上升，称为机会识别，例如一个拥有一台普通电脑的消费者希望拥有一台更新的、更炫目的笔记本电脑。需要识别可以以很多种不同的方式发生，而机会识别往往发生在消费者接触到不同的、质量更好的产品时，无论哪一种方式，都是实际状态和理想状态之间产生了差距。

消费者的问题识别过程常常受到营销者营销行为的影响。例如，许多消费者是通过牙膏的生产厂商的各种方式的教育营销活动才意识到需要购买牙膏刷牙来保持口腔卫生。营销者需要做到以下两点，从而影响消费者的问题识别阶段：①了解与本企业有关的消费者的现实和潜在的驱动力；②适时地安排诱因，来唤起和强化消费者的需要，因为消费者对某种商品的需要强度是随着时间的推移而变化的，营销者需要不断地强化这种需要，才能使消费者不断消费其产品。

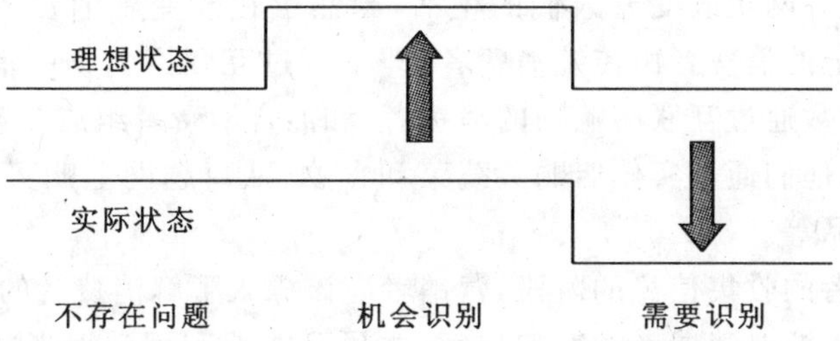

图 5-8　问题识别：实际状态或理想状态之间的变化

二、信息收集

一旦问题被识别，消费者就需要收集足够的信息来解决这个问题。信息收集就是指消费者在社会环境中进行调查，获取适当数据以制定合理决策的过程。一个被唤起需求的消费者可能会去寻求更多的信息，我们把消费者收集信息的阶段区分为两个：①适度的收集状态。在这种状态下，消费者对一个产品的信息变得更加关心，虽然不是有意识地收集信息，但是已经留心接受关于该产品的信息，对关于该产品的广告或其他人的评价更加敏感了；②积极收集信息状态。在这种状态下，消费者会通过各种途径来收集关于该产品的信息，所需信息量取决于购买行为的复杂性。

消费者的信息来源一般有四种：

(1)个人来源。即消费者从家庭、朋友、同事和其他熟人处得到的信息。

(2)经验来源。即消费者直接使用该产品所得到的信息。

(3)公共来源。即消费者从大众传播媒体和消费者评审组织等处获得的信息。

(4)商业来源。即企业提供的有关其产品的信息，消费者一般从广告、推销员、经销商和展览等处获得该种信息。

以上这些信息来源对消费者购买行为的相对影响随着产品的类别和购买者的

特征而变化。一般来说,对于某一种产品的信息,大部分来自于商业来源,即营销者所能控制的来源,其次是个人来源或独立权威的公共资源,如《电脑报》可以为想要购买电子计算机的消费者提供许多的专业信息,经验来源的信息量一般是最少的。从信息来源的可信度来看,经验来源和个人来源的信息的可信度最高,其次是公共来源,最后是商业来源。有研究表明,商业来源的信息在消费者购买决策过程中一般只起到通知的作用,而个人来源的信息起到判断和评价的作用。例如,汽车购买者一般是从广告、车展或经销商处获得关于汽车的信息,但最终购买时还要听使用过该种汽车的亲友的介绍以做出判断和评价。

在今天,互联网正改变着人们的生活,当然也在改变着消费者获得信息的方式。现在市场上的消费者由传统消费者(即不通过互联网购物的消费者)、互联网消费者(即大多数通过互联网购物的消费者)和混合消费者组成。现在许多消费者都是混合型的,他们通过实体店购买蔬菜和食物,从卓越网上购买图书,从淘宝网上购买电子产品等。

对于消费者的收集信息的阶段,营销者应该深入了解消费者的各种信息来源,研究不同信息来源对消费者的影响程度,并尽可能地利用消费者的各种信息设计营销策略。营销者除了利用商业渠道向消费者传递信息之外,还应该利用独立权威的公共资源以及个人来源,甚至经验来源来传递其产品信息,权威代言和口碑营销都是比较有可信度的。

三、对可供选择方案的评价

现代社会,物质极大丰富,不同品牌的同类产品数不胜数,消费者充满了选择。在一次购买决策中,消费者的大部分努力可能都花费在了对可供选择的方案的评价上。

消费者收集到各种信息后,就要对商品进行判断、对比和评价,然后做出选择。不同的消费者有着不同的评价标准和方法,因此他们对商品的选择不同。营销者们一般认为,消费者对产品的判断和评价大都建立在自觉和理性的基础上。

消费者在判断和评价时,涉及的因素如下。

1. 产品属性

首先,消费者在努力满足自己的某些需求。其次,消费者从备选产品中寻找满足自己需要的某些利益。然后,消费者把每个产品看成具有各种不同能力的属性的集合,能提供满足需要的利益。例如,电脑应具有的属性是:运行速度快,存储容量大,处理能力强,影音效果好等;商品房应具有的属性是:价格适合,户型、采光好,附近交通方便,水、气设施完备等。

2. 信念和态度

信念是指消费者对某些事物所持有的描绘性思想。每一个品牌都有一些属性，消费者对每一个属性实际达到了什么水准给予评价，然后将这些评价连贯起来，就构成了对该品牌优劣程度的总的看法，即消费者对该品牌的信念。态度是指消费者对某些事物或观念长期持有的好与坏的认识上的评价、情感上的感受和行动倾向。态度能使消费者对相似的事物产生一致的行为，而且是长期的、不易改变的。一个企业最好使其产品与消费者的既有态度相一致，而不要试图去改变消费者的态度。

3. 期待—价值模型

消费者会有意或无意地运用一些评价方法对所选品牌进行评价。期待—价值模型(expectancy-value model)对消费者评价产品和服务态度形成上结合了他们对品牌的信任程度。例如，一位要购买商品房的消费者的选择集合是在A、B、C、D四个小区，他看重的商品房的属性是户型、采光、交通和价格。

表 5-2　一位消费者对商品房的品牌信念

	户型	采光	交通	价格
A	10	8	6	4
B	8	9	8	3
C	6	8	10	5
D	4	3	7	8

表5-2实现了该消费者根据四种属性对每个小区(品牌)的商品房进行打分的信念。表中每个属性的最高水平为10分。如果消费者对户型最看重，那他会选择A品牌；如果他对交通的便利最看重，那他会选择C品牌。然而大多数的消费者在做出购买决策时会综合考虑几个属性。如果知道消费者分配给四个属性的权重，就可以比较准确地预测出消费者的选择。假定某一消费者是按照0.2、0.3、0.3、0.2来分配权重的，则该消费者对不同的品牌所理解的价值为：

$$A=10\times0.2+8\times0.3+6\times0.3+4\times0.2=7$$

$$B=8\times0.2+9\times0.3+8\times0.3+3\times0.2=7.3$$

$$C=6\times0.2+8\times0.3+10\times0.3+5\times0.2=7.6$$

$$D=4\times0.2+3\times0.3+7\times0.3+8\times0.2=5.4$$

根据期待—价值模型，该消费者对C品牌的认知价值最高，会选择C品牌。

四、购买决策

在选择方案的评价阶段，消费者会在各品牌间形成一种偏好。消费者也可能会形成某种购买意向,但购买意向并不等于实际的购买行为,在购买意图和决定购买之间还有三个因素会起作用,分别为他人态度、意外情况和预期风险,如图 5-9 所示。

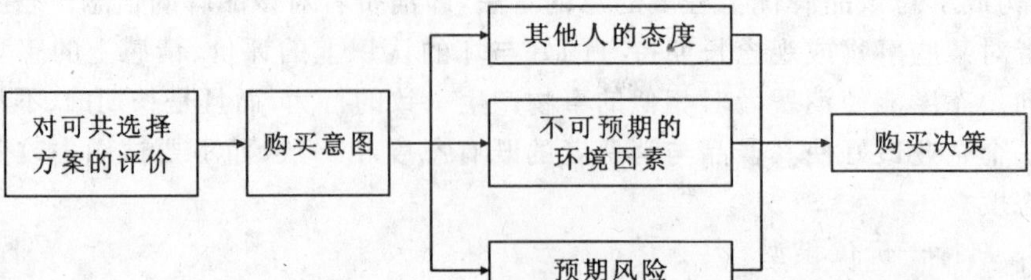

图 5-9　对可供选择的方案的评价和购买决策之间的步骤

其他人的态度,即购买者之外的人的影响。如某人经反复比较已决定买某品牌笔记本电脑,偶然从使用过该品牌的消费者那里得知维修麻烦,他可能就放弃了这一购买意图。不可预期的环境因素,由于消费者收支发生较大变动,或产品价格波动幅度大,或推销员或售货员的态度等都可能影响消费者做出购买决定。消费者修正、推迟或者回避做出某一购买决定,很大程度上是由于受到可觉察风险的影响。可觉察风险的大小随着所支付费用的多少、属性不确定的程度以及消费者的自信程度而变化。消费者为回避风险可能采取的办法有回避决策、向朋友收集信息、选择著名品牌等。市场营销人员必须了解引起消费者风险感觉的因素,为其提供信息及支持来减轻消费者的可觉察风险。

五、购后行为

对消费者来说,购买完成并不是购买行为的终点。营销者需要重视和关注消费者的购后评价、购后行为和对其产品的使用和处理。

(一)购后评价

消费者会通过对购买商品的使用过程来检验自己购买决策的正确性,确认自己的满意程度。消费者的购后评价不仅取决于产品的质量和性能,而且与消费者的心理因素有很大关联。有研究表明,消费者的购后满意度是其对产品的期望和其对该产品的认知绩效之间的函数。如果认知绩效不符合期望,消费者就会不满意;如果认知绩效符合期望,消费者就会满意;如果认知绩效超过期望,消费者就会欣喜。可用函数公式表示为:

$$S = f(E,P)$$

其中,S 表示消费者的满意程度,E 表示消费者对产品的期望,P 表示消费者的认知绩效。消费者根据从各种信息来源获得的信息形成了对产品的期望 E，购买产品后的使用过程中形成了对产品的认知绩效 P；如果 $P=E$，则消费者满意；如果 $P<E$，则消费者不满意，感知绩效同期望之间的差距越大，消费者的不满意度就越大；如果 $P>E$，则消费者欣喜。

营销者应该使其产品真正体现产品绩效，从而提高消费者的满意度。

(二)购后行为

消费者对产品的满意度会影响到消费者以后的购买行为。如果消费者对产品满意，甚至非常满意的话，在下次购买时极有可能仍然继续购买该产品，而且这些消费者会向其亲朋好友或同事宣传该产品。如果消费者对产品不满意，他们可以寻求各种途径减少或消除心理的失调感。消费者消除失调感的途径有：

(1)寻找能够表明该产品具有高价值的信息或避免能够表明该产品具有低价值的信息，以证实自己当初的选择是正确的。

(2)讨回或补偿损失，例如要求企业退货、维修产品，补偿在购买过程中造成的损失等。

企业应该采取有效的措施来减少和消除消费者的购后失调感。例如，建立企业的 CRM 计划，通过与顾客的长期联系来维持顾客关系；建立良好的渠道来维护和补偿消费者因产品问题而产生的故障和损失等。

(三)对产品的使用和处置

营销者应该关注消费者是如何使用和处置其产品的。如果消费者经常使用其产品，甚至为其产品找到了新的用途，那么营销者就应该通过广告等手段来提醒消费者继续使用并宣传产品的新用途。如果消费者对其产品闲置甚至丢弃，则说明该产品无用或不能令消费者满意。如果消费者将产品转卖或用来交换其他产品，则也会影响产品的销售量。

由于现代社会中大众的环境保护意识逐渐增强，营销者还应该关注消费者如何处置产品的废弃物，尤其是容易造成环境污染的废弃物。尽量使用环保材料，回收利用可以利用的包装等，都是比较好的处理途径。

第五节　消费者市场需求发展的新趋势

一、消费水平持续稳步上升，消费需求层次不断提高

随着国民经济的持续健康发展和人均收入的逐步增加，我国消费水平持续稳步上升，消费结构已经发生了较大的变化。恩格尔系数进一步下降，居民消费总支出中用于食物的支出不断减少，用于住房、耐用消费品、化妆品、服饰及教育、通讯、

旅游、健身、娱乐、休闲、美容、保险、家政等服务性消费的支出快速增长。

与此同时，人们的消费需求层次不断提高，追求和向往高质量的生活，对吃、穿、用等满足最基本生活需求的商品的质量以及其他各种商品的质量要求提高，品牌意识增强，认知、购买名牌优质商品的消费者数量增加。

社会公众日益重视环境保护问题，逐步做到与自然界和谐共存，各种绿色产品的需求增加。

愈来愈多的消费者追求个性发展，以个性观念指导生活需求，为自己设计有个性的生活方式，由此带来多元化、差异化、层次化的消费行为。

二、不同层次消费者的消费档次进一步拉开，各消费层次的特点更加明显

分配制度的改革以及家庭和个人投资观念、投资方式和投资行为的变化，使人们收入水平的差距继续扩大。与此相适应，消费需求的档次进一步拉开，处于同一收入、同一阶层的消费需求趋同化趋势加强，不同收入、不同阶层的消费者的需求差异更加明显。高、中、低档次的需求同时增加，中低档消费需求具有最为广阔的市场。

三、消费模式由节俭型、温饱型向舒适型、享乐型和发展型转化

我国人民尤其是中老年人有艰苦朴素的优良传统，形成了独特的节俭型消费模式。随着经济的发展、收入水平的提高及发达国家生活方式的示范效应，人们的消费观念发生了较大变化，追求与向往高质量的生活。消费模式逐渐由节俭型、温饱型向舒适型、享乐型和发展型转化。

四、购物方式由少批量、多频率的零星交易向“一站式”购足转化

在生活节奏加快、人们对休闲娱乐等要求提高的推动下，个人和家庭的生活价值观以及购买行为也发生了重大的变革，由传统的小批量、高频率的零星购物逐渐转化为“一站式”购足，购物次数减少，一次性购买数量及购买商品的品种增加，以减少购买时间，提高购买效率。邮购、电话购物、电视购物、网上购物等无店铺销售方式也将逐步推广，人们去商店购物将更多的是一种对商店购物环境、购物氛围、购物乐趣的体验，也有的是一种休闲和社交活动。

五、消费者对产品的处置方式增多

随着科技的发展，人们对消费品的使用通常未满产品使用期就停止使用，或由于某项活动的暂时中止而暂不使用某消费品，因而，消费者有更多产品需要处置。

处置方式也会随着人们环保意识的增强和厂家、商家一些创新型的营销方式而变得越来越多(图 5-10)。

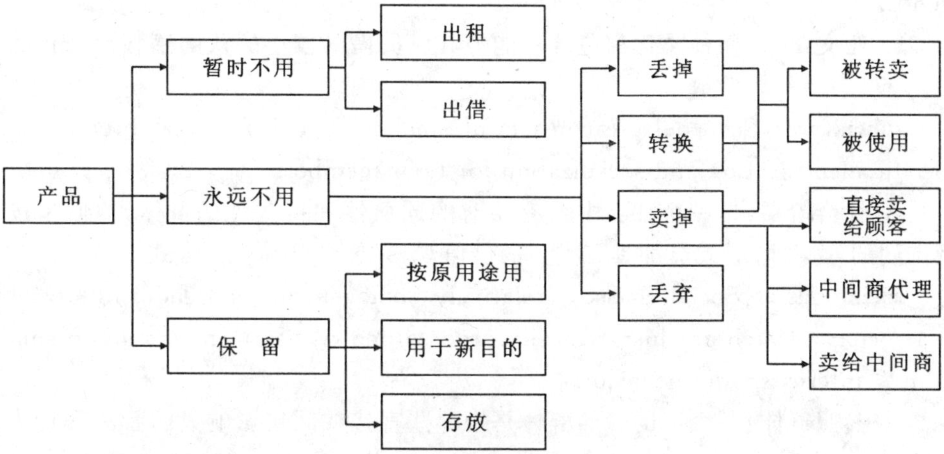

图 5-10 消费者处置产品方式

本章关键术语中英文对照

消费者市场	consumer market	文化	culture
亚文化	subcultures	社会阶层	social classes
参照群体	reference groups	家庭生命周期	family life cycle
个性	personality	自我概念	self-concept
动机	motivation	双因素理论	two-factory theory
知觉	perception	选择性注意	selective attentive
选择性扭曲	selective distortion	选择性保留	selective retention
驱动力	drive	诱因	cues
期待—价值模型		expectancy - value model	

本章重要概念中英文释义

1. 消费者市场:即消费品市场,是个人和家庭为了生活而购买产品和服务的市场。

the consumer market: The consumer market is the market provide goods and services for persons and families.

2. 文化:是人类欲望和行为最基本的决定因素。

culture:Culture is the fundamental determinant of a person's wants and behavior.

3. 亚文化:每一种文化都包含着能为其成员提供较小的认同感和社会化的亚文化。

subcultures:Each culture consists of smaller subcultures that provide more specific identification and socialization for their members.

4. 社会阶层:是一个社会中具有相对的同质性和持久性的群体,他们是按等级排列的,每一阶层成员都具有类似的价值观、兴趣爱好和行为方式。

social classes:Social chasses, relatively homogeneous and enduring divisions in a society, which are hierarchically ordered and whose members share similar values, interests, and behavior.

5. 参照群体:一个人的参照群体是指那些直接或间接影响人的看法和行为的群体。

reference groups:A person's reference groups consist of all the groups that have a direct or indirect influence on the person's attitudes or behavior.

6. 个性:是指一个人所特有的心理特征,它导致一个人对他或她所处的环境相对一致或持续不断的反应。

personality:By personality, we mean a set of distinguishing human psychological traits that lead to relatively consistent and enduring responses to environmental stimuli.

7. 自我概念:人如何看待自己。

self-concept:Self-concept, how someone views himself or herself.

8. 动机:是一种需要,它能够产生足够的压力去驱使人行动。

motivation:A motive is a need that is sufficiently pressing to drive the person to act.

9. 双因素理论:弗雷德里克·赫兹伯格提出双因素理论,该理论区别了两种不同的因素,即不满意和满意。

two-factory theory:Frederick Herzberg developed a two-factor theory that distinguishes dissatisfiers and satisfiers.

10. 知觉:是个人选择、组织并解释信息输入,以创造一个关于这个世界的有意义的图像的过程。

perception:Perception is the process by which an individual selects, organizes, and interprets information inputs to create a meaningful picture of the word.

11. 选择性注意:一个人不可能对所有刺激物都加以注意,其中多半被筛选掉,这个过程称为选择性注意。

selective attentive:A person can't possibly attend to all of the stimuli, most stimuli will be screened out —a process called selective attention.

12. 选择性扭曲:是人们将信息加以扭曲,使之合乎自己意思的倾向。

selective distortion:Selective distortion is the tendency to twist information into personal meanings.

13. 选择性保留:人们会忘记他们知道的许多信息,但他们倾向于保留那些能够支持其态度和信念的信息。

selective retention:Selective retention, people will forget much that they learn but tend to retain information that supports their attitudes and beliefs.

14. 驱动力:是指促成行动的一种强烈的内在刺激。

drive:A drive is a strong internal stimulus impelling action.

15. 诱因:是指那些决定一个人何时、何地以及如何做出反应的次要刺激物。

cues:Cues are minor stimuli that determine when, where and how a person responds.

本章小结

(1)消费者市场是个人和家庭为了生存而购买产品和服务的市场。它具有以下特点:①购买者的广泛性;②购买行为的经常性和反复性;③购买需求的差异性;④购买需求的易变性和发展性;⑤购买者的非专业性和情感性;⑥购买需求的伸缩性;⑦购买行为的季节性。

(2)消费者购买行为受到四种主要因素的影响:①文化因素。包括文化、亚文化和社会阶层;②社会因素。包括参照群体、家庭和角色地位;③个人因素。包括年龄与生命阶段、职业、经济状况、生活方式、个性与自我观念;④心理因素。包括动机、知觉、学习、信念和态度。

(3)消费者可以是购买行为的发起者、影响者、决策者、购买者和使用者,营销人员需要对不同的角色展开有目的的营销活动。根据消费者对购买行为的介入程度和品牌之间的差异程度将消费者购买行为划分为四种类型:复杂的购买行为,习惯性的购买行为,寻求多样化的购买行为和减少失调的购买行为。

(4)典型的消费者的购买过程包括以下五个阶段:问题识别,信息收集,对可供选择方案的评价,购买决策和购后行为。营销者需要认识到消费者在每一阶段的行为,并针对这些行为展开营销活动。

本章思考题

1. 消费者市场有哪些特点？

2. 参照群体是怎样分类的？

3. 分别从精神分析理论、需要层次理论和双因素理论来分析消费者的购买动机。

4. 举例说明一次购买行为中的发起者、影响者、决策者、购买者和使用者。

5. 在减少失调的购买行为中，消费者会有怎样的心理活动？营销者应该怎样做来减少消费者的失调感？

6. 消费者的信息来源有哪些？

章末案例分析

丰田的混合动力汽车

2007 年 6 月 7 日，日本丰田汽车公司正式宣布，截至 2007 年 5 月底，该公司生产的混合动力车的累计销量已达 104.7 万辆，首次突破百万大关。海外销量以美国为主约为 70.2 万辆，日本国内销售量约 34.5 万辆。销量最多的是 1997 年发售的首款量产型“普锐斯(Prius)”，约占 70%，其次是多功能运动车“Harrier”。据丰田估算，混合动力车的使用使二氧化碳排放量至少减少了 350 万吨。在原油价格上涨和环境问题日益严重的背景下，混合动力车可能继续畅销。

自 1886 年第一辆汽车诞生以来，它给人们的生活和工作带来了极大的便利，并经发展成为近现代物质文明的支柱之一。但是，也应该看到，在汽车产业高速发展、汽车产量和保有量不断增加的同时，汽车也带来了大气污染，即汽车尾气污染。汽车尾气的主要污染物是一氧化碳(CO)、氮氧化物(NO_x)、碳氢化合物(HC)、铅(Pb)、苯并芘(BaP)等。它们对环境的污染主要表现为产生温室效应，破坏臭氧层，产生酸雨、黑雨等现象。对人体的危害主要表现为造成各种疾病，严重损害呼吸系统，并且具有很强的致癌性。因此，汽车尾气污染已经到了非治理不可的程度。

治理汽车尾气的最根本的途径就是改变汽车的动力，开发新的汽车动力机制，运用新能源代替燃油。目前的新能源主要有氢动力和燃料电池。但是由于新能源汽车在性价比上的劣势无法形成产业化，根据预测，氢动力、燃料电池汽车实用化至少还要 10 年的时间。在诸多新能源汽车解决方案中，成功实现了产业化的只有作为汽车新能源发展过程中的一个过渡产品——混合动力汽车。混合动力就是指汽车使用汽油驱动和电力驱动两种驱动方式，优点在于车辆启动停止时，只靠发电机带动，不达到一定速度，发动机就不工作，因此，能使发动机一直保持在最佳工况状态，动力性好，排放量很低，而且电能的来源都是发动机，只需加油即可。

早在20世纪70年代，因为石油短缺，以福特、丰田为代表的全球各大汽车公司开始研制纯电动汽车，但由于一直没有解决纯电动汽车的燃料电池问题，使得这种以电力为主要能源驱动的新型汽车无法长时间行驶，更无法批量生产，所以，开发者就把目光投向了混合动力这个领域。经过将近30年，在1995年丰田公司成功开发了实用型混合动力轿车普锐斯(Prius)，并于1997年开始批量生产并销售。在接下来几年里，本田、通用等各大汽车制造厂商都开始相继推出或准备推出自己的混合动力车型。在2005年美国评选的最省油汽车排行榜里，排名前两位的位置依然被日本双田所占据，分别是本田的Insight和丰田的Prius。

“极客只开混合动力车”，这是2004年硅谷和好莱坞最流行的话题，约翰·特拉沃尔塔在《黑道比酷》中从保险公司拿到了一辆混合动力车，于是一改北美富豪一贯的凯迪拉克情节，开着混合动力车到处挤兑人家问开悍马车的人一升油能跑多远。Google的创始人谢尔盖·布林几乎一直在给丰田的普锐斯充当免费的形象代言人，这位身价超过百亿美元的巨富新贵被公认是新一代极客的代表人物。极客(geek)是新的精英亚文化群，是一群爱好流行文化的、以技术为中心的、同时对社会怀有深刻不满的“地下人类”。Geek们是那些依靠计算机技术结合成的社会性人群，他们把大量社交时间花费在IRC(国际互联网交谈服务，Internet Relay chat)之类的聊天程序上，他们的娱乐是多人参与的互联网在线游戏，他们在“alt. sex. bondage. particle. physics”这样的新闻讨论组中，发表代表个人观点的帖子，有些高级的极客则以编写共享软件为乐事。极客有着他们自己的社会：受过教育的，知识丰富的“地下社会”。这个社区能够接受从生活中各个地方来的人，只要他们能够熟练地使用网络。他们有自己更高的理想，希望创立一个更为理想的社会，如果不是在目前的现实生活中，也至少要在互联网上。

随着全球都在强调人类应对环境承担更多责任，可以想象，更清洁、更有“责任感”的汽车将赢得科技富豪们的青睐。

在国际混合动力车市场正在逐渐走向成熟的时候，国内部分汽车厂商和研发机构也开始研发、生产和销售混合动力车。2006年初，一汽与丰田共同在中国开始生产和销售普锐斯，为那些充满环保情绪的中国乐活族提供了新的选择。乐活族是这样一群人，他们关心生病的地球，也担心自己生病，于是发起了一种新的生活运动。他们吃健康的食品与有机野菜，穿天然材质棉麻衣物，利用二手家用品，骑自行车或步行，练瑜伽健身，听心灵音乐，注重个人成长，这群人通过消费和衣食住行的生活实践，希望自己心情愉悦、身体健康、光彩照人。接受这样生活方式的人自称为“乐活族”。目前，在美国每4人中有1人是“乐活族”，欧洲约是1/3，社会学家预估，10年内美国将有一半的消费者都是“乐活族”。固特异国际公司北京代表处的崔丹几乎在普锐斯上市后成为第一批车主，尽管普锐斯在中国的售价高达28万余元，当记者在采访中问她为什么要买普锐斯时，崔丹解释道：“我是在加拿大第一次看到混合动力车的，不仅仅是尝试新技术的冲动在吸引我，启动时候的安静感远远超过了那些大马力汽车发动时候的轰鸣愉悦。”很多中国传统汽车消费者更关心普锐斯每百公里低于5升的油耗，甚至热衷于计算中国这种只升不降的汽油定价策略，油价涨到多少之后才能把普锐斯车价和更换电池费用节省出来。当被问及买普锐斯是否为了节省燃油费时，她马上回答道：“如果要精打细算的买车，固然买普锐斯可以节省燃油费，可电池在达到行使历程后还是需要更换的，买车同时追求环保，不是为了省钱，要图自驾车节油来省钱，不如买奥托了。汽车技术发明就是为了让人们用的，为了追求环保，而放弃汽车，有点因噎废食了。”

在丰田混合动力车普锐斯的全球购买者中，绿色极客和乐活族占了相当大的比重。几乎全球所有的乐活族都将LOHAS(lifestyles of health and sustainability)概念中将健康与可持续发展的思路与丰田混合动力车普锐斯挂钩，而崇尚技术突破的极客们则将普锐斯看作干掉老汽车的先锋，这两种自我认同的概念定义又有很多交叉和重叠之处，恰恰这群兼具乐活族与极客情绪的人跑在了前面。在破费近30万元人民币买普锐斯的崔丹看来，加满41升的油箱可以跑到950公里并不能说明什么，自认为属于乐活族却还算不上极端环保情绪的崔丹解释说道：“在中国买宝马的人是不会买混合动力车的，我们父辈没有汽车的年代断档，让现在的中国汽车消费中充满炫耀心理，而国外只有老爷子们才会去开波尔舍那样的跑车。固然现在在中国开普锐斯的成本远比美国或者日本要高，政府对环保汽车的补贴还仅仅是倾向性的考虑，但这并不能妨碍中国‘乐活族’对新技术与新生活品质的向往。”

甚至有些人认为普锐斯有点环保过头了，因为普锐斯车内连烟灰缸都没有。可在乐活族和绿色极客们看来，这才叫真正的绿色汽车设计，

《连线》杂志的说法似乎更加中肯和“草根”化，“很在乎汽油涨价的人更应该去抗议伊拉克战争，普锐斯带来的不仅仅是节能式的社会经济变化，更是一种人类对汽车认识的新定位，也是21世纪一种新的物质身份认同。”

据橡树岭实验室估计，到2008年混合动力车市场将达到120万辆；2015年接近300万辆，市场份额达到17.7%。预计到2008年，进入市场的车型将有35种，2012年将增加到51种。在全球汽车业低迷的大势下，丰田堪称是“一枝独秀”。丰田公司2006年度销售额为239 480亿日元(约合人民币15 341亿元)，比2005年同期增长29 111亿日元(约合人民币1 865亿元)，增长率为13.8%。纯利润为16 440亿日元(约合人民币1 053亿元)，比2005年同期增加了2 719亿日元(约合人民币174亿元)，增长率为19.8%。丰田成功的因素很多，其中之一就是准确把握消费者的购买趋向，创造性地满足消费者需求。在原油价格上涨和环境问题日益严重的背景下，消费者越来越关注环境问题，丰田率先商品化的混合动力车普锐斯截止2007年5月全球累计销量达70万辆，尤其在美国，被称为丰田在美国市场的“挣钱机器”，让同行看着流口水。

资料来源

1. 尚进. 开混合动力车　节油之外的绿物质身份认同. 三联生活周刊，2006-12-04. http://auto.sohu.com/20061204/n246780939.shtml

2. 曹海东. 新能源汽车：机会还是机会主义？南方周末，2007-04-19. http://www.nanfangdaily.com.cn/zm/20070419/jj/jjxw/200704190029.asp

3. 陆靖. 丰田本田冲击美国市场　日本混合动力车进好莱坞. 新闻晚报，2003-05-08. http://auto.sina.com.cn/news/2003-05-08/36751.shtml

4.《什么是汽车的“二次革命”?》http://www.goldauto.cn/qichepingce/3203.html

5. 布赖恩·沃尔什.《企业如何实现了环保问题上的转变?》. TIME，2007-02-17. http://www.gotoread.com/vo/4187/page437622.html

6. 谢涛. 新动力催生汽车新时代. 中国证券报，2005-08-27

思考：

1. 消费者购买混合动力汽车的主要原因是什么？
2. 你认为中国消费者购买混合动力汽车时经历了什么样的决策过程？
3. 极客和乐活族这些亚文化群体在混合动力汽车推广中起到了什么作用？

推荐阅读书目

1. 万后芬，汤定娜，杨智. 市场营销教程[M]. 北京：高等教育出版社，2003

2. 菲利普·科特勒，凯文·莱恩·凯勒. 梅清豪译. 营销管理(第12版)[M]. 上海：上海人民出版社，2006

3. 吴健安主编. 市场营销学[M]. 北京:高等教育出版社,2007

4. 迈克尔·R·所罗门. 卢泰宏译. 消费者行为学(第6版)[M]. 北京:电子工业出版社,2006

5. M·J·埃策尔,B·J·沃克 W·J·斯坦顿. 张平淡,牛海鹏译. 新时代的市场营销(第13版)[M]. 北京:企业管理出版社,2004

第六章 组织市场及购买行为

本章主要内容

1. 组织市场的特点与分类
2. 产业市场、中间商市场、政府市场等的特点、类型、购买行为影响因素
3. 产业市场、中间商市场的购买决策过程

本章重点与难点

重点：

1. 组织市场购买行为影响因素
2. 产业市场购买决策过程

难点：

政府购买方式的理解

本章要求

1. 组织市场的特点与三大类型。
2. 产业市场的特点、购买行为的影响因素。
3. 中间商市场的特点和购买行为的主要影响因素。

开章引例

跨国零售巨头眼中的供应商

据《北京青年报》报道，家乐福2001年在中国的采购额就达到15亿美元；另据相关资料，沃尔玛在广东仅一年的采购额就达80亿美元，占其在中国采购商品总额的80%，并且这个采购量还将以每年20%的速度递增。对于中国

企业来说，如果能成为跨国零售商的供应商，就意味着自己的产品能够通过它们的供货渠道，走出国门，得到在世界各国的舞台上展示的机会。那么国内企业如何成为跨国零售企业的供应商呢？这与这些零售企业的购买行为有关，因而，了解、掌握这些企业的购买行为对中国企业成为他们长期的供应商，向世界展示产品和文化是十分有益的。

家乐福(中国)公司有关人士表示，它们主要是采取一种“政府搭台，企业唱戏”的方式，即通过政府推荐可选择的企业，在家乐福举办的大型订货会上达成交易意向。家乐福选择供应商更注重产品的质量，要成为家乐福全球采购供应商，必须具备以下条件：有出口权的直接生产厂商或出口公司；有价格竞争优势；有良好的质量；有大批生产的能力；有迅速的市场反应能力；有不断学习的精神；能够准时交货。企业通过家乐福公司的审核，即能加入家乐福的全球采购系统，把产品出口到全球的30多个国家。另外，随着人们环保要求越来越高，家乐福在产品品质方面也对供应商有着更详细的要求。一旦通过家乐福的审核，家乐福将对企业在改进产品外包装和设计等方面给予指导和帮助。

沃尔玛新成立的全球采购办事处列举了成为沃尔玛供应商的条件。例如，提供有竞争力的价格和高质量的产品、供货及时、理解沃尔玛的诚实政策、评估自己的生产和配额能力是否能接受沃尔玛的订单(因为沃尔玛订单的数量通常都比较大)等。此外，沃尔玛需要供货商提供其公司的情况，其中包含完整的公司背景和组织材料，以及供应商工厂的资料，包括每年的库存周转率、生产能力、拥有的配额、主要的客户等。

(摘自：怎样成为跨国零售巨头的供应商.
http://jpkc.hdu.edu.cn/management/scyx/resource/article_view.asp? id=81)

思考：分析家乐福、沃尔玛跨国零售商对供应商的需求特征。

跨国零售企业的商品采购行为与第五章介绍的消费者购买行为有明显的区别，尽管它们都作为购买产品或服务的主体出现；因而作为这些企业的供应商只有探析这些企业的购买行为特点，方能制定有效的营销策略，使产品通过它们走向全球。除了中间商，还有企业、政府机构和社会团体等，它们的购买行为也与消费者购买行为明显不同，另具特色，这些社会组织构成了整个市场体系中一个庞大的子市场，即组织市场，它们的购买行为各具特色，有必要对其进行研究，以指导营销策略决策。

第一节 组织市场的特点与分类

一、组织市场的特点

组织市场(institutional markets)是指企业为从事生产、销售等业务活动,以及政府部门和非盈利组织为履行职责而购买产品和服务所构成的市场。与以个人和家庭为购买主体的消费者市场相比,组织市场有如下特点:

(1)组织市场的需求属引发需求(derived demand)(亦称派生需求)。组织机构购买商品是为了满足其顾客的需求,也就是说,组织机构对产品和服务的需求是由消费者对消费品的需求引发而致的。组织市场需求的品种、数量、时间最终由消费者市场的需求品种、数量及时间决定。

(2)购买者数量少,但单次购买数量大。组织市场购买是组织行为,数量比个体消费者明显要少,但每次购买量却明显要大,因而,许多供应商往往将组织市场作为主要用户,而将个体消费者作为次要用户。

(3)更多的购买参与者,购买过程持续时间较长。组织机构购买的商品由于批量大,价值或其总额高,购买决策受更多人影响,参与者众多,如大多数企业设置采购中心,即采购中心做出决策,对重要购买决策还要由技术专家和高级管理者共同做出;除了慎重决策外,还要求提供详尽的产品说明书甚至寄送样品,当采取招、投采购方式时,还需要寄送标书、评标、开标、正式批准等环节,整个购买过程持续时间较长,尤其对那些大型、价高、技术性能的设备。调查显示,工业销售从报价到产品发送通常以年为单位。

(4)专业采购,对服务的要求较高。组织市场上的采购是理性的,采购人员大都经过专业训练,具有丰富的专业知识,对所要采购的产品事先作了较详细的调查,掌握了产品的性能、技术参数、规格与价格、主要生产者及其产品的特色与价格等等,再加上参与购买决策者多,所以比消费者市场的购买要理性得多;同时,专业的采购者往往更熟悉设备等产品的服务要求,因而,除了注重产品本身的性能外,还对技术支持、人员培训、零配件供应、安装维修与调试、信贷优惠、按时交货等提出较为严格的要求。

(5)重视建立互惠互利的长期关系。由于组织机构的购买行为具有较强的连续性和重复性,买卖双方往往建立较长期的互惠互利关系。

二、组织市场的分类

组织是社会的基本元素,组织的类型多种多样。因而,组织市场是一个广义的概念。按组织的性质和购买动机，可以将组织市场划分为产业市场（business markets）、中间商市场（distributor markets）、政府市场（government markets）和非盈利组织市场（nonprofit institutional markets）（表 6－1）。表中，非盈利组织与其他两个市场容易区分，前者为非盈利，后者为盈利；但容易与政府市场相混淆，它与政府机构的区别在于它具有稳定的组织形式和固定的成员，独立运作，发挥特定社会功能，以推进社会公益而不以盈利为宗旨的事业单位与民间团体。

表 6－1　组织市场的分类

类　型	描　述
产业市场	又称组织机构市场，由所有购买商品和劳务并将其进一步用于生产其他商品和劳务，以供销售、出租或供应给他人的组织构成
中间商市场	指为批发商和零售商销售提供转卖之用的商品和服务的市场，又称再卖者市场或转售市场，转售者就是批发商与零售商
政府市场	指为各级政府机关和事业团体销售提供其履行各项社会职能所需的商品和服务的市场
非盈利组织市场	指为维持正常运作和履行职能而购买产品和服务的非盈利组织所构成的市场

第二节　产业市场的购买行为

一、产业市场特点

产业市场（business markets）由所有购买商品和劳务并将其进一步用于生产其他商品和劳务，以供销售、出租或供应给他人的组织构成。作为组织市场的一个类型，产业市场具有组织市场的一般特点，但又有与其他组织市场不同的特点：

（1）购买者人数较少，一次性购买批量大。生产企业是产业市场的基本购买单位，其购买者数量比消费者市场少得多，交易次数也较少，但一次性购买的批量大，属少次多批量的购买，购买者的分布也相对集中。

（2）生产者对商品的需求属于引发需求（derived demand）。各类生产企业对生产资料的需求是由消费者对消费品的需求引发而来的，生产资料的销售与生活消费品的生产、需求密切相关。如随着我国经济水平提高，家庭购车需求明显提高，导致汽车制造企业对钢材的需求急剧上升。

（3）需求弹性较小。工业品的需求，主要取决于市场商品需求的拉动力，及企业的产品结构、工艺流程、生产规模和技术水平等因素，受价格变化影响较小，其需求量一般不会因价格下降而大量增加，也不会因价格上涨而大量减少。

(4)购买的技术性较强，对售后服务的要求也较高。要求销售企业能提供技术咨询、设备安装与调试、专业操作人员的培训、零配件供应、跟踪维修等方面的服务，要求严格按期交货，在付款方式等方面也希望提供方便；同时，对产品质量、规格、性能等各方面也都有系统的计划和严格的要求，因而，通常由专业知识丰富、训练有素的专职采购人员负责采购工作。

二、产业市场购买行为类型

由于企业采购的目标和需要不同，产业市场购买行为可分为三种类型：

(1)直接续购(straight rebuy)(直接再购买型)。企业按过去的订货目录继续采购过去采购过的同类生产用品。这种采购类型最为简单，是企业的例行、重复购买行为。采购方一般寻求有过经常交易、建立了比较固定买卖关系的供应商，并且一般也不会变更购买方式和订货条款；有些企业借助于当今发达的网络系统，也直接建立自动订货系统，明显地节约了采购的时间和人力。这种方式对新供应商是一种威胁，他们几乎没有进入的机会，但通过精心的营销策划也可以慢慢打开局面，比如接受老供应商不愿接受的小订单，或依托技术创新提供性价比明显有优势的产品。

(2)修正重购(modified rebuy)(修正再购买型)。修正重购指采购方意识到选择替代品能带来显著益处时，调整采购方案，如改变产品的规格、型号、价格，甚或重新选择新供应商。显然，修正重购比直接续购要复杂得多，它需要更多决策者参与；在给新、老供应商带来的机会与威胁上也与前一类型不同，它给新供应商提供了进入的机会，但给老供应商增加了压力，因而，老供应商要有危机意识，做好市场调查和预测，尤其要掌握采购者对采购品的需求及变化趋势，分析预测派生这种采购品需求的消费品的需求变化，及早做好供应品调整的计划，以从容应对采购方采购方案的调整。

(3)新购(new-task)(新任务购买型)。企业购买以前从未采购过的生产用品，是为了完成新的生产任务、更新设备、拓宽产品领域、扩大营销范围而采取的新的购买决策。这是一种最为复杂的购买类型，采购风险大，参与购买决策的人数也更多，对决策者的要求也更高，要求收集欲购产品的系统信息，并做出科学的分析；对这类购买，有些企业还经常聘请专业技术员和相关顾问参与决策。应该说，这种类型为所有供应者提供了一个公平竞争的机会，竞争直接而激烈，此时讲究竞争策略、行销方略显得非常重要。

三、产业购买过程

产业购买者决策过程要比消费者购买决策过程复杂得多，并且不同购买类型的复杂性不同，从直接续购、修正重购到新购，复杂性提高（表6－2）。图6－1反映的是典型的新购过程，它一般包括八个阶段。

表6－2　三类产业市场购买类型的购买决策过程

购买阶段	购买类型		
	直接续购	修正重购	新购
1.提出需要	否	可能	是
2.确认需要	否	可能	是
3.确定产品规格	是	是	是
4.寻找供应商	否	可能	是
5.征求供应建议	否	可能	是
6.选择供应商	否	可能	是
7.签订合同	否	可能	是
8.运行评估	是	是	是

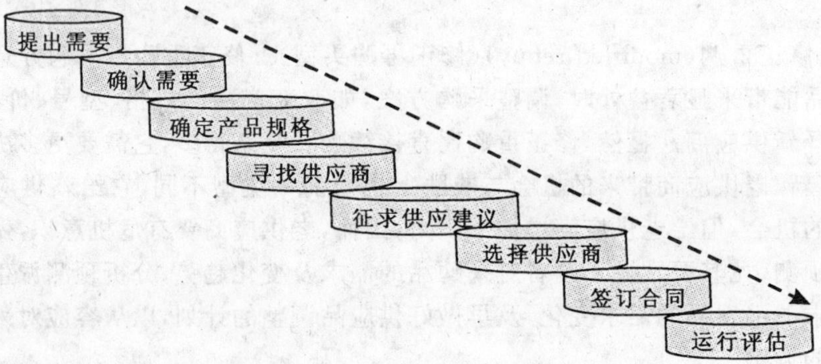

图6－1　产业购买者决策过程

（1）提出需要。提出需求是生产者购买决策过程的起点。需求既可以由内部刺激引起，也可以由外部刺激引起。内部刺激主要包括由于顾客需求的拉动使企业决定生产新产品，需要新的设备和原材料；存货水平开始下降，需要补给生产资料；生产规模扩大需要增加设备或原材料的供应量；设备折旧、老化而需要更新；及过去采购的原料质量不好，需更换供应商。外部刺激主要由于采购人员参观展览会、浏览商品广告、接受营销人员上门推销等发现了质量更好、价格更低的产品，从而提出采购需求。

(2)确定需要。指确定所需产品的数量和规格。简单的采购,由采购人员直接决定,而复杂的采购,则须由企业内部的使用者、工程技术人员甚至高层管理者共同决定。对设备需求的确认,为生产某新产品,或提高某种老产品的质量、产量或降低消耗,经工艺研究需购置某种设备及其具体的规格和购买台数,最后被厂务会批准。对原材料、标准件需求的确认,根据企业计划产量和定额资料确定某种原材料、标准件的需要量和规格,再扣除同类物资的库存量,即可确定需购买的数量。

(3)确定产品规格。指由专业技术人员对所需产品的规格、型号、功能等技术指标作具体分析,并做出详细的说明,作为采购人员的采购依据。在对产品进行分析时,一般采用价值分析法。所谓价值分析法,实际上是一种降低成本的分析方法,它由美国通用电器公司采购经理迈尔斯 1947 年发明。这里的“价值”是指某一产品的“功能”与其“成本”之间的比例关系。企业通过对某一产品的价值分析,明确某产品可能产生的经济效益,从而为采购人员选购产品作指南。

(4)寻找供应商。为了选购满意的产品,采购人员通过工商企业名录、地区黄页等途径,寻找服务周到、产品质量高、声誉好的供应商,当今随着网络的普及与广泛应用,越来越多的企业通过网络寻找供应商,对此,供应商应重视工商企业名录、地区黄页、企业网址的充分利用,在这些媒介上的信息要准确并及时更新。生产者对所需原材料、标准件及外协件的供应者,必须作深入的调查、了解、分析和比较后才能确定。其中,对原材料、标准件供应商,主要从产品的质量、价格、信誉及售后服务方面进行分析、比较;而对大批量外协件供应商的了解除上述几个方面内容外,还必须深入调查了解供应商的生产技术、检验水平、企业管理能力,经分析、比较后再确定。

(5)征求供应建议。采购者要求合格的候选供应商提交供应建议书,对价高产品还要求写出详细的产品供应说明;然后,对初选合格的供应商,要求他们提交正式的供应建议书。因此,供应商的营销人员应熟悉供应建议书的书写技巧与书写要点,在建议书里,既实事求是地介绍产品的技术参数、性能方面的内容,又要能别出心裁,描述诸如企业资质、销售业绩(尤其为著名企业的供应)、服务承诺等,并附相关资料,使采购者树立充足的购买信心,在下一步选择中提高入选概率。

(6)选择供应商。采购者对初选供应商提供的正式供应建议及相关资料进行分析、比较、评价,最后选择相对最满意的供应商。供应商评价选择指标主要包括:交货能力、产品质量、产品规格和价格,企业信誉和资质,技术和生产能力,服务能力与质量,付款结算方式及地理位置。以上指标在不同采购状况下重要程度有所差异,如因市场应急需求而派生的原材料采购,则交货能力与地理位置更为重要;如因新产品开发而派生的对供应品的需求,则供应商的技术和生产、服务能力相对更为重要。值得一提的是,有时可能仅凭建议书与相关资料难以确定最终供应商,此时，就需要对甄选出的数个供应商进行一一面谈，了解书面内容难以了解的东西，掌握相对于其他供应商的供应优势，此外，还可当面商谈更优惠的供应条件。即使采用了面谈，结果可能还是难以确定最终的一个供应商。其实，不限于一个对采购者来说有以下好处：①有多个供应商，以免受制于人；②可以通过几个供应商之间的竞争，促使他们改进服务质量；③为今后选择供应商提供依据。当然，企业在确定的几个供应商中，必定有一个为主，其他几个为辅。

(7)签订合同。企业采购中心在最后选定供应商后，采购经理开订货单给选定的供应商，在订货单上列举技术说明、需要数量、期望交货期、退货办法、产品保证条款等，与供应商洽谈后签订合同。现在许多企业日趋采用"一揽子合同"，即和某一供应商建立长期的供货关系，这个供应商允许只要购买者需要购买时，供应商就会按原定的价格条件及时供货。这种"一揽子合同"对供求双方都带来了方便。对采购者而言，不但减少了多次购买签约的麻烦和由此增加的费用，也减轻了库存的压力，因为这相当于购买者将存货放在了供应商的仓库里，如需要供货时，只需用计算机自动打印或电传一份定单给供应商即可，因此"一揽子合同"又称为"无库存采购计划"。就供应商而论，他的产品有了固定的销路，减轻了竞争的压力，减少了市场风险。

(8)运行评估。产品购进后，采购者还会及时向产品使用者了解其对产品使用的评价，考查各个供应商的履约情况，考查、评价主要包括两个方面的内容：一方面对购买的工业品的质量进行验证，看是否符合明细表和设计图纸的要求；另一方面对所付出的购买金额和差旅费等进行分析，是突破还是节余，查明原因，以便继续购买或改换供应单位。然后根据考查、评价结果，决定今后对供应商是维持、修正还是中止。为此，供应商在产品销售后，并不是万事大吉，而是要掌握用户的评估标准，按标准做好调整、完善自己的行为；加强追踪调查和按合同及时履行售后服务，以赢得采购者的信任和满意度，保持长久的供应关系。

四、影响产业购买行为的因素

产业购买行为比消费者更为复杂，决策的参与者更多，受多种因素的影响和制约。

1. 环境因素

环境因素指企业外在的宏观环境，包括经济环境、技术环境、政治法律环境、竞争环境、文化习俗等。无论买者和卖者都无法控制和改变这些环境，而只能调整企业自身行为来适应和利用它。如经济低迷时，或不确定性增强时，产业用户削减生产规模，减少对原材料和设备的购买。当新技术逐步走向成熟时，企业会采用修正重购或新购方式，同时，也会利用新技术调整选择新用户的方式。政治法律限制、规范要求着企业的行为，如国家环保法的颁布使产业用户充分考虑环境保护来组织原料。产业用户之间竞争的加剧和供应链之间的竞争在企业发展中的重要性，使产业用户在采购产品时既要考虑获取最优的产品性价比，又要本着互惠、共赢原则，与供应商搞好关系，共同应对竞争。

2. 组织因素

组织因素是指与产业用户组织本身相关的那些因素。它具体包括组织战略目标、战略、管理模式、业务流程、营销目标、制度等。海尔为了适应国际化战略实施和提高企业市场响应能力的需要，在 1999 年开始实施了业务流程再造(Business Process Reengineering，简称 BPR)，再造了如图 6－2 所示的新的业务流程。海尔再造的业务流程由主流程和辅流程构成，海尔把原各事业部的财务、采购、销售业务全部分离出来，建立独立经营的物流推进本部(图 6－2①)、商流推进本部(图 6－2③)、资金流推进本部、海外推进本部(图 6－2③)；同时将企业内部原先分散、各自对外的各种资源整合为集团统一的营销(商流)、采购(物流(图 6－2⑧))、结算(资金流(图 6－2⑦))体系，从而形成主流程；辅流程由海尔原职能管理资源整合后形成的创新定单支持流程 3R(R&D—research and development，HRM—human resource management，CRM—customer relation management)和保证定单实施完成的基础支持流程 3T(TCM—total cost management，TPM—total personnel & equipment management，TQM—total quality management)构成。整个再造流程呈现横向网络状，使海尔的各个业务部门、流程直接面向市场，使内部资源网络与外部资源网络直接相连，从而提高市场响应能力和优化资源配置。在这个业务流程中，物流本部根据订单信息流(图 6－2⑥)所传递的产品需求信息，利用全球供应链资源(图 6－2⑤)搭建的全球采购、配送网络(图 6－2⑤)，实施采购和供应。海尔这种独特的采购系统是由其再造的业务流程所决定的，也是与其相协调的。此外，物资采购还必须服从于企业的营销目标，要有利于营销策略的实施，实现营销目标。

3. 集团因素(人际因素)

集团因素(interpersonal factors)包括企业的内部人际因素和外部人际因素。内部人际因素指参与采购决策的各种角色，包括产品使用者、影响者、决策者、采购者和信息控制者的职务、地位、态度、威望、购买期望和他们之间的相互关系，这些不同角色和不同的相互关系对购买决策的影响程度不同；外部人际因素指上述各种角色与企业外部各类人员之间的关系，关系类型、性质与程度同样影响购买决策。因而，产业市场的营销人员应掌握采购企业内部不同角色在具体供求采购事件中的重要程度，及与供应商内部人员之间的关系。

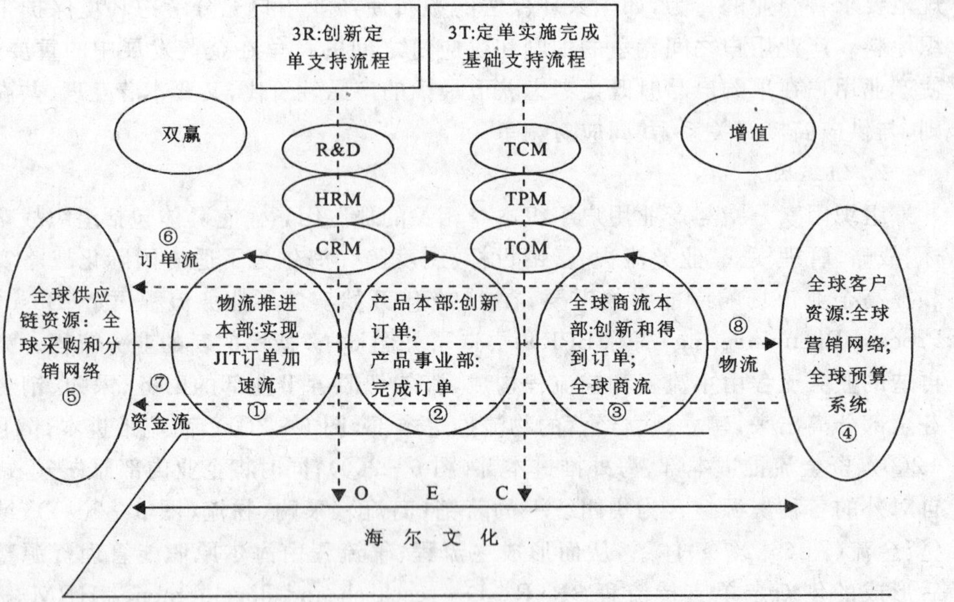

图 6-2 海尔再造的业务流程

(资料来源:改编自(1)Qingrui Xu, Ling Zhu, Gang Zheng, Fangrui Wang. Haier's Tao of innovation: a case study of the emerging Total Innovation Management model. J Technol Transfer (2007) 32:27-47;(2)魏梅,滕文志.海尔市场链再造和SBU建设解析.青岛科技大学学报(社会科学版),2005(12):45-48)

4. 个人因素

个人因素(individual factors)指购买决策参与者的个人属性,包括年龄、文化程度、收入、个性、价值观、对风险的态度等,不同成员在以上个人属性上所处的状态是有差异的,这导致他们在购买决策的动机、感知、评价及偏好上存在差异,从而对购买行为产生不同的影响。如敢冒风险、好胜心强的决策者,他会竭力在洽谈中占据主动,牵制对方按自己所设计的供应要求进行产品供应。

不同购买决策参与者对产品的理解和评价的不同,会对购买决策产生直接而明显的影响,有时还会形成冲突,使某项采购暂时"流产"。如产品使用者强调交货及时性和高效的服务,而工程师注重产品质量、标准化;采购人员则关心价格优惠、结算、装运与交货等。因而,要系统考虑各个方面,权衡后再做决策。那么导致产品理解和评价差异的主要原因是什么呢?主要原因是参与者不同的教育背景、职业、所掌握的信息量大小和理解程度。

第三节 中间商市场的购买行为

一、中间商市场的特点

中间商市场(distributor markets)是指为批发商和零售商销售提供转卖之用的商品和服务的市场,也称再卖者市场、转卖者市场和转售市场,是组织市场的一个重要组成部分。它介于生产者和消费者之间,同其他组织市场相比,具有如下特点:

(1)购买者数目较多,供应范围比较广泛。批发商和零售商组成中间商市场,其数目多于生产者,少于消费者,地理分布也较消费者集中,较生产者分散。

(2)中间商对商品的需求属于引发需求。中间商对商品的需求是由消费者对商品的需求直接引发而致的,所购商品的品种、花色、规格、数量、价格等要受到消费者需求的影响和制约。因而,中间商做好市场需求调查与预测相当重要。

(3)购买商品讲究组合配置。中间商进货时,要求品种齐全、花色丰富,以满足消费者的多样化需求,提高他们的购买效益。

(4)对交货期、信贷条件等要求较高。中间商购买商品的目的是再销售并从中获利,为了抓住有利的销售时机,减少商品滞销积压的风险和成本,加快资金周转,对交货期限和信贷条件等要求较严,因而,供应商必须具备强劲的供货和交货能力。如作为跨国零售商,家乐福要求审核通过的供应商加入家乐福的全球采购系统,把产品及时出口(供给)到全球30多个国家,对供应商的供应能力提出了很高的要求。

二、中间商的购买决策过程

产业市场中,生产企业采购设备、原料等用于生产产品,其购买决策经历八个阶段;中间商市场中,中间商采购产品用于转售,其与生产企业一样,采购后并不用于个人消费,而是最终要满足消费者的需要。因而,中间商的购买决策过程与产业市场的购买决策过程相似,也经历八大步骤,但在具体环节上存在一些差异。

1. 提出需要

当通过市场分析和预测,发现现有产品需求量将上升,或现有产品滞销,或消费者对新产品的需求欲望加剧而使新产品的需求增加,或现有商品配货组合不尽合理时,就会产生采购欲望。可见,中间商的购买需求直接来自于消费市场中的消费需求,是一种直接性的派生需求,因而,对于中间商来说,加强消费市场的需求调查、分析与预测更为重要。

2. 确定需要

指确定采购产品组合的广度、深度与相关性(关联度),即决策配货策略。一般而言,中间商的配货策略有四种:

(1)独家配货。指在同类产品中只销售同一品牌或同一厂家的产品。

(2)深度配货。即同时经销不同厂商、不同品牌、不同规格型号、花色、款式的同类产品。

(3)广度配货。即经销某一行业的多个系列、多品种的产品,比深度配货的产品组合要宽。

(4)综合配货。即同时经销多家厂商生产的互不相关的多种类、多规格的产品,如百货商店、超级市场、仓储式商店等都属于综合配货。与广度配货相比,它的产品组合的关联度要弱。

3. 采购需要说明

指中间商编写采购说明书,详细写明所要采购产品的品种、规格、质量、价格、数量、进货时间等。前已分析中间商对商品的需求属直接引发需求,由消费者市场需求决定,因此,中间商购买商品对时间和数量往往有相当苛刻的要求,采购活动计划性强,总希望既能及时、适时、按量满足市场需求,又能最大限度地减少库存,加速资金周转,提高资金效益。

4. 寻找供应商

采购人员根据采购说明书寻找合适的供应商。由于中间商采购计划性强,因而对供应商的选择比较慎重,品牌、声誉、价格、商品质量、品种规格、供货能力和及时性、合作诚意等是甄选供应商时需考虑的主要因素。

5. 征求供应建议

指要求合格的供应商提供供应建议书和一些相关的产品图片等,为下一步选择供应商提供参考。

6. 选择供应商

中间商采购来自于派生需求,中间商不需要对采购的商品进行加工,从事着转售经营活动,因而,其收益取决于进货价格与销售价格,而销售价格又是影响消费者购买行为的一个重要因素;同时,市场瞬息万变造成的市场风险压力迫使中间商尽可能从供应商那里获得尽量多的优惠购买条件,如价格折扣、促销津贴、广告折让、运费折让等。因此,供应商价格高低和价格折扣程度是中间商选择供应商时考虑的重要方面。此外,由于中间商市场对采购商品的时间和数量有严格要求,因而,选择时还要考虑供应商供货能力和及时性。当然,供应商的合作意愿和态度、诚信状况、促销支持、售后服务、作用条件等也是选择供应商应考虑的重要因素。

7. 签订合约

除了新购，中间商也期望与供应商建立长期友好的合作关系，这样，对中间商可以减少采购成本，稳定货源；对供应商，产品有了稳定的销路，可以稳定生产，降低市场风险。

8. 运行检查与评估

记录供应商供应状况，然后进行分析，掌握供应商履行合约的质量、信誉、合作热情与态度等状况，并据此进行评价，为是否继续交易和交易策略提供决策依据。

由此看来，中间商购买决策过程与产业市场购买决策过程相同，只是具体操作细节不同。

三、影响中间商购买行为的主要因素

中间商作为组织购买者之一，其购买行为也要受到环境因素、组织因素、集团因素和个人因素的影响。但是，中间商的营销目标、营销活动内容、购买决策及购买行为又有自己的特点，在制定购买决策、采取购买行为时，受到以下因素的制约：

(1)消费者需求。为顾客购买是中间商的一个显著特点，由此中间商有顾客采购代理人之称。中间商购买什么、购买多少、以什么价格购买，都必须考虑其购买者——消费者个人及家庭的需求和愿望，按照他们的需求和愿望制定采购决策。

(2)存货管理。储存是中间商的基本职能之一，储存什么、储存多少是影响中间商购买行为的一个重要因素。

(3)供应商策略。中间商购买商品是为了转售给他人，供应商的策略、供货条件、价格折让、运费折让、促销津贴等对其商品转售有直接关系，因而影响中间商的购买决策。

第四节　政府市场的购买行为

一、政府市场的特点

政府是社会组织的一个极其重要的组成部分，为有效地行使其职能，有较为庞大的开支，因而形成一个独特的、规模较大的集团消费市场。政府市场(government markets)就是指为满足各级政府部门的日常工作及公共消费需要而销售产品和服务的市场。各级行政机关是该市场的主体。政府市场具有如下特点。

(1)需求受到较强的政策制约。一国的经济政策对政府集团消费的影响较大。财政开支紧缩时，需求减少，反之则相应增加；我国限制公车购买的政策使得政府集体采购汽车的需求受到明显抑制。

(2)需求的计划性较强。一国政府开支要列入年度财政预算,并且对购买什么、购买多少、购买档次、经费范围都有明确的限制;此外,还要经历使用单位或部门提出购买要求、制定购买计划、报预算,及提交相关部门审批等环节。

(3)采购方式多样、特殊。所采购商品不同,采购方式也不同,具体方式将在下一部分介绍。

(4)购买受到社会公众的监督。各级政府机构的开支来自财政拨款,财政拨款来自于社会公众的税收,因此,社会公众有权以各种形式对政府机构的购买活动加以监督,要求政府能以最低标准的物资消耗有效率地履行政府的各项职能。

(5)购买目标的多重性。由政府部门独特的社会职能决定,各级政府在购买商品时除了考虑质量、性能、价格等经济性因素外,还要追求其政治性、军事性、社会性的目标。

二、政府市场的主要购买方式

政府机构购买商品是为了有效地履行其维护社会安全、保护社会公众利益、建设及维护公共设备等职能,购买的商品种类繁多,数量巨大,购买行为深受社会关注,购买方式也较为特殊,主要有以下几类。

(1)公开招标选购。公开招标选购指政府部门以向社会公开招标的方式择优选择供应商的购买方式。图 6－3 是某市直机关的公开招标流程图,较具代表性,一般的公开招标选购方式都具有这样的流程。在招标文件中会载明对所需产品质量、规格、技术指标、服务和供应商的能力与信誉、资质等的要求,这些应成为供应商确定能否参与招标和如何制定中标策略的重要依据;为显示公平、公正、公开,供应商标书要密封送交发标机构,并且在开标现场当着所有投标商的面检查密封的完好性;最后,依据评标结果,选择报价最低又能满足采购要求的投标商作为中标商,然后,与其签订合约。

(2)议价合约选购。指政府采购机构和一个或几个供应商接触,经过谈判协商,最后只和其中一个符合购买条件的供应商签订合同,进行交易。一般而言,当政府采购业务的计划复杂、风险较大、竞争性较小时,比较适合于采用这种购买方式。

(3)日常性采购。政府部门对维持日常政务正常运转所需的办公用品、易耗物品和福利性用品,多为经常性、常规性连续购买,这些商品的花色、品种、规格、价格、付款方式等都相对稳定,大多采取例行选购的方式,向熟悉的和有固定业务交易的供应商购买。

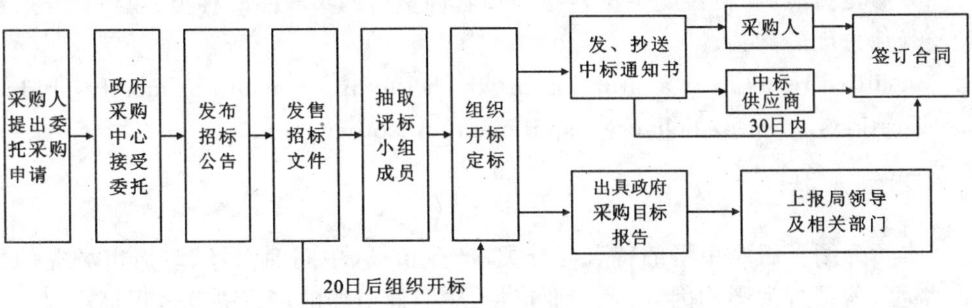

图 6-3　某市直机关的公开招标流程图

本章关键术语中英文对照

组织市场(institutional markets)	引发需求(derived demand)	产业市场(business markets)
中间商市场(distributor markets)	政府市场(government markets)	非盈利组织市场(nonprofit institutional markets)
直接续购(straight rebuy)	修正重购(modified rebuy)	新购(new-task)
产业购买过程(business buying process)	集团因素(interpersonal factors)	个人因素(individual factors)
中间商市场(distributor markets)	政府市场(government markets)	

本章重要概念中英文释义

1. 产业市场：由所有购买商品和劳务并将其进一步用于生产其他商品和劳务，以供销售、出租或供应给他人的组织构成。

business markets: It consists of all the organizations that acquire goods and services used in the production of other products or services that are sold, rented, or supplied to others.

2. 派生需求：组织机构购买商品是为了满足其顾客的需求，即组织机构对产品和服务的需求是由消费者对消费品的需求引发而来的。

derived demand: It can be defined as that the demand for business goods is ultimately derived from the demand for consumer goods.

3. 修正重购(修正再购买型):指购买者调整所购买产品的种类、规格、型号、数量及其他方面的购买。

modified rebuy: It is a situation in which the buyer wants to modify product specifications, prices, delivery requirement, or other terms.

本章小结

本章介绍了组织市场的特点与分类,产业市场、中间商市场、政府市场等的特点、类型、购买行为影响因素,及产业市场、中间商市场的购买决策过程等。

(1)组织市场是指企业为从事生产、销售等业务活动,以及政府部门和非盈利组织为履行职责而购买产品和服务所构成的市场。它具有派生需求,参与购买决策的人数较多,购买过程持续时间较长,对服务的要求较高,重视互惠互利的长期合作关系等特点。按组织的性质和购买动机,组织市场可划分为产业市场、中间商市场、政府市场、非盈利组织市场。

(2)按企业采购目标和需要的不同,产业市场购买方式分为直接续购(直接再购买型)、修正重购(修正再购买型)、新购(新任务购买型),从直接续购、修正重购到新购,其购买的复杂性程度提高;产业购买决策经历提出需要、确定需要、产品规格确定、寻找供应商、征求供应建议、选择供应商、签订合同、运行评估等八个环节;购买决策受环境、组织、集团(人际因素)、个人等四大类因素的影响。

(3)中间商市场具有购买者数目较多、供应范围比较广泛、购买需求属直接引发需求及采购商品讲究组合配置等特点,中间商的购买决策过程与产业市场的购买决策过程相似,也经历八大步骤,只是在具体环节上存在一些差异;中间商市场购买行为的影响因素主要包括消费者需求、存货管理、供应商策略等。

(4)政府市场具有需求受较强的政策制约、需求的计划性较强、购买方式多样和特殊、受社会公众监督及购买目标多重性等特点;政府市场主要购买方式有公开招标选购、议价合约选购、日常性采购。

本章思考题

1. 组织市场的特点及其分类是什么?
2. 试比较产业市场、中间商市场、政府市场的特点。
3. 试述产业购买者行为的影响因素及决策过程。
4. 试述中间商购买行为的主要影响因素及决策过程。
5. 简述政府采购的公开招标选购方式。

章末案例分析

政府采购方式变革为企业带来什么?

据有关资料测算:全国事业单位一年的采购金额约为7 000亿元,政府实际上成为国内最大的组织消费者。为适应市场经济体制新形势,政府采购方式正在发生变革。

通常地政府机构要购买设备,首先向机构计划部门报预算,经财务科按市场价格核定后给予拨款,再由各使用单位自行购买。但是财务科的职员们时常心里打鼓:商品价格究竟是多少我们没底,采购环节的伸缩性实在太大了。为了节约开支,许多政府机构在购买大宗商品时采用竞争性招标、投标采购。如北京市海淀区出台的《海淀区采购试行办法》中就规定区属各行政事业单位由区财政安排专项经费,购置设备单项价值在10万元以上,或全区范围内一次集中配置的批量采购总价值在29万元以上,均需采取公开的竞争性招标、投标采购。在招投标大会上投标公司单独介绍产品技术、质量、价格等内容,并接受由相关专家组成的评审委员会的质询,经专家们反复比较论证,最后选择相对最优的投标商中标。

据悉,国家财政部的有关专家正在积极制定我国统一、规范的政府采购制度。他们认为,政府采购是加强采购支出管理的必由之路,一定要做到规范、统一,使制度在各地不走样。要建立采购主管机构,明确采购模式,设立仲裁机构。财政部门不直接主管采购,防止由分散采购改为集中采购后出现新的"集中腐败"。

(本案例正文改编自:政府采购方式变革为企业带来什么? http://xzj.2000y.net/mb/2/ReadNews.asp? NewsID=506088)

思考:

1. 从本案例归纳政府市场的特点。
2. 本案例体现了何种政府采购方式? 分析其优、缺点。

推荐阅读书目

1. 吕一林,岳俊芳. 市场营销学. 北京:科学出版社,2007. 94～116

2. 菲利普·科特勒. 洪瑞云,梁绍明,陈振忠译. 市场营销管理(亚洲版·上). 北京:中国人民大学出版社,1997.187～207

第七章　市场营销调研与市场营销信息系统

本章主要内容

1. 市场营销调研的一般过程与主要方法
2. 问卷设计
3. 市场营销信息系统，包括结构、各子系统特点及建立的原则

本章重点与难点

重点：

1. 市场营销调研的一般过程
2. 问卷调查法
3. 市场营销信息系统的结构与功能

难点：

1. 有效问卷的设计
2. 市场营销信息系统功能的有效发挥

本章要求

1. 掌握市场营销调研的一般过程。
2. 会设计问卷。
3. 掌握市场营销信息系统的结构、特点、功能。
4. 能运用市场营销信息系统解决市场营销实践中的有关问题。

开章引例

新英格兰汤料公司

新英格兰汤料公司是一家小型企业，主要为学校和零售市场提供系列罐装汤料，近两年情况不甚理想。公司意识到可能原因是竞争对手的产品和顾客对汤料需求的变化，为进一步摸清事实，公司与当地一家研究机构联合做一

次市场调研。调研结果发现，在竞争性汤料中有相当一部分顾客愿意选用比公司目前提供的更稠、奶油更多的杂烩汤料。基于以上调研结果，公司将原杂烩汤料改成“多奶油”配料，并赋予新品牌，在销售中增加了神秘性，结果使公司销售再度辉煌。

（改编自：小卡尔·迈克丹尼尔，罗杰·盖兹. 范秀成等译. 当代市场调研. 北京：机械工业出版社，2000）

上例说明企业只有在满足消费需求的前提下才能实现企业利润，市场需求是企业产品很好的试金石。任何企业都期望自己的产品能更好地满足顾客需求，但如何能做到这一点呢？必须围绕满足顾客需求来科学地设计各项营销决策；科学的营销决策必须以充足的、有效的市场营销信息为基础，而这些信息又必须依托于市场营销调研(marketing research)。由此可见，市场营销调研是企业开展市场营销的最基本、最基础的活动，它贯穿于企业市场营销的整个过程。

在企业信息管理中，一方面，企业经营有其延续性，在进行企业营销决策时需要考虑过去的相关信息，因而，需要对有一定时间跨度的营销信息进行集成管理；另一方面，在当今信息爆炸时代，企业面对着复杂、庞大的信息源，借助于现代先进的信息收集工具和各种收集渠道，企业往往获取超过实际决策所需要的信息，以至于营销决策者被“淹没”在信息的海洋中，要花费大量时间和精力筛选出其中所需要的有用信息。有鉴于此，企业有必要建立一个信息系统(information system)，通过该系统，既能够对信息进行跨时间的集成管理，又能够事先对信息作筛选、处理和分析，以提供给营销决策者针对性、有用的信息。这一信息系统就是市场营销信息系统(marketing information system)。市场营销调研为市场营销信息系统提供信息“原料”，市场营销信息系统为市场营销调研所获取的信息提供“储存和加工场所”，提高信息价值，满足决策需要。

第一节　市场营销调研的类型、一般过程

市场营销调研是指运用科学的方法与技术，系统地、客观地识别、收集、分析和传递有关市场营销活动的各方面信息，为企业制定有效的市场营销决策提供重要依据的过程。其目的是向企业决策者提供可靠而有意义的信息资料和数据，使其成为决策者制定市场营销决策的科学依据，因而是企业市场营销活动的基础。市场营销调研涉及的内容包括市场营销调研的概念、类型、特征、作用、方式、步骤、调查内容、样本设计、调查方法、资料统计与分析等，这些内容通过开设《市场调查》或《营销调研》等课程来系统介绍，所以，这里只介绍市场调研的概念、类型、步骤、调查方法。

一、市场营销调研的类型

依据调研的性质和目的、调研的内容、调研方式等不同标准可以划分出不同的市场营销调研类型。

(一)按调研的性质和目的划分

按调研的性质和目的,市场营销调研可以划分为以下四类。

1. 探测性调研(exploratory research)

也称非正式调研。用于探询企业所要研究的问题的一般性质,了解市场的基本情况,或证实调研方案,或用于调研中收集资料工具的试用,为后面三种正式市场调研的开展做好准备。因而,探测性调研通常用于大型营销调研的最初阶段,同时,这种调研的范围一般较小,所应用的方法也简单。

2. 描述性调研(description research)

这种调研是对所研究的市场现象的客观实际情况进行收集、整理、分析,以反映现象的客观表现。因而,这类调研的目的就是客观地描述市场的实际表现,它不需要揭示事物的本质及影响事物发展变化的内在原因,似有"就事论事"之特征,但它是认识市场的起点,也是进一步深入细致地分析研究市场的必经之路。描述性调研的"客观地描述"的特征决定了这类调研所获取的信息必须真实、详尽、系统、可靠,因而,在实际执行这类调研时,要求按市场调研的一般步骤进行,要拟定科学的市场调研方案,采用合适的收集工具,确保调研周密地进行。

3. 因果关系调研(causal research)

这类调研是为了研究揭示市场现象与影响因素间客观存在的联系。前述的描述性市场调研是其基础,在描述性市场调研的基础上,对影响市场现象的因素进行资料收集,分析资料的分布特征,研究现象与影响因素间的关系特征,及各种现象间相互联系的趋势和程度。因果关系调研比描述性调研要深入,它能揭示市场现象是如何发展变化到某种状态的,与影响因素间的关系特征如何等深层次信息,因而,在营销决策中是十分宝贵的信息依据。试验法可以通过变动其中一个(如影响产品销售量的价格)或多个影响因素的取值范围来取得结果(即市场现象,如产品销售量)的变动状况,从而进一步阐明市场现象与影响因素间的关系特征,因而是因果关系调研的一种常用的、较有效的手段。

4. 预测性调研(forecastable research)

这类调研是指企业为推断和测量市场的未来变化而进行的一种调研。它是为了进行市场预测而进行的,因而,这类调研事实上是市场调研在市场预测中的延续和应用,它将市场调研和市场预测很自然地联系在一起。我们通常看到更多的是《市场调查与预测》,而不是《市场调查》或《市场预测》就是这个道理。预测性调研必须基于描述调研所提供足够的客观信息，同时，还要充分考虑影响市场现象的各种因素的影响程度和发展特征，在此基础上，才能科学地预测市场现象的未来走势。预测性调研包括科技预测、供给预测、竞争预测、行业增长率预测、需求预测等，内容较丰富，其中，需求预测是企业制定市场营销策略和其他相关决策的基础和前提，因而，对企业的生存与发展有着相对更为重要的意义。

（二）按调研的内容划分

按调研的内容，市场营销调研可以划分为市场需求和变化趋势调研、购买动机调研、产品调研、价格调研、分销调研、广告调研、市场竞争调研和宏观环境调研。各类调研有其具体的调研内容与相适应的调研技巧。

（三）按调研方式划分

按调研方式，市场营销调研可划分为全面调查和非全面调查。全面调查是对市场调查对象总体的全部单位都进行调查，也叫市场普查；非全面调查则是对市场调查对象总体中的一部分单位进行调查，常用方式有市场抽样调查、市场典型调查、市场重点调查等。全面调查与非全面调查的区别，不仅表现在调研对象范围不同和选取调查对象时的方法不同，同时也表现在收集资料、整理、分析资料方法上的不同。

以上分类会存在彼此交叉的情况。在具体调查实践中，要根据市场调查不同类型的特点和市场调查的不同目的，选择适当的调查方法和技术，以取得满意的调查结果。

二、市场调研的一般步骤

市场调研是一项系统工程，尤其是大型调研，涉及因素多，调研内容丰富，更需要以科学的思路、有计划地进行。市场调研的步骤大致划分为以下四个阶段（图 7-1）。

（一）市场调研的准备阶段

市场调研的准备阶段包括确定调查任务、设计调研方案和组建调研队伍。明确调查任务是搞好市场调研的首要前提，科学设计调研方案是保证市场调查取得成功的关键，认真组建调研队伍是顺利完成调查任务的人力保证，所以，不能轻视市场调研的准备工作。

1. 确定市场调查的任务

包括选择调研课题，作初步探索性调研。调研课题根据对某些市场现象认识的需要而产生，比如最近一季度 A 产品销售量明显下降，对于这一不利的市场现象，企业有必要通过市场调研加以进一步认识，认识其产生的原因和未来的发展趋势等，于是，就产生了关于销售下降原因的调研课题。调研课题选择时，不仅考虑

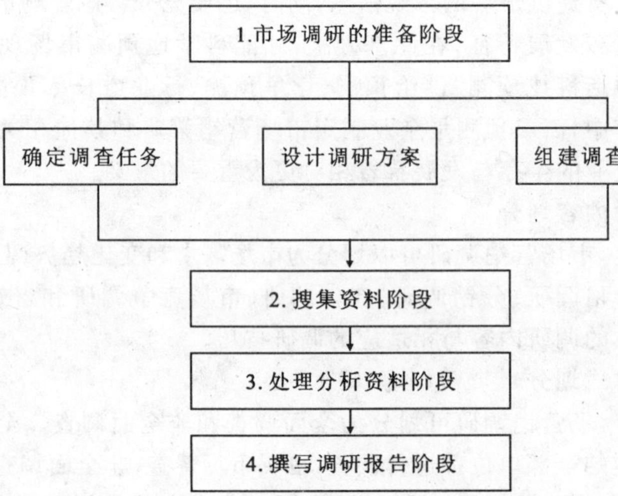

图 7-1 市场调研的一般过程

课题设立的必要性，还要考虑取得该课题现实资料的可能性，要坚持将必要性和可能性有机结合，确保调研有实际意义和可操作性。

初步探测性调研的主要目的是为正确解决调查课题探寻可供选择的方向和道路，为后续调研方案设计提供可靠的客观依据；同时，探测性调研也可以帮助明确调研的重点，形成研究假设；有利于了解和发现新情况、新问题，充分考虑市场现象的可能变化，科学地确定调研的内容和方法，使所设计的调查方案符合市场现象的客观状况。可见，初步探索性调研是直接为调研方案设计而做准备的，是市场调查准备的一步重要工作。当然，不同调研项目（课题），探测性调研的程度有所差异，对于简单的、小型的调研课题，探测性调研可能通过二手资料的收集与分析，调研团队成员的讨论、交流即可完成，但复杂的、大中型的调研课题，探测性调研相对要复杂。

2. 市场调研方案设计

市场调研方案的主体内容包括明确调研的问题、目的、目标、调研内容、样本设计、方法设计、工具设计、分工与时间计划，若有附加说明，也要在最后载明。因而，调研方案是调研工作的行动纲领，指导调研工作有计划、有步骤地进行。调研方案设计实际上是对调研工作的计划与安排。

明确本次调研要解决哪些问题，要达到什么目标。目标越具体，调研内容越容易明确，也更具针对性，所以，调研目标忌笼统。调研内容要围绕已确定的具体目标加以确定，要确保目标均能实现。根据内容获取所需要的途径，将内容分解为直接渠道获取的内容和间接渠道获取的内容两类。

样本设计(sampling designs)是为了确定调研对象，当然，在普遍调研中，样本就是被调研对象的全体，此时不需要进行样本设计。实际调研中，绝大多数调研是抽样调查，所以样本设计实际上是调研中必不可少的环节。样本设计内容包括确定样本的大小(即样本容量)、确定调查单位选取的方法(即抽样技术)、调查对象的构成(即样本结构)，受调查目的、调查内容、调研总体特征、调查时间和预算等的影响。样本设计决定着调研工作量的大小、调研结论的推广范围、调查方法选择及调查费用的高低，所以，样本设计不仅必不可少，而且要科学、合理、经济地进行。

调研方法和工具包括资料收集和处理所采用的方法和工具，它们将影响所收集信息的全面性、客观性、时效性、经济性和准确性，所以，必须科学、合理地设计。调研工具取决于所采用的调研方法，如若采用问卷调研法，则问卷是重要的调研工具；若采用面访法，则访谈提纲是重要的调研工具；而若采用观察法，则照相机、摄像机、探测器及人的感觉器官等是重要工具。

调研的分工与时间安排要做到工作量均衡，忌苦乐不均、松紧不一。

附加说明用来解释和进一步明确调研方案中可能产生歧义的地方及调研注意事项等。

以上内容确定后，要形成书面文字资料，并尽量使每个调研成员拥有一份，以便使全体成员详细了解整个调研项目的各项设计和安排，统一成员们的调研意识和调研行为，增强调研团队的凝聚力，约束成员们按方案有计划、有目的地进行。调研方案格式通常包括背景介绍(用来阐明调研问题的提出和调研意义)、调研目的、调研目标、调研内容、样本设计、调研方法和调研工具、分工与时间进度安排、附加说明等。附录1是关于“××卷烟总厂5元和10元卷烟A省市场研究”的调研方案设计。该设计方案清晰地反映了调研方案的以上格式。

3. 调研队伍组建

一支优良的调研队伍是成功调研的人力保障。调研队伍组建包括调研人员的选择、培训和组织。

调查人员选择要考虑调研人员的工作经验、责任心、知识水平、政治素质等，作为一支队伍，还必须考虑队伍的整体结构，包括职能结构、知识结构、能力结构及年龄、性别结构等。通过对调查人员进行必要的培训，提高他们的知识水平、调研技能、政治素质。培训内容包括知识、技能、方法、职业素养等方面，其中，方法和技能的培训是重点，这类培训往往能起到较明显的、及时的效果。培训方法有集中讲授、示范和模拟、情景表演、现场实践、分组讨论和互相交流等。要遵循用人之长、避人之短、优势互补、协同效应等原则对调研人员进行合理组织，形成清晰的结构；明确各职位的职责和权力，分配明确的任务；定期检查和考核，强化各调查人员的责任意识和工作意识。

(二)资料收集阶段

资料收集阶段与调研对象直接接触,是现场实施阶段,也是取得第一手资料的关键阶段。由于被调研者的配合程度、知识水平(影响对问卷的理解能力)不同,因而,实施过程中,会碰到原先意想不到的复杂情况。根据实践总结,这些情况集中于被调研者不愿配合、应付了事、对问卷理解有偏差等,对此,首先在问卷设计中设法确保问卷浅显易懂;第二,在收集资料现场,调研者要有耐心,态度谦逊地说明本次调研的意义,对被调研者表示出诚挚的谢意,即使对不配合者,也不要恶语相迎,而是站在对方立场给予理解;第三,赠送小礼品也是十分必要的,这一定程度上是对被调研者付出时间和精力的一点回报,同时,也能有效地提高被调研者的积极性和配合程度;第四,争取被调查单位或地区有关部门和各组织的积极支持和配合。

(三)资料处理、分析阶段

直接来自于调研现场的信息还很粗糙,无法很好地满足营销决策所需,因而,必须经过处理和分析。这阶段的主要任务是对收集的资料进行鉴别、整理、统计分析、得出结论。

1. 资料的鉴别、整理

鉴别是指检查信息的真实性、系统性和适用性。常用鉴别方法如表 7 - 1 所示。

表 7 - 1　资料鉴别常用方法

方　法	主 要 技 巧
分析判断法	凭借经验对表述前后矛盾或含糊不清、夸大的数据做出分析判断
核对法	对被调研者进行重点或抽样检查以核对信息
比较法	将来自不同渠道或表现形式不同的信息资料互相比较
佐证法	利用再调研的资料来验证初始资料的真实性

整理是对鉴别后的资料作初步加工,使反映市场现象个体特征的资料系统化、条理化,借以简明的方式反映市场现象总体的特征。资料整理的主要方法是分组分类法。

2. 统计分析

统计分析(statistics analysis)就是运用统计学的有关原理与方法,研究市场现象总体的数量特征和数量关系,揭示市场现象的发展规模、水平、发展趋势、发展速度及彼此间的相关性等。这些统计分析结果是营销决策的重要依据,是关于市场现象定量分析、定量预测的宝贵资料。统计分析结果通常以统计图和统计表加以直观、明了的表示。

(1)统计图。统计变量通常为绝对量和相对量,常用统计图有以下几类。

①直方图。水平或垂直排列,统计变量可取绝对数,也可取相对数,可用单变量(图 7-2),也可用多变量(图 7-3)。图 7-2 只表达了一个变量,即 5 种不同态度;图 7-3 则表达了两个变量,即同一年份的不同态度和同一态度在不同年份的变化,反映在态度和时间上的变动信息。直方图有时也可表现为水平状,使统计数据的表现方式更丰富多彩、灵活多样,如图 7-4 所示。这个水平状的直方图,同样传递了两个变量的信息:一是同一城市居民对本市居住环境喜欢程度状况,二是不同城市同一喜欢程度的比例变化,如就喜欢而言,由高到低依次为沈阳、上海、成都、广州。

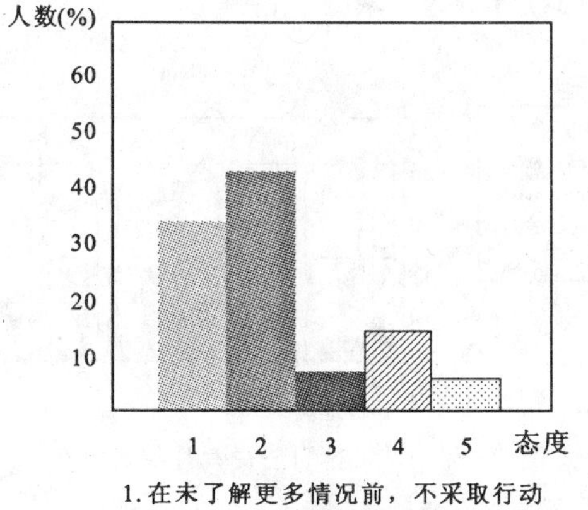

图 7-2　2001 年居民对采取城市环保举措的态度

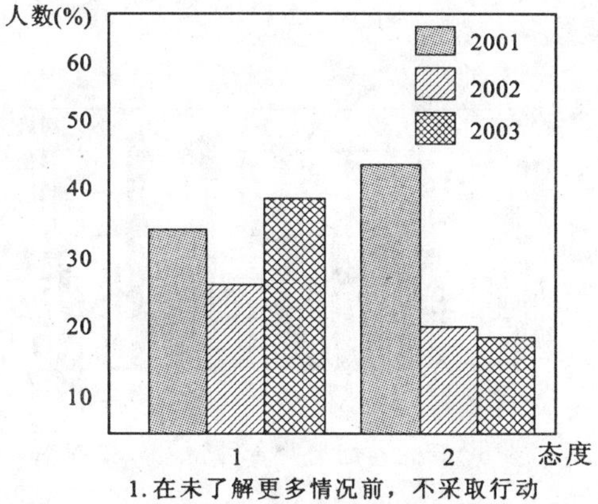

图 7-3　2001—2003 年居民对采取城市环保举措的态度

②柱状图(bar charts)。它是直方图的立体化(图 7-5、图 7-6),变量选择和直方图一样,在电脑上很容易绘制,在此不赘述。

③饼形图(pie charts)。包括平面的(图 7-7)和立体的(图 7-8)。借助于计算机很容易绘制。值得提醒的是,要保持图面清晰,当分类太多导致图面划分太细时,可考虑相关类合并,然后在区间标注上明确标出被合并的类型及其比例。

④轮廓形象图。以曲线表示,反映事态发展的特征时更为直观和形象(图 7-9)。该图反映某品牌卷烟四种档次卷烟的销量百分比在 2000 年至 2002 年 3 年间的变化情况,其中变化最大的是四档卷烟,先明显急剧下降,后缓慢上升;与之相反的是三档卷烟,先迅速上升,后缓慢下降。

⑤趋势图。借助曲线反映事物的变化情况和预测未来发展趋势。根据调研所得的历史资料,在图中点出相应位置,根据点的分布特征,通过拟合,画出曲线表达

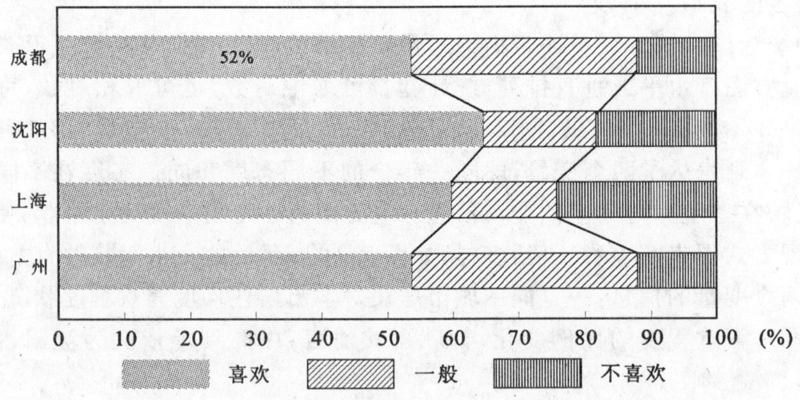

图 7-4　四城市居民是否喜欢现居住环境的状况对比图

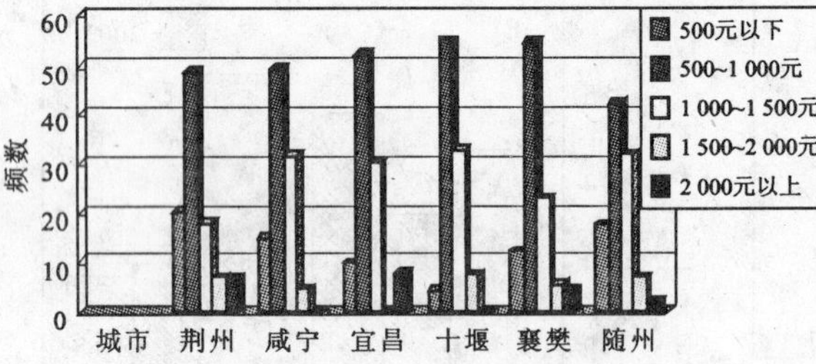

图 7-5　5 元卷烟消费者月收入分布频率

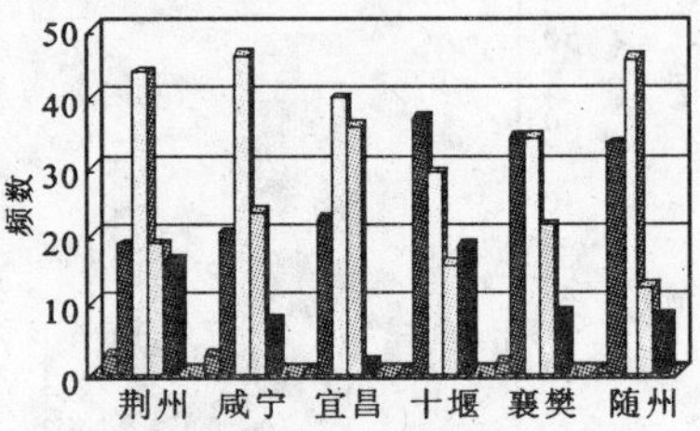

图 7-6　10 元卷烟消费者月收入分布

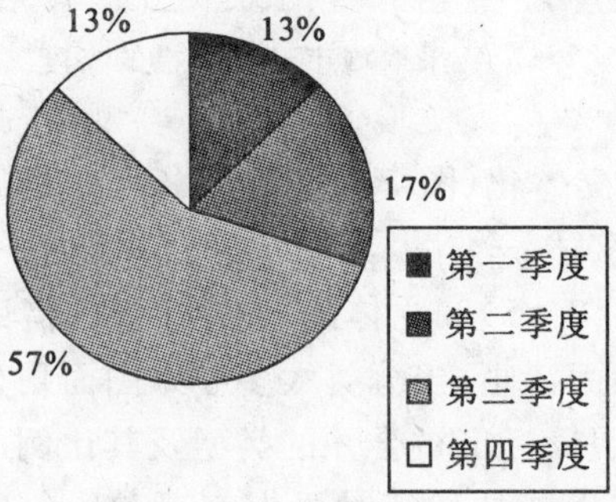

图 7-7　某企业 2003 年四季度销售状况

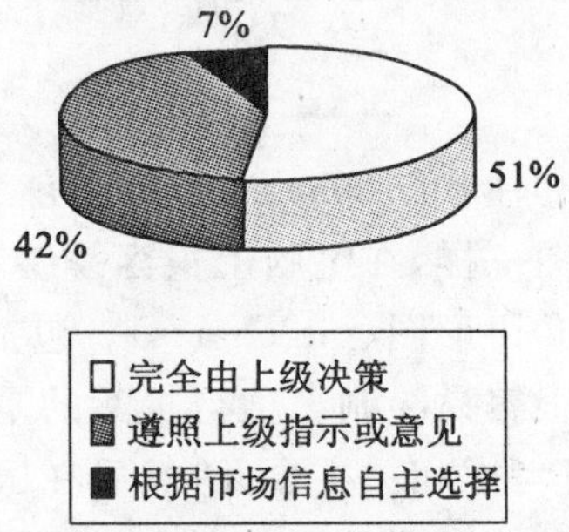

图 7-8　政府项目及一般事业单位选购决策权对比

点的分布规律；然后，分析其中的特殊变化点（反映某些特殊原因），也可以运用回归分析或其他统计方法预测事物未来的发展趋势。图 7-10 反映某饮食店近 5 年销售额变化情况，前四年该饮食店销售呈现稳定增长，然而，在 2002 年末有一特殊

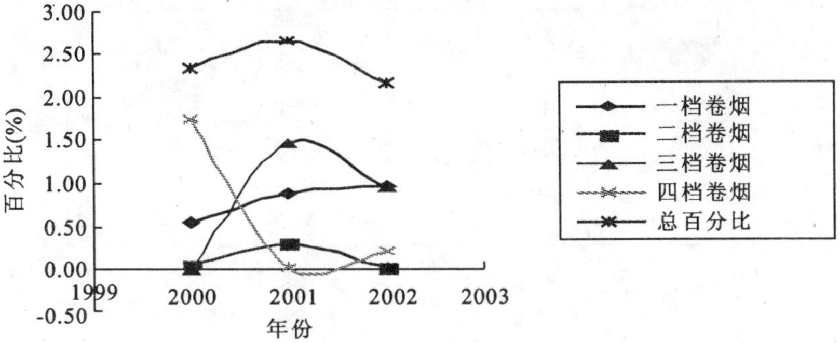

图 7-9　某品牌卷烟信阳地区“档次—总量”比例图

变化点，销售量突然明显下降，且这种下降态势持续到 2003 年上半年，其原因是什么？促使经理们去分析、去思考。

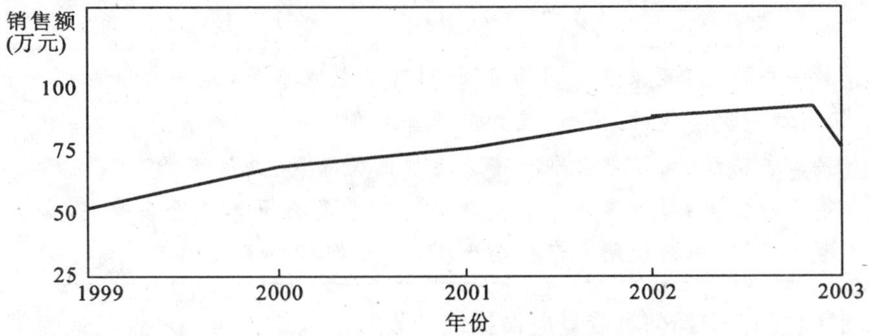

图 7-10　某饮食店近 5 年销售额变化情况

在市场营销中，通常要进行销售量和需求量预测，通过这两个指标预测，可以为销售人员配备、生产计划等决策提供依据。

⑥散点图。这类图在比较许多同类对象时显得实用而简洁。图 7-11 表示三个纯净水品牌(也可取更多)在多个营销指标上的比较。一方面，可以比较三个品牌首想知名度的高低，由高到低依次为娃哈哈、康师傅、乐百氏；另一方面，可以比较三个品牌的满意度，由高到低依次为乐百氏、娃哈哈、康师傅；此外，图中圆圈面积表示销售额大小，可用来比较三个品牌市场收益大小。

(2)统计表。虽然统计表不像统计图那样直观、明了，但在直接给出具体数据方面具有独到优势，让读者能从中读取各种情况下的具体数据；而图在反映事物分布规律、发展趋势及相互间的比较特征时有相对优势。统计表设计的关键是变量的设计。

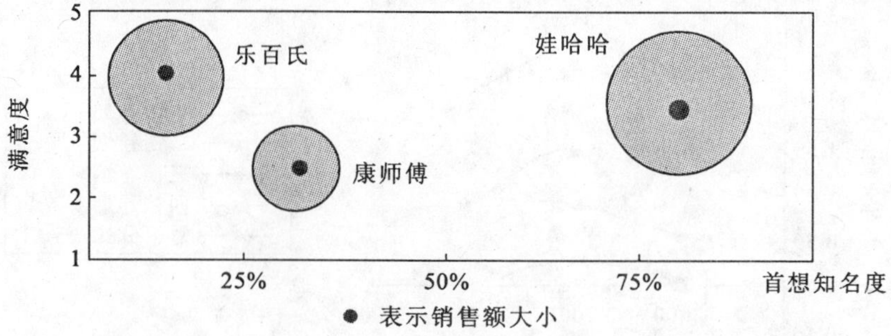

图 7-11　三种纯净水品牌的满意度和首想知名度

学习伴随思考题：

> 第一种情况：某保险公司为了显示两类交通事故（从未在驾驶时出过事故、仅出过一次事故的）比率，应如何选择变量？
>
> 第二种情况：为了解性别与事故多少的关系，又如何选择？
>
> 第三种情况：男性事故发生次数多可能与男性开车机会多有关，那么，进一步考虑里程（用来说明开车机会大小）的因素，又如何选择？

统计表中应选择何种变量应根据统计表目的而定。第一种情况最简单，就是用统计表反映各事故发生的比率，对应这一目的，设计统计表 7-2，由表能很清晰地了解两类事故的比率。为了研究的需要，需要进一步分析事故发生的原因状况，其中通过探测性调研，发现可能与性别有关，于是出现第二种情况，即要求反映性别与事故间的关系，此时统计表设计要比第一种情况复杂，它不仅要反映两类事故出现的状况，还要加入性别这一变量，此时涉及的变量有两个，即事故类型和性别。表 7-3 就清晰地反映了两者间的关系，从中可以看出，男性事故率高于女性，因而，似乎可以得出结论：交通事故与性别有关，男性更容易出事故。对此，可能有人尤其男性持怀疑态度，认为男性事故率高并不是因为其是男性，而可能与男性比女性更频繁出车，行驶里程数大有关。于是，就给出第三种情况，要求考虑里程数，来反映性别、事故类别、里程数间的相关性，这样，相应的统计表就应设计成表 7-4。

以上实例说明设计统计表变量时，应根据统计表的用途，即统计表用来揭示什么决策信息；另外，还要根据问题深入分析对揭示变量间关系的需要，如第二种和第三种情况。

表 7-2　小汽车驾驶者的事故比率

事故类型	百分比(%)
从未在驾驶时出过事故	62
仅出过一次事故	38
总计(被调研总人数)	100(14 030 人)

表 7-3　男性与女性小汽车驾驶者的事故比率

事故类型	男性(%)	女性(%)
从未出过事故	56	68
仅出过一次事故	44	32
总计(被调研人数)	100(7 080 人)	100(6 950 人)

表 7-4　性别、驾驶里程与一次驾驶事故比率间的关系

	男性驾驶里程数(km)		女性驾驶里程数(km)	
	大于 10 000	小于 10 000	大于 10 000	小于 10 000
仅出过一次事故	52%	25%	51%	26%
被调研总人数	5 010 人	2 070 人	1 915 人	5 035 人

总之，调研报告中，要善于运用统计图和统计表来清晰、明了、定量地传达信息，一方面，可以节省报告阅读者和使用者捕获信息的时间；另一方面，通过统计图、表揭示变量间的关系、分配结构、发展趋势等信息，提高信息的决策价值，使决策更加科学。

(四)撰写调研报告(marketing research report)

这是市场调研最后阶段的重要任务。调查报告是市场调研成果的集中展现，是对调研工作最集中的总结，是营销决策的依据来源。因而，调研报告要认真撰写，要清晰、准确地反映调研取得的成果和得出的结论。

调研报告一般格式包括扉页、目录、摘要、正文、附件、参考文献(表 7-5)。

为了直观、形象地表达调研结果，在调研报告中要善于运用前述的各种统计图、表。值得提醒的是，由于市场是不断变化的，而通过市场营销调研方法所获得的市场信息是静止的；在千变万化的消费者和不断调整竞争策略的竞争者面前，当

按照实地调研的结论采取行动时，获得的调查信息可能已经过时了。所以，在提交调研报告后，调查工作并未真正结束，调研人员还要指导调研结果使用者的营销实践、追踪调查结论与实际营销活动结果是否相吻合，提出的经营建议能否有效地指导营销实践，取得切实结果。对调查结果进行追踪并及时反馈，可以从中总结经验、纠正偏差，提高调研人员的分析能力和加强对全部营销活动的监督和控制。

表 7-5　调研报告的一般格式

调研报告结构要素	具　体　内　容
扉页	包括报告名称（单一型或主副型） 调研项目委托方（即调研报告使用者） 被委托方（调研项目的实施者） 联系方式、提交日期
目录	各层次标题（一般要求扩展到至少 2 个以上层次）；附件（问卷、照片等）；参考文献
摘要	概括、简明地反映调研的背景、必要性、意义、问题、目标、内容、抽样和资料处理方法、主要成果、结论和建议 要求：概括、精炼，突出主要成果、结论和建议
正文	包括：引言（项目背景，调研的问题、目的、内容）、调研方法说明（抽样方法、资料收集方法、统计处理方法）、调研结果分析（结合统计图表）、结论与建议（注意可靠性与针对性）、局限性（抽样、问卷回收等方面的缺陷）、结论运用的注意点
附件	统计附表、问卷样本、访谈提纲、面谈记录、观察照片
参考文献	调研或撰写过程所参阅的资料

三、市场调研方法

市场调研的目的是向企业决策者提供可靠而有价值的信息，为决策者进行市场营销决策提供科学依据。在营销决策过程中，所需要的一些信息是现成的，通过一些渠道（如现在快速发展的网络）直接去获取，这类信息叫二手资料；而有些则是没有的，必须通过实地调研才能获取，这类信息叫一手资料。根据信息类别的不同，获取的方法即调研方法也不同，获取二手资料的调研方法叫案头调研；获取一手资料的调研方法叫实地调研。实地调研比案头调研要复杂，具体又包括询问法、观察法和实验法三种。下面分别介绍这些方法。

（一）询问法

包括访谈法、问卷调查法，后一种方法可以看作是前一种方法的发展和延伸，在实际调研中居于越来越重要的地位。询问法又包括访谈法和问卷法。

1. 访谈法(interviews)

(1)特点与基本类型。访谈法是访问者用口头交谈的方式,向被访问者提出问题,被调查者进行回答,以此获取有关信息的调查过程。它具有以下特点:一是访谈过程是被调查者与调查者相互作用与相互影响的过程,因而,互动很重要,要求调查者具备激发被调查者思考、回答问题的能力,根据被调查者回答情况适当调整后续访问的能力,及随机应变、人际交往、调节气氛等能力。二是能获取现象和行为背后深层次的信息,如被调查者的观念、建议、动机、偏好等,这是问卷调查法很难实现的。

访谈法按不同标准可以划分为不同类型,表 7-6 显示了按三类标准划分的结果,其实,随着调研理论与实践的不断深入,还会出现其他一些划分标准。

表 7-6　访谈法类型

划分标准	划分类型	特　点
访问内容是否统一设计	标准化面谈(结构访问)	按访问问卷进行标准化访问,因而,提问的内容、方式、顺序,及问题回答的记录都依靠访问问卷得到统一 便于统计,但缺乏灵活性;适用于事实、行为、观念、态度、倾向、愿望等的调查,常与抽样调研结合使用
	非标准化面谈(无结构访问)	按访问提纲自由交谈,有利于双方发挥积极性,广开思路,利于收集深层次信息,但整理困难。适用于深入了解消费者的态度、意见及建议、要求、动机等方面信息,常与典型调研、个案、重点调研结合使用
一次被访问人数	个人面谈	每次只访问一个被调查者,调查者与被调查者的互动很重要,能做深入细致的调研,但成本高;若被调查者不善言谈,则获取的信息有限
	小组/集体面谈(更常用)	每次访问多个被调查者,调查者与被调查者、被调查者之间的互动均很重要;通过被调查者之间互相启发、补充、核对、修正,使信息更加全面、系统和准确;但若被调查者选择不当,则可能产生被调查者之间互相制约、慑于权威和从众心理,从而影响信息获取的客观性和全面性
双方是否面对面	直接访问	双方面对面地交谈,包括调查者上门实地访问——"走出去",请被调查者到调查者事先安排的地点接受访问——"请进来"
	间接访问	双方无需面对面,运用现代通讯设备进行的"交谈"。借助于电话的电话访问受话费限制,一次访谈内容不能太多;借助于网络(如 BBS、QQ)的网络访谈,成本较前者低,且接触面更广,因而,目前运用越来越广泛

以上类型中,小组/集体访谈在实践中被广泛使用,但有效运用还必须掌握它的一般过程和相关技巧。

(2)小组/集体访谈(group interviews)的过程与技巧。如图 7-12 所示,第 1、

2、3 三步也叫访谈的准备阶段。其中，访谈主题影响访谈结果是否有使用价值，是否具备针对性，能否为决策提供有效依据，所以，必须根据已设计的调研方案中的问题和调研内容加以进一步明确，一般取其中不便于问卷调查的，涉及到被调查者深层次信息的那部分调研内容；然后，将这部分内容转化为访谈提纲中的问题，由于集体访谈一般为非结构性访问，所以，这些问题宜设计成能让被调查者有自由发挥、自由交谈的空间；最后，根据这些问题的重要性程度和彼此间的逻辑性进行排序，形成访谈提纲。由于在小组访谈中被调查者间存在互相制约、从众、慑于权威等心理障碍的可能性，对信息收集造成不利影响，所以要谨慎选择被调查者，做到使被调查者彼此间能自由、放松地表达各自的观点；人数以 6～10 人为宜。准备阶段还要落实好访谈的时间、地点，并确保通知到每位被调查者；同时，访谈提纲、录音机、笔、纸、茶水等也要准备就绪。

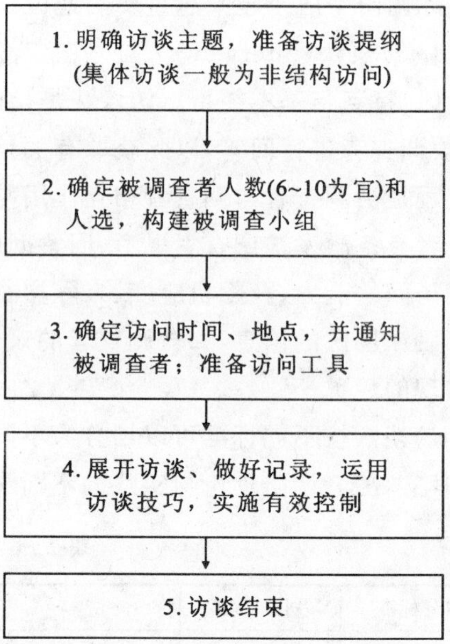

图 7－12　小组/集体访谈的一般过程

实施访谈是整个过程中最重要的阶段，它决定着所收集信息的质与量。合理运用访谈技巧并进行有效控制可以提高访谈的质量与效率。这些访谈技巧可归结为：①适当称呼，使对方感到自然亲切不反感、受尊重而不恭维；②选择合适的接近方式(表 7－7)；③取得被调查者所在单位领导的支持与协助。访谈过程中的控制主要通过提问不同类型的问题来实现，根据提问问题类型的不同，相应划分为如表 7－8 所示的三种控制方式。除访谈技巧与有效控制外，调查者在整个访谈过程中不要对被调查者的回答作评价，也不要强加自己的观点于对方，也不要有意识地诱导调查者认同自己的意愿和观点，应尽量做到中立。

访问结束时，可以提出"您是否还有需要补充的？"、"我是否忽视了什么内容？"等问题，使访问结束比较自然；同时，还要向被调查者接受访谈表示再次真诚的谢意。

2. 问卷调查法(questionaire survey)

问卷调查法是指调查者运用统一设计的问卷，由被调查者填答，从而向调查者了解市场有关情况的一手资料收集方法。问卷调查法在各种调查中具有广泛用途，在实践中被广泛使用。问卷调查法的工具是问卷，它是由调查者精心设计的，用来向被调查者了解各种事实、行为、态度、建议等方面的信息。通常按问卷发放方式将问卷调查划分为送发式问卷、邮寄式问卷、报刊式问卷、网上调查问卷（表 7－9）等相应的调查方法。

表 7－7　调查者接近被调查者的方式

接近方式	特　　点
自然接近	与被访问者在共同活动中自然接近
正面接近	在调研项目被调查者普遍接受的情况下，直接向被调查者说明本次访谈的目的、内容与意义
求同接近	主动寻找与被调查者的共同之处，以求得与被调查者接近
友好接近	以友好的态度关心、帮助被访问者

表 7－8　访谈过程控制方式

类　型	操作关键点
提问控制式	以实质性问题提问为主线；考虑提问问题的性质和特点、被访问对象的特点、双方的关系、访问过程的不同时机等因素选择不同的提问方式；要以礼待人、平等交谈、保持中立
引导和追询式	作必要的解释直到理解为止，分析顾虑的原因直到消除为止，将话题引回正题，用启发帮助回忆；运用正面追询或侧面追询
非语言式	充分运用表情、动作等非语言因素传达信息，忌心不在焉

表 7－9　问卷调查类型

类　型	特　　点
送发式问卷调查	由调查者将调查问卷送发给选定的被调查者，待被调查者填答完之后再统一收回。回收率高，收回及时，但无法全面控制填答过程。特适用于有组织的调查对象
邮政问卷调查	将问卷邮寄给选定的被调查者，并要求被调查者按规定的要求填写后及时寄回。成本较低，调查对象广泛，减少调查者的主观引导性，匿名性好；但填答过程难控制，回收率有限
报刊问卷调查	随报刊将问卷传递给被调查者，并要求填写完毕后寄回。成本低，匿名性好，填答质量高；但填答过程难控制，回收率低
网上问卷调查	将问卷挂在因特网上，要求网民按填答说明填答问卷，并及时提交。不受时空限制，提交迅速，有时覆盖面广；但可能出现被调查者“雷同”现象，影响样本代表性，另外，还会因网民对网上问卷不感兴趣而影响调查的数量和质量

(二)观察法和实验法

1. 观察法(observation)

观察法是指观察者根据研究目的,有组织有计划地运用自身的感觉器官或借助于科学的观察工具,直接收集当时正在发生的、处于自然状态下的市场现象有关信息的过程。由于处于自然状态下被观察,无人为的假象,因而能保障观察结果的客观性;但观察法容易受时空的约束和限制,观察的样本容量也有限,观察的信息是表面和感性的。观察法通常用于消费者行为调研。

2. 实验法(experimental research)

实验法是指在一定条件下改变某些变量而保持其他变量不变,以此来衡量这些变量对某些市场现象的影响效果,从而收集一手资料的调查方法。优点是能取得变量间的定量关系,预测事物发展态势;缺点是费时、费用高,易出现可变因素,从而使实验结果失去可靠性。实验法通常包括正式市场实验与非正式市场实验。

(1)正式市场实验。正式市场实验是调研人员选择某一特定市场,控制一个或几个营销自变量,研究对其他营销应变量因果关系。尽管市场上不能控制的因素较多且变化,例如消费者的偏好、政府的政策等,但探索因果关系是询问法和观察法所不具备的。事实证明,经过精细的设计可降低市场实验发生的误差。实验法的应用范围越来越广泛,了解某一种商品包装、设计、价格和广告改变对销售量的影响特征均可考虑采用这种方法。

(2)非正式市场实验。正式的市场实验需要实验者测量实验的误差大小,从实验样本结果去推断母体数值。这种做法统计复杂、费用大。而非正式实验不做实验误差的测量,虽然稍欠精确,但费用和时间节省不少。例如,某饮料厂为了与冒牌产品有明显区别,准备改变包装瓶并在电视上做广告,然后用实验法测定其效果。选定 5 家食品店为实验组,另选 5 家食品店为控制组,实验组卖新瓶装汽水,控制组卖旧瓶装汽水,实验期为 1 个月。实验结果,新包装瓶的汽水卖出 10 000 箱,旧瓶装汽水卖出 6 000 箱。实验效果=实验组数量-控制组数量,即10 000-6 000=4 000 箱,实验的结论是新瓶装的汽水已经明显地被消费者所认可和接受。

(三)案头调研法

案头调研法(desk research)也叫间接调研或文案调研,是指对现成的信息资料进行收集、分析、研究和利用的行为过程。不同于前面三种调研方法,它收集的是二手资料。案头调研法快速、简便、费用低,若采用网络搜索,则还不受时空限制;但缺点是针对性不强,信息有效利用率有待提高。按资料来源于企业内部还是外部,分为企业内部资料搜集和外部资料搜集,两者所搜集到的信息内容存在差异(表 7-10)。

案头调研的具体方法有五种:

(1)文献资料筛选法。结合调研项目对文献资料进行有针对性的选择录用。

(2)报刊剪辑分析法。在日常阅读报刊中，收集与本企业生产经营有关的信息。

(3)情报联络网法。少数企业利用在一些地区设立情报联络网(或驻某地的办事处)收集资料。

(4)网上下载分析法。具有网络信息量大、不受时空限制、键入关键词便可收集、下载方便等特点，在目前受到越来越广泛的使用，但要注意网上信息的真实性与可靠性，要选择官方网站和有知名度的大网站。

表 7-10　案头调研的资料搜集类型

类　型	具 体 来 源
企业内部资料搜集	企业各部门经营活动资料：包括营销、生产运作、技术、财务、设备、物资供应、后勤、人力资源管理等部门的资料 市场环境方面的资料：顾客档案和数据库、市场容量、市场竞争、行业技术及发展、分销渠道、宏观环境、市场分析报告等
企业外部资料搜集	统计机关公布的统计资料 行业协会发布的行业资料 网络传递的资料 图书资料 专著、报纸、期刊、杂志 专业组织的调查报告 研究机构的调查报告

(5)使用检索工具法。书籍的检索工具包括中国版本图书馆主编的《全国总书目》、当当书店(www.dangdang.com)、卓越网上书店(www.amazon.cn)、博库网上书店(www.bookuu.com)等，很容易在这些网站上找到所需要的书籍或通过网站上发布的新书信息了解具体领域的最新研究成果；期刊与报纸文献的检索工具有中国知网(www.cnki.net)、由上海图书馆编辑出版的《全国报刊索引》等。尤其值得一提的是通过中国知网，可查到期刊、中国重要报纸全文、重要会议论文全文及硕士和博士学位论文全文等信息，信息量非常大。

为了提高二手资料的针对性和使用价值，无论运用以上哪种方法，都必须事先根据调研的问题、内容、直接调研法收集的资料，明确案头调研所需收集的信息，以免与直接调研法收集的信息造成不必要的重复或遗漏。

第二节 市场调研问卷设计

学习伴随问卷例：

某品牌卷烟需求调查问卷

为了更好地了解您的卷烟需求，以便我们向您提供更适合您的卷烟，我们特进行本次问卷调查，希望能得到您的热诚配合！谢谢！

请在选项后面直接打"√"或填写。

年　　龄：A. 30 岁以下　　B. 30～50 岁　　C. 50 岁以上

职　　业：A. 公务员　　B. 企业职工　　C. 个体经营者

D. 科教工作者　　E. 农民　　F. 其他

文化程度：A. 初中及以下　　B. 高中　　C. 大学及以上

月收入(元)：A. 500 以下　　B. 500～1 000　　C. 1 000～1 500

D. 1 500 元以上

1. 您为什么抽烟(可多选)?

A. 习惯　B. 交际需要　C. 从众　D. 显示身份　E. 缓解压力　F. 其他

2. 您经常抽的卷烟的价格为：

A. 2～4 元　B. 4～6 元　C. 6～10 元　D. 10 元以上

3. 您购买卷烟经常考虑的因素是(可多选)：

A. 品牌　B. 吸食口味　C. 价格　D. 习惯　E. 流行　F. 其他

4. 您经常抽什么牌号的卷烟(可多选)：

A. 黄软许昌　B. 金许昌　C. 帝豪　D. 没吸过

5. 您对许昌卷烟厂下列卷烟品牌的了解程度：

	十分了解	较了解	一般	不太了解	完全不了解
帝豪系列：	□	□	□	□	□
金许昌系列：	□	□	□	□	□

6. 您购买"帝豪"烟主要用于：

A. 自己抽　B. 送人　C. 待客　D. 其他

7. 您认为"帝豪"的价格：

A. 合适　B. 偏高　C. 偏低　D. 不知道

8. 您一般在哪些地方购买"帝豪"、"金许昌"(可多选)：

A. 卷烟专卖店　B. 大型商场　C. 超市　D. 路边小摊　E. 其他

9. 您见过帝豪集团的哪些广告(可多选)?

A. 电视　B. 报纸　C. 路牌广告　D. 没见过

10. 您经常抽哪些品牌的卷烟______、______、______。

调研员：________　调研时间：________　调研地点：________

资料来源：来自科研项目"××卷烟总厂 5 元、10 元卷烟 A 省市场研究"(2006.02—2006.10)

为了解卷烟消费者的个人基本特征和卷烟消费行为，××卷烟总厂按调研方案（已在上一节的第二部分提到，并见附录）中的调研内容设计了本问卷，从该问卷可以总结出以下基本结构和一些设计技巧。

一、问卷的类型和一般格式

（一）问卷类型

有两种划分体系，一是按问卷填答方式进行划分，划分类型如表 7－11 所示；另一种是按问卷发放方式划分，划分类型如表 7－9 所示的四种类型：送发式问卷、邮政问卷、报刊问卷、网上问卷。随着互联网的发展和应用的普及，网上问卷越来越被更多的企业或调研机构所采用。

表 7－11　问卷类型（按问卷填答方式划分）

类　型	特　点　和　要　求
自填问卷	由被调查者自己填写完成； 调查者对问卷填答过程无法控制； 要求易被调查者理解和填答，有明确的填写说明，制作精美
访问问卷	由调查者向被调查者当面提问，并根据被调查者的口头回答来填写；调查者对被调查者的理解和回答过程可以控制 要求力求简便，方便调查者发问和填写

（二）问卷的一般格式

不同类型的问卷在结构上大同小异，一般都要具备如表 7－12 所示的要素。其中，需要说明的是标题可取单一型如“某品牌卷烟需求调查问卷”，也可取主副标题型，如“让您有一头秀发——关于某品牌洗发水需求的调查”，前面为主标题，后面为副标题；如果使标题清晰地反映调研的内容范围，运用单标题即可，如以上“卷烟的消费需求”或“洗发水的消费需求”；如果要使标题有新意，加强点吸引力，则可用主副型。有时，需要在填写说明中对问卷中有关名词作限定说明，如问卷中多数涉及到工资，则可在开始的说明词中陈述清楚是指“基本工资收入”还是“基本工资加月平均奖金”；如果在问卷中只有一处用到某一名词，则宜在该问句后面直接说明。当问卷调研量大，且由计算机完成统计（如使用 SPSS 软件），则问卷编码要按该软件的运作要求来编。作业记载是为了强化调查者的自律意识和责任心，同时，说明问卷信息的时间，便于今后决策时判断其可应用价值。调研主体是问卷中最核心部分，它由一系列问句构成，因而，问卷设计工作的重心在于问句设计。

表 7-12 问卷的一般格式

格式要素	具体内容	要求
标题、说明词	说明调研者调研的目的、意义和内容；对被调查者的希望和请求；表达谢意；有奖说明（若采用）	简洁、达意、准确、谦虚、诚恳
指导语/填写说明	说明填答要求、注意事项，问卷中有关名词的限定说明等	要清楚
被调研者的基本情况	了解被调研者的性别、年龄、职业、文化程度、收入等信息	根据调研项目的目的和调研内容从中选择
调研的主体内容（由一系列问句构成）	是问卷的本体，最重要；对照调研方案中的调研内容进行设计	选择合适的问句类型
编码	问卷中每一问句的编码	要方便计算机统计、分析和处理
结束语、作业记载	向被调查者表达谢意； 调查员姓名、访问时间、地点	简洁、了然

二、问卷设计(questionnaire design)的一般程序和一般要求

(一)一般程序

(1)吃透该项调查的目的，把握调查的主题，明确通过问卷所要搜集的资料。例如通过调查需弄清市场哪一方面的情况、要解决什么样的问题、针对性地搜集哪些资料。

(2)问卷设计人员有必要亲自到市场中进行自由访问调查，询问一些与调查主题有关的问题，打开设计思路。通过自由访问调查，便于把调查的主题分解成更详细的细目。

(3)拟定问卷文稿，即将调查的主题设计成适当的问句，并按一定的逻辑顺序进行排列，拟成问卷初稿。问卷文稿拟成后，还要采用逻辑分析和经验判断等方法对问卷进行可行性研究。内部的可行性研究通过后，即可进入下一步。

(4)将问卷文稿在少数被调查人中试填。试填实际上是小范围的实地调查，目的并不是为了搜集资料，而是为了进一步检验问卷文稿的可行性，提出修改意见，因此试填的对象应有代表性。根据试填中对问卷的理解和填答难易程度的了解，对文稿进行必要的修改，认可后方可作为正式问卷使用。

(二)一般要求

问卷设计要符合以下设计要求：①在形式和排版上，力求版面整齐，便于阅读与填答；②要素齐全，便于阅读、作答、统计；③内容上，标题新颖，问题表述具体、清楚，主体部分突出、整体结构好，问卷所涵盖的信息量满足调研内容的要求，便于整理和统计。

三、问句设计

问卷由一系列问句构成，问句由问题和答案构成。

(一)问句形式

1. 开放式问句(open－ended respone question)

您认为公司值得肯定的，需坚持的方面有：____________________

您认为公司急需改进、完善的方面有：________________________

以上两个问句只提问题，不给具体答案，要求被调查者根据自己的观点作答，这类问句叫开放式问句。开放式问句不限制被调查者的思维，被调查者可按自己的思路自由回答，因而可获得较全面的信息；但答案可能过于分散而不便统计。

2. 封闭式问句(fixed-alternative question)

您的年龄：A. 20岁以下　B. 21～30岁　C. 31～50岁　D. 50岁以上

以上问句既包括问题，又给出若干答案，被调查者只需直接选择即可，这类问句叫封闭式问句。它的优点是填答简单、便于统计，在实践中运用最为广泛；但它有一个缺点，就是限制被调研者的思维，未能发掘出被调查者的真正答案。这类问句又有以下两类典型的问句。

您在选择购物场所时，主要考虑：____(限选4项并按重要性从高到低排列)

1. 购物环境　2. 商品质量　3. 交通便利　4. 个人习惯　5. 价格因素

6. 商品种类数量　7. 服务质量　8. 其他(请说明____)

以上问句要求多项选择并按重要度排列，这类问句称为顺序填答/顺位式问句。

您认为润靓牌护发素价格：A. 很贵　B. 较贵　C. 中等　D. 较便宜　E. 很便宜

以上问句的特点是在两极端状况间分出若干程度依次下降(或上升)的中间状况，供被调查者选择，我们把这类运用语言表述不同程度态度的问句叫语意差别式问句，它通常用于态度和意见的调查。

3. 半开放式问句(half open-ended respone question)

封闭式问句限制了被调研者的思维，但通过如下调整可以克服。如：

现有新型干洗设备诞生，贵单位最看重：

A. 社会效益　B. 经济效益　C. 价格　D. 今后服务　E. 其他(请写明________)

若仅为前四个答案项，则选项不在这四个之列的被调查者就无所选择，但只要在最后补充“其他(请写明________)”选项，则就会给这些“局外”被调查者表达自己自由观点的场所。显然，这类问句兼具开放式问句和封闭式问句的特点，因而，叫半开放式问句，它便于统计，又不限制被调研者的思维，因而，当预计不能完全穷尽答案项时，就可使用半开放式问句。由于现今消费需求和其他市场情况越来越复杂，问卷设计者越来越难以设计出某一问题的所有答案项，因而，半开放式问句将被广泛地使用。

4. 事实式问句

这类问题要求应答者回答一些有关事实，例如：你通常什么时候看电视节目？事实性问题的主要目的在于求取事实资料，因此问题中的字眼定义必须清楚，便于回答。市场调查中，许多问题均属事实性问题，如人口统计特征。

5. 意见性问句

在市场调查问卷中，往往会询问应答者一些有关意见或态度的问题，例如：你是否喜欢“走进科学”这一电视节目？这类问题属意见性问题。

（二）问句设计原则

问句由问题和问句构成。在设计时，均要坚持相应的原则。

1. 问题设计原则

(1)一个问题，一个要点。如“为何喜欢A产品而不喜欢B产品？”实际上有两个要点，即“喜欢A产品的理由”和“不喜欢B产品的理由”，使被调查者无所适从，不知道该回答哪一要点。处理该类问题建议是将多个主题拆分成多个问句。

(2)忌一般性问题。要针对调研内容设计问题，使每个问题对调研信息都有价值，忌抽象的、笼统的一般性问题。如“您对亚贸广场的印象如何？”太笼统，被调查者不知道应从哪一方面或哪些方面回答。处理建议是结合调研内容，若调研内容中要求了解消费者对该广场服务的评价，则应转化为“您对亚贸广场服务的印象如何？”具体、针对性的问题。另外，“通常”、“常常”、“一般”（如您通常看中央9台的全英语节目吗？）也应尽量避免使用，因为这些频度副词在不同被调查者心目中的判断标准存在差异，难以保证调查结果的客观性；这类问题的处理建议是将判断标准转移到调查者手中，如改成“您一周内观看中央9台全英语节目的次数：0次，1～2次，3～4次，5～6次，6次以上”；然后，根据调查者定出的标准（如规定3～4次为一般，5～6次为较喜欢）来确定被调查者对中央9台喜欢程度的分布状况。

(3)简洁性原则。表述语言要简洁、通俗、准确，忌专业术语和理解歧义的表述，如“您家庭的恩格尔系数是多少？”，这恐怕大部分居民不知道；处理建议是作相应解释、定义，或直接问“您家庭每月用于食物的支出约为多少？”和“您家庭每月总支出约为多少？”来间接地得到这方面的信息。

(4)表述要客观，忌带倾向性或诱导性语气。如“大多数人喜欢使用P&G的海飞丝，您如何？”，这有意引导被调查者也选择“喜欢”的倾向，在设计时应保持中立态度。

(5)忌直接提敏感性、困窘性问题。所谓困窘性问题，是指应答者不愿在调查员面前作答的某些问题，譬如关于私人的问题，或一般被认为不光彩的行为或态度，例如“平均来说，每个月你打几次麻将？”，或属有碍声誉的问题。如果一定要想获得以上问题的答案，可采用以下几种处理方法：第一是运用“间接问题法”，即并不直接询问应答者对某事物或行为的观点，而改问他对其他人的观点的了解，例如上例改为“你同事或朋友一个月打几次麻将？”第二种是“卡片整理法”，即将答案为两项式（“是”与“否”）的困窘性问题的答案设计为卡片，然后递给应答者，要求应答者从中选取一张，掷入一小木箱中，掷入卡片时，调查员可暂时走开，让应答者自由取卡片投入箱中，以减少困窘气氛。

2. 答案设计原则

(1)互斥性。

您的职业：

A. 工人　B. 教师　C. 科技人员　D. 中学教师　E. 农技员　F. 个体经营者　G. 公务员　H. 其他（请注明________）

很显然，“教师”和“中学教师”有交叉重复，所以，要保证答案之间互相排斥，彼此不重复和交叉。

(2)完备性。

您目前使用的洗发水牌子是：________

A. 飘柔　B. 海飞丝　C. 潘婷　D. 沙萱

显然，当被调查者使用的洗发水的品牌不在以上之列时，无法选答，这说明给出问题全部的可能答案是必要的；然而，由于问卷设计者掌握信息的局限性、营销环境的可变性，囊括全部可能答案通常是有较大难度的。但我们通过在最后增加“其他（请注明：________）”就可以解决这类问题。

(3)数量型问题的答案项设计原则。

例 1：您正在使用的手机的价格是：__________

A. 1 000 元以下　B. 1 000～2 000 元　C. 2 000～3 000 元

D. 3 000～4 000 元　E. 4 000～5 000 元　F. 5 000 元以上

例 2：您家有几口人？

A. 1 口　B. 2～3 口　C. 4～5 口　D. 5 口以上

以上问句的问题涉及到具体数据，叫数量型问句。这类问句的答案项要依据实际情况设计为一系列数据区间。当问题涉及的变量类型为离散型时，则答案项数值区间的界限彼此不重复，如例 2 所示；当为连续型，则重复，如例 1 所示。

四、问句排序

问句排序的逻辑性影响被调查者填答积极性，进而影响调研质量。合理安排问句顺序，一般要把握以下原则。

1. 由易到难,由简单到复杂,由浅入深

一开始通常为关于被调查者基本情况的事实性问句,根据事实做出如实回答即可;也有学者建议一开始安排有趣味性且易回答的自由式问句,使被调查者自由思考、感觉自在,总之,一开始的问句应简单或能引起被调研者的兴趣,以利于培养被调查者的耐心;中间是一系列主体性问句;末尾为提建议、期望等自由式问句,相对要求对问题有一定的思考。

2."漏斗法",使思维步步收缩到具体问题

在决定问题次序时可考虑运用"漏斗法"。所谓"漏斗法",顾名思义是指最初所提的问题范围广泛,应答者怎样回答都行,思路开阔,然后逐渐缩小范围,最后询问特殊专门性的问题。例如,某市场调查公司欲调查消费者对蹦极是否会对身体产生不良后果的意见时,可以用一种较广泛的问法开始:你对蹦极的看法怎样?这个问题给予应答者回答可能损害身体的想法的机会;下一步便可把问题缩窄一些,例如:你在童年时代跳过蹦极吗?你让你的小孩参加蹦极吗?应答者的答案如果是"否"的话,应加一问题:"为什么?"以便应答者有机会提及身体损害的答案;然后可把问题再缩窄一些:你认为参加蹦极有什么害处吗?最后问的问题更加狭窄,比如:有人说参加蹦极对身体会有损害,但也有人说没什么影响。你的看法怎样?或者你认为多数人参加蹦极会令身体受到损害吗?以上问题逐渐缩窄,可了解到具体、针对性的信息。

3. 用好过滤句

您使用过润靓牌护肤品吗?

1. 用过　　　　2. 没用过(跳到第 6 句)

通过这一问句,将两类被调查者区分开来,且有区别是指向他们到相应的问句上,这类问句叫过滤式问句。它可以很自然地将不同的被调查者加以区分,然后引向不同的问句上,因而有利于获取针对性信息。过滤式问句通常用于问卷的一开始。

4. 困窘性问句尽量放在后面

如果因调研项目需要必须涉及到个别困窘性问题,则尽量放在后面,因为通过前面问句的回答和对问卷调查的目的、意义的认识,被调查者可能放松了许多,愿意配合填答这类问题。

第三节　市场营销信息系统

一、市场营销信息系统的概念

市场营销信息系统(marketing information system,MIS)是由人员、装备和程

序组成的一个连续的具有内部关联性的结构，它收集、挑选、分析、评价和传递适用、及时和准确的信息，供营销决策人员用于改善营销计划、执行和控制工作。它为制定和修订市场营销方案提供依据。各种市场营销数据由环境流向企业市场营销信息系统，市场营销信息系统则将数据加以转换，并通过市场营销信息流程传递给管理人员，管理人员依据这些数据制定各种计划、方案，由此形成的各种数据又通过市场营销沟通流程回到环境。

二、市场营销信息系统的结构

不同行业和规模的企业，营销信息系统的构成有所差异，但基本构成相同，均包括内部报告系统、营销情报系统、营销调研系统及营销决策支持系统（图 7－13）。

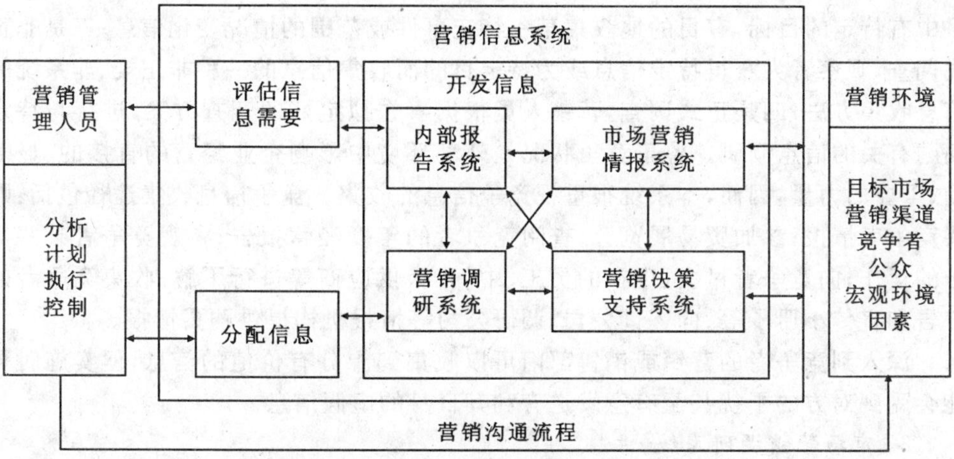

图 7－13　市场营销信息系统的构成

（据吕一林，岳俊芳）

1. 内部报告系统

内部报告系统（internal report system）以内部会计系统为基础，它向管理者提供企业的订货、库存、销售、费用、现金流量，以及应收、应付款等方面的数据资料。这个系统收集的信息丰富而繁杂，为了避免管理者接收到无用的或低值的信息，该系统应立足于两个方面加以改进：一是改进销售报告等信息的时效性；二是面向主管部门的需要，提高实用价值，对此，规定报告的间隔时间、报告的类型及其内容范围无疑是有意义的。

2. 市场营销情报系统

> 马来西亚的UEP地产公司有自己的市场调查部门来专门阅读报纸与贸易杂志的文章和广告，同时通过拜访开发商、参观竞争公司销售部运作等方式收集信息，再把信息传给营销部门，那里有一个专门的规划小组利用自己开发的计算机程序来分析这些数据。

市场营销情报系统(marketing intelligence system)的主要作用是向市场营销决策部门提供外部环境发展变化的情报信息，因而，它与提供企业内部财务、库存、销售等信息的内部报告系统不同，它是营销人员了解有关外部环境(如竞争者、用户)发展趋势信息的重要来源渠道。

外部环境变化信息的收集方式按目的性和计划性分为四种：一是随意观察，观察者心目中无特定目标，通常进行一般接触性信息收集；二是条件观察，观察者心目中有特定的目标，有目的地收集某一特定事件或范围的情况变化信息；三是非正式调查，观察者为获得特定信息或为特定目的而收集信息的一种非正规、非系统的信息收集方法；四是正式调查，营销人员根据事先拟定好的调查方案，进行与特定问题有关的信息调研。鉴于竞争状况是外部环境中影响企业经营的直接的、显著的、重要的力量，因而，本系统很重视竞争信息的收集。竞争信息收集途径包括：购买竞争者情报；参加贸易展览会；查阅竞争者的年度经营报告；参观竞争者某些部分的运作；向竞争者过去、现在的员工、中间商、供应商等进行了解；收集竞争者的广告和宣传小册子等；向咨询公司、调研公司等情报机构提供购买情报。

深入到竞争者的营销或销售部门可以收集到十分有价值的信息，但实施时可能会受到对方的干扰甚至有意发送有利其自身的虚假信息。

3. 市场营销调研系统

市场营销调研系统(marketing research system)的主要职能、任务是根据企业营销工作面临的主要问题(即具体某项营销决策)进行相关信息的系统收集、分析与报告。它与前两个系统最大的区别在于它的针对性，因而收集的信息使用价值更大。本章第一节营销调研系统就依托于这一系统进行信息的集成管理。

4. 营销决策支持系统

营销决策支持系统(marketing decision supporting system)是指用一些先进的技术和方法分析市场营销信息，以帮助管理者决策的一系列系统模型，也称专家系统。

该系统包含各种统计软件，可帮助分析者深入了解数据之间的关系及统计上的可靠性。假定一位营销经理需分析一个问题并采取相应的行动，他把影响问题解决的各种信息输入该体系模型，模型就能给出接近解决问题的标准化数据；然

研、描述性调研、因果关系调研、预测性调研。

(2)市场营销调研的一般过程包括四个阶段：市场调研的准备阶段(包括确定调查任务、设计调研方案、组建调查队伍)、搜集资料阶段、处理分析资料阶段、撰写调研报告等四个阶段。市场调研准备阶段的重要任务是市场调研方案设计，调研方案是调研工作的行动纲领，它能指导调研工作有计划、有步骤地进行，其主体内容包括明确调研的问题、目的、目标、调研内容、样本设计、方法设计、工具设计及分工与时间计划。搜集资料阶段是与调研对象直接接触的现场实施阶段，也是取得第一手资料的关键阶段，这一阶段收集的信息要做到系统、客观、可靠，满足营销决策所需。处理分析资料阶段包括对资料的整理与统计，统计分析结果是营销决策的重要依据，通常用统计图、表来表示。调研报告的一般格式包括扉页、目录、摘要、正文、附件、参考文献，要善于运用统计图、表来清晰、明了、直观地传达信息。

(3)现成的、通过一些渠道可以直接获取的信息叫二手资料，要通过案头调研获取；必须通过实地调研才能获取的信息叫一手资料。实地调研包括询问法、观察法和实验法；案头调研快速、简便、费用低，但信息的针对性、有效利用率有限。

(4)询问法包括访谈法、问卷调查法。小组/集体面谈运用较为广泛，它一般包括如下步骤：①明确访谈主题，准备访谈提纲；②确定被调查者小组；③确定访问时间、地点，并通知被调查者；④展开访谈，做好记录，实施现场控制；⑤访谈结束。问卷调查法运用问卷获取营销信息，在各种调研法中使用的最为广泛，合理设计问卷是该方法的重要一环。

(5)观察法是指观察者根据研究目的，有组织有计划地运用自身的感觉器官或借助于科学的观察工具，直接收集当时正在发生的、处于自然状态下的市场现象有关信息的过程。实验法是指在一定条件下改变某些变量而保持其他变量不变，以此来衡量这些变量对某些市场现象的影响效果，从而收集一手资料的调查方法；它能获取变量间的定量关系，预测事物发展的态势。

(6)问卷是问卷调查法的工具，其一般格式包括标题、说明词，填写说明、被调研者的基本情况、调研的主体内容、编码、结束语、作业记载。问卷由一系列问句构成，问句又由问题项和答案项构成。问句包括开放式问句、封闭式问句、半开放式问句、事实式问句、意见性问句，它们的特点及功能有差异。问句设计要分别遵循问题设计原则和答案设计原则。设计好的问句还必须按一定的逻辑顺序进行排序。

(7)市场营销信息系统(marketing information system，MIS)是由人员、装备和程序组成的一个连续的具有内部关联性的结构，它收集、挑选、分析、评价和传递适用、及时和准确的信息，供营销决策人员用于改善营销计划、执行和控制工作。其基本构成包括内部报告系统、营销情报系统、营销调研系统及营销决策支持系统，各子系统的功能不同。

本章思考题

1. 什么叫探测性调研、描述性调研、因果关系调研、预测性调研?

2. 请简单描述市场营销调研的一般过程。

3. 调研方案应包括哪些内容?

4. 什么叫案头调研?

5. 请例举开放式问句、封闭式问句、半开放式问句、事实式问句、意见性问句。

6. 什么叫市场营销信息系统? 其结构如何? 各子系统的主要功能分别是什么?

章末案例分析

新可乐的沉浮:问题出在哪里?

1985 年,可口可乐公司放弃了原始配方可乐,取而代之的是更甜更柔和更有味道的"新可乐"。可口可乐公司为什么要引进"新可乐"?

在 20 世纪 80 年代早期,尽管可口可乐仍是软饮料中的领先者,但其市场份额却正在慢慢地被"百事"可乐占领。多年来,"百事"成功地发动了"百事挑战",一系列电视口感测试表明消费者更喜欢甜一点的百事可乐。到 1985 年初,尽管可口可乐仍在整体市场上占领先地位,但"百事"却在超市销售份额中领先了 2%(巨大的软饮料市场的 2%的零售额达 10 亿美元)。于是,可口可乐公司不得不采取行动阻止市场份额的流失,而最有效的解决之道似乎就是改变可口可乐的味道。

可口可乐公司开始了其历史上规模最大的新产品调查计划。它用了两年的时间和花费了 400 万美元进行市场营销调查,以确定新配方。它进行了大约 200 000 次口感测验,仅最终配方就进行了 30 000 次口感测验。在无商标测验中,60%的消费者认为新可乐比原来的好,52%的人认为新可乐比百事可乐好。调查表明新可乐一定会赢,公司很自信地推出了新产品。

起初,由于铺天盖地的广告宣传和促销,新可乐销路不错。但销售很快下降,公众的反应令人吃惊。每天可口可乐公司都会收到来自愤怒的消费者的成袋信件和1 500多个电话。一个叫做"旧可乐饮用者"的组织发起各种抗议活动,分发 T 恤衫,并威胁要进行集体起诉,除非可口可乐公司重新使用旧配方。三个月后,可口可乐公司就重新提供旧可乐,并将旧可乐称为"经典可乐"与新可乐一起在货架上出售。到了 1985 年底,

"经典可乐"的销售大大超过了"新可乐"。

（本案例正文改编自：菲利普·科特勒．余利军译．市场营销导论．北京：华夏出版社，2001）

思考：

1. 新可乐调查计划实施中，采用了哪一种调查方法？结合案例说明这种方法的局限性。

2. 令人振奋的调查结果与最后实际销售结局不一样的原因是什么？

3. 你认为新可乐事先如何改善它的调查就可以克服新可乐遭"难"的结局？由此，你得到哪些启示？

本章实践题

空中提供电话通信服务可行吗？

美国航空公司期望为航空旅行者提供他们需要的新服务。一位经理提出在高空为乘客提供电话通信的想法，这一想法受到其他经理们的一致赞同；但最后是否一定开展这项服务，还需进一步研究。于是，提出这一建议的营销经理负责为此作初步调查。他向一个大电信公司咨询：研究波音747飞机从东海岸到西海岸的飞行途中，电话通信服务在技术上是否可行。电信公司认为，这种系统每次航行成本大约是1 000美元，因此，如果每次电话收费25美元，则在每航次中至少有40人通话才能保本，于是这位经理决定先调研旅客对空中电话通信新服务将作出何反应。

（本案例正文改编自：菲利普·科特勒．营销管理（新千年版，第1版）．北京：中国人民大学出版社，2001）

思考：

1. 请为这位经理拟出本次调研的调研问题、目标与调研内容。

2. 应运用哪些调研方法？

3. 如果运用问卷调查法，则问卷调查的对象是谁？设计出相应的问卷初稿。

4. 要求同学将自己设想为旅客，询问他（她）们如果想空中通话，那么可能原因是什么？

推荐阅读书目

1.（美）迈克丹尼尔，盖兹著，范秀成等译．当代市场调研（原书第4版）——二十一世纪管理经典教材系列·营销教材译丛．北京：机械工业出版社，2002

2. 许以洪．市场营销调研．武汉：武汉理工大学出版社，2006

第八章 目标市场营销战略

本章主要内容

1. 企业营销战略发展历程及目标市场营销决策过程
2. 市场细分(定义、变量、方法)
3. 目标市场选择(定义、原则、策略)
4. 市场定位(定义、策略、过程)

本章重点与难点

重点:

1. 市场细分的变量、细分方法
2. 目标市场的涵义、选择原则、选择策略
3. 市场定位的涵义、基本策略

难点:

1. 心理细分、行为细分
2. 市场定位

本章要求

1. 掌握市场细分的变量、主要方法。
2. 掌握目标市场的涵义、选择原则、选择策略。
3. 掌握市场定位的涵义、定位策略。
4. 结合企业实践或虚拟项目分析目标市场选择和市场定位。

开章引例

“娃哈哈”瞄准儿童

1987 年,全国市场已有 28 种营养品液,娃哈哈集团总经理宗庆后和他当初的七个伙伴分析了市场行情,把营养液的需求者分为不同类, 如中年、老年、

青壮年及儿童。宗庆后发现，全国当时有两亿儿童，若能生产一种适合他们的儿童营养液，便可占领市场的空白领地并有所作为。于是决定在浙江医科大学营养专家的指导下，研究出集中国传统食疗原理与现代营养学原理相结合的科学配方，制成营养液，饮用方便，且不含任何激素，有滋养儿童五脏、健胃养智之功效。将此设想落实到现实，最后用桂圆、大枣、山楂、莲子、胡桃、米仁、蜂蜜等天然食品制成后来享誉全国的"娃哈哈"，并且以儿童为诉求对象进行广告促销。

思考：

1. 为所有不同年龄层次的人生产提供营养液不是有更大的市场，因而更好吗？

2. 你认为集中于某一个或少数几个市场有何好处？

3. 本例说明市场营销应该经历哪些环节？

不同年龄层次的消费者对口服液的需求是不同的，若宗庆后为各年龄层次消费者提供不同口服液，则要生产不同类型、有区别的口服液，这对企业，尤其是初创企业，几乎是不可能做到的；退一步说，即使能做到，则各类口服液的市场范围受到限制，生产成本和营销成本将增加，总体收益将下降。假如为具有不同需求的各年龄层次只提供单一产品，则又不能满足多样化需求，损害消费者利益，对企业销售也不利。以上说明，企业有必要将目光锁定于某一个或少数几个市场，如宗庆后聚焦于儿童市场，以便将其资源和精力集中于该市场，有利于深入把握该市场需求特点和变化，生产更具针对性的产品，更好地满足消费需求，提高企业的市场地位。在前面第三章已介绍市场营销过程经历市场机会分析——市场细分和目标市场选择——市场定位——营销组合——管理营销活动。本案例中，宗庆后通过市场调研，把握市场行情，把握了口服液的市场机会(market opportunity)；然后，依据年龄划分出各年龄层次的消费群，并进而聚焦于儿童群体；结合儿童需求特点，确定要塑造的口服液特色是滋养儿童五脏、健胃养智；为了实现、传播和体现该特色，在产品配方、产品广告宣传等方面采取相应策略。由这个案例可知，企业营销活动至少经历市场调研、市场细分(segmentation)、目标市场选择(targeting)、市场定位(positioning)、制定营销组合(marketing mix)策略等环节。

对企业来说，在分解出不同需求群体的基础上，决定企业能有效服务的消费对象，并设计和提供对顾客有价值的特色产品很重要。然而，如何分解出不同需求群体，如何选择有效的服务对象，如何确定企业产品的个性特征等等，不是简单就能回答的问题，它涉及到系统的市场营销知识，需要以这些知识为指导。本章就是帮助构建这些系统知识，并把握其中的核心知识点；同时，以演变的视角，回顾在当今崇尚抓住有效服务群体进行营销的观点之前,市场营销还经历哪些营销战略阶段。

第一节 企业市场营销战略的发展历程

市场营销的目的是基于消费需求的满足来实现企业利润目标和进一步发展,受市场营销环境变化的影响,不同时期、不同环境下,企业市场营销战略发生相应调整,总共经历了大量营销阶段、产品多样化营销阶段、目标市场营销阶段。

一、大量营销阶段(20 世纪初至 20 年代末)

学习伴随案例:

福特早期的营销特点

在 20 世纪初期,福特大量制造单一型号的黑色 T 型轿车,大大地降低了成本,以低价格进行销售,大大地刺激了市场需求规模,进而有效地支持汽车产能的进一步扩大。最后大规模营销方式使福特取得成功,成就了当时的福特时代。

思考:福特为何在当时提供单一产品也能成功?

这是与当时的营销环境相适应的。在那时,人们能拥有一辆车就很知足了,至于车的性能、专门配置、内饰、款式等不在考虑之列,也即人们对车的需求是趋同的、大众化的;同时,当时车的供求处于供不应求的市场状态,更强化了人们对拥有车就足以的需求特点。

通过大量生产、大量分销单一产品,使生产成本、销售成本最小化,从而降低价格,刺激市场需求,扩大企业销售量,使企业获取更多利润的营销方式即为大量营销。因而,这种营销战略方式的特点体现为:大批量生产、大批量分销;品种规格单一,利于规模经济;低价刺激市场,扩大市场规模,进而促进产能扩大。相应地,这种营销方式成功的条件为:①消费需求具有相似性;②市场处于供不应求的状态;③市场竞争不激烈,价格是主要竞争手段;④低价能刺激市场,从而扩大市场规模,进而推动生产进一步扩大,进一步降低成本,推动市场规模进一步扩大,市场规模与生产规模形成良性循环,互动促进。

二、产品多样化营销阶段(20 世纪 30 年代初至 40 年代末)

消费需求多样化是一种发展趋势,同时,随着技术发展,生产水平的提高,产品市场供求状况由供不应求向供求平衡，再到供过于求变化，由此看来，营销环境是变化的。当大量营销方式所依赖的环境条件不存在时，营销方式作如何变化呢？

学习伴随案例：

通用、福特经营特点比较

通用总裁斯隆主张"提供满足不同钱袋不同需求的汽车"，并在20世纪30年代初推行相应的一整套强有力的战略：如金字塔式的产品结构，形成一个从高端到低端的互补产品系列；又如所谓年度换型策略，经常性地推出新产品。反观福特，它只有T型车一种产品，而且十几年一贯制，颜色也只有一种——黑色。所以，当通用五颜六色、款式新颖的汽车一代又一代地推出，福特老旧的T型车销路日落。到30年代后期，通用的市场占有率达到近50%，而福特则降到8%左右，通用汽车逐渐胜出了福特，成为40年代全球第一大公司。

思考：为何福特失败而通用成功了？

变化了的营销环境要求营销方式作相应调整。随着工业化的发展，西方国家生产力水平在第二次世界大战前得到不断提高，市场竞争亦日渐加剧；同时，消费水平的提高，消费观念的变化使人们的消费需求出现差异，如从汽车行业来看，人们对车的款式、颜色、档次开始有自己的需求；同时，市场也由卖方市场转变为买方市场，开始出现竞争并日益加剧，即大量营销成功的前提条件已不存在，此时，就必须调整营销方式，而且新的营销方式至少应考虑消费需求差异，否则，经营将失败，通用和福特的一胜一败就是很好的实践证明。于是就进入产品多样化营销阶段。该阶段最基本的特点就是考虑消费需求多样化而生产提供不同产品，满足不同消费需求。通用的"提供满足不同钱袋不同需求的汽车"代表着该阶段的开始。

三、目标市场营销阶段(20世纪50年代初至今)

人们不禁会思考，随着社会、经济、文化的发展，人们消费需求的差异越来越多样化，差异化也越来越明显，甚至发展到现代的个性化，那么，在此背景下，企业是否有必要也能够适应个性化需求进行量身定做呢？其实，一方面，这是没必要的，因为从社会行为学、心理学角度看，人们对同类产品的需求总可以被划分出若干群，群内各个体的需求极为相似，因而，企业需要关注的是有着极为相似需求的消费群；另一方面，这也是不可能的，因为量身定做应意味着企业要设计生产许多类产品，生产、营销成本极大地提高，管理也变得相当复杂，对企业经营是不利的。因而，对企业来说，找到对企业有吸引力的，且企业能为之服务的，有着相似需求的顾客群，而不宜细化到单个的个人，进而提供能为这个群体带来价值，留下鲜明形象的产品才能使营销有效，带着以上思考，市场营销便进入目标市场营销阶段。

该阶段始于 20 世纪 50 年代，当时西方国家的社会、经济、政治和文化等发生了深刻变化，以前的市场营销方式已不再生效，企业又一次寻求新的、适合的营销方式，目标市场营销引起了人们的兴趣。目标市场营销战略的特点可归结为以下几点：①基于消费需求差异的把握来识别不同需求的顾客群，即市场细分；②基于各细分市场的评估，选择一个或几个企业能有效为之服务的细分市场作为服务对象，即目标市场选择；③确定要塑造有别于竞争产品的个性特色，即目标市场定位；④设计并实施营销策略，满足目标市场需要，即营销组合策略的制定与实施。由此可见，目标市场营销战略从市场需求、企业能力、竞争三个角度来全面地认识市场、适应市场、驾驭市场，因而，能提高营销的精确性和成功率。

随着消费需求差异越来越明显，市场细分的方法也不断被提出，那么，市场细分是否越细越好？有人认为市场细分越细，对细分市场的认识越透彻，把握得也越准确。然而，事实并非如此，分得越细，细分市场的规模越受到限制，与此相对应的生产计划规模也受到约束，此时，生产成本、营销成本、管理成本都大大增加，因而，有些学者认为，应在权衡成本和收益的基础上，确定细分的合适程度，做到适度细分。这里，我们把市场细分程度提高，针对更小规模细分市场所开展的营销活动叫微观市场营销(micro-marketing)。当今，通讯技术、互联网技术，尤其是电子商务平台、在线营销等为微观营销甚至极致状态——定制营销(customized marketing)提供了技术基础。

目标市场营销战略包括以下三个大的阶段：市场细分、目标市场选择、目标市场定位。这三个阶段在本章的后续几节将逐一介绍，故这里仅概述之。

1. 第一阶段：市场细分(segmentation)

市场细分是指采用恰当的细分变量将整体市场划分为若干能相互区分的细分市场，同一细分市场具有类似需求，不同细分市场具有相异需求，从而有助于企业更好地认识市场，为目标市场选择提供基础，进而提高营销的精确性。如宗庆后依据年龄，将营养液市场划分为老年、中年、青壮年及儿童四个细分市场，并认为同一年龄层对营养液的需求极为相似。

市场细分的理论基础是客观存在的需求差异性，追求“求大同、存小异”是市场细分的逻辑思维。随着需求差异性日趋显著，人们对差异性需求的满足也越来越强烈，因而企业更加关注市场细分，在有效细分市场的基础上，合理选择目标市场，只有如此，才能为目标市场提供更有针对性的产品，才能更好地满足差异性需求。市场细分的任务包括选择细分变量（或参数）、选择合适的细分方法、实施市场细分、评估各细分市场。

2. 第二阶段：目标市场选择（targeting）

目标市场选择是指基于市场细分，按照一定原则，选择最有吸引力，且企业能为之有效服务的一个或几个细分市场，从而引导企业集中资源优势和能力，在其中开展经营活动，提高经营效益。如宗庆后分析考虑了儿童口服液市场的规模、竞争状况确立了儿童市场作为目标市场。有不同的目标市场选择策略可供企业选择。

3. 第三阶段：市场定位（positioning）

可能许多企业都选择了相同的目标市场，因而，目标市场也存在着竞争对手、竞争产品，因而，为了提高企业产品对顾客的吸引力，在顾客心目中留下鲜明印象，提高市场竞争地位，必须要塑造产品的鲜明个性特征，即需要进行市场定位。由此不难得出，市场定位就是企业根据竞争产品和自身资源与实力的分析，在已选择的目标市场上为拟提供的产品确定独特的市场地位，在消费者头脑中占据独特的位置。如宗庆后确立所提供的儿童营养液要具备滋养儿童五脏、健胃养智的功效，以区别于广大竞争产品的补钙或增高的特点。

第二节　市场细分

上一节已给出市场细分的定义，即采用恰当的细分变量将整体市场划分为若干能相互区分的细分市场，同一细分市场具有类似需求，不同细分市场具有相异需求。由此可知，细分的结果是得到不同需求的顾客群体，细分要有细分依据，这就是细分变量（segmentation variables）；同时，还应有一定的细分方法和策略。所以，本节将对细分变量、细分方法和策略等作重点介绍。

一、市场细分的作用

1. 有利于企业发现最好的市场机会

通过细分划分出不同的细分市场，对各细分市场进行需求满足度评估，从中识别那些需求尚未得到满足或低满足度的子市场，这便是最好的市场机会，因为市场机会的实质就是未满足或未完全满足的市场需求。如娃哈哈就是通过市场细分发现了当时口服液需求尚未被满足、但规模发展潜力大的儿童口服液市场；再如如家酒店连锁公司就是通过市场细分，对划分出的三个子市场：质优价高、质次价低、质量和价格均适中的经济型酒店的市场需求满足度进行评估，发现其中经济型酒店数量少,但对这类酒店的需求群体有相当大的规模,即经济型酒店属低需求满足度的子市场,于是找到了一个诱人的市场机会。

2. 有利于企业将自己的特长与细分市场的特征相结合

基于市场细分，不仅可以掌握细分市场的需求满足度，而且也可以把握各子市场的需求特点；然后，企业可以将自己的资源、目标和擅长与子市场进行最佳匹配和最佳组合，实现企业将有限资源集中于市场紧缺的产品，取得最大的经济效益。

3. 有利于中小企业开发市场

中小企业实力有限,难以在大市场进行竞争,市场细分有利于中小企业发现适合它们经营的、但又被大企业遗弃的市场空隙。如长沙个体皮革经营商通过市场细分,发现残疾人皮革子市场被大企业所忽视,但这个子市场的需求远未被满足,属被大企业所忽视的市场空隙;然后,结合自身目标、资源与优势,决定进入该子市场,为该子市场专门订做各种异型皮革,再配合优质服务,产生了很好的经济效益与社会效益。

4. 有利于企业调整市场营销策略

在市场细分基础上,企业对各子市场需求的认识和把握更加清楚、准确,有利于提供更有针对性的产品和设计适合的营销组合策略,而且有利于对营销策略实施过程进行观察、监控和及时调整,使产品更加适销对路。

二、细分变量

细分市场是目标市场选择的基础,因而,有效的目标市场营销必须要求市场细分有效;而市场细分的依据是细分变量,因而,细分变量选择至关重要。

何为细分变量?既然细分变量是细分市场的基础,而细分市场就是划分出不同需求的顾客群体,因而,细分变量就是指影响需求差异的那些变量。细分变量总体包括如表 8 - 1 所示的变量,这些变量具有层次性。依据何种变量进行的细分就相应叫做这种变量细分,如依据地理变量进行的细分就叫做地理细分。

表 8 - 1　细分变量

第一层次	第二层次	第三层次
消费者人文特征变量	地理细分(geographic segmentation)	国家、地区、城乡、人口密度、气候等
	人口统计细分(demographic segmentation)	年龄、性别、收入、教育、职业、家庭生命周期等
	心理细分(psychographic segmentation)	个性、社会阶层、生活方式、购买动机、价值观
消费者行为特征变量	行为细分(behavioral segmentation)	追求利益、购买时机、使用数量、消费者与市场的密切程度

(一)地理变量

不同地理环境下,人们的需求是有差异的,图 8-1 说明湖北省不同地区卷烟消费者对卷烟包装的选择存在差异。地理细分变量进一步包括国家、地区、城市、乡村、人口密度、气候等。其中,按国家细分,则形成如美国、德国、英国等不同国度的细分市场;按地区细分,则形成中部、东部、南部等不同区域的市场;按城乡细分,则形成城市细分市场和农村细分市场。

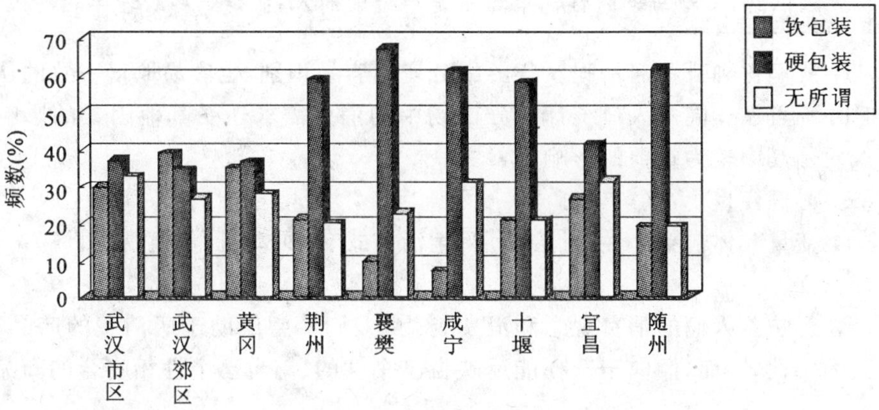

图 8-1　湖北省不同地区卷烟消费者对卷烟包装的偏好

地理细分变量直观,容易识别,也容易取得认识上的一致,但这类细分变量是静态变量;同时,同一地理区域的消费者对同一类产品的需求还会受其他因素诸如年龄、性别、收入、教育等的影响存在差异,因而,还有必要依据其他因素作进一步细分。

(二)人口统计变量

这类变量包括年龄、性别、收入、教育、职业、家庭生命周期等。很显然,不同年龄的需求是有差异的,如对化妆品、服装的需求;不同性别的需求也存在差异,如化妆品需求,男性需求和女性需求存在差异;不同收入层次的需求差异也明显存在,尤其对汽车、住房、珠宝,显然,不同经济水平的家庭存在明显的需求差别;受教育水平不同则影响着人们对娱乐、文化产品等的需求。在第五章提到,家庭生命周期分为单身、新婚期、满巢期、空巢期,这些不同阶段的需求存在着差异,如单身期对时尚用品、娱乐、旅游需求较大,往往为此成为“月光一族”;新婚期,则对住房、家电、家具、家饰等需求较大;满巢期,由于有了孩子,则对教育、娱乐、孩子生活用品方面的需求较大;空巢期,则对老年旅游、保健品等方面的需求较大。

学习伴随资料：

福特野马车应卖给谁

美国福特汽车公司曾按照购买者年龄来细分汽车市场，该公司的野马车原来是专门为那些想买便宜跑车的年轻人设计的。令人惊讶的是：不仅某些年轻人购买野马车，而且许多中老年人也购买野马车。这时，福特汽车公司的最高管理层才认识到，其野马车的目标市场不是年纪轻的人，而是那些心理年轻的人。

从中我们得到哪些启示呢？年龄细分变量容易识别，也容易取得一致的认同，但有时并不可靠。同一人口统计细分市场中的消费需求还受其他因素的影响，心理因素便是其中较为重要的影响因素之一。

(三)心理变量

这类变量具体包括个性、社会阶层、生活方式、购买动机、价值观等。

1. 个性

个性影响着人们的消费观念和消费行为，人们希望借助于所消费的产品来突显自己的个性，因而，倾向于选择能反映自己个性的、与自己个性相吻合的商品。

学习伴随资料：

地产界的个性细分市场

地产销售界依据比较流行的12种个性类型，将地产行业划分为以下个性化细分市场，即：从容不迫型、豪爽干练型、理性精明型、情感冲动型、冷淡傲慢型、沉默寡言型、喋喋不休型、优柔寡断型、自我吹嘘型、吹毛求疵型、虚情假意型、圆滑难缠型。以上不同个性对休闲住宅的需求存在差异，如：

从容不迫型——对有品味的休闲有发自内心的要求，对休闲住宅易于理解和接受，是休闲住宅开发商的优质客户。

豪爽干练型——比较容易受促销宣传和推销人员的影响，往往对休闲生活概念中的那些与运动概念和运动中与社会交往有关的内容更加感兴趣。

理性精明型——这类人往往在房价、未来的物业管理收费、远离城市的交通费用等有较多的算计，并且自主意识很强，不太容易受影响。

情感冲动型——容易受外界影响而变化，稳定性也差，游离性强，容易受房产推销商富有情感色彩和诗情画意、好山好水好风光的影响和感染。

冷淡傲慢型——可能是高知阶层中某些很有思想和能力却又受收入影响当时支付能力有限的人，或那些非常有钱因此而自命不凡的人。他们有接受休闲理念，有潜在的购买欲望和动机，自尊心很强。

沉默寡言型——这类人其实愿意听别人说话，听别人对新产品的介绍，再根据自己冷静的思考，最后做出购买决策；这类人对购买有自己有条不紊的思考和分析，购买行为相对很理性。

喋喋不休型——这类人往往处于经济实力不是太强或现在的收入、地位不是太高，但却努力向上爬的阶段，心态比较浮，对产品难于产生稳定的忠诚，虚荣心较强，但营销策略得利，则这种虚荣心可被有效引导和利用。

优柔寡断型——这类型的消费者已具备购买力或努力一下即能够支付得起，他们性格较弱，在购买决策中希望有更多情感的获取。

自我吹嘘型——除了少部分有实力的人爱吹嘘外，大多数自我吹嘘的人都是在虚张声势，实力并不一定很强；这类人擅长以攻为攻，心态比较积极，只要还能支付得起，就容易做出购买决定；而且非常希望吹出来的东西能够实现，避免收不回去的尴尬局面。

吹毛求疵型——喜欢产品消费的细腻一面，他们能接受大概念，但往往不满小细节，对商品挑三拣四；同时，这类人还特别重视产品的质量、身体的健康、郊外生活的安全性及是否方便。

虚情假意型——这类人在当今买方市场比较少见，消费者有足够的选择余地，因而买方对卖方根本没有虚情假意的必要。

圆滑难缠型——这类人城府比较深，商品需求欲望的表现让人很难掌握，但在其圆滑难缠的表像之下还有与前面几类中相类似的性格倾向，只是表现不明显。

（改编自：休闲住宅到底满足了消费者什么. http://hi. baidu. com/547609677/blog/item/352bc543bc43051273f05dac. html）

购房者的个性特征影响其对住房的需求观念、决策类型，进而影响其对促销活动的反应方式和反应程度，对营销人员来说掌握对方个性类型及相对应的需求特点，才能做到有的放矢，提高营销效果。

2. 社会阶层

不同社会阶层的需求也存在差异，尤其是在汽车、住房、娱乐等方面的需求。中国科学院《当代中国社会阶层研究报告》指出，目前中国已形成十大社会阶层：国家与社会管理者阶层、经理人员、私营业主、专业技术人员、办事人员、个体工商户阶层、商业服务人员阶层、产业工人、农业劳动者、城乡无业失业半失业者。显然以上阶层的需求存在差异，因而房产商根据社会阶层将房产市场划分为金领市场、白领市场、蓝领市场。

3. 生活方式

前面第五章已提到，人们的生活方式可以根据 AIO(activity interesting opinion)来测定，具体可以划分为守旧型、新潮型、节俭型、奢华型、高成就型、活泼型、自我主义型、有社会意识型，显然，以上不同生活方式消费者的需求存在差异，因而，可以依据生活方式来细分市场，但生活方式细分变量有时不容易识别，也不易取得统一认识。比如奢华型在不同人心目中和不同阶段衡量的指标不同，在细分时就难以掌握划分顾客群的分界线。

(四)行为变量

这类变量具体包括追求利益、购买时机、使用数量、消费者与市场的密切程度等。

消费某种商品时想从中得到的功能和效用即追求的利益直接决定着消费动机和购买行为，如人们消费牙膏追求的利益是不同的，包括追求经济实惠的、追求美齿的、追求口感清新的、追求坚固牙齿的等，因而，企业可依此细分出相应的牙膏细分市场，并提供相适应的牙膏类型。

购买时机，一方面根据是否节假日购买，细分为节假日细分市场和非节假日细分市场，很明显，节假日细分市场在需求的品种、数量与非节假日细分市场存在差异；另一方面根据是否惯常购买，细分为惯常购买细分市场和非惯常购买细分市场，非惯常购买细分市场购买的频率和数量比惯常购买市场的要低，但人们的消费欲望和需求是可以引导和改变的，因而，可以通过有针对性的促销和宣传活动，使人们由非惯常性购买转变为惯常性购买，从而大大提高企业销售量。如蜂蜜在人们习惯性思维中是一种滋补品，不可能与油、盐、米等日常消费品联系在一起，人们对其购买也是时发性的，属不惯常购买；但武汉某家蜂产品公司提倡“蜂蜜也可作为调味品”的新饮食理念，及时配合电台、报纸等媒体作宣传，同时利用中百超市等卖场作促销活动，有力地改变了人们传统的蜂蜜非惯常消费的观念，大大刺激了人们的购买欲，蜂蜜的购买频率和购买数量明显上升，大大地提高了该公司蜂蜜的销售量。

按消费者对商品的使用数量，可以细分为大量使用者市场、中量使用者市场和少量使用者市场。大量使用者可能更关注价格，而少量使用者可能更关注商品的独特性和个性化服务，由此看来，不同使用数量的细分市场的需求是有差异的，企业可以根据这些细分市场的不同需求提供不同的产品或服务，并采取不同的营销策略。

依据消费者与市场的密切程度，可以细分为常规消费者市场、初次消费者市场和潜在消费者市场。这种细分的意义更多地体现在对企业营销策略的作用上，如企业尽量维持常规顾客的同时，吸引初次顾客并逐渐使之转化为常规顾客，刺激潜在顾客的购买欲，并使之成为初次购买者，进而转化为常规顾客。当然，对于企业实力有限的企业，或行业正处于不景气时期，则企业应集中精力先维系常规顾客。

三、细分方法

选择了合适的细分变量，为市场细分提供了细分依据，还需要进一步确定采用什么样的细分方法。依据细分中所涉及的细分变量的多少及细分思路的不同，细分方法分为单因素法、综合多因素法和系列因素法。

(一)单因素法

只选用一个细分变量，认为只需要一个变量作一次细分就能够将某整个市场细分为若干顾客群体，并且同一群体内的需求保持相似。例如 1978 年，日本资生堂在市场调研后，依据年龄细分变量，将整个化妆品市场的顾客分为四类(表 8－2)，并认为同一类顾客对化妆品的需求极为相似，据此，资生堂为不同年龄层顾客提供有差异的化妆品。

表 8－2　日本资生堂化妆品市场的年龄细分

年　龄	细分市场需求特征
15～17 岁	讲时髦，好打扮，对化妆品的需求意识强，但往往购买单一化妆品
18～24 岁	对化妆品很关心，并采取积极的消费行为，只要中意，价格再高也在所不惜，往往购买整套化妆品
25～34 岁	多数已婚，对化妆品的需求心理和消费行为虽有所改变，但化妆仍是生活习惯之一
35 岁以上	分解为积极派和消极派，但也显示了对单一化妆品的需求

显然，这种方法细分工作量少，但在现实中，由于人们的需求是复杂的，要受多种因素的影响，因而，这种细分方法在现实中少用，主要适用于需求差异简单的产品市场。

(二)综合多因素法

现实中，人们的需求受多种因素影响，差异性复杂，因而需要综合考虑多个细分变量进行细分。尽管这种细分方法涉及两个以上因素，细分工作量大，但它使企业对需求差异复杂的市场有更清晰的认识，因而实践中常用。这类细分方法涉及最后所分得的细分市场的数量的确定问题。以图 8－2 关于服装市场的细分来分析综合多因素法所分得的细分市场的数量。在该图中，依次按性别、年龄、面料三个细分变量进行细分，各细分变量下分得的需求类别数分别为 2 个、4 个、4 个，最后，可以得到 32(2×4×4)个细分市场。因而可以得出，利用综合多因素法，可得到的细分市场的总数为：

$$\text{综合多因素法分得的细分市场的总个数} = \prod_{i=1}^{n} T_i$$

其中：n——细分变量的个数；

T_i——第 i 个细分变量分得的需求类别数。

(三)系列因素法

在上一种细分方法中，可能有些细分工作是没有必要的，比如当第一次依据性别细分得到男性和女性市场后，比较两个细分市场在规模、发展潜力、竞争状况及

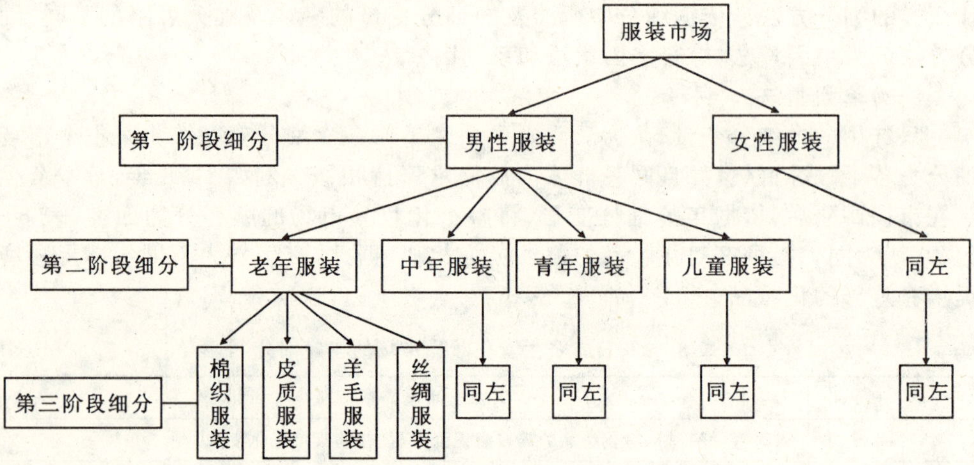

图 8－2 服装市场综合因素细分

企业资源等方面的状况，发现女性市场更有吸引力，因而决定关注女性市场，此时，只要对女性细分市场继续细分即可，男性市场就没必要继续细分。这种细分思路涉及到系列因素法，为了有助于理解这种细分方法，这里先列举一例。

学习伴随案例：

日本黄樱酒的市场细分

日本黄樱酒酿造公司对黄樱酒进行以下市场细分：

首先，依据地理变量细分为日本关东和关西两个子市场。

然后，分析两个子市场：关西已有许多日本名酒，如“滩之名酒”、“伏见名酒”；而关东尚无名酒渗入，但人口占日本整体市场的三成。

于是，选择了关东子市场。

继而，只对关东市场依年龄再细分，分为青年层、中年层和老年层等细分市场。

进而，基于对三个细分市场的比较，选中了中年层，因为该层是酒的嗜好者。

最后，对关东中年层按追求的利益再度细分：消愁解闷、嗜酒……等。

（改编自：吴健安.市场营销学.合肥：安徽人民出版社，1999）

思考：试分析日本黄樱酒市场细分的特点？

由此看来，这种细分方法是边细分边确定过程目标市场，以缩小细分范围；这种细分方法细分工作量明显减少，针对性却增强，因而在实践中十分有用。

这里有一点要注意,市场细分并非越细越好,原因有以下几点:①市场规模将会因过度细分而缩小,进而限制经营规模,成本上升,最后总收益下降;②过度细分使细分成本上升;③基于更细市场细分的微观营销和定制营销的实施需要相应条件,比如定制营销对企业信息收集与反应能力、柔性制造系统、产品设计与创新能力等提出相应要求,而这些要求并不是所有企业都能达到的,也是不容易达到的。因而,20 世纪 70 年代以来,西方企业界又出现了“反细分”的理论,即将过度细分的子市场再度归并,因而,也叫同合化理论。反细分化营销(市场同合化)就是要求企业应在兼顾成本和收益分析的基础上,对市场进行适度细分。可见,反细分不是不要细分,而是强度在权衡成本和收益基础上做到适度细分。这是对过度细分的反思和矫正。

四、市场细分的有效性标准

基于细分,以下两个公司开拓了这样的细分市场并提供相应产品:雷诺公司推出的“无烟”香烟品牌 Premier;太阳神推出“减肥”牙膏。请问这种细分合理吗?以上两个公司在细分中采用了利益这一细分变量,通过细分,认为其中有一类顾客追求“无烟”香烟,但是试想当人们吸的是“无烟”香烟时,他们能充分享受吸烟所带来的需求的满足吗?同样地,在太阳神看来,有那么一群人追求用牙膏减肥,并提供减肥牙膏,试想这类产品令人可信吗?这两类细分的不足都是超越了人们的心智,是人们的心智中不存在的,也不符合人们已有的认知和经验,因而,这两类产品不可能在消费者心目中形成统一的形象、认识和反应,甚至令消费者质疑。出现这一问题的最主要原因便是市场细分不合理。看来合理的市场细分是后续选择企业为之提供产品或服务的目标市场的基础和关键。

细分变量和细分方法都有多种,企业有可能采用不同的细分方法,但并非每一种细分均有效,因而,有必要进行市场细分的有效性经验,为后续的目标市场选择提供良好的前提。

(一)可衡量性

可衡量性是指细分市场的规模大小、购买力和其他市场特征是能够被衡量的。这与细分变量的选择有关。总体来说,个性、生活方式、价值观、购买动机等心理细分变量由于涉及人们的内心深处,复杂,不便直接识别,也不便于统一认识,因而,难以估算这些变量细分得出的细分市场的规模。由此给企业一个启示,必须选择有效的细分变量或变量组合。相对来看,人口统计细分变量、行为细分变量要比心理细分变量容易识别和确定,因而,细分时尽量考虑这些细分变量。

(二)可进入性

可进入性是指细分出来的细分市场应该是企业通过营销努力可以达到的。具体可以从三个方面来衡量:①企业能提供符合该细分市场需求的产品;②产品信息能传播到该细分市场;③有效的分销渠道使产品能及时到达该细分市场。否则,最有吸引力的市场，也无法成为企业可为之服务的市场。

(三)可盈利性

可盈利性指细分市场能为企业带来可持续发展的合理利润。赚取利润是企业追求的目标之一，也是发展的基础，因而，当企业具备可获得性进入某细分市场后，必须能够在该细分市场取得至少是正常的利润，这就对细分市场的规模和竞争状况提出要求；同时，企业要在该细分市场可持续发展，还必须要求该细分市场具有发展空间和获利潜力。

学习伴随案例：

铱星手机的陨落

作为卫星移动通讯业的开拓者美国铱星公司为了推出铱星手机，总贷款为50亿美元，研究开发了由66颗低地球轨道卫星组成的移动通讯网络，使用户随时随地进行通讯联络。然而从1998年11月投放市场以来，由于手机和服务费用昂贵等原因，该公司一直客户稀少，到1999年8月初，只有2万家用户，而要实现盈利则需要有65万家用户。最后在无法按期偿还巨额债务被迫申请破产保护。

资料来源：改编自关于铱星计划失败的原因. http://baike.baidu.com/view/24490.htm#5

思考：从可盈利性分析铱星失败的原因。

(四)可行性

可行性指能为细分市场设计出有效的营销组合方案，以使同一细分市场内的顾客对该方案的反应大体一致，且与企业方案设计时的愿望也相一致，进而有利于企业营销组合策略的顺利实施。细分市场的营销组合方案不具备可行性的情形主要有三类，①细分变量选择有误；②细分变量选择是对的，但细分出来的个别需求类别不符合消费者的认识和经验；③细分不够精细，以上三类情况均需要重新选择变量或重新细分。

第三节　目标市场选择

著名的市场营销学者麦卡锡提出了应当把消费者看作一个特定的群体，并称这一特定的群体为目标市场。这里，我们定义目标市场就是企业在市场细分的基础上，综合考虑细分市场的竞争状况、市场规模和发展潜力，及企业自身资源与发展目标等因素，并在遵循相应原则的前提下所选择的企业能为之有效地提供产品或服务的一个或几个细分市场。

目标市场就是企业决定要进入的市场。企业在对整体市场进行细分之后，要对各细分市场进行评估，然后根据细分市场的市场规模和发展潜力、竞争结构、企业自身的目标与资源条件等多种因素决定企业到底应该选择其中哪一个或哪几个细分市场来开展营销活动，这就要涉及目标市场选择的原则；然后，在目标市场选择后，还要确立在不同的目标市场上企业应如何组织和展开营销活动，即要制定目标市场选择策略。

一、目标市场选择原则

学习伴随资料：

北京现代汽车

现代汽车在政府机关、出租车公司、营运公司、大型企业等批量采购的细分市场中选择进入了政府用车市场。现代如此选择有它的分析与考虑。现代作为汽车行业中的后起之秀，具有先进的生产技术，现代首先考虑的是市场竞争强度，其次才是市场进入难度。首先，家用轿车市场竞争激烈，价格敏感性高，企业为争取客户，常常以大幅压价、牺牲利润为代价。而在高端豪华车市场，客户更注重品牌价值，具有深厚品牌底蕴的欧美老牌高档车以其独有的品牌内涵引起消费者的狂热追捧，现代作为相对年轻的品牌，一时之间难以培养客户忠诚。而我国政府用车市场，对车的品质要求模式化，在同一档次上，价格敏感性不强，所以现代最后决定进入该市场。要进入这样的市场，企业需要做的首先是保证车的性能稳定、品质优良，现代利用韩国最新的制造技术，“产品技术全球同步”，专注制造的细节，满足了这一要求。其次，政府采购注重品牌的社会影响，要求企业加强形象宣传和政府公关，现代通过宣传赞助活动，提高了企业的知名度和美誉度，对促成政府的采购行为起到推动作用。

由于企业经营资源有限，因而，面对经过市场细分活动划分出的细分市场，企业必须要学会理智地判断“有所为，而有所不为”，将有限的资源用在那些最有吸引力，企业又有能力为之服务的细分市场上。如何选择这些市场？引例告诉我们，企业必须综合考虑多方面因素，如市场竞争强度、市场进入难度、市场需求及企业经营能力等。企业应进入哪一个或哪几个市场不是“拍脑袋”就能决定的，它必须综合考虑以上多方面因素，且遵循一定的原则，经过一系列的分析、评估与比较。下面分别从企业外部市场的吸引力和企业内部的可能性两个角度来阐述市场选择的原则。

1. 市场吸引力

很显然,市场吸引力越大,企业选择目标市场时越应该考虑。

决定市场吸引力的主要因素有市场规模大小、市场成长性、市场竞争结构、市场进入难度、市场透明度、市场生命周期、市场经验曲线、关键经营因素与本企业优势的相关性,及企业保持差异化优势的能力等。其中前三个因素对市场吸引力的作用最大,因而,往往更被大多数企业所关注。

(1)市场规模与成长性。市场规模对市场吸引力的影响主要体现在它带给企业的规模经济效应上,市场规模越大,企业运作空间越大,越容易形成规模经济,降低产品成本,企业获利的可能性和程度也越强。但现实的问题是,规模大的市场也越容易被更多的企业所吸引和关注,因而,仅仅根据市场规模评估市场吸引力是远远不够的。

市场成长性为企业进入该市场后持续发展提供了市场空间保障。市场成长性可以通过对历史和当前的市场销量数据的收集和统计分析而初步获得。很显然,市场增长率越高、越持久,则其成长性越好,在选择目标市场时,越被企业所考虑。如宗庆后当时选择了儿童群体这一年龄层次的细分市场,其中重要原因就是看好这一细分市场的成长性。

(2)市场竞争结构。市场经济就是竞争的经济。对任何企业在制定营销策略时必须考虑竞争状况、竞争对手。规模大、成长性好的市场(行业)吸引力大,但竞争可能往往也剧烈,这在一定程度上降低了其吸引力,所以,评估细分市场(行业)的吸引力时,市场(行业)竞争状况不得不予以考虑。如何评估市场(行业)竞争结构?美国著名的竞争战略专家迈克尔·波特认为一个行业(市场)的竞争力量来自于五个方面:市场中现有竞争者、潜在竞争者、替代品、供应方讨价还价能力、买方讨价还价能力,这五种力量相互作用决定了行业(市场)的竞争强度,进而影响该行业(市场)的获利潜力,竞争强,则获利潜力弱,反之,获利潜力强。

市场中现有竞争者对一个行业竞争的影响特征为:行业中现有竞争者数量越大,则竞争越剧烈;现有竞争者的规模和经营实力越相似,则行业竞争越强;行业退出壁垒越强,行业中现有企业退出行业越困难,则行业竞争越强。潜在竞争者对一个行业竞争的影响特征:进入障碍越低,则行业受到的竞争威胁就越大;潜在竞争者的产品质量更优和价格更低,行业所受到的竞争压力更大。若替代品的价格更低和质量更优,也使得行业受到更大的竞争威胁;当顾客转移购买替代品的转移成本降低时,则行业的竞争加剧。当供应商和买方讨价还价的能力增强时,则降低企业的谈判地位,挤压市场的利润空间,降低市场(行业)的吸引力。总之,对一个行业(市场)竞争状况的分析,要考虑具体因素综合地进行分析。

(3)其他因素。除前述三个主要因素,市场吸引力还受市场透明度、市场生命周期、市场经验曲线、关键经营因素与本企业优势的相关性，及企业保持差异化优势的能力等影响。擅长以技术、人才比较优势取胜竞争的企业在评估市场吸引力时，比其他企业更重视市场的经验曲线特征、关键经营因素与本企业优势的相关性等因素。

2. 企业目标与资源能力

吸引力大的市场是企业目标市场选择的备选对象，但仅有吸引力还不够，还必须考虑企业能否经营这些市场，为目标顾客提供相适应的产品，能否符合企业既定的发展目标。企业资源能力分析可以从战略资源、产品技术资源、产品原材料资源、营销渠道资源、品牌资源等方面进行。

二、目标市场选择策略

选择目标市场，明确企业应为哪一类用户服务，并满足他们的哪些需求，是企业在营销活动中的一项重要策略。为什么要选择目标市场呢？因为不是所有的子市场对本企业都有吸引力，任何企业都没有足够的人力资源和资金满足整个市场或追求过大的市场目标，只有扬长避短，找到有利于发挥本企业现有的资源优势的目标市场，即坚持生态营销观念，才不至于在庞大的市场上瞎撞乱碰。如太原橡胶厂是一个有 1 800 多名职工，以生产汽车、拖拉机轮胎为主的中型企业。20 世纪 80 年代一直因产品难于销售而处于困境。后来，他们进行市场细分后，根据企业优势，选择了山西省内十大运输公司作为自己的目标市场，生产适合晋煤外运的高吨位汽车载重轮胎，打开了销路。随着企业实力的增强，他们又选择了耕运两用拖拉机制造厂为目标市场。1992 年与香港中策投资有限公司合资经营，成立了“双喜轮胎股份有限公司”。1993 年，在全国轮胎普遍滞销的情况下，该公司敲开了一汽的大门，为之提供高吨位配套轮胎。正确的目标市场选择使太原橡胶厂最后挤入全国 500 强优秀企业，由此可见目标市场科学选择的重要性和意义。

目标市场选择就是根据细分市场评估的结果，遵循上一部分介绍的原则选择最适合自己进入的市场。在选择了目标市场后，接着就要确定目标市场的营销活动如何组织和开展。三种目标市场选择策略可供考虑，即无差异营销策略、差异化营销策略和集中化营销策略。

（一）无差异营销策略（undifferentiated marketing strategy）

无差别市场策略，就是企业把整个市场作为自己的目标市场，只考虑市场需求的共性，而不考虑其差异，因而运用一种产品、一种价格、一种推销方法来吸引可能多的消费者（图 8－3 中的 A）。无差异营销策略中，企业对整个市场只采取一种营销战略，它是建立在顾客需求的共性十分明显，甚至就是同质市场的假设前提下的，故考虑用单一营销组合策略来面向整个市场。

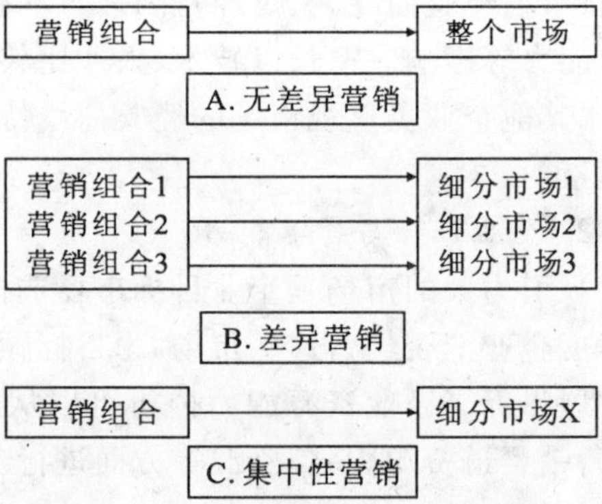

图 8－3　三种目标市场选择策略

无差异营销策略的典型例子是美国的可口可乐。可口可乐公司从1886年问世以来，一直生产一种口味、一种配方、一种包装的产品，且行销世界许多国家和地区，被称做“世界性的清凉饮料”。由于百事可乐等饮料的竞争，1985年4月，可口可乐公司宣布要改变配方的决定，不料在美国市场掀起轩然大波，许多电话打到公司，一个叫做“旧可乐饮用者”的组织发起各种抗议活动，强烈要求公司重新使用旧配方；三个月后，公司不得不重新提供旧可乐，并将旧可乐称为“经典可乐”与新可乐一起在货架上出售。可见，采用无差别市场策略，产品在内在质量和外在形体上必须有独特风格，其品牌有较高的知名度和较强的忠诚度，得到多数消费者的认可，这样才能保持持久性的市场。这种策略的优点是产品单一，容易保证质量，能专业化和大批量生产，扩大规模，降低生产和销售成本，提高规模经济效应；但如果同类企业也采用这种策略，必然要形成激烈竞争。闻名世界的肯德基炸鸡，在全世界有800多个分公司，都是同样的烹饪方法、同样的制作程序、同样的质量指标、同样的服务水平，采取无差别策略，生产很红火。1992年，肯德基在上海开业不久，上海荣华鸡快餐店开业，且把分店开到肯德基对面，形成“斗鸡”场面。因荣华鸡快餐把原来洋人用面包作主食改为蛋炒饭为主食，西式沙拉土豆改成酸辣菜、西葫芦条，更取悦于中国消费者，因而，肯德基在荣华鸡面前败下阵来。所以，无差别营销策略的致命点就是无特色，这在实施这一策略时必须事先有所考虑，做到未雨绸缪。因而，这种策略主要适用于同质性强的市场，如食盐、蜡烛市场。

随着市场发展，需求差异程度提高，无差异营销策略受到越来越严重的挑战，适用范围也受到越来越大的挑战。

（二）差异化营销策略（differentiated marketing strategy）

学习伴随资料：

海尔的冰箱生产线

以生产冰箱起家的海尔集团经过20多年的发展，目前冰箱生产线已有6大系列：变频冰箱系列、统帅系列、王中王系列、五子系列、旅游冰箱系列和领航系列。每一系列又包括若干不同品种，任一品种又包括若干不同规格。海尔推出的以上不同系列、品种的冰箱，很好地满足了目前逐渐形成的对冰箱的差异性需求：因住房原因需要小型的，有些需要功率更大的，有的需要节能性更好的，有的需要三门的等等。而如果海尔仅仅提供单一的冰箱，则必然不能很好地满足以上各类差异性需求。

（改编自：吕一林，岳俊芳．北京：科学出版社，2007）

看来，针对需求差异应该提供不同的产品，采取不同的营销组合策略。

和无差异市场策略一样，差别性市场策略也是把整个市场作为服务对象，但它是在细分整个市场为若干子市场的基础上，针对不同的子市场，设计不同的产品，制定不同的营销策略，以满足不同的消费需求（图 8－3 中的 B）。显然，这种策略考虑了细分市场的需求差异化，因而，能很好地满足细分市场的不同需求，有利于提高顾客忠诚和企业声誉，扩大销售，抵御竞争者进入。如美国有的服装企业，按生活方式把妇女分成三种类型：时髦型、男子气型、朴素型。时髦型妇女喜欢把自己打扮得华贵艳丽，引人注目；男子气型妇女喜欢打扮得超凡脱俗，卓尔不群；朴素型妇女购买服装讲求经济实惠，价格适中。于是公司根据不同类妇女的不同偏好，有针对性地设计出不同风格的服装，使产品对各类消费者更具有吸引力，明显提高了自身竞争力。又如某自行车企业，根据地理位置、年龄、性别细分为几个子市场：农村市场，因常运输货物，要求牢固耐用，载重量大；城市男青年，要求快速、样式好；城市女青年，要求轻便、漂亮、闸灵。这种营销策略的缺点是由于产品差异化、促销方式差异化，增加了管理难度，限制了规模效应，增加了生产、销售费用。因而，这种策略适用于产品差异性强、顾客需求差异明显，企业实力雄厚、管理水平高、成本控制能力较强的大公司。如青岛双星集团公司就凭借其多年积累的经营实力和丰富的管理经验，生产多品种、多款式、多型号的鞋，以满足国内外市场的多种需求。

（三）集中化营销策略（concentrated marketing strategy）

集中性市场策略就是在细分后的市场上，选择两个或少数几个经过缜密定义的细分市场作为目标市场，实行专业化生产和销售。在个别少数市场上发挥优势，提高市场占有率。采用这种策略的企业对目标市场有较深的了解，这是大部分中小型企业应当采用的策略（图 8－3 中的 C）。

集中化营销对选中的细分市场进行更深入的需求分析，然后集中精力满足这些细分市场，因而能够更好地立足于细分市场，构建独特的竞争优势。如北京现代在汽车批量采购市场中选择了政府用车市场作为目标市场，然后，分析掌握政府用车的差异性需求：对车的品质要求模式化；在同一档次上，价格敏感性不强；车的性能要稳定，品质要优良。为适应这种需求，现代利用韩国最新的制造技术，“产品技术全球同步”，专注制造的细节，向政府提供性能稳定、品质优良、稳重、大气、体现公务用车身份者的尊贵的汽车——索纳塔；同时，北京现代充分利用在北京的区位优势，利用关系营销、体育营销等方式向政府用车目标市场开展营销活动。另外一例就是日本尼西奇起初是一个生产雨衣、尿布、游泳帽、卫生带等多种橡胶制品的小厂，由于订货不足，面临破产。总经理多川博在一个偶然的机会，从一份人口普查表中发现，日本每年约出生 250 万个婴儿，如果每个婴儿用两条尿布，一年需要 500 万条。于是，他们决定放弃尿布以外的产品，实行尿布专业化生产。一炮打响后，又不断研制新材料、开发新品种，不仅垄断了日本尿布市场，还远销世界 70 多个国家和地区，成为闻名于世的“尿布大王”。采用集中性市场策略，能集中优势力量，有利于产品适销对路，降低成本，提高企业和产品的知名度。但有较大的经营风险，因为它的目标市场范围小，品种单一，如果目标市场的消费者需求和偏好发生变化，企业就可能因应变不及时而陷入困境；同时，当强有力的竞争者打入目标市场时，企业就要受到严重威胁。因此，在实施集中性策略时，许多中小企业为了分散风险，仍选择一定数量的细分市场作为自己的目标市场。

三种目标市场策略各有利弊。选择目标市场时，必须考虑企业面临的各种因素，如细分市场的市场规模和发展潜力、竞争结构、企业自身资源和目标及其与细分市场经营成功的关键因素，并遵循前述的各种原则。由于企业内部条件和外部环境在不断发展变化，选择适合本企业的目标市场策略是一个复杂多变的工作，经营者要不断通过市场调查和预测，掌握和分析市场变化趋势与竞争对手的条件，扬长避短，发挥优势，把握时机，采取灵活的适应市场态势的策略，去争取较大的利益。

第四节　市场定位

在选择目标市场以后，企业要想在该市场上站稳脚跟，还必须要明确在客户心目中树立本企业及产品怎样的独特形象，即要进行市场定位。

一、市场定位的内涵

所谓市场定位，就是企业根据目标市场上竞争对手及其产品的状况、顾客对产品特征或属性的重视程度，为本企业产品塑造强有力的、与众不同的鲜明个性，并将其形象生动地传递给顾客，求得顾客认同。市场定位的实质是使本企业与其他企业及其产品严格区分开来，使顾客明显感觉和认识到这种差别，从而在顾客心目中占有特殊的位置，因而，也可以认为市场定位的实质就是竞争定位。如“开奔驰、坐宝马”反映了两者定位的微妙差别:奔驰定位于提供驾驭的快乐感受,纵使各种配置功能繁多,但各种功能键都能给人一目了然的感觉,驾驶者可以很轻易地进行各项操作,并且保证驾驶的舒适;而宝马则强调提供人性化的、舒适的车内空间,成为豪华车的代表。以上微妙差别在顾客心目中留下了深刻印象。

市场定位绝不是一蹴而就,它必须综合考虑企业竞争者、消费需求、企业自身经营条件等,按照一定的过程进行;同时,企业进行市场定位时必须遵循一定的原则,选择相应的策略。

二、市场定位的过程

市场定位的实质是竞争定位,要能够塑造出独特的、能在顾客心目中留下鲜明印象的产品的市场形象,即追求差异性,而差异性的塑造必须了解竞争者的产品特征、竞争优势与劣势,充分发挥本企业的竞争优势,同时,又能够与消费者价值相一致,能更好地满足消费需求。因而,市场定位过程中必须考虑竞争者、企业自身、顾客三方面的因素(图 8-4)。

(一)分析竞争者的优劣势和定位

市场定位的实质是竞争定位,定位要追求差异性,这些都是相对于竞争对手而言的,因而必须研究竞争者的优势与劣势。具体可从以下几方面评估竞争者:①竞争者的业务经营情况,如掌握其近三年销售额、利润率、市场份额、投资收益率等;②评价竞争者的核心营销能力,主要包括产品质量、服务质量、顾客忠诚度的水平等;③评估竞争者的财务能力,包括获利能力、资金周转能力、偿债能力等。

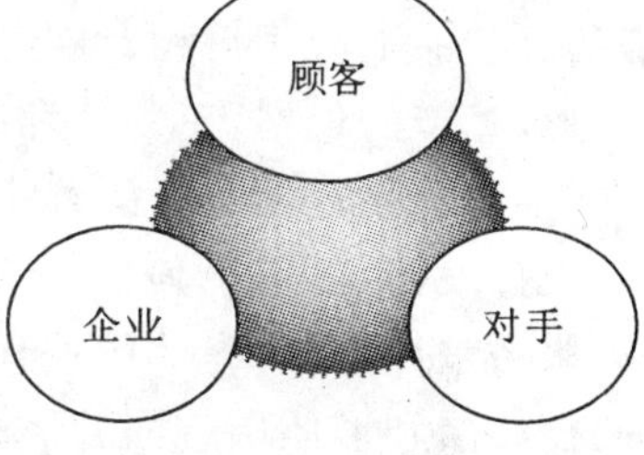

图 8-4 市场定位(竞争定位)的三角形

(二)目标市场需求分析

市场营销的最终目的是满足顾客需求,因而,市场定位中塑造的差异性也应是能带给顾客价值的,满足顾客需求的,并且比竞争对手提供更高的顾客让渡价值,更好地满足顾客需求。总之,企业不能为了与竞争对手有差异而差异,而不考虑顾客需求,否则,只能导致无效的差异或过度差异,不能带给顾客实质性的利益。由于产品各个属性在顾客心目中的重要度是不同的,其中,被顾客认为最为重要的、最为关注的称为主要产品属性,企业应首先考虑在主要产品属性上塑造与众不同的产品独特性。另外,分析顾客未满足或未完全满足的需求,并考虑将之作为塑造差异性的切入点。

以上主要产品属性和顾客未满足或未完全满足的需求的信息可以通过市场调

研获得。

(三)企业自身分析,辨析企业市场定位的竞争优势

通过企业自身分析识别潜在的竞争优势,这是市场定位的基础。竞争优势具有相对性,是指相对竞争对手而言的。波特认为,企业的竞争优势要么体现为成本优势,要么体现为差异化优势。成本优势是指企业通过有效途径降低成本,使企业的成本低于竞争对手,从而获得的一种竞争优势,它能使企业以相同价格销售更高质量的产品,或以更低价格销售同等质量的产品,从而提高企业产品的市场份额。产品差别优势是指企业设法使自己的产品或服务,甚至是经营理念、管理方法、人员、形象、技术等有别于竞争对手,从而建立起来的一种竞争优势。无论建立哪一种竞争优势,都必须分析企业的经营目标、资源条件、经营优势等,然后从中辨析出市场定位能依托的竞争优势。竞争优势的构建一般从四个方面探寻:产品、服务、人员和形象,可以在其中一个方面也可以在多个方面形成相对于竞争对手的差异性,从而构建企业的相对竞争优势。

1. 产品差异(product differentiation)。可以从产品的特征、质量、款式、设计等方面实现差异。运用技术创新手段实现产品特征差异化;款式差异在汽车、服装、房产等产品上应用得相对广泛,如日本汽车行业有这么个概括:丰田的安装,本田的外形,日产的价格,三菱的发动机,确实,本田款式每年都推出不同款型,设计优美入时,颇受年轻消费者的青睐。产品差异性设计时应尽量将企业核心能力、核心专长充分发挥,运用于其中。

2. 服务差异(service differentiation)。服务作为产品整体概念中的附加值,在产品的核心层和形体层趋同的情况下,越来越显示其营销价值和竞争优势。这里强调的是服务差异,而不是仅仅提供服务即可。实施特种服务,创建服务差异,如海尔的"零缺陷服务"、"星级服务",及安装、维修人员上门服务时表现出来的替用户着想的细微动作(如穿上鞋套、清扫现场、覆盖干墙上安装痕迹等),在顾客心目中树立了海尔服务独特的印象。在《幸福》杂志中曾登有这样的结论:只有拥有先进的分销系统和最优良服务的公司才能尝到胜利的滋味——因为你在其他方面无法长期地占据领先地位①。可见,服务在树立企业持久竞争优势中的重要作用。

3. 人员差别化(personnel differentiation)。通过严把招聘关和进行科学有效的培训,可以使员工在专业知识与职业素养、言谈举止、责任心、诚信、沟通交流、机警敏锐等方面形成差异。人员差异可以通过差异化产品和差异性服务体现出来,如海尔一贯坚持创新,其技术人员不断提高的创新能力为市场不断地注入差异化产品,同时,训练有素、规范操作的服务人员又为海尔树立了差异性的优质服务,产

---

①格鲁诺斯著,吴晓云译.服务市场营销管理.复旦大学出版社,1998.

品与服务互动增效，有力地巩固了海尔的行业地位。

4. 形象差异(image differentiation)。借助于特定的工具，如品牌、标志、媒体、事件等向外界宣传企业及其产品的个性特征，创造形象差异，以在消费者心目中形成深刻的企业印象。如麦当劳橘黄色的大写"M"标志，醒目而独具匠心，在不同国度，对不同年龄层次顾客，都意味着同一种联想：优质的服务、令人惬意的店堂和新鲜可口的炸鸡翅、汉堡、薯条。

看来，企业可从多个方面形成差异化，差异化是竞争优势的来源，但不同差异化方面对企业竞争优势形成的作用强度不同。

(四)选择差别竞争优势

市场定位的最终目的是构建企业的竞争优势，差异化是市场定位的手段，但并不是市场定位的全部内容和目的；市场定位不仅强调产品差异，更重要的是通过产品差异构建企业竞争优势。因而，企业需要明确在多种差异化手段中哪一种或几种能带给企业竞争优势。在这一点上，一方面要遵循价值性(差异能带给顾客价值)、独有性、卓越性(没有可替代的差异化)、可沟通性(差异能被消费者所感知、认可和接受)、难被对手模仿性、可获利性等原则；另一方面要分析一种差异化能否持久地赢得顾客。

(五)准确传播定位

市场定位最后要导入到顾客心目中，而不是只停留在企业内部，因而，要通过有效途径、有效方式向公众传播企业的市场定位。市场营销组合是市场定位主要的传播工具，也就是说市场营销组合战略要依据市场定位来设计，要能反映市场定位的内容。市场定位传播要考虑传播的时机、地点、渐序性、吻合性等。如一种新化肥定位的传播可以考虑在农时季节、农技下乡时期，下到农村地头、农技推广站等地进行传播；宣传的内容要与新化肥的定位相一致。使消费者认可、接受市场定位需要一个较长的过程，企业要做好市场定位传播计划，有步骤地进行传播。在市场定位传播过程中，通过积极主动而又巧妙地与顾客沟通，达到激发顾客的注意与兴趣，求得顾客的认同。有效的市场定位并不取决于企业怎么想，关键在于顾客怎么看。市场定位成功最直接的反映就是顾客对企业及其产品所持的态度和看法。

三、市场定位的方式

1. "针锋相对"式定位

这种定位方式是指和细分市场上最强大的竞争对手定位相似，争夺同一细分市场。如百事可乐与可口可乐、麦当劳与汉堡王的角局是典型的这种定位方式的例子。由于直接与细分市场中最强大的竞争对手竞争，因而有较大的市场风险。这进一步决定了采用这种方式的企业应具备至少与对手一样的资源和实力，了解竞争对手的优势，能有效地捕捉和利用外部潜在的市场机会；另外，从市场容量来看，细分市场的容量应足够大。

2."填空补缺"式(避强)定位

这种方式是避开与细分市场上的强大竞争对手处于相同的定位，开拓出市场的"空白点"进入。由于这种方式避开了直接正面交锋，专注于所开辟的"市场缝隙"，因而，所面对的竞争弱，市场风险小，成功的可能性也大，在现实中，尤为初创企业、中小企业所采用。这种方式的关键是找出值得补缺的"市场空档"或"市场缝隙"，也就是说该市场有一定的规模且有发展潜力，竞争较弱，企业拥有有效服务该市场的资源和能力。然而，寻求这样的市场并非易事。

3. 重新定位

这种方式是指通过重新调整产品特色，在目标顾客心目中重树产品印象，摆脱被动或不利的经营局面，或寻求新的市场增长。当出现以下情况之一时，企业可考虑重新定位：①竞争对手侵占本企业大部分市场，企业处于被动局面；②需求变化，使得原定位不再在顾客心目中有独特的印象；③原先定位模糊，难以在顾客心目中占据有利定位；④产品需求对象范围意外扩大时，比如当年美国福特汽车公司生产的野马车原本是专门为年轻人设计的，结果令人惊讶的是许多中老年人也购买野马车，这时，就需要重新定位，以期在中老年顾客心目中也留下深刻的印象。

四、市场定位四原则

各个企业经营的产品不同，面对的顾客不同，所处的竞争环境不同，所选择的定位策略也有所不同，但所依据的原则相似。总的来说，市场定位应依据以下原则。

1. 根据具体的产品特点定位

构成产品内在特色的许多因素都可以作为市场定位的依据点或切入点，比如所含成分、材料、质量、价格等。"七喜"汽水的定位是"非可乐"，强调它与可乐类饮料不同，是不含咖啡因的饮料；"泰宁诺"止痛药的定位是"非阿斯匹林的止痛药"，显示药物成分与以往的止痛药有本质的差异。一件仿皮皮衣与一件真正的水貂皮衣的市场定位也自然不会一样，因为两者面料不同。

2. 根据特定的使用场合及用途定位

为老产品找到一种新用途，是为该产品创造新的市场定位的好方法。小苏打曾一度被广泛地用作家庭的刷牙剂、除臭剂和烘焙配料，现在已有不少的新产品代替了小苏打的上述一些功能，小苏打市场被挤压，但小苏打可以创造新用途来重拾它的市场地位。如小苏打可以定位为冰箱除臭剂，或调味汁和肉卤的配料，或冬季流行性感冒患者的饮料。

3. 根据顾客得到的利益定位

产品提供给顾客的利益应该是顾客追求的，最能切实体验到的，能在心目中留下深刻印象的产品利益，因而，产品利益也可以用作差异定位的依据。世界上各大汽车巨头的定位体现其独有特色，如劳斯莱斯车豪华气派、丰田车物美价廉、沃尔沃则结实耐用。

4. 根据使用者类型定位

企业常常试图将其产品指向某一类特定的使用者，以便根据这些顾客的看法塑造恰当的形象。美国米勒啤酒公司曾将其原来唯一的品牌"高生"啤酒定位于"啤酒中的香槟"，吸引了许多不常饮用啤酒的高收入妇女。后来发现，占 30% 的狂饮者大约消费了啤酒销量的 80%，于是，该公司在广告中展示石油工人钻井成功后狂欢的镜头，年轻人在沙滩上冲刺后开怀畅饮的镜头，塑造了一个"精力充沛的形象"。在广告中提出"有空就喝米勒"，从而成功占领啤酒狂饮者市场达 10 年之久。

事实上，许多企业市场定位所依据的原则是多个原则同时使用，应是多维度、多侧面的，因为企业要体现其自身及其产品的形象。

本章关键术语中英文对照

市场机会(market opportunity)	市场细分(segmentation)	目标市场选择(targeting)
市场定位(positioning)	营销组合(marketing mix)	大量营销(mass marketing)
产品多样化营销(product-variety marketing)	目标市场营销(target marketing)	微观市场营销(micro-marketing)
定制营销(customized marketing)	市场细分(segmentation)	目标市场选择(targeting)
市场定位(positioning)	细分变量(segmentation variables)	地理细分(geographic segmentation)
人口统计细分(demographic segmentation)	心理细分(psychographic segmentation)	行为细分(behavioral segmentation)
无差异营销策略(undifferentiated marketing strategy)	差异化营销策略(differentiated marketing strategy)	集中化营销策略(concentrated marketing strategy)
产品差异(product differentiation)	服务差异(service differentiation)	人员差别化(personnel differentiation)
形象差异(image differentiation)		

本章重要概念中英文释义

1. 大量营销：指通过大量生产、大量分销单一产品，使生产成本、销售成本最小化，从而降低价格，刺激市场需求，扩大企业销售量，使企业获取更多利润的营销方式。

mass marketing：Seller mass produces，mass distributes，and mass promotes one product to all buyers to reduce product cost to decline price，stimulating market demands to attain more profit.

2. 产品差异性营销：指生产多种具有不同特点、不同式样、不同质量、不同规格的产品，以满足各种顾客的需求。

differentiated marketing strategy：Seller produces two or more products that have different features，styles，quality，sizes，and so on to meet differential market demands.

3. 目标市场营销：依据需求差异将整个市场划分为具有不同需求的顾客群体（市场细分 segmenting），然后选择其中一个或几个作为企业集中资源为之服务的细分市场（目标市场选择 targeting），进而根据目标市场的需求和竞争状况设计要塑造的产品个性特色（市场定位 positioning），围绕定位设计营销组合方案。

target marketing：Seller identifies market segments，selects one or more of them，and develops products and marketing mixes tailored to each.

4. 市场细分：指采用恰当的细分变量将整体市场划分为若干需求相异的细分市场（子市场），而同一细分市场内具有类似需求。

market segmentation：Dividing a market into distinct groups of buyers with different need，characteristics，or behavior who might require separate products or marketing mixes.

5. 目标市场：指企业在研究市场和细分市场的基础上，结合自身的资源与优势所选择的在其中提供产品和服务的细分市场，目标市场内的消费者对企业的营销方案具有大体一致的反应。

target market：Based of the firm has identified its market-segment opportunities；it selects the market segments which will be provided with effective products and services.

6. 无差异市场营销策略：无差异市场营销策略是指企业不考虑细分市场间的差异，把市场视为同质市场，用单一产品、单一营销组合方案开展市场营销活动的营销策略。

undifferentiated marketing strategy：A firm might decide to ignore market segment differences and go after the whole market with one offer.

7. 差异性营销战略：把整个市场作为服务对象，并在细分整个市场为若干子市场的基础上，针对不同的子市场，设计不同的产品，制定不同的营销策略，以满足不同的消费需求。

differentiated marketing strategy：The firm operates in several market segments and designs different programs for each segment.

8. 集中营销战略：在细分市场基础上，选择两个或少数几个经过缜密定义的细分市场作为目标市场，实行专业化生产和销售，以求在个别少数市场上发挥优势，提高市场占有率。

concentrated marketing strategy：The firm concentrates on serving many needs of a particular customer group.

本章小结

企业应在分解出不同需求的群体的基础上，决定企业能有效服务的需求群体，并设计和提供对顾客有价值的、能在顾客心目中留下鲜明印象的产品。本章围绕此介绍了市场细分、目标市场选择、市场定位。

(1)企业市场营销战略随着环境的变化经历一个发展的过程，共经历了大量营销阶段、产品多样化营销阶段、目标市场营销阶段。大量营销是通过大量生产、大量分销单一产品，使生产成本、销售成本最小化，从而降低价格，扩大企业产品销售；多样化营销考虑消费需求，多样化而生产提供不同的产品，满足不同的消费需求；目标市场营销通过找到对企业有吸引力的，且企业能为之服务的顾客群体，进而提供能在顾客心目中留下鲜明形象的产品。

(2)目标市场营销战略经历四个阶段：市场细分、目标市场选择、目标市场定位、营销组合策略。

(3)市场细分指采用恰当的细分变量将整体市场划分为若干能相互区分的细分市场，同一细分市场具有类似需求，不同细分市场具有相异需求。细分参数包括地理、人口统计特征、心理、行为；细分方法有单因素细分、综合多因素细分及系列多因素细分。

(4)市场细分的有效性标准。要做到有效的市场细分，必须遵循以下原则：可衡量性原则——细分市场的规模大小、购买力和其他市场特征是能够被衡量的；可进入性原则——细分市场应该是企业通过营销努力可以达到的；可盈利性原则——细分市场能为企业带来可持续发展的合理利润；可行性原则——能为细分市场设计出有效的营销组合方案。

(5)目标市场选择时，一是要坚持市场吸引力原则，市场吸引力从市场规模、市场成长性、市场竞争结构进行分析；二是要坚持企业目标与资源能力相一致原则。

(6)目标市场选择策略包括无差异营销、差异化营销和集中化营销。无差异营销策略是指企业对整个市场只采取一种营销战略；差异化营销策略指企业对不同细分市场，分别使用不同的营销组合策略，它适用于企业实力强、产品差异性强、顾客需求差异明显的市场；集中化营销策略指企业将所有营销努力集中于某个单一或几个经过缜密定义的细分市场。

(7)市场定位的实质是竞争定位，市场定位经历分析竞争者的优劣势和定位、分析目标市场需求、分析企业自身并辨析市场定位的竞争优势、选择差别竞争优势、准确传播定位等环节。市场定位方式有以下三种："针锋相对"式定位、"填空补缺"(避强)定位、重新定位。可根据具体的产品特点、特定的使用场合及用途、顾客得到的利益、使用者类型进行市场定位方式的选择。

本章思考题

1. 什么是市场细分，市场细分有哪些标准(参数)?
2. 描述三种目标市场选择战略的特点、优势与不足。
3. 作为目标市场必须满足哪些条件?
4. 什么是市场定位? 它有哪几种方式? 简述市场定位的过程。
5. 企业想实现差异化，有哪些途径可供选择。

章末案例分析

北京现代挺进政府用车市场

2002年10月16日，由北京汽车投资有限公司和韩国现代自动车株式会社共同出资设立的北京现代汽车有限公司正式成立，它是一个国务院批准的"不限投资额度、不限生产车型"的合资汽车生产企业。2004年，中国汽车市场在不断的降价声中前行，上海通用、广州本田等各大公司各显神通，抢占市场，但整体销量仍不尽如人意；然而，当年的前10个月，北京现代销量达到11.09万辆，同比增长162%，轿车销售排名已经超过上海通用和广州本田，排在一汽大众和上海大众之后，位列第三名，进入了中国汽车企业的第一梯队。取得如此佳绩的原因何在呢?

家用轿车市场竞争激烈，价格敏感性高，企业为争取客户，常常以大幅压价、牺牲利润为代价；而在高端豪华车市场，客户更注重品牌价值，具有深厚品牌底蕴的欧美老牌高档车以其特有的品牌内涵引起消费者的狂热，现代作为相对年轻的品牌，一时之间难以培养客户忠诚。作为一种流行的汽车消费模式，汽车批量采购多年来被政府机关、出租车采购、大型企业等所采用，以前批量采购的品牌仅局限于红旗、奥迪、桑塔纳等品牌。现代通过分析认为：政府用车有一些严格的限制和具体的规定；对车的性能、外观、内饰、安全等方面要求十分严格；但对车的品质要求模式化，在同一档次上，价格敏感性不强。若要进入这样的市场，企业需要做的是首先按照政府要求，保证车的性能稳定、品质优良，现代认为利用韩国最新制造技术、"产品技术全球同步"、专注于制造的细节，能满足这一要求；此外，政府采购注重品牌的社会影响，现代认为通过企业加强形象宣传和政府公关、赞助活动等能提高企业的知名度和美誉度，从而提高品牌的社会影响度。最终，现代选择了我国政府用车市场作为目标市场。

北京现代自其成立之初，就根据中国的市场情况，结合韩国现代"产品技术全球同步"的产品策略，推出了全球畅销的成功车型——索纳塔。这种车型是在韩国现代索纳塔第六代基础上改造而来，是目前世界流行的车型之一，这相对一些欧美品牌把本土将淘汰的车型引入中国市场的做法，北京现代可谓把韩国车的精髓奉献给了中国消费者。同时，更从消费者实际需求出发，结合中国实际路况等具体情况，对引进产品进行改进、完善工艺、提高品质、强化服务，努力创造精品和用户满意的品牌价值，而绝不是照抄照搬，或者追大求全，投放多种品牌的车型。在外观上，其独特超前的边缘设计，巧妙地融合了多种鲜明的设计元素，赋予索纳塔一种稳重、大气的感觉，代表了充满创新精神、与时俱进的新时代的政府和企业形象；在内饰上，索纳塔精雕细刻每一个细节，满足显赫和华贵的渴望；在空间上，依据唯美主义和人体工程学原理，给驾乘者提供一个舒适的空间，后备箱容积 398 升的超大容量足以傲视同侪；在要求苛刻的制动技术和安全方面，索纳塔更是非同凡响。如前后部内置防撞区，加固了顶、底、门内外侧的防撞杠等等，更侧重对驾乘者全方位的安全保护。这些极具人性化的设计，完全满足了政府公务用车的需求。

与此同时，北京现代利用在北京的优势，采用关系营销、体育营销等方式，积极同政府等工作单位联系公关，并积极参与中国的各项公益事业。投巨资赞助了北京国安足球俱乐部，成立了北京现代足球队，赞助"女足世界杯"、中超联赛、"迷你"足球世界杯、亚洲杯足球锦标赛，投资与相关部门联合主办了"携手北京现代，共创绿色未来——2004 北京现代大学生绿色环保夏令营"活动等，进一步提升了北京现代的品牌知名度与美誉度。这些活动也得到了回报，早在 2002 年 12 月新车投产之际，政府采购就开始看好北京现代索纳塔。此外,在要求严格的公安领域索纳塔也表现出色,北京现代索纳塔中标了2003年北京市公安局等警用车采购项目。经过近4年时间的考验,索纳塔轿车凭借强劲的动力、良好的加速性能以及舒适的驾乘感受,受到了国家公务员们的广泛赞誉,大大营建了北京现代品牌在政府采购领域的良好形象。

(本案例改编自:目标市场选择和市场定位. http://qingxing.bokee.com/5956860.html)

思考:

1. 现代汽车在选择目标市场时坚持了哪些目标市场的选择原则?
2. 面对竞争对手,现代汽车的定位是什么?简要说明它的定位过程。
3. 你认为现代汽车的定位属哪种定位方式?
4. 你认为现代取得佳绩的原因是什么?

推荐阅读书目

1.(美)哈利·韦贝尔著,董建宁,邓兵译. 目标市场营销. 北京:中国商业出版社,2002

2. 格鲁诺斯著,吴晓云译. 服务市场营销管理[M]. 复旦大学出版社,1998

3. 吕一林. 市场营销学[M]. 科学出版社,2005

4. 赵平等译. 市场营销学原理[M]. 清华大学出版社,2003

第九章　产品策略

本章主要内容

1. 产品整体概念
2. 产品组合决策
3. 产品品牌策略
4. 产品包装策略
5. 产品市场生命周期
6. 新产品开发策略

本章重点与难点

重点：

1. 理解产品整体概念的内涵
2. 产品组合决策的主要内容
3. 品牌资产的涵义及正确理解
4. 产品包装策略
5. 产品生命周期各阶段特点
6. 新产品开发策略

难点：

1. 产品整体概念的内涵
2. 品牌策略

本章要求

1. 全面正确理解产品整体概念并领会整体产品概念对企业市场营销的重要意义。

2. 掌握产品组合决策的主要内容及产品组合策略。

3. 正确理解品牌的定义和内容，通过著名品牌企业的案例，把握品牌策略。

4. 了解包装设计的原则以及相应包装策略。

5. 掌握产品生命周期、新产品开发的策略及运用技能。

开章引言

> 我们所有的工厂和设施可能明天会被全部烧光，但是你永远无法动摇公司的品牌价值；所有这些实际上来源于我们品牌特有的良好商誉和公司内的集体智慧。
>
> ——罗伯托·郭思达(可口可乐已故CEO)

产品是市场营销组合策略中的首要因素，因为市场营销的其他策略，如定价、促销和分销都是以产品策略为基础，因此从产品开始研究最为恰当。首先我们提出什么是产品，然后阐释了产品组合的涵义，并讨论了产品组合策略。最后我们研究了一些重要决策，包括产品品牌策略、包装策略、产品生命周期各阶段特点和新产品开发策略及其在营销中的作用。

第一节　产品整体概念

一、产品整体概念

在现代营销学中，产品概念具有宽广的外延和丰富的内涵，产品(product)是能提供给市场以满足需要和欲望的任何东西。产品在市场上包括实体商品(physical goods)、服务(service)、经验(experiences)、事件(events)、人(persons)、地点(places)、财产(propertities)、组织(organizations)、信息(information)和创意(ideas)。

产品整体概念是指人们向市场提供的能够满足消费者或用户某种需求的任何有形物品和无形服务的总和。主要有五个层次(图 9-1)。

1. 核心利益(core benefit)

整体商品概念中最基本的层次是核心利益，它回答“顾客真正想购买的是什么”这个问题。在旅馆，顾客真正要购买的是“休息与睡眠”。营销人员的任务在于，挖掘出各种产品背后所隐藏的各种需要。

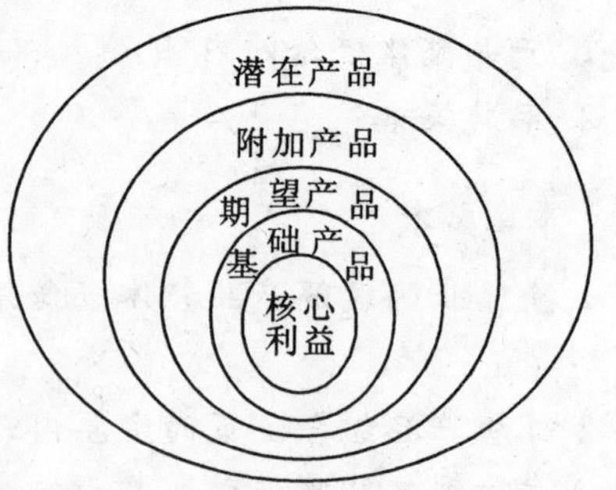

图 9-1　产品概念的五层次论

2. 基础产品 (basic product)

基础产品是指核心产品所展示的外部特征，包括产品质量、特色、款式、品牌、包装等。

3. 期望产品（expected product）

期望产品指购买产品时通常希望和默认的一组属性和条件。

4. 附加产品(augmented product)

附加产品是指消费者购买某种产品时所获得的附加服务和利益，包括安装、送货和信贷、保证、售后服务等。例如，旅馆能够增加它的产品，包括快速结账、美味晚餐、家庭套房等。产品的附加内容要求营销人员必须正视顾客的整体消费系统，任何一个产品的购买者在使用该产品时，都试图通过该产品来完成全部工作，这就是购买者的整体消费系统。正如莱维特所说的，"现代竞争并不在于各公司生产的产品本身，而在于它们是否能用各种不同的形式为产品增加价值。"

5. 潜在产品(potential product)

潜在产品是指该产品最终可能会实现的全部附加部分和将来会转换的部分。

学习伴随案例：

IKEA的故事

IKEA是创立于1943年的一家瑞典家居用品企业，IKEA的创始人是瑞典人坎普拉德，创立之初主要经营文具邮购、杂货等业务，后转向以家具为主业，在60年的时间里，发展到在全球共有180家连锁商店，分布在43个国家，雇佣员工7万多名。2003财年度IKEA获取了110亿欧元的销售收入和超过11亿欧元的净利润，成为全球最大的家居用品零售商。IKEA的经营理念是"提供种类繁多、美观实用、老百姓买得起的家居用品"。针对这种市场定位，宜家的产品定位于"低价格、精美、耐用"的家居用品。但到了中国之后，市场定位做了一定的调整，因为：中国市场虽然广泛，但普遍消费水平低，原有的低价家具生产厂家竞争激烈接近饱和，市场上的国外高价家具又很少有人问津。于是宜家把目光投向了大城市中相对比较富裕的阶层。宜家在中国的市场定位是"想买高档货，而又付不起高价的白领"。这种定位是十分巧妙准确的，获得了比较好的效果，以至于很多中国白领们把"吃麦当劳，喝星巴克的咖啡，用宜家的家具"作为一种风尚。

宜家家居用品的风格是瑞典家居设计文化史的凝聚，而瑞典家居设计文化源远流长：19世纪末，艺术家Carl和Karin Larsson将古典风格与瑞典的民间格调相结合，他们创造了瑞典家居设计的典范，流传至今；到了20世纪50年代，随着现代主义和实用主义风格在瑞典得到了发展。时至今日，我们在宜家产品上看到的是：现代但不追赶时髦，很实用而不乏新颖，注重以人为本，在多方面体现了瑞典家居的古老传统。

宜家的这种风格贯穿在产品设计、生产、展示销售的全过程。为了贯彻实现这种风格，希望自己的品牌以及自己的专利产品能够最终覆盖全球，IKEA一直坚持由自己亲自设计所有产品并拥有其专利，每年有100多名设计师在夜以继日地疯狂工作以保证“全部的产品、全部的专利”。比如说宜家的一种“四季被”，属三被合一，一层是温凉舒适的夏季被，一层是中暖度的春秋被，你也可以把两层放在一起，那就是温暖的冬季被。宜家这种设计确实独具匠心：看到宜家这种设计之前，谁会想到可以这么设计搭配被子？

另一个例子是MTP书柜。这种书柜是1963年由宜家的顾问兼设计师Marian Grabinski设计，这种书柜风格既现代又经典，美观实用，为宜家带来了滚滚利润，堪称宜家设计的典范，多年来引得众多厂家纷纷模仿。

宜家家居用品的耐用也是一大特点：如沙发接受压力挤压的次数可以达到几十万次、橱柜的门不停地接受开关的次数可以达到几十年等。宜家产品系列广泛，共有10 000多种产品供顾客选择。任何品味的顾客都可以在宜家买到所需的家居产品。

宜家产品系列的“广泛”有以下几方面的涵义：

首先是广泛的功能。顾客无需往返于不同的专卖店去购买家居用品。在IKEA可以找到从客厅家具、玩具、煎锅到餐具刀叉；从办公家具到绿色植物的所有物品，一句话——在宜家可以找到所有实用的家居用品，顾客不必在各个家居店之间东奔西走。

其次，风格范围广泛。不同品位的人在这里都能找到自己的所爱。但宜家的产品也不是无所不包，宜家没有过于极端或过于夸张的产品。IKEA提供的是为创造舒适的家居环境所需要的产品。

（改编自：http://www.ikea.com/cn/zh/）

二、产品的分类

根据传统惯例，营销学根据产品的各种特征，将产品分为各种不同类型：耐用性、有形性和使用性。每一产品类型应该有与之相适应的营销组合策略。

（一）耐用品、非耐用品和服务

根据其耐用性的不同特征，可把产品分为三大类。

1. 非耐用品

非耐用品属于有形产品，它具有一种或几种消费用途，如啤酒、肥皂、食盐等。

由于这类产品具有消费时间快、购买频繁的特点，因此适应的营销策略是：使消费者在许多地方都能买到；销售价格不应包括过多的盈利；要加大广告宣传，吸引消费者尝试性购买，并形成对该产品的偏好。

2. 耐用品

耐用品属于有形产品，如服装、冰箱等。这类产品通常需要大量采用个人推销和服务，具有较高利润，而且需要销售者提供更多的保证条件。

3. 服务

服务是为了销售而提供的活动、利益和满足，如理发、维修等。一般而言，服务需要更多的质量控制，要求有供应商的质量保证，并具备相当程度的适用性。

(二)消费品分类

消费品是指那些由最终消费者购买并用于个人消费的产品。消费品可分为便利品、选购品、特殊品和非渴求品四类。

1. 便利品

便利品是指顾客时常购买或立即决定购买，追求购买的便利性，在购买时几乎不作商品比较和购买努力的商品，如肥皂、报纸等生活必需品。

2. 选购品

指消费者购买前，要通过搜寻、比较才决定购买的产品，如家具、家用电器等。选购品有同质品和异质品之分。同质品是顾客认为在质量方面相似，但在价格上存在明显不同的商品，因此才有必要选择购买。异质品的特色和服务上的区别比价格更重要。它们的销售者必须具备大量的品种花色，以满足不同的偏好；它们还必须拥有受过良好训练的推销人员，为顾客提供信息和咨询。

3. 特殊品

特殊品指具有独有特征和品牌标记的产品。对这些产品的购买，许多购买者需要花费大量精力，如特殊品牌和特殊样式、各种小汽车、高档服装等。

4. 非渴求品

非渴求品指消费者从未听说过或即使听说过一般情况下也不想购买的产品。有的新产品，如食品加工机就属于这种商品。传统的非渴求品有墓地、墓碑。非渴求品的特点决定了这种商品需要花费大量精力从事广告宣传和个人推销。

(三)工业品

工业品指那些进一步用于企业生产而购买的产品。一般情况下，可以把工业品分为三类：材料和零部件、资本项目、物质和服务。

1. 材料和零部件

材料和零部件指完全转化为制造商所生产的成品的那些产品。材料和零部件主要包括原材料、加工材料和零部件。原材料本身由两类组成：农产品（如小麦、棉花、家禽、水果和蔬菜)、天然产品。加工材料和零部件指经过加工合成的材料和部件,如铁、水泥等。

2. 资本项目

资本项目指部分进入最终产品的商品。资本项目包括资本品和附属设备。资本品主要指建筑物、固定设备等;附属设备主要指可移动的工厂设备、工具和办公设备,这些设备的寿命比资本品相对较短,并且只用于生产过程。

3. 物质和服务

物资包括各种经营物资和维修物质。物资是工业企业的日用品,这种类型的产品购买很少花费精力。行业服务主要包括维修服务和行业建设服务等。

第二节　产品组合

一、产品组合概念

产品组合是指一个企业生产销售的各种产品线及其产品品种、规格的组合或相互搭配。产品组合的概念主要有产品线、产品项目和产品组合。

1. 产品线

产品线是产品组合中的一大类,是指能够满足同类需要,在功能、使用和销售等方面具有类似性的一组产品,产品线内一般有许多不同的产品项目。根据不同的功能标准,如功能相似性、分销渠道相似性,可以将密切联系的产品项目归为一个产品线,如 TCL 有彩电、冰箱、电脑等许多产品线。

2. 产品项目

产品项目是指产品大类或产品线中各种不同的品种、规格、质量的特定产品,在企业名录中列出的每一种产品就是一个产品项目。如 TCL 的彩电系列中可能有 21 寸、25 寸、29 寸普通彩电,29 寸纯平彩电等多种产品项目。

3. 产品组合

产品组合里面又包含不同的产品线,衡量产品组合时有四个不同的因素:宽度、长度、深度和相关性。

(1)产品组合的宽度是指产品组合中所拥有的产品线的数目。

(2)产品组合的长度是指产品组合中产品项目的总数。如以产品项目总数除以产品线数目即可得到产品线的平均长度。

(3)产品组合的深度是指一条产品线中所含产品项目的多少。表 9－1 所显示的产品组合的宽度为 4,产品组合总长度为 18,每条产品线的平均长度为 18÷4＝4.5。产品组合的深度分别为:服装 6、皮鞋 4、帽子 5、针织品 3。

(4)产品组合的相关性是指各条产品线在最终用途、生产条件、分配渠道或其他方面相互关联的程度。例如,某家用电器公司拥有电视机、收录机等多条产品线,但每条产品线都与电有关,这一产品组合具有较强的一致性。相反,实行多元化经营的企业,其产品组合的相关性则小。

表 9-1　产品组合的长度

	服　装	皮　鞋	帽　子	针织品
产品线的长度	男西装	男凉鞋	制服帽	卫生衣
	女西装	女凉鞋	鸭舌帽	卫生裤
	男中山服	男皮鞋	礼 帽	汗衫背心
	女中山服	女皮鞋	女 帽	
	风雨衣		童 帽	
	儿童服装			

根据产品组合的四种尺度,企业可以采取四种方法发展业务组合:加大产品组合的宽度,扩展企业的经营领域,实行多样化经营,分散企业投资风险;增加产品组合的长度,使产品线丰满充裕,成为更全面的产品线公司;加强产品组合的深度,占领同类产品的更多细分市场,满足更广泛的市场需求,增强行业竞争力;加强产品组合的一致性,使企业在某一特定的市场领域内加强竞争和赢得良好的声誉。因此,产品组合决策就是企业根据市场需求、竞争形势和企业自身能力对产品组合的宽度、长度、深度和相关性方面做出的决策。

二、优化产品组合

产品组合状况直接关系到企业销售额和利润水平,企业必须对现行产品组合做出系统的分析和评价,并决策是否加强或剔除某些产品线或产品项目。优化产品组合的过程,通常是分析、评价和调整现行产品组合的过程。优化产品组合包括两个重要步骤。

1. 产品项目分析法

这种方法是指分析、评价现行产品线上不同产品项目所提供的销售额和利润水平。在一条产品线上,如果销售额和盈利高度集中在少数产品项目上,则意味着产品线比较脆弱。为此,公司必须细心地加以保护,并努力发展具有良好前景的产品项目。如无发展前景,可以剔除。现以一个由五种产品项目所组成的产品线为例,说明这个问题(表 9-2)。

表 9-2　销售额和利润比重表　　(单位:%)

产品品种 比重类型	A	B	C	D	E
销售额比重	52	20	16	6	6
利润比重	47	22	18	10	3

根据表 9-2 所示,A 品种销售额占总销售额的 52%,利润额占总利润额的 47%。B 品种销售额占总销售额的 20%,利润额占总利润额的 22%。这两个品种项目的销售额和利润共占总销售额的 72%和总利润额的 69%。所以这两个品种项目是企业的工作中心,如果这两个品种遇到激烈的竞争,造成销售收入减少、利润下降,将会给企业带来严重的困难,甚至使企业陷入困境。企业必须采取切实措施巩固 A、B 品种的市场地位,同时加强 C 品种、D 品种的市场营销活动,以增加销售收入,提高利润,扩大市场占有率。对于某品种如果没有市场前景可考虑放弃。这样通过销售额和利润额的分析,可以使企业对每个产品的策略有明确的选择。

2. 产品项目定位图分析法

这种方法主要适用于分析各种产品线的产品项目与竞争者的同类产品作对比分析,全面衡量各产品项目的市场地位。以一家造纸公司生产纸板的一条生产线为例,纸张重量和成品质量是纸板的两个主要属性。纸张重量有 90、120、150 和 180 重量单位,共四种标准重量级别。成品质量则分为三个标准档次。图 9-2 是 X 公司和 A、B、C、D 四个竞争对手的不同产品项目定位图。竞争者 A 出售两个产品项目,这两个产品项目均为超重量级,成品处于中低档范围之内。竞争对手 B 出售四种产品项目。

这四种产目项目的重量和成品质量均有所不同。竞争对手 C 出售三种产品项目,三种产品项目中,重量和成品质量成正比,重量越大的,成品质量也越高。

竞争对手 D 共出售三种产品项目,都是轻重量级的,但成品质量却不相同。最后,X 公司提供出售三种品种项目,三种品种项目重量分属不同等级,成品质量在低、中档之间变动。

产品项目通过图来表示,对设计产品线的营销战略是很有用的。图 9-2 表明了哪个竞争对手的产品项目与 X 公司的产品项目之间存在竞争关系。例如,X 公司的低质量/中等质量的纸板与竞争对手 D 的纸板之间存在竞争。但是 X 公司的高质量/中等质量的纸板却没有直接的竞争对手。这个图对可能出现的新产品项目定位有很大启发作用。例如,在纸板生产中,缺少高质量/低等质量的纸板生产商。如果 X 公司认定市场上对此种纸板有大量需求未满足,并且有生产这种纸板

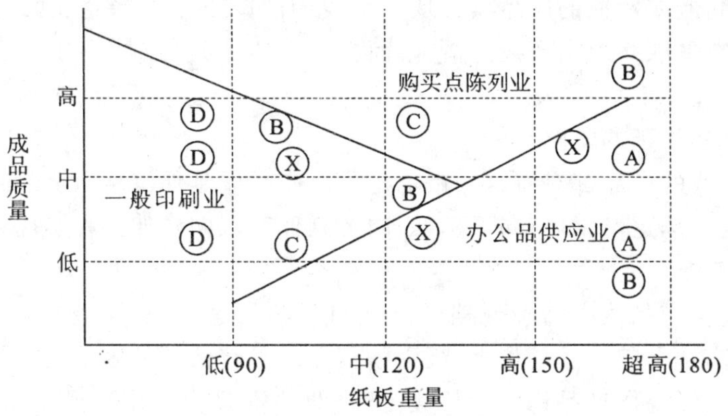

图 9-2　纸板产品线的产品图

的能力，并能制定合理价格，那么就可以在自己的产品线上增加这种产品项目。

三、产品组合决策

企业对产品线和产品项目进行分析后，应根据不同的情况进行调整和优化，一般有以下几种策略。

(一)扩大产品组合

包括开拓产品组合的宽度和加强产品组合的深度，前者指在原产品组合中增加产品线，扩大经营范围；后者指在原有产品线内增加新的产品项目。当企业预测现有产品线的销售额和盈利率在未来可能下降时，就须考虑在现有产品组合中增加新的产品线，或加强其中有发展潜力的产品线。

(二)缩减产品组合

市场繁荣时期，较长较宽的产品组合会为企业带来更多的盈利机会。但是在市场不景气或原料、能源供应紧张时期，缩减产品线反而能使总利润上升，因为剔除那些获利小甚至亏损的产品线或产品项目，企业可集中力量发展获利多的产品线和产品项目。因此，产品线经理必须定期检查自己的产品项目，研究产品线是否需要削减的问题。

削减有两种情况。一种情况是，当产品线中含有影响利润的滞销产品时，可以通过销售/成本分析，把疲软的产品项目区分开来并作为削减的对象。某化学公司将产品从 201 种削减为 80 种，由于这 80 种产品项目的销售量是最大的，因而对利润的贡献值也最大，并且发展潜力最具长远性。

产品削减的另一种情况是，当企业的生产能力缺乏、不能按量生产所有的产品项目时，产品线经理应检查一下各种产品的获利幅度，集中生产那些盈利高的产品项目,把利润低或亏损的产品项目从产品线中削减下来。当企业面临需求紧迫的状况时,通常采取缩短生产线的措施;而在面临需求迟缓时,则致力于将产品线拉长。

(三)产品线延伸策略

每一企业的产品都有特定的市场定位。产品线延伸策略指全部或部分地改变原有产品的市场定位,具有向下延伸、向上延伸和双向延伸三种实现方式。

1. 向下延伸

即在高档产品线中增加低档产品项目。实行这一决策需要具备以下市场条件:①利用高档名牌产品的声誉,吸引购买力水平较低的顾客慕名购买此产品线中的廉价产品;②高档产品销售增长缓慢,企业的资源设备没有得到充分利用,为赢得更多的顾客,将产品线向下伸展;③企业最初进入高档产品市场的目的是建立品牌信誉,然后再进入中、低档市场,以扩大市场占有率和销售增长率;④补充企业的产品线空白。宝洁公司对飘柔、潘婷、海飞丝等品牌分别以精准的功能定位和“高档”的品牌形象赢得良好的知名度和美誉度,随着中国洗涤日化行业竞争的不断加剧,当越来越多的国产品牌以更占优势的价位和强力的广告宣传纷纷抢占市场时,宝洁不得不改变策略,推出一系列“平民价位”的产品,给竞争对手以有力的打击。更重要的是,宝洁这一举措丝毫无损于它一贯的“高档”形象,反而给人“更具亲和力”的感觉。

实行这种策略也有一定风险,如处理不慎,会影响企业原有产品特别是名牌产品的市场形象,还必须辅之以一套相应的营销组合策略,譬如对销售系统的重新设置等。所有这些将大大增加企业的营销费用开支。

2. 向上延伸

即在原有的产品线内增加高档产品项目。实行这一策略的主要目的是:高档产品市场具有较大的潜在成长率和较高利润率的吸引;企业的技术设备和营销能力已具备加入高档产品市场的条件;企业要重新进行产品线定位。采用这一策略也要承担一定的风险,要改变产品在顾客心目中的地位是相当困难的,处理不慎,还会影响原有产品的市场声誉。向上扩展策略可能导致很大的风险。因为定位于高端产品的竞争对手不仅会固守住他们的阵地,反而会借机侵入低端产品市场,进行反击。而且顾客也许对新厂商所生产的产品的质量采取不信任态度。除此之外,企业的销售代表和分销商也可能因为欠缺才能和应有的培训,不能最有效地为高端产品销售服务。

3. 双向延伸

即原来中档产品市场的企业掌握了市场优势以后,向产品线的上下两个方向延伸。处于市场中端的企业可以做出同时向上并向下扩展产品线的决定。

(四)产品线现代化

有时,企业的产品组合的长度、宽度和深度都较为合适,但产品式样可能过时了,这样就必须采用新的技术和制造工艺,改变产品面貌,使产品线现代化。产品线现代化应根据市场状况和企业自身条件,采用一步到位方式或者逐渐现代化的方式。

学习伴随案例:

欧莱雅宝洁收购碰撞　品牌延伸争夺中低端市场

经过4年漫长的谈判,全球最大的化妆品公司欧莱雅于2003年年底宣布收购中国护肤品牌"小护士"。根据协议,小护士品牌及在湖北宜昌的生产基地、全国销售渠道和管理系统将在2004年上半年并入欧莱雅,小护士的创始人李志达也将在一段时间内不能涉足化妆品行业。随后不久,又传出宝洁欲收购羽西化妆品分部的消息,有点针锋相对的意味。

欧莱雅中国有限公司总裁盖保罗喜欢把投放在中国的产品比作一个金字塔:兰蔻、碧欧泉、赫莲娜在塔顶;薇姿、理肤泉在塔中;巴黎欧莱雅、美宝莲、卡尼尔等在塔底,这些产品基本上都是中高档或以上产品。在中低档、中高档占市场主流的情形下,由于缺乏100元以下的低端品,面对宝洁低端产品玉兰油的霸主地位,盖保罗对欧莱雅集团金字塔塔基的空虚,始终有些耿耿于怀。小护士是中国土生土长的低端品牌,市场占有率达到5%,在年轻人中的品牌认知率超过90%以上,同时在全国拥有177个经销商、2.8万个销售网点,对于欧莱雅拓展二、三级城市有很大帮助。这就是为什么欧莱雅一直盯着小护士不放,经过盖保罗所称的"长征式的恋爱",将其迎娶到手。与欧莱雅中高档及高档强劲、中低档虚弱的情况相反,中国日化用品领域的老大——宝洁由于有玉兰油、SK-Ⅱ这两个成名品牌,中低档、高档领域实力雄厚(玉兰油2002年销售额约为15亿元,几乎是大宝、欧珀莱7.8亿元的两倍),而介于两者之间的中高档产品匮乏。宝洁的解决方法之一是提升玉兰油的产品档次,向中高档迈进。玉兰油在20世纪90年代初刚进入中国大陆市场时,主线产品多数低于50元。这几年玉兰油不断推陈出新,新品一款比一款高档,比如玉兰油营养水润面膜就有150多元,刚推出的玉兰油新生唤肤系列价格接近200多元。在推出每个单品时,宝洁都会进行大规模的市场宣传。2003年9月上旬,为了配合高价位的新生唤肤产品在中国上市,玉兰油聘请了张曼玉为此款产品代言。宝洁的另一个办法是进行并购。2002 年 7 月，为提高在美发市场与欧莱雅相抗衡的能力，宝洁斥资 59 亿美元收购德国护发产品公司威娜。而现在，购买羽西自然是为了改变与欧莱雅竞争时在中高端市场实力不足的局面。羽西近两年的品牌价值和在华东、华北地区稳定的市场份额，也是宝洁看中这个并购对象的重要动因。不管是欧莱雅下潜，还是宝洁上行，两大巨头都将品牌延伸到各自的弱势领域，将提高每个细分市场的竞争力。

(改编自：http://biz.163.com/40117/0/0CRD9G2600020QDS.html)

第三节　产品品牌

一、品牌的涵义

(一)品牌的定义

品牌(Brand)是一种名称、术语、标记、符号或设计，或是它们的组合运用，其目的是借以辨认某个销售者，或某群销售者的产品和服务，并使之同竞争者的产品和服务区别开来。

品牌具有广泛的涵义，它包括品牌名称、品牌标志、商标和版权。

(1)品牌名称。是品牌中可以被念出来的那一部分，如雅芳(Avon)、雪佛莱(Chevrolet)、迪斯尼乐园(Disneyland)以及加州大学洛杉矶分校(UCLA)。

(2)品牌标记。是品牌中可以识别但不可念出声来的那一部分，如符号、图案、独具一格的色彩或字母。

(3)商标。是一个品牌，或品牌的一部分，这部分已获得专利权，并受到法律保护。商标保护着销售者使用品牌名称和(或)品牌标记的专用权。

(4)版权。是复制、出版和出售文学、音乐或艺术作品的受到法律保护的专用权利。

(二)品牌的内容

品牌从本质上说，是传递一种信息。一个品牌能表达六层意思。

(1)属性。一个品牌首先给人带来特定的属性。

(2)利益。消费者购买是利益而不是属性，属性需要转换成功能和情感利益。如属性耐用可以转化为功能利益，“由于汽车的耐用可以好几年不用买新车”。

(3)价值。品牌体现某制造商的某种价值。

(4)文化。品牌可能附加和象征了一种文化。

(5)个性。品牌还能代表一定的个性。

(6)使用者。品牌还体现了购买或使用这种产品的是哪一类消费者,这一类消费者也代表一定的年龄、文化、个性,这对于公司细分市场、市场定位有很大的帮助。

所以,品牌是一个复杂的符号。一个品牌不单单是一种名称、术语、标记、符号或设计,或它们的组合运用,更重要的是品牌所传递的价值、文化和个性,它们确定了品牌的基础。

学习伴随案例:

品牌之扰　胜者为王——麦当劳与肯德基之争

1999年根据全球著名的AC尼尔森调研公司在中国30个城市16 677份问卷调查显示,最早进入中国市场的西式快餐——肯德基,因其独有的美食和品质,被中国消费者公认为"顾客最常惠顾的"品牌,并在中国名列前十个国际著名品牌的榜首。

2003年10月,在麦当劳连续的负面新闻见光后,tom网站就麦当劳的顾客满意度做了网上调查,结果让人大吃一惊:对麦当劳很不满意的有6 050票,达到41.31%;认为一般的有5 563票,占37.98%;认为还行的有3 034票,也就是只有20%多的顾客对其基本满意,这说明各类负面消息的影响已经不容乐观。

麦当劳作为跨国品牌,自然"树大招风"。全球针对麦当劳的负面事件屡屡发生,国内也如此。此外,还有"网站国家列表找不到中国,麦当劳做错了什么"、"麦当劳中文网一夜两次被黑,抗议将台湾列为国家"等有损中国人民尊严的事件发生,类似"诊断麦当劳"、"麦当劳乱了"、"麦当劳,请珍视企业与消费者之间的纽带"、"麦当劳做童装,品牌大佬迷失方向"的新闻报道也是屡见不鲜。就连2005年2月的广州麦当劳产品降价,都有媒体和市民联想与含有苏丹红(一号)的招回事件有关。这一切无疑直接损伤了麦当劳的品牌与形象,从而间接地影响了其餐厅的经营发展。

而肯德基,则是屡屡"化险为夷",常有"妙手回春"之举。如在2004年1月16日,肯德基借1 000家店开业之际发布了其花费3年时间做出的《中国肯德基健康食品政策白皮书》,以期逐渐消除国人对洋快餐的不良印象;2004年2月,一场禽流感,让以经营炸鸡和鸡肉汉堡为主的肯德基突遇寒冬。值此非常时刻,肯德基提前启动"危机公关",在全国各大城市同时举行新闻发布会,向社会承诺"食用肯德基的鸡肉是绝对安全的"。采取一系列完善的应急计划,从供应商到库存,从运输过程到烹制过程,从餐馆到设施、员工管理层层把关，以消除疫情影响。

营销大师弥尔顿·科特勒曾经罗列出了麦当劳在中国遇到的问题，其中最致命的一点就是“产品一致性带来的硬伤”。麦当劳与肯德基的竞争仍在继续，如何在本土化产品研发上市与保持快餐标准化一致性中寻找到一个平衡点，这对于这两家国际餐饮巨头而言，都是非常紧迫之事。

我们在研究肯德基与麦当劳的过程中还发现了这样一个事实，虽然这两家彼此都视对方为最重要、最直接的竞争对手，但也都在中国市场取得了不俗的成绩。他们没有陷入同质化进而互打价格战的恶性竞争中去，却各以各的方式提升自己的竞争力，竞争的结果是实现了双赢。这也许更值得中国本土企业思考和借鉴。

（改编自：http://www.bxcg.com/yxzs/Html/html8/yxzs_15767.html）

(三)品牌的种类

品牌按照不同的分类标准，可分为不同类型。

1. 品牌按照使用主体不同可分为制造商品牌和中间商品牌

制造商品牌系由制造商和其产品自己命名的品牌，如“海尔”、“TCL”，我国知名品牌中大都为制造商品牌。但一些大型的零售商和批发商也开发出自己的品牌，称为中间商品牌或渠道品牌或私人品牌。它们通常以较低成本购买有过剩生产能力企业的产品，然后使用自己的品牌。国外有的中间商品牌拥有自己的制造商，这些制造商专门为中间商生产产品，然后使用中间商品牌，这样使中间商获取较高利润。

2. 品牌按其辐射范围分为区域品牌、国内品牌、国际品牌

区域品牌是指一区域之内的产品品牌，只在当地人中享有声誉，拥有较高的地区市场占有率。国内品牌是指在国内知名度和美誉度都比较高的品牌，它相对区域品牌来说比较具有竞争力，比如“春兰”、“双星”等。国际品牌是指在国际市场上有较高知名度、美誉度的品牌，此类品牌具有很强的竞争力，比如“可口可乐”、“万宝路”、“福特”等。

3. 品牌分类

品牌按其持续时间的长短可分为短期品牌、长期品牌、时代品牌。短期品牌是指品牌持续时间短，只在一段时间有一定知名度的品牌。长期品牌是随着产品的生命周期的更替而变化的品牌。时代品牌是指一个时代里经久不衰的品牌。

二、品牌注册与商标

品牌(brand)和商标(trade mark)是用来识别不同生产经营者的不同种类、不

同品质产品的商业名称及其标志。

(一)商标的概念

商标是产品文字名称、图案设计,或两者相结合的一种设计,经向有关部门注册登记后,经批准享有其专用权的标志。在我国,国务院工商行政管理总局商标局主管全国商标注册和管理工作,商标一经商标局核准即为注册商标,商标注册人享有商标专用权,受法律保护。假冒商标、仿冒商标、抢先注册都构成商标的侵权。

(二)品牌与商标的区别

品牌与商标都是用以识别不同生产经营者的不同种类、不同品质产品的商业名称及其标志。品牌是市场概念,是产品和服务在市场上通行的牌子,它强调与产品及其相关的质量、服务等之间的关系,品牌实质上是品牌使用者对顾客在产品特征、服务和利益等方面的承诺。而商标是法律概念,它是已获得专用权并受法律保护的品牌,是品牌的一部分。

三、品牌资产

(一)品牌资产的涵义

加利福尼亚大学伯克莱分校的大卫·爱格(DavidA. Aaker,1991)教授认为:品牌资产是这样一种资产,它能够为企业和顾客提供超越产品或服务本身利益之外的价值。

我国有学者将品牌资产定义为"附着于品牌之上,并且能为企业在未来带来额外收益的顾客关系"。这种观点认为,品牌资产给企业带来的附加利益,归根结底来源于品牌对消费者的吸引力和感召力。所以,品牌资产实质上反映的是品牌与顾客(包括潜在顾客)之间的某种关系,或者说是一种承诺。

甘碧群在《市场营销学》中认为,品牌资产是一种超过商品或服务本身利益以外的价值,它通过消费者对企业提供的附加利益来体现其价值,并与某一特定的品牌联系在一起。本书认为这一定义符合当今营销理论与实践的发展,能揭示出品牌资产突出的特征。

(二)品牌资产的构成

品牌资产是一个系统概念。品牌名称和品牌标识物是品牌资产的物质载体,品牌知名度、品牌美誉度、品质认知、品牌联想、品牌忠诚度和附着在品牌上的其他资产是品牌资产的有机构成,为消费者和企业提供附加利益是品牌资产的实质内容。

四、品牌策略

(一)品牌有无策略

品牌运营的第一个作业环节就是企业生产经营的产品是否应该有品牌。不言而喻，拥有自己的品牌，必然要付出相应的费用（包括包装费、法律保护费等）增加企业运营总成本，同时也承担一定的市场风险（若某品牌不受欢迎，损失自负），但品牌对使用者或营销者的益处更是不可低估的。品牌的有益作用是企业选用有品牌策略的重要缘由。品牌化的发展速度十分迅速，以致当今很少有不使用品牌的产品。食盐被包装在显著地标有制造商的包装物里面；橙子上贴有橙子种植者姓名的标签；但是，一些日常消费品可能处在不用品牌的状态。食品、家庭用品和药品等行业所出现的无品牌产品严重威胁着那些售价较高的有品牌商品，而且使品牌化本身经受着严峻的考验。

（二）品牌归属策略

企业决定使用品牌后，就要决定采用何种品牌策略，一般有三种选择：其一是企业使用属于自己的品牌，这种品牌叫做企业品牌或生产者品牌；其二是企业将其产品售给中间商，由中间商使用他自己的品牌将产品转卖出去，这种品牌叫做中间商品牌；其三是企业对部分产品使用自己的品牌，而对另一部分产品使用中间商品牌。

企业产品采用制造商的商标，其好处是可以建立起企业的国际信誉，建立消费者对本企业产品的忠诚，为以后扩大销售打下基础。但生产商常常会面临着如何迅速打开国际市场的难题，许多知名度不高、实力不雄厚的企业，为使产品能顺利迅速进入目标国市场，更倾向选择使用经销者的商标。西方许多批发商、经销商都使用自己的商标，企业选择生产者品牌或中间商品牌，即品牌归属生产者还是中间商，要全面考虑各相关因素，综合分析得益损失，最关键的问题要看生产者和中间商谁在这个产品分销链上居主导地位、拥有更好的市场信誉和拓展市场的潜能。

我们把制造商品牌与中间商品牌之间展开的竞争称为“品牌战”。在这种对抗中，中间商在许多方面处于有利地位。零售店的货架空间是有限的，许多制造商没有能力依靠自己的品牌将产品成功地推向市场，尤其是那些新开业的和小型的产品制造商。中间商特别注意保持其品牌的质量水平，因而赢得了顾客对其品牌的信任感。许多选购者知道，使用私人标签的产品通常都是由较大的制造商生产的。使用中间商品牌的产品通常定价低于同类使用制造商品牌的产品，因而对精打细算的选购者具有较强的吸引力。这种现象在通货膨胀时期尤为显著。中间商总是把用自己的品牌来标记的产品陈列在较突出的地方，并且保证该种产品有充足的备货，结果，原先处于竞争中主导地位的制造商品牌地位下降。

（三）品牌名称策略

1. 统一品牌

即企业所有的产品（包括不同种类的产品）都统一使用一个品牌。采用统一品牌策略，能够降低新产品宣传费用；可在品牌已赢得良好市场信誉的情况下顺利推出新产品;同时有助于显示企业实力,塑造企业形象。不过,不可忽视的是,若某一种产品因某种原因(如质量)出现问题,就可能因其他种类产品受牵连而影响全部产品和整个企业的信誉。如我国海尔集团的系列产品空调、彩电、冰箱等也全部采用"海尔"这一品牌。统一品牌策略有利于企业利用品牌已取得的声誉,扩大企业的影响,有利于企业将其他新产品带入国际市场,或扩大原有产品的国际市场份额,同时还可节约品牌及商标设计和促销的费用。

2. 个别品牌

即企业对各种不同的产品分别使用不同的品牌。这种品牌策略可以保证企业的整体信誉不至于受某种商品声誉的影响;便于消费者识别不同质量、档次的商品;同时也有利于企业的新产品向多个目标市场渗透。当然,促销费用较高也是不可忽视的。如美国杜邦公司在全世界销售 30 000 种产品,共使用约 2 000 个品牌,为保护这些品牌而注册了 15 000 个商标。采用这种战略的有宝洁公司。

3. 分类品牌

即企业对产品在分类的基础上各类产品使用不同的品牌。如企业可以把自己生产经营的产品分为器具类产品、妇女服装类产品、主要家庭设备类产品,并分别赋予其不同的品牌名称及品牌标志。这实际上是对前两种做法的一种折中。

4. 企业名称加个别品牌

其做法是企业对其各种不同的产品分别使用不同的品牌,但需在各种产品的品牌前面冠以企业名称。这种在各不同产品的品牌名称前冠以企业名称的做法,可以使新产品与老产品统一化,进而享受企业的整体信誉。与此同时,各种不同的新产品分别使用不同的品牌名称,又可以使不同的新产品各具特色。

(四)品牌延伸策略

品牌延伸策略就是指企业利用其成功品牌的声誉来推出改良产品或新产品。品牌延伸也包括新包装规格、新口味和新款式的引入。利用业已成功的名牌推出新的产品,博得了许多人的浓厚兴趣。另一种品牌延伸策略,是耐用品制造商为了达到宣传其品牌以低价为起点的目标,在其产品线的低端增加"降低档次"的产品型号。

品牌延伸决策使制造商用于新品牌促销所需支付费用大大节省,并且促使人们迅速接受新产品品牌。但同时,值得注意的是,品牌扩展策略是一把双刃剑。若利用已成功的品牌开发并投入市场的新产品不尽如人意,消费者不认可,也会影响该品牌的市场信誉。以改进型产品为例,清洁剂产品行业首先推出 A 品牌产品,紧接着推出新的经过改进的 A 品牌产品,进一步又推出具有附加利益的 X 品牌新产品。如果新产品没能博得顾客的好感,就有可能造成顾客对同一品牌名称的其他产品所持的态度大大受损。

(五)多品牌策略

多品牌策略即是企业同时为一种产品设计两种或两种以上互相竞争的品牌的做法。这种策略由宝洁公司(P&G)首创并获得了成功。运用多品牌策略可以在产品销售过程中占有更大的货架空间,进而压缩或挤占了竞争者产品的货架面积,为获得较高的市场占有率奠定了基础。而且还应看到,多种不同的品牌代表了不同的产品特色,多品牌可吸引多种不同需求的顾客,提高市场占有率。制造商出于多种原因采取多品牌战略。原因如下:第一,制造商可以取得更多的货架空间,并因此增加零售商对其品牌的依赖。第二,几乎没有顾客会对某一品牌绝对忠诚,以至于不对其他品牌感兴趣。因此,捕捉“品牌转换者”的唯一办法是提供几种品牌。第三,新品牌的产生能给制造商的组织机构中引入竞争和效率。宝洁公司和通用汽车公司的品牌之间就是在竞争中共同进步。第四,多品牌战略定位于顾客不同的利益和要求,可以使每一品牌吸引不同的追随者。

在决定是否推出其他品牌时,制造商将考虑如下几个问题:

(1)能否为新品牌制造出一个独特的典故?

(2)这一典故是否会引起顾客的认同?

(3)新品牌分别吞并多少本产品制造商的其他品牌,以及竞争对手的品牌?

(4)新品牌的销售额能否补偿产品开发和产品促销所支付的费用?

在推出许多品牌时,很容易落入陷阱,即每一品牌仅能获得很小的市场份额,但其中没有一个品牌会获得更多的利润。这样做的公司会将其资源消耗于若干品牌上,而不是只搞少数几种高利润的产品品牌。因此,这些公司应当剔除掉比较薄弱的品牌,并建立严密的筛选程序来选择新品牌。如果公司的品牌能吞掉竞争对手的品牌,而不是在公司内部自相竞争和残杀,这将是最理想的。

在运用多品牌策略时,要注意各品牌市场份额的大小变化趋势,适时撤销市场占有率过低的品牌,以免造成自身品牌过度竞争。

(六)品牌重新定位策略

品牌重新定位策略也称再定位策略,就是指全部或部分调整或改变品牌原有市场定位的做法。“七喜”公司所进行的品牌重新定位,是一个典型的成功范例。“七喜”牌饮料是许多软饮料中的一种,那些需求刺激性小和有柠檬味饮料的老年人,是“七喜”的主要购买者。调查结果表明,即使大部分软饮料消费者偏好“可乐”,他们也不是始终如一,况且还有许多消费者不喜欢喝可乐饮料。“七喜”公司使出了一个高招,通过一次明智的活动标榜自己是生产非可乐饮料的,从而获得了非可乐饮料的市场领导地位。非可乐饮料是一种既新颖又提神的饮料,其目的是取代“可乐”。“七喜”公司为消费者开创了一个新视野,即软饮料市场中包含可乐饮料和非可乐饮料,其中由“七喜”饮料在非可乐饮料市场中占领领导地位。

第四节　产品包装

包装是产品策略的重要组成部分，它不但保证了产品的使用价值，而且增加了产品的价值，良好的包装是获得市场竞争力的重要手段。

一、包装的概念、功能和种类

（一）包装的概念

所谓包装（packazing），是为保护商品、促进销售而施加的利用包装材料器具进行的封闭性保护。

（二）包装的功能

包装的功能主要有三个方面。

1. 保护功能

即保护物品不受损伤的功能，它体现了包装的主要目的。

(1)防止物品的破损变形。这就是要求包装能承受在装卸、运输、保管等过程中的各种冲击、震动、颠簸、压缩、摩擦等外力的作用。

(2)防止物品发生化学变化，即防止物品受潮、发霉、变质、生锈等，这就要求包装能在一定程度上起到阻隔水分、潮气、光线以及空气中各种有害气体的作用，避免外界不良因素的影响。

(3)防止有害生物对物品的影响。鼠、虫及其他有害生物对物品有很大的破坏性。包装封闭不严，会给细菌、虫类造成侵入之机，导致变质、腐败，特别是对食品危害性更大，鼠、白蚁等生物会直接吞蚀纸张、木材等物品。

(4)防止异物流入、污物污染、丢失、散失。

2. 便利功能

物品包装具有便利流通、方便消费的功能，体现在以下几个方面。

(1)便利运输。包装起来的物品便于装载，运输途中不容易碰撞、散失和损坏。包装的规格、形状、重量与物品运输关系密切。包装尺寸与运输车辆、船、飞机等运输工具箱、仓容积的吻合性，方便了运输，提高了运输效率。

(2)便利装卸。物品的包装便于各种装卸、搬运机械的使用；有利于提高装卸、搬运机械的生产效率。包装的规格尺寸标准化后为集合包装提供了条件，从而能极大地提高装载效率。

(3)便利储存。包装为仓库内的搬运、装卸作业提供了方便；包装物本身也为物品的保管提供了方便条件，可以起到保护物品的作用；包装物的各种标志便于识别，易于存取、易于盘点，有特殊保管要求的易引起注意，为仓库的管理提供了便利;易于开包、便于重新打包的包装方式为验收提供了方便,包装的集合方法、定量性,对节约验收时间、加快验收速度也会起到十分重要的作用。

3. 促销功能

合理的包装有利于促进商品的销售。精美的包装起到广告宣传的作用,能唤起人们的购买欲望,促进销售。

4. 提供创新机会

包装的创新给消费者带来了巨大的好处,也给生产者带来了利润。

(三)包装的种类

1. 按照包装在流通中的作用分类

(1)商业包装。也称销售包装,这种包装的目的是美化商品、宣传商品、促进销售。因此要求使用的包装材料在性质、形态、式样等因素方面,既要保护商品,结构造型要便于流通,还要在图案、文字、色调上能吸引消费者,包装单位适于顾客的购买量以及商店陈设的要求。在流通过程中,商品越接近顾客,越要求包装有促进销售的效果。

(2)运输包装。是指以强化输送、保护产品为目的的包装。即要便于装卸、储存和运输,以期将商品完好无损地送达目的地和消费领域。其主要考虑的问题是抵御在储运过程中温度、湿度、紫外线、雨雪等气候和自然条件因素对商品的侵害;减缓静压力、震动、冲击、摩擦等外力对商品的作用;防止商品散漏、溢泄、挥发而造成污染;便利流通环节中装卸、搬运、保管等各项作业;提高运载工具的载重力和容积;缩短各种作业时间和提高作业效率。

2. 按包装的适用广泛性分类

(1)专用包装。根据被包装物特点进行专门设计、专门制造,只适用于某种专用产品的包装。

(2)通用包装。不进行专门设计、制造,而根据标准系列尺寸制造的包装,用于包装各种标准尺寸的产品。

3. 按包装容器分类

按包装容器的抗变形能力分为硬包装和软包装两类。按包装容器形状分为包装袋、包装箱、包装盒、包装瓶、包装罐等。按包装容器结构形式分为固定式包装和可拆卸折叠式包装。按包装容器使用次数分为一次性包装和多次周转包装。

4. 按包装技术分类

按包装层次及防护要求分为个装、内装、外装三类。按包装的保护技术分为防潮包装、防锈包装、防虫包装、防腐包装、防震包装、危险品包装等。

二、包装的设计原则

由于产品包装的用途不同，对各类包装的要求也不同。为合理、充分地发挥产品包装的作用，在设计过程中必须遵循一些原则。

(一)基本原则

1. 安全原则

包装的主要目的是保护商品，安全是产品包装设计必须考虑的首要原则。因此，包装材料的选择及包装物的制作必须符合产品的物理、化学、生物性能，以确保产品不损坏、不变质、不变形、不渗漏等。

2. 美观有特色原则

销售包装具有美化商品的作用，因此在设计上要求外形新颖、大方、美观，具有较强的艺术性，并具有较强的个性。

3. 经济原则

在符合营销策略的前提下，应尽量降低包装成本。要克服那种华而不实的经营作风，注意节约，努力降低产品销售价格。

(二)具体要求

产品的包装除了遵循以上基本原则外，还要符合以下要求：

(1)显示产品的特色和风格，准确地传递商品信息。包装上的文字、图案、色彩均应与商品的特色和风格相一致，比如，对于选购时不宜打开包装和用眼看、手摸的方式进行判断的商品，应考虑在包装上附商品彩色照片或用文字、图案对商品进行说明和展示。

(2)包装应与商品的价值和质量相配合。应根据产品质量档次，配上与之相适应的包装，避免出现一等商品、二等包装的不利局面。

(3)包装的形状、结构、大小应为运输、携带、保管、使用提供方便。如对于液体、胶状类商品，可考虑采用喷射式包装；对于经常携带的商品，可采用手提包式包装等。

(4)包装设计应适合消费者心理。包装设计既应美观、新颖、形象生动，同时又应力求避免在消费者中产生不好的涵义和联想。因此，企业应考虑不同消费者的消费心理，在此基础上设计和选用包装。

(5)尊重消费者的宗教信仰和风俗习惯。不同国家、不同民族以及不同亚文化群都可能具有不同的宗教信仰和风俗习惯，对此应予以尊重。包装设计时切记避免出现有损消费者宗教感情、引起消费者忌讳的文字和图案。

(6)符合法律规定。必须遵守国家法律对于产品包装袋的要求，避免出现违反法律的包装设计，否则，就会给企业带来巨大的损失。

三、包装策略

包装作为整体产品的一部分，企业在设计、制造和销售中应配合整个市场营销策略，采用相应的包装策略。

(一)类似包装策略

产品信誉较高的生产经营企业，对其生产的产品采用相同的图案、近似的色彩、相同的包装材料和相同的造型进行包装，便于顾客识别出本企业产品。类似包装不但具有促销的作用，企业还可因此而节省包装的设计、制作费用。但类似包装策略只能适宜于质量相同的产品，对于品种差异大、质量水平悬殊的产品则不宜采用该策略。

(二)配套包装策略

按不同的消费者习惯，将企业生产经营的有关联的产品放在同一包装中，既便于消费者购买、使用和携带，又可扩大产品的销售。如在配套产品中加进某种新产品，可使消费者不知不觉地习惯使用新产品，有利于新产品上市和普及。

(三)再使用包装策略

指产品使用完后，包装物还有其他的用途。如各种形状的香水瓶可做装饰物，罐头的外包装可用做茶杯或者作为其他容器，等等。这种包装策略可使消费者感到一物多用而引起其购买欲望，而且包装物的重复使用也起到了对产品的广告宣传作用。但是，企业要谨慎使用该策略，避免因成本加大引起商品价格过高而影响产品的销售。

(四)附赠品包装策略

在商品包装物内附赠奖券或实物，以诱发消费者购买，或包装本身可以换取礼品，引起顾客的惠顾效应，导致顾客重复购买。

(五)不同容器包装策略

主要是根据产品的性质及消费者的使用习惯，设计不同形式、不同重量、不同体积的包装。如将大米包装设计成 5 公斤装、10 公斤装、20 公斤装等不同重量的包装，适应了不同消费者的购买习惯。

(六)改变包装策略

即改变和放弃原有的产品包装，改用新的包装。由于包装技术、包装材料的不断更新，消费者的偏好不断变化，采用新的包装以弥补原包装的不足。同时企业在改变包装的过程中，必须配合好宣传工作，以消除消费者以为产品质量下降或其他的误解。

四、绿色包装

(一)绿色包装的内涵

随着人们环境保护意识的增强,消费者对产品包装不仅要求其外观新颖美观,还要求包装材料无污染,易回收,易降解。所谓"绿色包装",是指能够循环复用、再生利用或降解腐化,且在产品的整个生命周期中对人体及环境不造成公害的适度包装。具体言之,绿色包装应具有以下涵义。

(1)实行包装减量化(reduce)。

(2)包装应易于重复利用(reuse)或回收再生(recycle)。

(3)包装废弃物可降解腐化(degradable)。

"reduce"、"reuse"、"recycle"和"degradable"即当今世界公认的发展绿色包装的"3R,1D"原则。

(4)包装材料对人体和生物应无毒无害。

(5)在包装产品的整个生命周期中,均不应对环境产生污染造成公害。

(二)绿色包装的种类

绿色包装材料可分为以下几种。

1. 再生的包装材料

再生的方法有两种:一种是物理方法,指直接彻底地净化粉碎,无任何污染物残留,处理后的包装材料用于再生包装容器;另一种是化学方法,是指将回收的塑料经粉碎洗涤之后,使用解聚剂在碱性催化剂的作用下,使其解聚成单体或者部分解聚成低聚物,纯化后再将单体或者低聚物重新聚合成再生包装材料。

2. 可食性包装材料

人工合成可食性包装膜在水中容易溶解,无色、无味、无毒,具有韧性、高抗油性,能食用。

3. 可降解材料

可降解材料是指特定环境下,在特定时间内造成性能损失,其化学结构发生变化的一种塑料。它既具有传统塑料的功能和特性,又可以在完成使用寿命以后,通过阳光中紫外线的作用或者土壤和水中的微生物作用,在自然界中分裂降解和还原,最终以无毒的形式重新进入生态环境中,回归自然。

4. 以农业原料或副产品为包装材料

从农业原料或副产品中生产生物包装材料具有十分广阔的市场前景。人们利用农林原料作为包装材料的历史很悠久。利用香蕉树叶、棕榈叶、椰子树叶等作为包装食品的材料在非洲以及太平洋和拉丁美洲一些地区极为普遍。利用植物乳汁或粮食提炼成的蛋白质糖衣或油脂薄膜作为食品包装材料在亚洲一些国家也很盛行。

第五节　产品生命周期

一、产品生命周期各阶段特点

产品在市场上的销售情况及其获利能力会随时间的推移而变化。这种变化的规律就像人和其他生物的生命一样，从诞生、成长、成熟到衰亡。产品从进入市场到退出市场的这一过程在市场营销学中被称为产品的生命周期。

典型产品生命周期的四个阶段及其特点（图 9－3）：

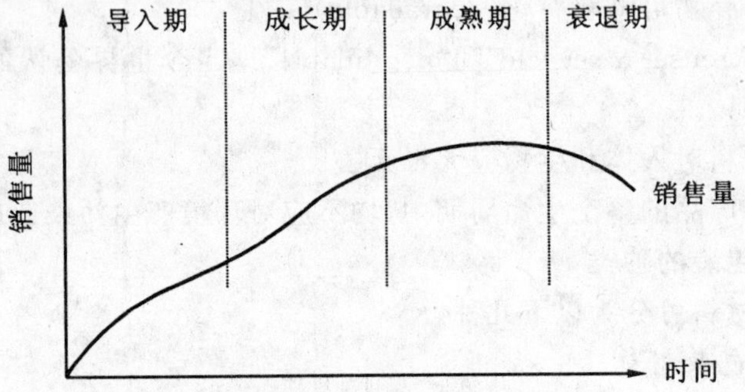

图 9－3　产品生命周期

1. 导入期

新产品投入市场，便进入导入期。此阶段的特点为：

(1)企业推出该新产品，鲜为人知，所以销量小、利润低。

(2)费用高（广告促销）。

(3)风险最大。

所以，发展和建立市场对产品的需求最为重要。

2. 成长期

当新产品在导入期的销售取得成功以后，便进入成长期。此阶段的特点为：

(1)经广泛介绍，用户逐渐接受新产品，故销量急剧上升。

(2)随着销售量的上升，利润也迅速增长。

(3)由于有利可图，竞争者纷纷涌入，使供给增加，价格下降，利润增长速度减慢。

所以，建立企业的形象至关重要。

3. 成熟期

经过成长期以后，产品将进入成熟期，此阶段的特点为：

(1)大多数用户已购买该产品,故销量上升减缓。

(2)利润在此阶段达到最大。

(3)为维持竞争地位,使销售费用上升,利润开始下降。

(4)主要竞争者市场占有率变动不大,新竞争者少。

所以,开拓新市场为企业的当务之急。

4. 衰退期

此阶段的特点为:

(1)销量急剧下降,利润下降,无利甚至出现亏损。

(2)竞争者纷纷退出。

(3)价格大幅下降,尽量吸纳所剩的买主。

所以,已无继续营销的意义。

二、产品生命周期营销策略

(一)导入期营销策略

介绍产品,以吸引消费者试用;建立完善的分销渠道。若仅考察价格和促销因素,则有以下四种组合策略(表 9-3)。

表 9-3　导入期价格—促销组合策略

组合类型	快速撇脂	缓慢撇脂	快速渗透	缓慢渗透
特点	高价格、高促销	高价格、低促销	低价格、高促销	低价格、低促销
最终目的	扩大销售量,取得高市场占有率	追求更多利润	更快打入市场,取得尽可能高的市占率	占据较高的市占率,保证一定的利润率
适用背景	不了解新产品,部分愿按价购买,面临潜在竞争威胁	已熟悉产品,购买者愿出高价,潜在竞争威胁不大	市场容量很大,价格敏感度大,潜在竞争激烈,规模效应较明显	市场容量很大,价格敏感度大,存在潜在竞争

(二)成长期的市场营销策略

针对成长期市场特点,企业为维持其市场占有率,使获得最大利益的时间延长,可以采取以下几种策略:

(1)改善产品品质。如增加新功能、改变产品款式等。对产品加以改进,可以增强产品的竞争力,满足消费者广泛的需求,吸引更多的顾客。

(2)寻找新的子市场。通过市场细分,找到新的尚未满足的子市场,迅速进入这一新市场。

(3)改变产品宣传的重点。把广告宣传的重点从介绍产品转到建立产品形象上来,树立产品名牌,维系老顾客,吸引新顾客,使产品形象深入人心。

(4)在适当的时机,可以采取降价策略,吸引那些对价格比较敏感的消费者产生购买动机和采取购买行动。

(三)成熟期市场营销策略

针对成熟期市场特点,该时期营销总目标:延长成熟期,使产品生命周期出现再循环。相应的具体策略:调整市场,调整产品,调整市场营销组合。

(1)调整市场。这种策略不是调整产品本身,而是发现产品的新用途或改变推销方式等,以使产品的销售量得以扩大。

(2)调整产品。这种策略是以产品本身的调整来满足顾客的不同需要,吸引有不同需求的顾客。整体产品概念的任何一层次的调整都可视为产品的再推出。

(3)调整市场营销组合。即通过对产品、定价、分销、促销四个市场营销因素加以综合调整,以刺激销售的回升。

(四)衰退期的市场营销策略

面对处于衰退期的产品,企业需要进行认真的研究分析,决定采取什么策略,在什么时间退出市场。通常有以下几种策略可供选择:

(1)继续策略。继续沿用过去的策略,仍按原来的子市场,使用相同的分销渠道、定价及促销方式,直到产品完全退出市场为止。

(2)集中策略。把企业能力和资源集中在最有利的子市场和分销渠道上,从中获取利润。这样既有利于缩短产品退出市场的时间,同时又能为企业创造更多的利润。

(3)收缩策略。大幅降低促销水平,尽可能降低促销费用,以增加目前的利润。这样可能导致产品在市场上的衰退加速,但又能从忠实于这种产品的消费者中获得利润。

(4)放弃策略。对于衰落比较迅速的产品,企业应该当机立断,放弃经营。

第六节　新产品开发策略

一、新产品的概念

(一)新产品的涵义

市场营销学中的新产品涵义与科技开发中的新产品涵义不尽相同,其内容要广泛得多。从产品的整体概念来理解新产品,可以说,新产品并不一定就是新发明的产品。固然,市场上出现的前所未有的崭新的产品项目是新产品,如汽车、电话的发明创造。但这种新产品并不是经常出现的,往往这些产品在功能、材料、结构等方面略作改变，人们习惯上也把它们称做新产品。可见，“新”的意义是相对的，可以相对于老产品，相对于企业，也可以相对于市场。比如，有的产品在某个国家或地区的市场上早已出现，但它还没有在另外一个地区或国家出现过，那么，对这个地区或国家的市场来讲，就属于新产品。从这种相对的意义上来理解新产品，对于做好新产品的开发和市场转移，具有重要意义。

综上所述，只要是产品整体概念中任何一部分的创新、变革或变动，都可以理解为一种新产品。它能够给顾客带来某种新的利益、新的享受。

（二）新产品的种类

1. 全新的新产品

也称新发明产品。它是指企业首次采用新原理、新技术、新材料、新结构制成的前所未有的产品。这是绝对的新产品，与现有产品毫无雷同之处，如汽车、电话、飞机、尼龙、复印机等产品的问世，都是全新产品的诞生。这种新产品要依赖于科学技术的重大发明，它的使用会改变消费者或用户的生产方式和生活方式，一般的企业是不易提供的，因为它既需要技术、资金的保证，又要承担巨大的投资风险。

2. 换代新产品

即革新现有产品。它是指在原有产品的基础上，部分采用新技术、新材料、新工艺，使产品的性能有显著提高的产品。换代新产品的技术含量较高，在原有产品的基础上提高较大，它是新产品开发的重要形式。例如，电子计算机自问世以来，从电子管——晶体管——集成电路——大规模集成电路，已经更新换代到第四代，现正在开发第五代人工智能的电子计算机。另外，黑白电视机——彩色电视机，单缸洗衣机——双缸洗衣机——全自动洗衣机等，都是这种换代的新产品。

3. 改进新产品

即改变现有产品。它是指对现有产品在结构、材料、性能、款式、包装等方面进行改变，由基本型派生出来的改进型产品。改进新产品技术含量低或不需要新技术，是企业依靠自己的力量最容易开发的新产品，如台扇——落地扇、牙膏——药物牙膏等，都属于这种改进新产品。改进新产品进入市场后，比较容易被消费者接受，但竞争者也极易仿制，所以，竞争比较激烈。

4. 仿制新产品

也称本企业新产品或新牌子产品。它是指企业对市场上已有的某种畅销产品进行仿制，只是标出新牌子的产品，或者是市场上已有而本企业第一次模仿制造的产品。如市场上经常出现的新牌子的香烟、啤酒、化妆品、电风扇、洗衣机等。这类新产品开发最快捷，风险也较小，只要有市场需求，又有生产能力，就可以借鉴现成的样品和技术来开发本企业的新产品。日本汽车称雄世界，它的第一步是从仿制开始的；“广货”畅销于国内外市场，其中不少是仿制品。但一定要注意不能违反专利法、商标法，还要注意对原有产品进行改进，突出某一方面的特点(表9－4)。

表9－4　新产品的四种类型

类　型	特　　征
全新产品	是指应用新原理、新结构、新技术、新材料制造的前所未有的产品
换代产品	是指在原有产品的制造原理基础上，部分采用新技术、新材料或新元件，产品性能有显著提高的产品
改进产品	是指对企业现有产品在品质、结构、花色品种、产品分类等方面做出改进的产品
仿制新产品	是指企业模仿市场上正在销售的产品而生产的产品

很显然，表中由上到下新产品的创新程度和难度逐渐下降。

二、新产品的开发策略

新产品的开发策略是企业在新产品开发的各个方面所做出的决策，主要涉及以下几个方面。

1. 新产品开发的基本要求

(1)要有需求。新产品的市场需求一定要充分，必须对目标市场的需求情况进行认真的分析预测，做到有的放矢。

(2)要有特色。新产品要体现一个“新”字，应具有较强的独创性、时尚性、适应性，能满足消费者新的需求和欲望。

(3)要有能力。新产品的开发要耗费大量的人力、物力和财力，是一项难度很大的工作，因此，企业应全面考虑，量力而行。

(4)要有效益。开发新产品必须做到效益显著，否则就失去意义。效益包括经济效益和社会效益。从经济效益来考虑，成功的新产品除可收回全部的研制费用以外，还能取得可观的利润；从社会效益来考察，新产品必须安全可靠，节约能源。

2. 新产品开发的方向

开发新产品的最大难题之一是创意的缺乏，企业不知该从哪个方向、该从哪些方面来突出“新”。根据产品的不同性能，新产品的开发方向可以从以下几方面考虑。

(1)多能化。一种产品具有多种功能，一物多能，一物多用，同时满足消费者的多种需要，如多功能治疗仪、多功能手表等。

(2)小型化、微型化。主要从产品的体积和重量方面改进，使产品体积更小、重量更轻，如笔记本电脑、掌中宝手机等。

(3)简易化。从产品的结构、使用方法上改进，力求使产品结构简单、使用方法易懂易掌握，如电饭煲、智能型洗衣机等。

(4)多样化。从产品的形式、规格、包装、颜色等方面改进,使产品具有不同规格、不同形式等。这类新产品是最多的,如火锅有炭火锅、电火锅、铜火锅、砂火锅、不锈钢火锅等。

(5)公益化(节能化)。从节约能源、控制污染、不产生公害方面来考虑,使产品能省煤、省水、省电、省油或能利用最新的能源,如太阳能、风能、核能、潮汐能等。这样的新产品无疑大有前途,如太阳能汽车、电瓶自行车等。

3. 新产品开发的方式

企业取得新产品的方式有三种:购买方式、开发方式和两者相结合的方式。

(1)购买方式。购买包括购买专利、购买技术、购买特许经营权等。这种方式能节省研制费用,赢得时间,缩短差距,填补空白。日本经济腾飞的原因之一就是大力引进、消化和吸收世界现代科学技术,为己所用。我们国家在改革发展过程中要赶超先进,许多产品开发也是采用这种方式。引进先进技术,使我们的发展有了一个更高的起点,少花钱,多办事,但应注意改进、提高,切勿人云亦云。

(2)开发方式。开发也有许多种,包括企业自行开发、与科研机构联合开发、协议开发即委托独立的研究机构为企业开发新产品等,通过开发,创造出独具特色的新产品,从而取得技术领先地位和市场的优势。

(3)开发与引进技术相结合。既重视购买,引进先进技术,也不放弃产品开发,将两种方式结合起来。关键的、先进的技术引进,其他的自己开发,这是目前国内许多企业开发新产品采用较多的一种形式。

4. 新产品开发的程序

新产品的开发是一项高风险的艰巨工作,必须慎之又慎。为了减少开发成本,提高成功率,必须按照科学的程序来进行。开发新产品的程序可以分为八个阶段,如图 9-4 所示。

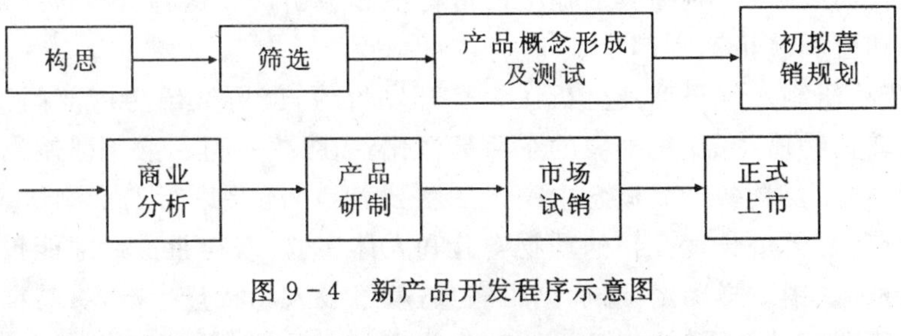

图 9-4　新产品开发程序示意图

(1)新产品设想、构思。即提出开发新产品的想法、主意,或称创意、点子。这是发展新产品的基础与起点。一些"异想天开"的构思往往独具创意。新产品的动向,可以使企业少走弯路,或"借鸡下蛋",或后来居上;企业推销人员和经销商,他们经常与消费者、竞争对手打交道，对市场行情最了解；科研部门，一个良好的构思可产生于偶然的发现，但主要是依靠科学的方法和新技术成果，企业应经常与科研部门、科研人员保持广泛的联系，不断进行新产品构思。

(2)筛选构思。并不是每个构思都有开发价值，这就需要筛选。根据企业的发展目标和长远利益，结合企业的资源能力和实际情况，淘汰那些不可行的构思，把有限的资金集中于少数有潜力的新产品上来。

在筛选过程中，企业应当避免两种"失误"：一是误舍，对一些有发展前途的构思估计不足，错过机会；二是误取，考虑不周，仓促投产，以致造成损失。因此，企业在构思的筛选时应特别慎重。

(3)产品概念的形成及测试。新产品的构思经过筛选后，要进一步将其发展成为更具体明确的产品概念。产品概念是用文字、图形、模型，对已经成型的产品构思进行详尽、形象的描述，以便在消费者心目中形成一种潜在产品的特定印象。一个新产品构思可以形成若干个产品概念。对发展出来的产品概念，还需进行目标顾客测试，听取他们的意见，包括产品特点、用途、价格、包装、款式等方面，这一步叫产品概念实验，它关系到新产品开发出来以后为市场接受的程度。例如，我国一些大中城市相继限制燃油助动车上牌后，一些企业抓住机遇开发电动自行车，但这些企业的产品概念都没有经过目标顾客的测试，产品性能和顾客的期望值相差甚远，因此，投放市场并没有达到预期的效果。

(4)初拟营销规划。在确定最佳产品概念之后，企业还要初步拟定市场营销规划，这个规划在以后的发展过程中还要不断地补充、修正。营销规划包括：具体描述目标市场，对概念产品进行市场定位，投产后几年内的销售额、市场占有率和利润目标及不同时期的市场营销组合策略等。

(5)商业分析。在确定最佳产品概念和初步拟定营销方案之后，还要对这一概念产品进行商业分析，判断其商业上的可行性和吸引力。这种分析包括需求分析、成本分析和盈利分析三大部分。

(6)产品研制。经过商业分析认为有开发价值，就可交给生产部门试制，即把产品概念变为物质产品，把抽象的东西具体化。在这一阶段，必须研制出新产品的样品，这一样品要具备产品概念中阐述的主要特点，还要进行安全测试，汽车要进行试车，新药要经过长达几年的动物实验和人体实验，获得批准后才能投放市场。

(7)市场试销。样品经测试，结果满意，就可投入小批量生产，将其推向市场进行试销。所谓试销，就是将产品投放到有代表性的小范围市场上，进行销售试验，了解消费者的需求和购买情况，检验产品的质量、包装、价格、广告效果，以确定大批量生产的可能性和营销方案。

在试销过程中，主要应搜集和掌握以上数据，然后得出结论。所以，试销对于大多数产品来说都是很有必要的，它可以少量的投入避免大量的损失，同时可以检验市场营销组合计划的优劣，为进一步推广提供经验。

(8)正式上市。这是开发新产品的最后一个程序。如果试销成功或某些方面改进以后，就可以进入商业化阶段，正式大批量生产，全面推向市场。这时，产品进入市场生命周期的投入期，以后可按市场生命周期策略进行营销。应注意的是，要合理确定推出时机、推出地区、目标市场选择和营销对策的运用，以保证新产品开发成功。

三、新产品扩散

所谓新产品扩散，是指新产品上市后随着时间的推移被越来越多的消费者所采用的过程。也就是说，新产品上市后逐渐扩散到其潜在市场的各个部分。

(一)新产品采用者的类型

在新产品的市场扩散过程中，由于个人性格、文化背景、受教育程度和社会地位等因素的影响，不同消费者对新产品接受的快慢程度也不同。罗杰斯根据这种接受快慢的差异，将消费者划分为五种类型：创新采用者、早期采用者、早期大众、晚期大众和落后采用者(表 9－5)。

表 9－5　新产品采用者的五种类型

类　型	特　征
创新采用者	占潜在采用者的 2.5%； 特征：极富创新精神，收入水平、社会地位和受教育水平较高，一般为年轻人，交际广泛而且消息灵通
早期采用者	占潜在采用者的 13.5%； 特征：大多群体中具有很高威信的人，受到周围朋友的拥护和爱戴，常常收集有关新产品的各种信息资料，成为某些领域里的舆论领袖，多在产品的介绍期和成长期采用新产品，对后来采用者影响较大
早期大众	占潜在采用者的 34%； 特征：深思熟虑，态度谨慎；决策时间较长；受一定教育；有较好的工作环境和固定收入；对舆论领袖的消费行为有较强的模仿心理
晚期大众	占潜在采用者的 34%； 特征：多疑；信息多来自周围的同事和朋友，很少借助宣传媒介收集所需信息；受教育程度和收入水平相对较差；从不主动采用或接受新产品，直到多数人都采用且反应良好时才行动
落后采用者	占潜在采用者的 16%； 特征：思想保守，拘泥于传统的消费行为模式；极少借助广告宣传，其社会地位和收入水平一般较低；直到产品进入成熟期乃至衰退期后才会采用

很显然,表中由上往下,采用者对新产品的兴趣度、关注度、接受度逐渐减弱,对企业新产品扩散来说,由易到难,因而,企业在新产品推广中,要积极面向前三类采用者,尤其是第一类,因为他们对新产品的认识、偏好对其他类型采用者有很好的宣传和带动作用。

(二)新产品扩散过程管理

新产品扩散过程管理是指企业通过采用措施使新产品扩散过程符合既定的市场营销目标的一系列活动。企业之所以能对新产品扩散进行管理,是因为扩散过程不仅受到外部不可控因素的影响,还受到企业营销活动的制约。为了使产品扩散过程达到其管理目标,要求企业管理部门采取一些措施和策略。

(1)实现迅速起飞,需要:派出营销队伍,主动加强推销;开展广告攻势,使目标顾客很快熟悉创新产品;开展促销活动,鼓励消费者试用新产品。

(2)实现快速增长,需要:保证产品质量,促进口头沟通;继续加强广告攻势,影响后期采用者;推销人员向中间商提供各种支持;创造性地运用促销手段,使消费者重复购买。

(3)实现渗透最大化,需要:继续采用快速成长的各种策略;更新产品设计和广告策略,以适应后期采用者的需要。

(4)要想长时间维持一定水平的销售额,需要:使处于衰退期的产品继续满足市场需要;扩展销售渠道;加强广告推销。

本章关键术语中英文对照

产品 product	核心利益 core benefit	基础产品 basic product
期望产品 expected products	附加产品 augmented product	潜在产品 potential product
产品组合 product mix	产品线 product line	产品组合宽度 product mix width
产品组合深度 product mix depth	产品组合长度 product mix length	产品组合决策 product mix decisions
品牌 brand	商标 trademark	品牌资产 brand equity
包装 packaging		

本章重要概念中英文释义

1. 核心产品:指产品带给顾客的实际利益和效用,它是吸引顾客的有效部分。

core product: It is the fundamental service or benefit that the customer is really buying, and it is a convenient, high-quality way to capture important moments.

2. 期望产品：顾客购买产品时通常所期望的产品的特征和状况。

basic and expected product: A set of attributes and conditions buyers normally expect when they purchase this product。

3. 附加产品：指顾客购买有形产品时所获得的全部附加服务和利益。

augmented product: A warranty on parts and workmanship, free lessons on how to use the camcorder, quick repair services when needed, and a toll-free telephone number to call if consumers have problems or questions.

4. 产品组合：指某企业生产销售的全部产品大类和产品项目的组合。

product mix: It is the set of all products and items that a particular seller offers for sale.

5. 产品组合宽度：指一个产品组合的产品线的数目。

product mix width: It refers to how many different product lines the company carries.

6. 产品组合深度：指某一产品线的产品项目数。

product mix depth: It refers to how many variants are offered of each product in the line.

7. 产品组合关联度：指各产品线在最终用途、生产条件、营销渠道等相关的程度。

product consistency: It refers to how closely related the various product lines are in end use, production requirements, distribution channels, or some other way.

8. 产品线：指有相同使用功能(但规格、型号不同)的一组产品。由若干产品项目构成。

product line: A group of products that are closely related because they function in a similar manner, are sold to the same types of outlets, or fall within given price ranges.

9. 品牌：品牌是一种名称、术语、标记、符号或设计，或是它们的组合运用，用于识别某个销售者或某群销售者的产品或服务。

brand: A name, term, sign, symbol, or design, or a combination of these is intended to identify the goods or services of one seller or group of sellers and to differentiate them from those of competitors.

10. 品牌延伸：指企业利用其成功品牌名称来推出改良产品或新产品。

brand extension：Using a successful brand name to launch a new or modified product in a new category.

11. 多品牌：指企业的同类产品同时使用两种或两种以上的品牌。

multibranding：Under which a seller develops two or more brands in the same product category.

本章小结

本章主要介绍产品整体概念、产品组合、产品品牌、产品包装、产品生命周期，及新产品开发策略。内容要点主要包括：

(1)产品整体概念是指人们向市场提供的能够满足消费者或用户某种需求的任何有形物品和无形服务的总和，包括核心层、有形层和附加层。

(2)产品组合是指一个企业生产销售的各种产品线及其产品品种、规格的搭配。衡量产品组合的要素包括组合的宽度、长度、深度和关联度。企业可以采取的产品组合策略包括：加大产品组合的宽度，扩展企业的经营领域，实行多样化经营；增加产品组合的长度，使产品线丰满充裕；加强产品组合的深度，占领同类产品的更多细分市场，满足更广泛的市场需求；加强产品组合的关联度，使企业资源得到更好的利用。

(3)品牌目的是借以辨认某个销售者，或某群销售者的产品和服务，并使之同竞争者的产品和服务区别开来。品牌包括品名、品牌标志、商标和版权。品牌具有无形价值。品牌策略主要包括：品牌有无策略、品牌归属策略、品牌统分策略、品牌扩展策略、多品牌策略、品牌重新定位策略。

(4)包装是产品策略的重要组成部分，包装设计时要坚持经济、美观和特色、安全等原则。包装策略主要包括：类似包装策略、配套包装策略、再使用包装策略、附赠品包装策略、不同容器包装策略、改变包装策略。

(5)产品生命周期指产品从进入市场到退出市场所经历的市场生命循环过程，根据销售额和利润额变化将这个过程划分为投放、成长、成熟和衰退四个阶段。各阶段营销目的不同：投入期是使产品尽快进入市场；成长期则为树立产品独特形象，保持产品的市场地位；成熟期为延长成熟期，使产品生命周期出现再循环；衰退期为合理地退出市场。因而，各个阶段相应的市场营销策略也不同。

(6)消费者认为是新的、能从中获得新的需求满足的可接受产品都属于新产品。创新程度由高到低，新产品包括全新产品、换代产品、改正产品、新牌子产品。新产品开发过程包括寻求创意、甄别创意、形成产品概念、制定市场营销策略、营业分析、产品开发、市场试销、批量上市。新产品上市后随着时间的推移被越来越多的消费者所采用的过程叫新产品扩散。依据不同消费者对新产品接受的快慢程度，由高到低将消费者划分为五种类型：创新采用者、早期采用者、早期大众、晚期大众和落后采用者。在新产品扩散过程中，需要企业实施有效措施使新产品扩散符合既定的市场营销目标，即要实施新产品扩散过程管理。

本章思考题

1. 什么是产品组合？分析产品组合一般应考虑哪些因素？
2. 什么是产品整体概念？
3. 简述品牌的作用。
4. 阐述企业品牌策略的主要内容。
5. 包装有什么作用？企业的包装策略有哪些？
6. 简述产品生命周期各阶段的特点。

章末案例分析

迪士尼之夜红火上海滩

一样的彩灯、一样的扎制技法、一样的艺术形式，而迪士尼这个象征卡通王国的主题却以不一样的速度引燃了人们的热情——一个名为“缤纷迪士尼之夜”的洋灯会正在上海长风公园火热进行，游人如织，每张70元的门票价格不菲，但丝毫不能降低游人的热情。

灯会是中华民族特有的传统节日。然而传统灯会在保存民俗传统方面的功劳，无法掩盖其商业经营的失败，举办灯会往往都是赔钱赚吆喝。并且，商业运作的不成功，使得承办的政府、企业不堪重负，直接导致传统灯会越来越淡出人们的视线。

同样是做文化，迪士尼漂洋过海，在新加坡、马来西亚、我国台湾和大陆都获得了成功。业内人士指出，传统灯会由于承办主体不确定，甚至一年换一个，所以承办企业往往急功近利，只想从灯会中分得一杯羹，而没有自主的品牌经营意识。

除了注重品牌经营，迪士尼公司多年来的成功和他们的不断创新密不可分。在本次灯会现场，不仅有“白雪公主”、“灰姑娘”这样的经典故事场景，还有“海底总动员”、“虫虫特攻队”等时下热门的动画形象。迪士尼之所以能吸引一代又一代人，重要原因就是迪士尼能一直推陈出新，不断打造出新的形象。

相比之下，传统灯会的题材显得单调得多。如何将传统灯会的表现形式与时尚元素结合，是摆在灯会承办者面前的一个主要问题。业内人士坦言，传统灯会如不加入时尚元素，很难引起年轻人的兴趣。

另一方面，传统灯会回收资金的主要渠道是门票收入，这就使得投资回收具有了极大的不稳定性。一些承办业主为了减少投资，增加收益，采取降低制作成本、抬高门票价格的手段，导致灯组粗制滥造，门票价格却居高不下。高投入，又不能抬高门票，这意味着经营者必须寻找到新的方式来盈利。

许多游客表示，既欣赏了灯会，又能买到自己喜欢的迪士尼授权产品，花的是满意钱。

思考：

1. 根据资料分析传统灯会不成功的原因。

2. 结合案例，你认为传统灯会应该怎样应对外来品牌的挑战，赢得消费者支持与忠诚呢？

推荐阅读书目

1. 陈涛. 销售管理[M]. 武汉：华中科技大学出版社，2008

2. 陈艳霞，市场营销学[M]. 武汉：武汉理工大学出版社，2008

3. 黄金火. 市场营销学[M]. 上海：上海财经大学出版社，2006

4. 张文贤. 市场营销创新[M]. 上海：复旦大学出版社，2002

5. 菲利普·科特勒. 市场营销[M]. 北京：华夏出版社，2003

第十章　价格策略

本章主要内容

1. 影响定价的因素
2. 企业定价目标
3. 定价方法
4. 定价策略

本章重点与难点

重点：

1. 影响定价的主要因素
2. 如何选择合适的定价方法
3. 如何制定适宜的价格策略应对产品和市场的变化

难点：

1. 影响价格的内在基础与外在因素及其关系
2. 如何在竞争市场上保持自身价格的竞争力

本章要求

1. 了解价格的一般理论和影响定价的主要因素。
2. 把握制定价格的一般方法和策略。

开章引例

只要是符合消费者需要的产品都能卖出好价钱

在 20 世纪 80 年代末和 90 年代初，罐头在中国市场上有很大的销量，尤其是水果罐头，更是受到广大消费者的喜爱。在汕头有一罐头厂，以生产橘子罐头出名，但是剩下的橘子皮一直没有很好的方法处理，于是便将橘子皮以九分钱一斤的价格送往药品收购站销售，但依然十分困难。他们思考难道橘子皮只能入中药做成陈皮才有用？经过一段时间的研究，他们终于开发出“珍珠陈皮”这一新用途，可将其用做小食品，而且这种小食品具有养颜、保持身材苗条等功能。

以何种价格销售这一产品？经市场调查发现，妇女和儿童尤其喜欢吃零食，且在此方面不吝花钱，但惧怕吃零食会导致肥胖，而珍珠陈皮正好解其后顾之忧，且市场上尚无同类产品。于是，他们决定每15克袋装售价1元，合33元一斤，投放市场后，该产品销售火爆。

（来源：http://www.fjlzy.com/jgx/jpkc/scyx/N(1).htm#7）

第一节　影响企业定价的因素

价格是营销组合中重要的要素之一，也是唯一能为企业增加销售收入而不需支出费用的因素，其他各项均构成企业经营的成本。价格的高低不仅涉及交换各方的经济利益，而且直接关系到产品的销售以及产品策略、渠道策略和促销策略的实施。因此，企业营销人员不仅需要充分了解定价策略在营销过程中的重要性，还要掌握正确定价的方法，认识影响定价的各种因素，合理设置定价目标，在竞争激烈的市场中灵活调整价格策略。

企业在定价时，首先要考虑影响企业定价的因素。这些影响因素构成企业定价的依据。

一、成本因素

某项产品的最高价格取决于市场需求，最低价格由这种产品的成本费用决定。因此，成本是影响定价的最基本因素。从短期来看，企业需要知道成本的结构，以便在定价时就能掌握盈亏情况，减少经营风险。从长期来看，价格必然要至少等于成本加上合理的利润。否则，企业无利可图，就要停止生产。根据市场营销定价策略的不同需要，对成本可以从不同的角度做以下分类。

(1)固定成本：是指为组织一定范围内的生产经营活动所支付的固定数目的费用，即不随产量的变动而变化的成本，如固定资产折旧、房地租、办公费用、管理人员工资等。但从长期看，固定成本也是变动成本。

(2)变动成本：指企业支付变动因素的费用，即随产量的增减变化而变化的成本，如原材料、生产工人工资、销售佣金及直接营销费用等。

(3)总成本：固定成本与变动成本之和。当产量为零时，总成本等于固定成本。

(4)平均成本：即固定成本除以产量的商。固定成本不随产量的变动而变动。

(5)边际成本:指每增加或减少一个单位产量而引起的总成本变动的数值。边际成本的变动与固定成本无关,在产量增加初期,边际成本呈下降趋势,低于平均成本,导致平均成本下降,但超过一定限度,则高于平均成本,又导致平均成本上升。企业可以根据边际成本等于边际收益的原则,来寻求最大利润的均衡产量。

(6)机会成本:又称"择一成本(Iternative cost)"。指企业从事某一项经营活动而放弃另一项经营活动的机会,另一项经营活动所应取得的收益即为某项经营活动的机会成本。分析机会成本,要求企业在经营中正确选择经营项目,其依据是实际收益必须大于机会成本,从而使有限的资源得到最佳的配置。

二、竞争因素

不同的市场结构,产品竞争的激烈程度不同,对定价的影响也不相同。

(1)完全竞争对定价的影响。在完全竞争的市场中,企业几乎没有定价的主动权,仅是市场价格的接受者。完全竞争是指同种商品同时有多个买主和卖主,生产要素可以自由流动,产品同质,商品价格在多次市场交换中形成,买卖双方都是价格的接受者。在完全竞争的市场中,企业的目标是追求利润最大化。

(2)不完全竞争对定价的影响。不完全竞争包括垄断竞争和寡头垄断竞争。它介于完全竞争和完全垄断两者之间。在不完全竞争的市场中,竞争的强度主要取决于生产产品的难易和供求的形势。由于竞争影响定价,企业要做好定价,必须充分了解竞争者的情况。要了解主要竞争对手来自何方,他的实力如何及对手的定价策略如何。

(3)完全垄断对定价的影响。在完全垄断的市场结构中,一种商品的供应完全由一家或极少数几家企业控制。在没有竞争对手的状况下,垄断企业主要通过市场供给量来调节市场价格。垄断力量的来源主要是资源垄断、专卖或拥有专利商品。完全垄断的市场产生了较高的商品价格、较低的产量和超额垄断利润,结果是生产效率低下、社会资源得不到优化配置。

三、需求因素与价格弹性

市场需求与价格的关系可以简单地用市场需求潜力与需求价格弹性来反映。市场需求潜力是指在一定的价格水平下,市场需求可能达到的最高水平。需求价格弹性大的商品,由于需求对价格变动比较敏感,价格的制定和调整会导致市场需求量的迅速变化。因此,需求价格弹性大的商品适宜采用低价格策略。需求价格弹性小的商品,由于需求对价格变动不太敏感,降价并不能刺激需求。因此,需求价格弹性小的商品适宜采用高价格策略。

学习伴随案例:

日本折扣商店

在日本,一些廉价市场(折扣商店)依靠不断推出超折扣商品,使得生意兴隆。在这些折扣商店中,顾客可以比通常低20%的价格购得优质的商品。有一家名叫“罗杰斯”的商店,堪称折扣商店的楷模。这是众多折扣货商场中最成功的商场之一,其营业额每年达130亿日元。

在这里,一辆通常售价为3.8万日元的自行车,仅花1.48万日元便可买到。通常价格为5 900日元的一块手表,仅用2 500日元即可买到。这家商场经营商品共计5万种,从食品、杂货到日用百货、娱乐品,琳琅满目,应有尽有。所有商品无一不按照超折扣价出售。罗杰斯成功的秘诀何在?那就是:薄利多销。

薄利多销的关键是要善于寻找廉价货源,保持较低的成本。罗杰斯利用一套价值5亿日元的电脑系统和各地批发商保持十分紧密的联系,只要发现一种商品在某家批发商的索价比另一家哪怕便宜1日元,他也会毫不犹豫地把那家便宜的商品列入订单。

保持低进价只是薄利多销成功的一个方面,而降低成本的另一种策略则是开源节流,削减日常开支。由于处处精打细算,罗杰斯商店的开支,始终维持在一般商店的一半左右。由于商品价格便宜、质量又好,罗杰斯商店吸引了大量的顾客,生意越做越兴旺。

(资料来源:范晓屏.市场营销学.杭州:浙江大学出版社,2003)

四、法律和政策因素

多数国家都有自己的经济政策,对企业定价和变动都有相应的限制和法律规定。同时,政府还利用市场、生产、货币金融、海关等手段来间接调节价格。在我国社会主义市场经济中,政府制定了一系列的政策和法规,对市场价格进行管理和控制,并通过各种改革措施建立社会主义市场经济发展所需的价格管理体制。这些法律和政策有监督性的、有保护性的,也有限制性的,如稳定物价的政策、等价交换和缩小剪刀差的政策、农产品收购保护价及粮食顺价销售政策等。

五、消费者购买心理

消费者心理变动随机性较大,是企业在定价过程中必须考虑的重要因素之一。

不同类型的顾客由于购买心理、购买动机、购买行为等的不同对价格的敏感程度也不相同。

1. 消费者的价值观念

消费者在购买商品的过程中受收入水平、文化程度、社会地位和宗教信仰的影响,对同种商品具有不同的价值判断和价格预期。因此,企业在定价的过程中必须考虑到由价值观念引起的商品需求价格弹性的不同,并据此进行不同消费群体的区分,最终针对目标市场进行有效定价。

2. 消费者的期望价格

消费者一般会根据某种商品能为自己提供的效用的大小来判断该商品的价格。在消费者的心中,对商品都会有一个客观的估计和评价。这种估计被称为期望价格,这一价格在一定范围内变化。如果企业的定价高于期望值,就很难被消费者接受;如果低于期望值,又会使消费者对产品的品质发生怀疑。

3. 消费者的质量价格心理

当商品的品质无法加以直观判断时,产品的价格往往会成为消费者评价产品质量高低的标准。消费者通常持有"高质高价、低质低价"的心理。另外,在炫耀性消费心理的驱使下,某些消费者为获得优质产品而并不介意产品价格的高低。企业应充分利用这一消费心理来制定产品的价格。

第二节　企业定价目标

企业按照自己的目标市场及市场定位策略来制定价格。同时由于处于不同的行业、可支配资源有限、企业规模和实力、企业未来发展战略等方面的影响,企业具有不同的定价目标。在不同的时期、不同的市场条件下,企业应根据自身发展的特点来对各种定价目标进行取舍。

一、以获取利润为定价目标

获得预期和长期的报酬是企业投资的目的。利润既是企业生存和发展的源泉,也是企业从事经营活动的主要目标。

(一)获取投资收益率

一定的投资利润率或投资收益率是企业经常采用的一种定价目标,即根据投资额期望得到一定百分比的纯利或毛利为目标。企业在采用这种定价目标进行定价时,产品的价格等于产品的成本加预期的利润。投资收益的高低由投资收益率来衡量,计算公式为:

$$投资收益率=\frac{I/Y\times 100\%}{I}$$

式中：I——总投资；Y——投资回收年限。

投资收益率一般必须高于同期银行利息率。

(二)获取最大利润(maximum current profit)

企业在追求最大利润时一般必须遵循边际收益等于边际成本的原则。追求最大利润并不是追求最高价格，而是指企业长期目标的总利润最大。如在新产品上市之初，为开拓市场、争取顾客，常采用低价策略。进入市场的最初几年并不打算盈利，目的在于打好基础，争取获得满意的长期利润。同时，最大利润应以全部产品的总利润最大为目标，而非每一单一产品的利润最大。为了争取整个企业的最高利润，企业将个别容易引起顾客注意的商品以低于成本的价格出售，借以带动其他商品的销路，从而获得最高总利润。

(三)以生存为目标(survival)

如果企业生产过剩，或实力规模有限，或者面临的市场竞争非常激烈，为避免不必要的价格战，同时为保全自己，减少风险，则需要把维持生存作为定价的主要目标。此时利润成为次要的目标，只要价格能弥补可变成本和一些固定成本，企业就可以维持生存。

二、维持或提高市场占有率

企业的市场占有率是经营状况和产品竞争力的综合反映，它关系到企业的兴衰。能否维持和提高市场占有率，有时比获得预期投资报酬率更为重要。企业可以通过定价来取得控制市场的地位，实现维持或提高市场占有率。例如，一个企业计划在一定时期内将市场占有率从20%提高到30%。为实现这一目标，企业就要制定相应的市场营销计划和价格策略。当具备下述条件之一时，企业就可以考虑通过低价来实现市场占有率的提高：①市场对价格高度敏感，因此低价能刺激需求的迅速增长；②生产与分销的单位成本会随着生产经验的积累而下降；③低价能吓退现有的和潜在的竞争者。[①]

三、保持价格稳定

保持价格稳定是在同行业中处于市场领导者地位的大企业的目标。其目的是通过长期稳定的价格实现经营目标、获取稳定的利润，同时最大范围地占领目标市场。在供求与价格时常发生较大波动的工业中，稳定的市场价格可增加市场的安

---

①范晓屏. 市场营销学. 杭州：浙江大学出版社，2004.

定性。在稳定的市场价格下，其他企业采取的价格通常与市场领导者价格成一定比例关系。

四、应对竞争

大多数企业对于竞争者的价格非常敏感，在广泛收集对比自身与竞争者产品品质、规格等的基础上，判断竞争者价格的走向和发展趋势，以及竞争者将如何对自身价格变化做出反应。采用这种目标，企业可以采取和竞争者相同的价格，也可以采取略低于竞争者的价格。实力规模大的企业为防止竞争对手进入或逼迫竞争对手退出自己的目标市场，常采取较低的产品价格；中小企业为扩大市场占有率常采用低于竞争者的价格。以高价格出售产品或服务的企业除资力雄厚、技术领先、产品优良外还需要有较好的、完备的服务体系；以竞争为定价目标的企业，在成本或需求发生变化时，只要竞争者维持原价，他们一般也维持原价；当竞争者改变价格时，他们就调整价格，以应付或避免竞争。

第三节　定价方法

成本、需求和竞争是影响企业定价行为的三个最主要的因素。企业在定价时需要全面考虑这些因素的影响。但在实践过程中，由于市场环境和产品特性的差异，使得企业的定价往往只侧重于其中一个方面。这就形成了成本导向、需求导向和竞争导向三大类基本定价方法。

一、成本导向定价法

成本导向定价法是价格以成本为基础，在一定成本的基础上加利润形成价格的定价方法。这类定价方法主要有以下几种形式：

(一)成本加成定价法

所谓成本加成定价法，是指产品的销售价格由单位成本加上一定百分比的加成利润构成。成本是指计算产品的所有变动费用，合理分摊相应的固定费用。这种定价方法的两个关键要素是：①成本，指包括固定成本和变动成本的总成本；②加成，即利润。计算公式如下：

$$P=C(1+R)$$

式中：P——单位产品售价；C——单位产品成本；R——成本加成率。

成本加成的优点是：①成本较需求的变动少，价格订住单位成本大大简化了企业的定价程序；②同行中多数企业采取这种定价方法，可大大减少价格竞争；③成本加成对买主双方都较为有利，当面临较为旺盛的市场需求时，卖方采用这一定价方法可获得较公平的投资报酬。

成本加成的缺点是:①忽略了商品的需求价格弹性,定价缺乏灵活性,不能获得短期或长期的最大利润;②在实践过程的许多情况下,难以将总成本精确地分摊到各种产品上去。

(二)变动成本定价法

所谓变动成本定价法,是暂不计算固定成本,而是以变动成本为基础,加上预期的利润来制定产品的销售价格。其计算公式为:

$$单位商品价格=\frac{变动成本总额+预期利润总额}{商品总量}$$

(三)收支平衡定价法

这种方法是利用收支平衡点来确定价格水平,即:销售量在某一数量时,价格制定多高,才不至于使企业发生亏损,反过来说,已知价格在某一水平时,该种产品应销售多少件才能保本。其计算公式为:

$$收支平衡销售量=\frac{固定总成本}{单价-平均变动成本}$$

$$单位产品售价=\frac{总成本}{销售量}$$

例:某产品固定成本为 100 000 元,单位产品的变动成本为 10 元/件,若销售量为 2 500 件时,价格最低定为多少企业才不会亏损?又若售价为 30 元/件时,销售量应达到多少企业才不会亏损?

$$价格=\frac{100\ 000+10\times 2\ 500}{2\ 500}=50(元)$$

则,若企业销售量为 2 500 件,价格最低定为 50 元/件时企业才不会亏损。当价格定为 30 元/件时,销售量为:

$$销售量=\frac{固定成本}{单价-变动成本}=\frac{100\ 000}{30-10}=5\ 000(件)$$

即,企业在 30 元/件的价格水平下,销售量必须达到 5 000 件时才不会亏损。

二、需求导向定价法

需求导向定价法是指企业在制定商品销售价格时,主要的依据是市场需求的大小和消费者的反应。

(一)理解价值定价(perceived-value pricing)

"理解价值"是指消费者对某种商品价值的主观判断。从营销活动的实践看,许多产品定价的关键,不是卖方的成本而是买主对所购买产品的价值的认知。理解价值定价与现代市场定位观念一致。因此,企业在从事营销实践的过程中要努力寻找与竞争对手的差异，在为目标市场开发新产品时，在质量、服务、价格等各方面要体现自身特定的市场定位。理解价值定价的关键是在于准确地计算产品所提供的全部的市场认知价值。为准确把握市场认知价值，必须进行市场研究。

学习伴随案例：

理解价值定价

卡特彼拉公司为工业品行业提供了一个利用理解价值定价法的典型案例。它可能定价一台拖拉机为10万美元，虽然其竞争对手定价可能仅为9万美元。而卡特彼拉公司却会获得比竞争者更多的销售额！当一位潜在的顾客问一位卡特彼拉公司的经销商为什么公司的拖拉机要比其他公司高1万美元时，这个经销商回答：

90 000(美元)——拖拉机的价格，这仅是相当于竞争者的拖拉机价格
7 000(美元)——产品优越的耐用性增收的溢价
6 000(美元)——为产品优越的可靠性增收的溢价
5 000(美元)——为优越的服务增收的溢价
2 000(美元)——为零配件的较长期的担保增收的溢价

110 000(美元)——包括一揽子价值的价格
−10 000(美元)——折扣价

100 000(美元)——最终价格

听了卡特彼拉经销商的讲述，顾客认识到他虽然被要求为卡特彼拉公司的拖拉机多付1万美元的溢价，但事实上他获得了更大的利益，不仅卡特彼拉公司的拖拉机在使用期内的操作成本更加便宜，而且他还得到了1万美元的折扣。

(资料来源：范晓屏. 市场营销学. 杭州：浙江大学出版社，2004)

(二)差别定价

同一产品，由于地区、消费群体和时间的差异引起需求不同，制定不同的价格。

(1)对不同的消费群制定不同的价格。如新老顾客的差别、会员制下会员与非会员的差别、国内与国外消费者的差别。对于不同顾客制定不同价格的主要理由是因为不同消费者群具有不同的购买能力、购买目的和购买数量，而且不同消费者群体对同种商品的价格需求弹性是不同的。

(2)对同种商品的不同式样制定不同的价格。企业在对质量和规格相同、但样式包装不同的同种商品进行定价时，所考虑的主要因素并非成本。不同式样的同

种商品的价格与消费者的购买目的和对消费者的吸引程度相关。式样新颖、花色时尚的产品定价高;式样老旧、花色老式的产品定价低。

(3)对不同的销售地区制定不同的价格。例如,同种商品对不同的国家和地区可以制定不同的售价。如不同地区由于消费者收入水平不同可以制定不同的价格,电影院由于位置不同而导致的观看效果不同也区分为不同级别的票。

(4)对不同的季节、时间,可以规定不同的价格。例如,许多季节性的商品,对淡季和旺季,可以规定不同的价格。在许多服务性行业中,白天与夜间、平时与节假日等可制定不同的收费标准。

学习伴随案例:

亚马逊失败的差别定价

作为一个缺少行业背景的新兴的网络零售商,亚马逊不具有巴诺(Barnes Noble)公司那样卓越的物流能力,也不具备像雅虎等门户网站那样大的访问流量,亚马逊最有价值的资产就是它拥有的 2 300 万注册用户,亚马逊必须设法从这些注册用户身上实现尽可能多的利润。因为网上销售并不能增加市场对产品的总需求量。

为提高在主营产品上的盈利,亚马逊在 2000 年 9 月中旬开始了著名的差别定价实验。亚马逊选择了 68 种 DVD 碟片进行动态定价试验,试验当中,亚马逊根据潜在客户的人口统计资料、在亚马逊的购物历史、上网行为以及上网使用的软件系统确定对这 68 种碟片的报价水平。

例如,名为《泰特斯》(Titus)的碟片对新顾客的报价为 22.74 美元,而对那些对该碟片表现出兴趣的老顾客的报价则为 26.24 美元。通过这一定价策略,部分顾客付出了比其他顾客更高的价格,亚马逊因此提高了销售的毛利率。但是好景不长,这一差别定价策略实施不到一个月,就有细心的消费者发现了这一秘密,通过在名为 DVDTalk(www.dvdtalk.com)的音乐爱好者社区的交流,成百上千的 DVD 消费者知道了此事,那些付出高价的顾客当然怨声载道,纷纷在网上以激烈的言辞对亚马逊的做法进行口诛笔伐,有人甚至公开表示以后绝不会在亚马逊购买任何东西。

更不巧的是,由于亚马逊前不久才公布了它对消费者在网站上的购物习惯和行为进行了跟踪和记录,因此,这次事件曝光后,消费者和媒体开始怀疑亚马逊是否利用其收集的消费者资料作为其价格调整的依据,这样的猜测让亚马逊的价格事件与敏感的网络隐私问题联系在了一起。

(资料来源:http://promote.yidaba.com/wlgg/al/1860556-1.shtml)

实行差别定价法的前提条件是:①市场要能够细分,即不同市场对同种商品的需求价格弹性不同,而且不同的细分市场要能看出需求程度的差别;②细分市场要能隔离,防止低价细分市场的中间商和买主向高价细分市场转售,同时要确知高价细分市场的竞争者不可能以较低价格竞销;③差别定价经济上有合理性,不会由于细分市场而增加开支;④差别定价不会引起顾客的反感而减少销售量。

(三)倒推定价

指企业根据消费者可以接受的最终销售价格,计算自己的经营成本和利润之后,反向推算出商品的批发价和出厂价。

三、竞争导向定价法

企业是以竞争对手的价格作为产品定价的前提和基础。运用这一定价方法时价格并不直接和商品的成本和市场需求相联系,而是随着市场竞争对手价格的变化而变化。竞争导向定价法主要有以下两种形式。

1. 随行就市定价法

企业为了减少因价格而引起的竞争,按照同行业平均价格水平来制定产品价格。随行就市定价法较适合完全竞争的市场结构。在完全竞争的市场中,买卖双方是价格的接受者。如果一个企业定高价,则它会失去顾客,因为其他企业不一定跟着提价。如果一个企业定低价,其他企业可能会随之降价,需求和利润不会增加。

2. 密封投标定价法

密封投标定价法是指在建筑施工、工程设计、设备定制、政府采购等需要投标以取得承包合同的项目中,买主企业引导卖方进行价格竞争,从中选择有利的价格。这种定价的方法主要包括以下几个步骤。

(1)招标。由买方发布招标公告,提出征求什么样的商品和劳务及其具体条件,引导卖方参加竞争。

(2)投标。卖方根据招标公告的内容和要求,结合自己的条件,考虑成本、盈利以及其他竞争者可能的报价,向买方密封提出自己的书面报价。

(3)开标。买方在招标期限内,积极进行选标,审查卖方的投标报价、技术力量、工程质量、信誉高低、资本大小、生产经验等,从而选择承包商,并到期开标。

在密封投标的过程中,标价越低的企业越有可能获胜。但是,参加投标企业的定价仍有一个最低限度。企业在投标的过程中,标价既不能低于边际成本不能获利,也不能只图盈利,标价过高。因此参加投标的企业应当准确计算期望利润,然后根据最高期望利润竞标。

第四节　定价策略

一、新产品定价策略

新产品定价策略是营销策略中的一个重要内容。新产品的价格直接影响着产品在市场中的销路,也决定了企业的市场竞争能力。新产品上市的定价策略分为两种:撇脂定价和渗透定价。

(一)撇脂定价策略

新产品刚刚上市时,企业将产品价格定得较高,尽可能在产品生命周期的最初阶段赚取高额利润,从而收回投资。这种定价方法就如同从鲜奶中提取乳酪,取其精华,所以这种策略被称为撇脂定价。企业采用这种定价策略是因为:消费者对新产品的需求弹性较小,愿意为产品付出溢价;新产品受到专利保护,具有一定的特色,较为新颖;新产品品质优越,声望较高。

学习伴随案例:

进入日本市场的柯达公司

柯达公司生产的彩色胶片在20世纪70年代初突然宣布降价,立刻吸引了众多的消费者,挤垮了其他国家的同行企业,柯达公司甚至垄断了彩色胶片市场的90%。到了80年代中期,日本胶片市场被"富士"所垄断,"富士"胶片压倒了"柯达"胶片。对此,柯达公司进行了细心的研究,发现日本人对商品普遍存在重质而不重价的倾向,于是制定高价政策打响牌子,保护名誉,进而实施与"富士"竞争的策略。他们在日本发展了贸易合资企业,专门以高出"富士"1/2的价格推销"柯达"胶片。经过5年的努力和竞争,"柯达"终于被日本人接受,走进了日本市场,并成为与"富士"平起平坐的企业,销售额也直线上升。

(资料来源:http://info.mainone.com/zt/2007-07/108089.htm)

采用撇脂定价法的优点是:①能使企业在短期内收回投资并获取高额利润;②有利于企业树立产品的形象,有利于企业创造名牌产品;③有利于企业筹措资金,扩大生产规模;④高价格本身具有一定的浮动余地,当面临竞争时可降低价格,从而取得较为有利的市场地位。

采用撇脂定价法的缺点是:①价格远远高于价值,会损害消费者的利益;②当新产品的声誉尚未建立时，不利于开拓市场；③如果高价投放而销路旺盛，则极易诱发竞争，潜在的竞争者会纷纷进入市场，使价格惨跌。

（二）渗透定价策略（penetration pricing）

渗透定价策略是指企业为迅速打开销路、扩大市场占有率而对新产品制定较低的价格。采用这种定价策略的前提是：新产品需求的价格弹性较大；新产品存在经济规模效益。

采用渗透定价策略的优点是：①能有效抑制竞争者进入目标市场；②低价策略容易被消费者接受，有利于新产品打开销路；③产品单位成本可随着产量和销量的扩大而降低。

采用渗透定价策略的缺点是：①投资回收期限较长；②对生命周期短的产品不适合；③不利于树立名牌产品形象；④企业提价时会引起消费者的反感。

二、折扣与让价策略

企业为鼓励顾客积极、大量及在淡季购买，可以采用折扣与让价策略。折扣与让价策略分为以下几种。

1. 现金折扣

企业对按约定时间付款的顾客给予一定的折扣，鼓励其提前付清欠款，加速资金周转。如，规定顾客必须在一个月之内付清货款，但如果他 10 天内就付清了货款，则给予 3%的折扣。

2. 数量折扣

这是对那些大批量购买产品的顾客给予的一种减价措施。企业按购买数量的多少，分别给予不同的折扣，购买数量越多，折扣越大。数量折扣可分为累计与非累计数量折扣两种。

（1）累计数量折扣。规定顾客在一定期间内，购买商品达到一定数量或一定金额时，按总量大小给予不同的折扣。这种措施可以鼓励顾客积极购买并提高其忠诚度。企业拥有这类顾客的数量越多，就越容易对市场需求进行预测，并使生产适应需求。实行这种办法的缺点是：购买者为争取较高的折扣率，常常在规定期限快到之时大批订货，从而影响了生产部门的均衡生产。

（2）非累计数量折扣。每次顾客购买的数量达到折扣标准时就给予相应的折价。这是鼓励大量购买的一种策略。

3. 功能折扣

又称为贸易折扣。根据中间商在营销活动过程中的作用和功能的差异，分别给予不同的折扣。折扣的大小根据批发商或零售商所承担的工作而定，功能折扣作为一种额外折扣，能促使中间商积极执行诸如推销、储存和服务等市场营销中介功能。

4. 季节性折扣

是指企业在淡季给予那些购买商品或服务的顾客一定的折扣优惠。季节性折扣有利于减轻仓储压力并加速商品销售，使企业的生产和销售在一年四季中都能保持相对稳定。在淡季也能均衡企业的生产，旺季不必加班加点，充分发挥企业的生产能力。

5. 让价

常采用的让价有三种形式：

(1)促销让价。当中间商为产品提供各种促销活动，如刊登地方性广告、布置样品的橱窗等，生产者付给中间商津贴或降低价格作为报酬。

(2)以旧换新让价。例如一台洗衣机标价为 2 600 元，顾客以旧洗衣机折价 600 元购买，只需付 2 000 元。国内市场采用以旧换新让价策略的产品主要有彩色电视机、洗衣机、冰箱、自行车等。

(3)回扣。回扣是指企业为尽快达成商品交易，根据价格表给顾客一定比率的价格减让和实惠。

三、心理定价策略

是指企业利用消费者的心理因素来制定价格。其主要策略为：

1. 尾数定价

又称奇数定价。即利用消费者对数字认识的心理给商品制定一个带有零头的非整数价格，如 0.99 元、9.95 元等。根据调查，在美国，零售价 0.49 元的商品，销量比 0.50 美元要大。在中国广东，由于“8”和发财的“发”同音，定价多为 1.68、0.88、8.88 等。尾数定价在消费者心中形成了价格低的印象，并且认为企业定价认真准确从而产生信任感。但对于高质量的商品，零售价不宜采用这种定价策略，否则会影响商品的声誉。

2. 声望定价

声望定价是指企业利用消费者仰慕名牌的心理来对一些声誉好、名气大的名牌产品制定较高的价格。定价较高的产品，既增加了企业的利润又给予消费者心理一定程度的满足。因为较高的产品价格是消费者身份地位的一种象征。

3. 招徕定价

零售商为招徕顾客，利用消费者求廉的心理而故意降低少数商品的价格，使顾客在选购低价商品的同时选购其他正常价格的商品。

学习伴随案例：

一元拍卖活动

北京地铁有家每日商场，每逢节假日都要举办"一元拍卖活动"，所有拍卖商品均以1元起价，报价每次增加5元，直至最后定夺。但这种由每日商场举办的拍卖活动由于基价定得过低，最后的成交价就比市场价低得多，因此会给人们产生一种"卖得越多，赔得越多的感觉"。岂不知，该商场用的是招徕定价术，它以低廉的拍卖品活跃商场气氛，增大客流量，带动了整个商场的销售额上升，这里需要说明的是，应用此术所选的降价商品，必须是顾客都需要而且市场价为人们所熟知的才行。

（资料来源：http://info.mainone.com/zt/2007-07/108089.htm）

采用招徕定价策略应注意：①为吸引更多的顾客，降价商品应是顾客或每个家庭的常用之物品；②采用招徕定价的商店，经营的商品种类必须齐全，以便让顾客有更多的选购机会；③降价商品必须是真正的廉价，才能实现刺激购物的作用；④降价商品数量适当，太多会影响利润，太少容易使顾客失望。

本章关键术语中英文对照

价格策略 pricing strategies	定价目标 pricing objectives
当期利润最大化 maximum current profit	当期收入最大化 maximum current revenue
边际利润最大化 maximize profit margin	差别定价 discriminatory pricing

本章重要概念中英文释义

1. 当期利润最大化：许多公司制定价格是为了实现当期利润最大化。他们估计了和机会成本相关的需求和成本，制定出能最大化当期利润、现金流，或者是投资回报率的价格。但是需求和成本较难估算。

maximum current profit: Many companies try to set the price that will maximize current profits. They estimate the demand and costs associated with alternative prices and choose the price that produces maximum current profit, cash flow, or rate of return on investment. This strategy of its demand and cost functions; in reality, these are difficult to estimate.

2.当期收入最大化:许多公司制定价格是为了最大化销售收入。实现收入最大化仅要求估计需求。许多管理者认为最大化收入可以导致长期利润最大化和市场份额的增长。

maximum current revenue: Some companies set a price that maximizes sales revenue. Revenue maximization requires estimating only the demand function. Many managers believe that revenue maximization will lead to long-run profit maximization and market share growth.

3.差别定价:公司常常为了适应不同的消费者、产品、地区而修正他们的基础价格。当公司销售的产品或服务价格并不能反映成本的合适比例时,差别定价形成了。

discriminatory pricing: Companies often modify their basic price to accommodate differences in customers, products, locations, and so on. Discriminatory pricing occurs when a company sells a product or service at tow or more prices that do not reflect a proportional difference in costs.

本章小结

本章主要介绍了影响定价的主要因素、企业的定价目标、定价方法和策略。内容要点主要包括:

(1)企业定价时需要考虑的因素有:成本因素、需求因素和商品的价格弹性、竞争因素、法律法规因素和消费者心理因素。

(2)企业定价的目标:获取利润、保持价格稳定、维持或提高市场占有率、应付竞争。

(3)企业定价的方法:成本导向定价、需求导向定价、竞争导向定价。

(4)企业定价的策略:新产品定价策略、折扣与让价策略、心理定价策略。

本章思考题

1.影响企业定价的主要因素有哪些?

2.企业定价的目标有哪些?这些定价目标是如何影响企业选择具体的定价方法的?

3.试结合现实情况具体谈谈企业是如何根据消费者心理来定价的。

章末案例分析

火腿肠行业的价格战

十几年前，当“春都”生产出第一根火腿肠后，怎么也没想到这会造出一个大市场：全国各地100多家肉类企业紧跟“春都”之后，纷纷打出生产火腿肠的大旗。经过乱军混战和群雄相争之后，到20世纪90年代中期，河南的“春都”、“郑荣”和“双汇”各占一方，呈现出“三足鼎立”之势。尔后，不知何故，“郑荣”却落后了。有数据表明，“春都”现有总资产27亿多元，“双汇”有22亿多元，而“郑荣”只有5亿元。显然三强已变成两强了。从1992年2月，“双汇”生产出第一根火腿肠起，“双汇”和“春都”就成了商界的“敌手”。可是“对敌斗争”了5年，双方都发展起来了。现在两家的火腿肠生产线都超过100条，而6年前两家的生产线均不到6条。然而，市场再大，只要有空隙，就会有人挤进来。正当“春都”与“双汇”埋头苦斗时，半路上杀出个“程咬金”，这就是地处山东沂蒙山区的一家乡镇企业——金锣集团。

或明或暗，河南三家火腿肠企业的竞争一刻也没有停过。1997年初，“春都”推出外包装图案为老虎的“春都王”，随后“双汇”推出图案为狮子的“王中王”，“郑荣”也紧随而上，其外表为卡通猪造型的“郑大厨”为消费者端来“里脊王”。“春都王”、“王中王”、“里脊王”，到底王者谁属，一时难见分晓。然而，“狮子”和“老虎”都没想到，当它们彼此争“王”时，一位“射击者”正端起猎枪窥视着它们。这位“猎神”便是“金锣”火腿肠的外包装图案。1995年才竖起大旗的“金锣”虽姗姗来迟，但阵势却咄咄逼人，一亮相便以低价格向“老大哥”发起挑战，结果“金锣”硬是从“春都”和“双汇”的“蛋糕”上切下去了一块。而对“金锣”的切蛋糕手段，“双汇”率先做出反应。1997年下半年开始，“双汇”点起一把“降价火”，每吨火腿肠降价1 000多元。“春都”、“郑荣”虽感烫手，但也不得不跟着降价。为应付这场价格战，“春都”和“双汇”付出了5 000万元的代价，“郑荣”则少收入1 680万元。1997年下半年的价格大战之后，“火腿肠大战”又向更高层次的竞争发展。

在价格战中，“春都”等企业没有一味地盯着火腿肠，而是力图另找新路。首先是开发新产品，从质量技术上竞争。“竞争”把目标瞄准技术含量高的低温肉制品。春都低温冷制品厂的肝肠生产线、真空搅拌机、火腿灌装机、热狗生产线等全部是由德国、荷兰等国知名公司的设备组合起来的，这些生产线可生产肝肠、火腿、热狗、香肠、色拉米肠等多种肉制品。“双汇”则认为，火腿肠市场已经到了成熟期，肉类加工品下一代的关键是品种的改善和结构的调整。“双汇”家族中将出现热狗肠、鱼肉肠、快餐和保鲜食品等十几个新面孔。今后1～3年，“双汇”低温产品的产量将达到6～9万吨。其次是兼并联合，开展资产兼并战。从1995年开始，“春都”全资收购了河南省内黄县冬夏饮料厂、河南西峡罐头厂、郑州群康药厂、辽宁铁岭市食品公司肉联厂等。“春都”还计划两年内在四川购并3～5家中型肉联厂，建立稳定的原料供应地；在东北购买2～3家肉联厂；在河南购并一些地区级肉联厂，以控制中原地区的原料和消费市场。

1997年的竞争，使“春都”和“双汇”的战火燃向外地，双方竞争已走向全方位及规模化。“双汇”南下北上，先后兼并了开封肉联厂、武汉肉联厂、大连食品厂、四川绵阳肉联厂、内蒙古集宁肉联一厂及二厂共7家企业。这样可以解决原料肉供应不足问题和冷库容量不足问题，还可降低成本，减少费用，缩短投资回报期。“双汇”对吃进的这些企业的战略是：换班子、给牌子、注管理、让市场。

思考：

1. 结合案例分析“春都”和“双汇”的价格战给我们带来了哪些启示？
2. “春都”和“双汇”是如何将价格策略与其他营销组合策略有机配合起来迎接竞争挑战的？

推荐阅读书目

1. 孙海燕. 如何进行产品定价. 北京：北京大学出版社，2001
2. 江博文. 价值决定价格. 北京：北京工业大学出版社，2004
3. 韩大勇. 营销中的定价策略. 北京：企业管理出版社，2006

第十一章　分销策略

本章主要内容

1. 分销渠道的概念及类型
2. 分销渠道策略
3. 中间商
4. 物流策略

本章重点与难点

1. 影响分销渠道选择的因素
2. 分销渠道决策和调整
3. 中间商的各种类型和物流及策略

本章要求

使学生了解分销渠道的概念及类型、分销渠道策略、中间商的各种类型和物流及策略，使学生对中间商和物流在现实中的运用有更深刻的了解和认识。

开章引例

中石化抢购加油站

2000 年岁末，一场没有硝烟的争夺战正在悄悄进行。国内两大石油巨头——中国石油化工集团公司和中国石油天然气集团公司全力抢购加油站，收购价格很悬殊，低的几十万元，高的超过千万元，使加油站这个以前并不起眼的市场销售终端在“入世”前身价倍增。仅深圳一市，被收编到中石化集团旗下的加油站就达 120 多家。据称，中石化将在“十五”期间，斥资 313 亿元人民币建设成品油营销网络，其中 251 亿元用于收购加油站，62 亿元用于向各地政府收购储油设施。成立之初，中石化拥有 8 000 座加油站，经过收购行动，到 2001 年初将达 2 万座。这是中石化的既定方针，目的是在加入 WTO

之后能更好地抵御外国竞争者。

中石化负责人说：沿海地区、沿江地区都在我们手里，任何外国竞争者要进入，如果没有营销渠道保障，就会备感困难，它要进入中国市场，最好的办法就是与中石化合作。面临着加入WTO后严峻的市场环境，中石化抢时间加快码头、油库的建设，收购加油站，使欲进入者望而却步。

（改编自：石油巨头抢购加油站应对外资油商大做准备. http://www.emkt.com.cn/news/chemical/2000-11-29/1498.html）

中石化善于根据营销环境的变化，合理决定销售渠道。该公司由原来的靠加油站销售通过收购加油站而改为直销，从而增强了公司对市场石油价格的控制，提高了该公司的竞争力，这说明科学制定分销渠道对市场营销十分重要。

分销渠道策略是市场营销组合中的重要要素。企业的产品或服务必须通过一定的渠道才能到达用户和消费者手中。渠道设计的是否恰当，直接关系到产品到达用户和消费者手中的速度，关系到企业的成本和利润。因此，如何设计分销渠道，争取用最快的速度和最低的费用把产品适时地送到用户和消费者手中，就成为企业面临的最复杂、最具有挑战性、最重要的决策之一。本章从生产者的角度介绍企业流通渠道策略。

第一节　分销渠道及其结构

一、分销渠道的概念

分销渠道(channel of distribution)亦称销售渠道，是指产品从生产者流向消费者或用户所经过的路径。在当今的经济生活中，绝大多数的生产者并不是将产品直接销售给最终用户，在生产者和最终用户之间有大量的市场营销中介机构，执行着不同的功能。有的中介机构如批发商(wholesalers)和零售商(retailers)，买进商品，取得商品的所有权，再卖出商品，称之为买卖中间商。有的中介机构如经纪人、代理商，则根据协议，代表制造商寻找顾客，卖出商品，但不取得商品所有权，称之为代理中间商。菲利普·科特勒对市场营销渠道做出如下定义："市场营销渠道是使产品或服务能被认同或消费而配合起来的一系列独立组织的集合。"分销渠道具有如下特征：

(1)每一条分销渠道的起点是生产者，终点是消费者，经过中间渠道，实现商品的价值和使用价值。

(2)分销渠道是由参与流通过程的各种类型的机构组成的，这些机构相互依存，发挥相应的营销功能，带动商品顺利地从生产者向消费者或用户转换。

(3)在分销渠道中，除商品所有权的转移外，还包含着其他生产者与消费者相结合的流通形式，如实体流程、货币流程、信息流程及促销流程等，如图 11－1 所示。

(4)分销渠道的主要作用是价值传递，同时，分错渠道通过有效运作也能创造顾客价值。

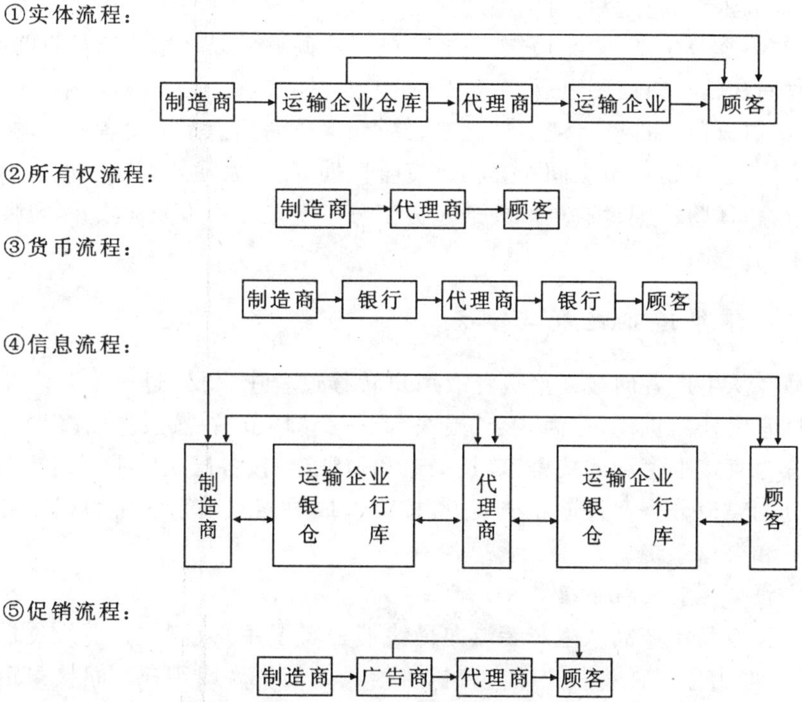

图 11－1　流通渠道中的市场营销流程

二、分销渠道的功能

分销渠道的目的在于消除产品或服务与使用者之间在时间和空间上的差距。分销渠道的主要功能有如下几种：

(1)实现商品从生产者向消费者的转移。一方面使生产者的产品转化为货币资金，实现商品价值，从而使生产活动得以持续；另一方面，消费者或用户的货币资金换取他们需要的商品，使商品的使用价值得以实现，消费者或用户需求得到满足。

(2)市场调研。中间商通过市场调查，了解市场需求的变化，为生产者制定计划提供依据。

(3)促进销售。生产者和中间商合作,通过各种途径宣传产品,做好与消费者或用户的沟通工作,以促进产品的销售。

(4)分级搭配。中间商把不同生产者生产的产品集合起来,根据消费者的需要进行编配,供消费者选择,从而克服了生产者供给和消费者需求在产品数量、花色、品种和等级上的不一致。

(5)调节生产和消费在时间上的差异。有些产品常年生产,季节销售,如农资产品;有的则季节生产,常年销售,如农产品。中间商可以把这些产品收购起来,克服生产时间和销售时间的矛盾。

(6)实体分配。即从事商品的运输、储存,保障商品满足消费者购买的及时性。

(7)融资。渠道成员之间相互提供资金援助,相互融通资金。

(8)承担风险。渠道成员既要通过分工分享专业化所带来的收益,也要共担商品销售中的风险。

三、分销渠道的结构与类型

产品在从生产者向最终消费者或用户转移过程中,每经过一个对产品拥有所有权或拥有责任的机构,称为一个“层次”或一个“环节”。按层次的多少可以把分销渠道分为直接渠道和间接渠道、长渠道和短渠道;按各层次的中间商数量的多少又可把分销渠道分为宽渠道和窄渠道;按渠道成员相互联系的密切程度可以分为传统渠道和渠道系统。

1. 直接渠道和间接渠道

直接渠道是指产品从生产者流向最终消费者或用户过程中,不经过任何中间商的渠道,即由生产者将其产品直接销售给最终消费者或用户。间接渠道是指产品从生产者流向消费者或用户的过程中,经过若干中间商的分销渠道,即生产者通过若干中间商将其产品转卖给最终消费者或用户。一般而言,间接渠道是消费品分销的主要类型,直接渠道是产业用品分销的主要类型。当然,有些产业用品如单价较低的次要设备、零件、原材料等,同时也要通过若干中间商转卖给产品用户,有些消费品也通过直销方式进行销售。

消费品、产业用品分销渠道如图 11-2 和图 11-3 所示。

为什么生产者愿意利用间接渠道,把产品销售工作委托给中间商呢?其主要原因是通过中间商销售能获得更多的利益。大多数生产者缺乏直接销售的财力和经验,而采用间接渠道能够利用外部力量分销商品,可以有效解决交易中的矛盾,提高产品开拓市场的效率;利用中间商能减少交易次数,节约社会劳动。如:三个生产者将产品直接卖给三个用户,共需 9 次交易。但若通过中间商,三个生产者与

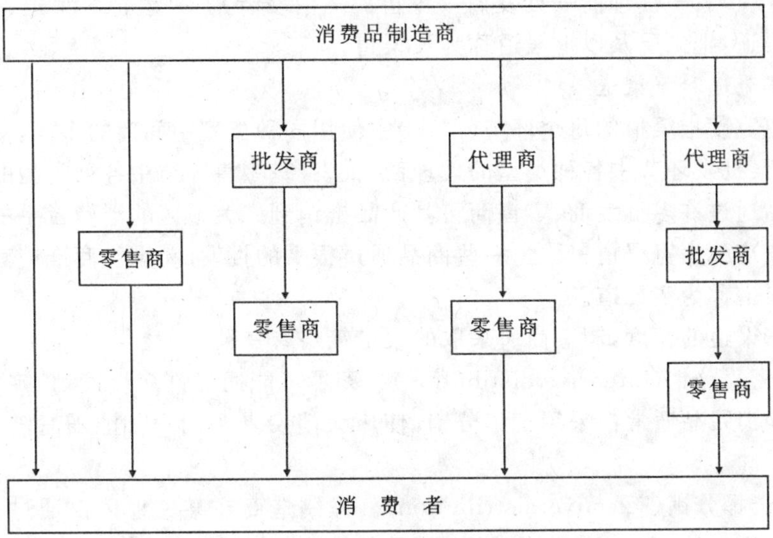

图 11-2　消费品销售渠道

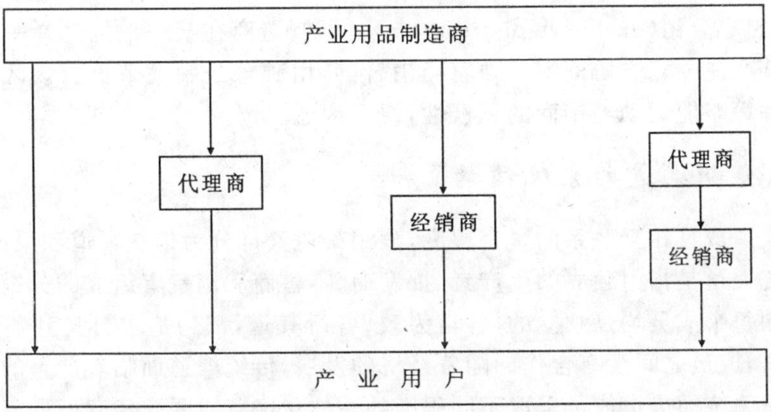

图 11-3　产业用品销售渠道

中间商交易，中间商再与三个消费者交易，整个过程只需要 6 次交易，这说明利用中间商能提高交易效率。

2. 长渠道和短渠道

流通渠道的长短是按经过的流通环节或层次的多少来划分的，长短只是相对而言。按流通环节的多少可以把分销渠道分为：零渠道（制造商—消费者）、一层渠道（生产者—零售商—消费者）、二层渠道（生产者—批发商—零售商—消费者）、三层渠道(生产者—代理商—批发商—零售商—消费者)。一般把零渠道、一层渠道称为短渠道,把二层及以上渠道称为长渠道。

3. 宽渠道和窄渠道

渠道宽度指渠道的每个环节(层次)中使用同种类型中间商的多少。这里的中间商包括:批发环节中各种类型的代理商、批发商;零售环节中各种类型的零售商。一些商品通过许多批发商、零售商将其产品推销到广大地区的消费者手中,这种产品销售渠道称为宽渠道;反之,一些商品通过很少的批发商、零售商推销其产品,这种销售渠道称为窄渠道。

根据渠道的宽度,制造商所采取的渠道策略有三种:

(1)密集分销(intensive distibution)。即尽可能通过许多批发商、零售商销售其产品。消费品通常都采用密集分销,使广大消费者和用户都能随时随地买到这些商品。

(2)选择分销(selective distribution)。即制造商在某一地区仅通过少数几个经过精心挑选的中间商销售其产品,目的是维护本企业良好的声誉,建立稳固的市场竞争地位。这种策略适用于所有的产品,相对而言,消费品中的选购品和特殊品,最适于采用选择分销策略。

(3)独家分销(exclusive distribution)。即制造商在某一地区选择一家经销商来销售其产品。双方协商签订独家经销合同,由独家经销商来负责该区域市场开拓。这种策略能调动经销商的积极性,便于沟通协调。

四、分销渠道的系统结构

按渠道成员相互联系的紧密程度,分销渠道又可分为传统渠道和渠道系统。

传统渠道是指由独立的生产者、批发商、零售商和消费者组成的分销渠道。这种渠道的每个成员均是独立的,各自为政,各行其道,都为追求自身利益最大化而展开竞争,成员之间没有合作。随着经济的发展,传统渠道面临着严重的挑战。

渠道系统即渠道成员采取不同程度的一体化经营或联合经营而形成的销售渠道。主要包括以下几种:

1. 垂直渠道系统(vertical channel systems)

是由制造商、批发商、零售商联合组成的统一的系统,系统中的各成员为共同的利益目标,都采用不同程度的一体化经营或联合经营。

垂直渠道系统主要有以下三种形式:

(1)公司式(corporate channel systems)。是指制造商自建渠道,由制造商拥有和统一管理分销渠道的若干层次,整个渠道的所有权都归制造商所有。表现为公司营销总部—区域分公司或子公司—办事处—零售商渠道体系。

(2)管理式(administered channel systems)。众多渠道成员之间达成非正式的协议,彼此合作。通常表现为通过某一规模大、实力强的成员来协调不同生产和销售部门的行为。

(3)契约式(contractual channel systems)。是由不同层次的独立制造商和分销商在合约的基础上进行联合的渠道系统。主要有三种形式:①批发商组织的自愿连锁店;②零售商合作组织,该组织既从事零售,也从事批发,甚至生产业务;③特许经营组织。根据发起者所提供的是产品还是服务,是零售还是非零售,特许经营组织还可以细分为三种类型:制造商组织的零售特许经营系统(如大众汽车)、制造商倡办的批发特许经营系统(如百事可乐)、服务公司倡办的零售特许经营系统(如麦当劳)。

2. 水平式渠道系统(level channel systems)

这是由两家或两家以上的公司联合,共同开拓新的营销机会的渠道系统。这些公司或因缺少资金、技术、生产或营销资源,无力独自开拓营销机会;或因不愿意承担风险;或看到与另一家公司合作会带来巨大的协同效应,因而组成水平渠道系统。

水平式渠道系统根据合作企业的性质可以分为同业渠道合作和异业渠道合作。同业渠道合作是指同行业企业在渠道建设上的合作,如 2002 年 4 月,松下电器与 TCL 集团签订协议,双方就松下产品在中国的销售以及技术服务等方面展开全面合作。同业渠道合作可以分摊企业渠道建设和运作成本,其前提条件是两家企业的产品有不同的顾客群和定位。异业渠道合作是指不同行业企业在渠道建设上的合作,如可口可乐与网吧展开合作,通过免费赞助冰柜但要求只准销售可口可乐的手段,牢牢地卡住了网吧销售渠道。异业渠道合作可以为企业开拓新的渠道,其前提条件是合作企业有共同的顾客群和产品的互补性。

3. 复合渠道系统(composite channel systems)

是指一家公司利用两个或两个以上的渠道到达一个细分市场。复合渠道的关键是以顾客为中心的多渠道设计,是针对某一类型的顾客,提供多种可能的渠道选择,增强顾客对企业的好感。过去,大多数公司只通过一条渠道进入一个市场,现在随着细分市场和潜在渠道的增加,越来越多的公司采用复合渠道系统。比如北京华旗资讯科技有限公司,一部分更适合直销的新产品尤其是数码产品,直接放在专卖店,专卖店的产品线将更全、更新;移动存储产品兼顾专卖店与行业销售;DIY 产品则继续沿用传统分销渠道。专卖店、行业直销、分销三位一体共同撑起爱国者的复合渠道,其中有核心代理、有行业用户、小规模形象展示、专卖店、品宣形象店以及专业的大卖场。推动企业实行复合渠道的动力主要有两点:一是消费者市场进一步细分,消费者个性化需求特征越来越明显,单一渠道已不可能满足市场竞争需要；二是市场研究结果表明，高端消费者多渠道消费的趋势十分明显，对采用复合渠道的企业具有较高的满足度和忠诚度。另外，网络销售等新兴渠道的快速发展也使企业复合渠道成为可能。

第二节 中间商

中间商是指介于生产者和消费者之间，参与商品交易业务，促使买卖行为发生和实现的经济组织或个体。企业在确定了分销渠道策略之后，还必须正确选择中间商，因此，需要掌握各类中间商的特点与作用，了解现代商业形式的新发展。

一、批发商

批发商是指从生产企业购进产品，然后转售给其他批发商、零售商、生产用户或各种非盈利性组织，一般不直接向个人消费者销售的商业机构。批发商并不改变商品性质，不直接向最终消费者提供服务，只是实现商品在时间和空间上的转移。在早期的分销渠道中并没有批发商，当时商品品种和数量都比较少。随着生产效率的提高和市场产品的丰富，产品交易也在迅速增长，企业产品销售的区域进一步扩大，紧紧依靠生产企业自身的力量难以面向众多顾客提供服务，批发商便应运而生，他们能够根据市场需求和企业生产特点，适当调节供求矛盾，发挥一系列积极作用。

1.批发商的作用

(1)大量购进售出，方便生产者和零售商。作为批发商，专门从事商品流通业务，大批量地购进售出，促进商品规模经营，充当生产者的推销中心和零售商采购中心，使生产者可专心于生产，零售商可专心于直接为最终消费者服务，各司其职，各负其责。并且大大减少买卖双方交易次数，减少流通费用。

(2)分担风险。批发商，特别是经销批发商从生产企业大批量购进商品，可以帮助生产企业承担部分商品损耗、商品过时等造成的损失和风险。从零售商角度看，因为批发商承担退货换货保证、降价补偿保证等责任，为零售商承担了部分经营风险。

(3)代替生产企业完成部分营销职能。例如，批发商进行商品分类、分等、包装，更好地满足零售商和顾客需求，另外，批发商通过仓储、运输业务，使不同时间、不同地点的供求趋向平衡，调节生产与需求在时间和空间方面的矛盾。

(4)沟通信息的功能。批发商把来自零售商和生产企业的购销信息集中在一起，及时掌握市场动态，成为信息中枢，可以随时向生产企业传达需求信息，促进企业改进生产，减少生产盲目性；也可以随时向零售商传达产品信息，减少盲目采购，有助于消费者买到称心如意的商品。

(5)其他服务功能。批发商如果向生产企业预付货款,就为生产者提供资金帮助;如果向零售商实行信用供货,就弥补了零售商的资金不足。此外,批发商还可以帮助生产企业扩大宣传,提高产品声誉,帮助企业快速打开市场;可以帮助零售商进行人才培训,并协助其经营管理。

2. 批发商的类型

从不同的角度可将批发商区分为不同类型,常见的批发商有两大类:经销批发商、代理批发商。

(1)经销批发商。经销批发商亦称独立批发商,他们对自己经营的商品拥有完全独立的所有权。按照经营商品范围之不同又可分为综合批发商、单一种类或整类批发商和专业批发商。

综合批发商,指那些经营范围广泛、商品种类多的批发商,诸如日杂货品、糖烟酒、食品、化妆品、文具、鞋类、服装等,他们的销售对象是各种各样的零售商店,如小百货店、杂货店、五金商店、药房等。

单一种类或整类批发商,这种批发商经营的商品一般仅限于某一类商品。但是,这类商品在花色品种、规格、厂牌上都比较齐全,如食品批发商、五金批发商、药品批发商和服装批发商。

专业批发商,与单一种类或整类批发商相比,专业批发商经营的专业化程度更高,通常只是某一类商品中的某一种。如食品行业中专门经营保健食品的批发商、专门经营罐头食品的批发商。专业批发商的顾客以相应的专业零售店为主。

(2)代理批发商。他们对经营的商品没有所有权,只是以代理者的身份为被代理者工作。按照生产企业业务关系之不同,可分为企业代理商、销售代理商、寄售商和经纪人。

企业代理商,又称二级代理、非独家代理、制造商代理,他们接受生产企业的委托并签订代理协议,按照生产企业规定的销售价格水平和有关销售条件,在指定区域范围代理产品销售。一般来讲,企业代理商都比生产企业更熟悉当地市场,他们负责销售产品,履行商品销售业务手续,生产企业按照销售额的一定比例向他们支付酬金。生产企业在区域范围广而潜在购买者不多的地区,或者推销新产品、开辟新市场,常常寻找企业代理商予以帮助。

销售代理商又称独家代理、总代理和一级代理。他们虽然和企业代理商一样,与生产企业签订代理协议,并且从中提取佣金。但是,和企业代理商有显著区别:①每个企业可以同时使用若干个企业代理商,每个企业代理商可以同时为若干个生产企业服务,一般是相关产品而非竞争产品,但是每个生产企业同一时期只能使用一个销售代理商,也不再雇用推销员推销产品。销售代理商实际属于买断代理权，独家全权代理；②企业代理商必须按照生产者规定的价格和条件在一定区域范围内代理销售，实际上是企业的推销员；而销售代理商则在定价和销售条件方面有相当的决策权，生产企业通常只确定最低价格警戒线和年销售额任务，而且不限定销售代理商的销售区域范围；③企业代理商代理企业产品的数量不限，可以代理一部分产品，也可代理全部产品，而销售代理商通常要代理生产企业的全部产品；④销售代理商需要向生产企业承担更多的义务，不仅每年必须完成一定的销售任务，还必须向生产企业及时提供市场行情变化，帮助调整产品和改进包装，帮助企业做好广告宣传、商品陈列等促销工作。

经纪人，即商品经纪人，其主要作用是为买卖双方牵线搭桥，起中间媒介作用，然后收取一定的费用。经纪人既无现货，对商品也没有所有权，不参与融资和承担风险。例如，不动产经纪人、证券经纪人。

3. 当前批发商业变化趋势

(1)拥有批发功能的生产企业不断增加。随着市场竞争和垄断的日趋激烈，大型生产企业不断出现，其营销实力雄厚，为了增加利润，纷纷不经过经销商和代理商，直接向零售商供货，甚至卖给最终消费者；超级商场、连锁商店和仓储商场发展迅速，他们每次进货量大，也希望直接从生产企业进货；生产企业自营销售组织有利于加强渠道控制，因此，一些大型生产企业建立自营销售组织，负责完成应由中间商完成的职能。

(2)批发企业趋向大型化、集团化、国际化。现代的市场是一个大市场，大市场的出现为大流通创造了条件，而大流通又需要大商业。现代批发企业把整个地区、整个国内市场，直至世界市场作为自身的目标市场，这就要求批发企业规模经营。同时，分散的零售网点开始向连锁发展，零售企业的规模经济也要求批发企业规模经营，因此批发商业企业的资本在客观条件的作用下逐渐积聚和集中，形成大型化、集团化和国际化。

(3)专业批发企业将更加注重批发配送基础设施的建设。现代化批发商业的最重要标志是批发商业与物流(logistics)、配送业务及信息的系统化，专业批发商发展中，为了集约市场经营资源，开展集货、分货、备齐商品等，将批发功能和交易总次数集约化，节约流通系统整体成本，降低交易成本，实现产品从生产到消费的高效率流通，必须要加强相应的基础设施建设。

二、零售商

零售商把商品直接卖给消费者，顾客购买之后用于个人生活消费，商品经过零售环节从流通领域进入消费领域，商品的价值和使用价值得以实现。所以，零售商也是商品流通的最终环节。

零售商具有一系列服务优势，主要表现在：零售商销售网点十分广泛，数量众多，从业人员队伍庞大，根据其经营范围和目标市场，备有足够的商品品种和花色供顾客挑选，给消费者生活带来极大方便。另外，零售商为保证商品质量，特别是商品的新鲜程度和使用效能，通过商品陈列、营业推广等方式促进产品销售。此外，零售商直接向每一位消费者提供咨询、送货、退还商品和维修保养等一系列服务工作，能及时反映消费者需求和意见。所以，零售商业成为国民经济中庞大的独立行业，其销售状况成为反映经济发展状况的"晴雨表"。随着现代经济科学技术的不断发展，零售商业迅速繁荣壮大，新型零售机构不断涌现，经营方式不断创新，充满无限生机。

1. 零售商业类型

零售商是指那些销售量主要来自零售的商业企业。零售商直接为消费者服务，可以说有什么样的生活方式和消费方式，就有什么样的零售形式和相应的零售商类型。总的来看，零售商类型基本上有三大类，即商店零售商、无门市零售商和零售商组织，他们又分别包括多种相应的具体种类。

(1)商店零售商。商店零售商都是通过商店进货后零售，属于有店铺销售，按照其经营范围和经营规模的不同，可将商店零售商进一步划分为下面几种：

①百货商店。百货商店经营商品范围比较广泛，规模比较大，设施完备，明码标价，商品花色品种齐全，并按商品大类实行专业经营，是一种大型零售商店，可满足顾客多方面的购买需求。百货商店是西方零售商业产业最早的经营方式之一，随着零售商业的发展，百货商店受到其他零售方式的冲击，其市场占有率有所下降。

②专业商店。这类商店只经营专业化较强的某一类商品，如服装店、体育用品店、家具店、钟表店，但是，在经营的专业种类之内，商品的花色品种、规格档次更加齐全，可挑选性较强，服务质量高，从深度上更好地满足顾客个性需求。

③超级市场。超级市场是指规模大、成本低廉、薄利多销、顾客自我服务的经营机构，商品以日用品、食品为主，种类齐全，丰富多彩，基本做到"停车一次能买到全部所需商品"，顾客购买行为方便，轻松自如，对商店来说则节约人力和费用，销量大，周转快。

④仓储商场。仓储商场是指一种以大批量、低成本、低售价和微利多销的方式经营的连锁式零售企业。一般以工薪阶层和机关团体为主要服务对象，规模庞大，装饰简单，精选正牌畅销产品，售价低，顾客自助服务。仓储商场一般建在城市郊区地价比较低廉的地方，但是服务辐射的区域范围比较广泛，不仅城市居民和郊区居民，甚至更远距离的居民都被吸引过来，他们经常开车来此购买许多商品。

⑤联合商场、特级市场。这两类商场的规模更大。例如国外传统的超级市场营业面积一般为 1 674m^2，而联合商场则一般在 2 790～5 580m^2，特级市场的营业

面积通常在 7 440m² 以上，大者可达 20 460m²。经营商品种类更加丰富，集中了传统的超级市场、仓储商场等多种类型零售商业机构的特点和优势，而且比传统商店提供更多的服务。例如，停车、洗衣、修鞋、餐饮、游乐等设施，使顾客在购物的同时可以满足多方面的需求。

⑥便民商店。便民商店是设在居民区附近的小型商店，营业时间长，主要经营最基本的、挑选性又不大的普通日用工业品和食品杂货，一般规模小，营业价格较高。便民商店是零售商店中数量最多、分布最广的商店。

⑦折扣商店。折扣商店的特点是经常以赊欠方式进货，以很低的折扣价格销售商品，但是商品质量给予充分保证。折扣商店采用自选方式，设施简单，营业时间较长。随着竞争加剧，折扣商店已经从普通产品发展到专门产品商店，例如折扣体育用品商店、折扣电子产品商店和折扣书店。

(2)非门市零售商。非门市零售商属于无店铺销售。大多数商品是通过商店零售商销售的，而非门市零售商通过其他方式零售商品，其发展非常迅速。

①直接销售。是以面对面的方式，直接将产品及服务销售给消费者，销售地点通常是在消费者或他人家中、工作场所，或其他有别于永久性零售商店的地点。直销通常由独立的直接销售人员进行说明或示范，这些销售人员通常被称为直销人员(direct sellers)。直销优点有：降低成本、送货上门、销售队伍庞大、信息反馈充分。直接销售分单层次直销和多层次直销。多层次直销又称网络行销、多层次传销，指公司利用一连串独立的直销商将商品零售出去，每一位直销商除了可以获得零售利润外，并可透过自己所推荐、训练而建立的销售网络来销售公司的商品，以获得差额利润。具有大量的人推销少量的产品、非线性销售的特点，是直销的主要形式，如安利、玫琳凯、仙妮蕾德、康宝莱、天狮、福龙、九极、新时代集团等就是多层次直销。

②直复营销。直复营销即消费者通过非人员的媒体接触商品或服务后，其订货和购买是通过邮电、电话、电脑及其他科技媒体来完成的销售方式，是一种为了在任何地方产生可度量的反应或达成交易而使用一种或多种广告媒体的相互作用的市场营销体系。在这种形势下利用广告媒体的主要意图，并非像多数普遍广告那样为了刺激顾客需求和树立品牌偏好，而是重点提供一种信息，告知社会公众，方便顾客购买。例如，邮购、电视商场、广播商场、电话购物均属此类。从战术特性来说，它具备互动的方式，多种媒介的利用，数据库存储纪录，跟踪分析消费(者)行为。从战略特性来说，它是以客户为中心的战略原则，以利润为驱动的指导思想，着眼于有效地建立和维护客户关系并要求有协调的组织与优化的流程。直复营销起源于美国，它以 1872 年蒙哥马利华儿德创办第一家邮购商店为代表。20 世纪 20～30 年代由于连锁店的大力兴起而衰落；20 世纪 80 年代以后，又由于信息化社

会的迅速发展和人们图方便的购物心理而再次兴起。现在直复营销几乎遍及全球所有市场经济成熟和发达的国家。

③自动售货机。使用硬币控制的机器自动售货是20世纪60年代以来出现的一种新的零售形式，主要零售香烟类、糖果类、听装饮料类和饼干食品类。一般设在一些公共场合，如医院、学校或某些街道，不需要店铺，也不需要专门的营业员，只需要少量管理人员负责补充商品、回收货币和维修机器即可。自动售货机可以提供全天候的昼夜24小时服务，对消费者来说极为方便。

④寄售商。寄售商是受委托经营现货代销业务的中间商，生产企业根据协议向寄售商交付商品，寄售商销售后所得货款扣除佣金及有关销售费用，剩余的付给生产企业。委托寄售商销售商品，对于开辟新市场、处理滞销商品有较好的作用。

⑤购物服务。亦称购买服务，是一种专门为特定顾客服务的无店铺零售形式。这些特定顾客来自学校、医院、政府机构等多个社会阶层，可以持"购买服务"优惠证而成为"购买服务"会员。在"购买服务"指定的商店购买商品时，会员可以享受一定的价格折扣优惠，"购买服务"商从中提取一定的手续费。实际上"购买服务"商起着商店推销员的作用，对于那些商店来说可以拥有一批固定顾客，稳定和扩大商品销售。

(3)零售商组织。零售商组织实际是一种团体销售，与独立零售商相比，零售商组织内部成员之间联系密切，协同合作，扩大影响，为顾客提供统一的高质量服务，主要形式有：

①连锁商店。指由两个以上出售同类商品的零售商店所组成，它们均归某一个中心组织共同管理，实行统一进货，以扩大定购批量，获得最大的价格优惠。统一价格，分别销售，但是统一服务，即无论在任何一个分店购买的商品，在其他分店可以退货换货。连锁商店还实行统一标识、统一装饰风格，树立统一的整体形象。连锁商店包括团体连锁店和自愿连锁店，前者统一所有权，后者所有权不统一，相互独立，通常有批发商牵头，与多个独立的零售商店共同构成。总之，连锁经营具有组织联合化、经营统一化、作业专门化、管理规范化的特征，通过实行规模化经营、标准化服务和科学化管理，达到提高整体商业经营体系协调运作能力和规模经济效益的目的，从而形成其特有的经济优势。

②特许专卖组织。特许经营是指特许者将自己所拥有的商标(包括服务商标)、商号、产品、专利和专有技术、经营模式等以特许经营合同的形式授予被特许者使用，被特许者按合同规定，在特许者统一的业务模式下从事经营活动，并向特许者支付相应的费用。特许专卖组织属于特许人和特许经营者之间的一种契约性组织。其中，特许人一般是某个生产商或大的零售商，他们拥有一种独特的产品、独特的标识、独特的服务方式、独特的经营风格，这些独特部分已被社会公众认可，

享有良好的声誉。通过签订特别许可协议，特许人允许他人或组织利用自己独特的标识，以统一的经营风格和服务方式经营自己独特的产品，甚至向那些个人或组织提供广告促销、店堂装饰、商品陈列、人员培训等方面的帮助。

2. 当代零售商业变化趋势

(1)开设分店或连锁商店，扩大销售，占领市场。在西方国家，随着城市人口向郊区流动和部分工业部门向乡村的转移，以及私人汽车的普及，郊区的购物中心应运而生，兴旺发达。另外，随着市场竞争的进一步加剧，为了提高竞争实力和效益，强大的零售商纷纷开设分店或连锁商店，增加销售网点，提高服务质量，进一步扩大市场份额。弱小的零售商则通过联合或到外地开分店，与强大对手进行抗争，或避开强大对手，寻找有利于自身发展的区域空间。有一定实力的零售商不仅注重在国内各地扩展业务，而且注重开发国际市场，进行跨国经营。例如，美国的可口可乐公司、麦克唐纳快餐公司都是这方面的成功范例。

(2)租赁赊销，争取顾客，加快商品销售。租赁业本来在工业设备方面发展较快，但是，现在的百货商店等零售商业也在开展租赁业务，大到贵重耐用品，如时装、家具、摄像机，小到儿童玩具等，范围很广。零售商通过这种手段满足部分顾客需求，吸引顾客，刺激消费。赊销属于消费信贷，包括分期付款、信用卡业务等。这在西方国家是高收入、高消费经济政策的必然结果，同时符合顾客心理需求。因为随着收入的不断增长，各个社会阶层都在向更高生活水准看齐，都希望一步到位。当现有实际收入不够时，就出现“寅吃卯粮”。当然，对于零售商来说，这也是争取顾客、扩大销售的有效手段。

(3)采用现代科学技术，降低销售成本，提高服务水平。随着科学技术的高度发展，特别是以电子计算机的广泛应用为特征、以信息革命为中心的新的产业革命的发展，在零售商业同样得到广泛应用。例如，实现商品储运机械甚至自动化，市场信息管理电脑化，商品普遍实行包装化，尤其和条形码技术配合应用，大大提高货款结算速度与准确性。闭路电视系统技术的应用，为开设自选经营方式提供了保证。总之，现代科学技术为零售商业改进经营方式、降低经营成本、提高服务质量提供了技术条件。

(4)综合经营和专业化经营双向发展。从经营范围看，综合经营强调种类丰富，花色品种尽量齐全，尽可能同时满足顾客多方面的需求。在这种思想指导下，同一个商店的商品品种越来越多，包罗万象，商店规模也越来越大，先后出现了百货商店、超级市场、联合商场和特级市场。而专业化经营则强调在某一种类商品范围内，扩大产品深度，扩大顾客对同类商品的设计机会，对于顾客某一方面的需求提供更高质量的服务。在现实中优秀的零售商大都要么采用综合经营，要么采取专业化经营，而且存在“初级综合经营——高级专业化经营——高级综合经营——

更高级专业化经营——更高级综合经营”这样循环交替、持续发展壮大的趋势。

(5)突出经营特色，树立醒目独特的企业形象。零售商业的经营特色是零售贸易的核心问题，只有具备与众不同的经营特色，在顾客心目中树立起独特、鲜明的企业形象，才有可能吸引并保持众多的顾客，在竞争中取得更大成功。国内外零售商业市场上，居销售额前列的大零售商几乎都是独具特色、各领风骚。

第三节 分销渠道的设计

一、分销渠道设计的基本原则

企业必须建立快速、优质、高效的销售渠道系统，以确保企业尽快把商品分销出去，满足消费者需要。可供企业选择的分销渠道是多样的，企业能否正确设计分销渠道，最终关系到企业能否拓展市场，提高市场占有率。企业分销渠道的设计必须依据如下原则(正确设计分销渠道)。

1. 经济原则

这是指分销渠道的设计要以提高经济效益为中心。经济原则不仅要求所设计的分销渠道本身有良好的经济效益，而且要求所设计的分销渠道有助于企业总体营销经济效益的提高。因此，所设计的分销渠道，要符合商品合理流向的要求，要经最少的渠道环节，能保证渠道最为合理；要有较强的物流功能，能保证以最少的耗费、最快的速度、最短的时间、最短的里程实现商品实体转移；要具有一定的稳定性，能节省开辟新分销渠道的费用。总之，必须体现合理布局、运输、库存的要求，使企业获得最佳经济效益。

2. 时间原则

这是要求中间商能最大限度地缩短商品在流通领域中的时间，以最快的速度将商品从生产领域向消费领域转移。现代市场瞬息万变，缺乏时间观念，往往会失去分销机会。坚持分销渠道设计的时间原则，一要节约时间，在尽量短的时间内把更多的商品分销出去；二是把握时机，注意分析和预测市场需求动态，争取时间，主动出击，创造机会，把目光放到更广阔的时间领域，去开发新商品，建立新市场，争取新顾客。

3. 竞争原则

这是要求分销渠道的设计必须有利于工商企业的市场竞争，有利于战胜竞争对手。竞争是现代市场经济的主要特征，企业竞争不仅是商品竞争、价格竞争、促销竞争，同时也是分销渠道的竞争。良好的分销渠道，有助于企业争取更多的顾客，保持和扩大企业在市场中的地位。这就要求所设计的分销渠道，一是要具有一定的知名度，信誉好，能取得顾客的信任；二是有良好的物资准备，包括物力、财力、店容状况等；三是地理位置分布恰当，方便消费者购买；四要管理状况好，渠道畅通。

4. 消费者满意原则

这就是要满足消费者需要，为消费者提供方便，维护消费者的利益，为消费者服务。企业的营销活动，包括分销渠道的设计，都要以消费者满意为基本原则。做到：一是渠道网点布局方便消费者。企业要根据商品或服务特点、目标市场顾客的分布情况和购买特点，设计那些能方便顾客购买的分销渠道；二是服务周到，要树立服务观念，做到全方位服务，包括以广告信息、商品设计、技术咨询、用户培训、客户调查为主要内容的售前服务，以顾客接待、货款结算、商品包装、购物环境为主要内容的售中服务，以送货上门、安装调试、维护修理、技术指导、跟踪反馈为主要内容的售后服务。

5. 应变原则

这是要求分销渠道具有应变能力，具有创新、开发、改革的能力，能灵活、敏锐地适应市场变化的需要。市场营销环境是一个不断发展变化的环境，科学技术在发展，国民经济在增长，生产力水平在提高，商品生产的方式在变化，市场供求情况在变化。企业要充分认识这种变化，并适应这种发展变化，增强开拓、创新意识，善于观察和分析市场形势的变化，稳妥设计分销渠道，既考虑眼前，更放眼未来，确保所设计的分销渠道具备一定的应变能力。

二、影响分销渠道设计的主要因素

企业在设计分销渠道之前，必须对影响分销渠道设计的因素进行认真的分析，在此基础上相应做出正确的决策。影响分销渠道设计的因素主要有以下几个方面。

1. 产品特性

(1)商品的体积和重量。体积大而笨重的商品，为了减少运输和包装费用，宜设计直接渠道或委托代销；而体积小、重量轻的商品，一般数量较多，可设计间接渠道。

(2)商品的价格。商品单价高，如一些价格昂贵的耐用消费品，宜设计直接渠道；商品单价低，如一些大众化的日用消费品，则一般设计间接渠道。但商品单价虽低而销售量大，或者这种商品习惯上是与其他商品配合出售的，则宜设计直接渠道。

(3)商品的款式。时尚程度较高，款式容易发生变化的商品，如时装、家具、玩具等，分销渠道要短，以免流转环节过多、周转时间过长而过时；时尚性不强，款式不易发生变化的商品，分销渠道则可长一点，以便于广泛销售。

(4)商品的技术性能与服务要求。凡是技术性能较强而又需要提供服务的商品，如耐用消费品和许多高新技术工业品，都应采用直接渠道，即使需要中间商介入，也要尽量减少环节，以方便顾客选购和提供优化服务。

(5)商品的理化性质。一般来说,易毁性和易腐性商品,如蔬菜、玻璃、陶瓷制品等,要设计最短的分销渠道,尽快把商品送到消费者手中,以免因中转环节过多而造成损失。

(6)新商品。新商品上市需要大量的精力和费用开拓市场,经销单位也不熟悉其性能,并缺乏销售该商品必需的专门技术。为尽快的打开新商品的销路,企业宜自己组织推销队伍,直接向消费者出售商品。

(7)商品的独特性。一般来说,独创性、垄断性商品不宜使用过多的中间商;而一般性商品则可使用多种中间商。

2. 顾客特性

(1)市场范围大小。在一般情况下,商品销售的市场范围愈大,则分销渠道就愈长。如果商品在全国范围销售或进入国际市场,则要设计宽渠道,利用中间商;如果商品销售的市场范围很小,或就地生产就地销售,则由生产者直接销售或通过零售商销售都能取得较好效果。

(2)潜在顾客数量的多少。如果潜在顾客数量较少,企业可以考虑使用推销员或邮寄直接向消费者推销;反之,潜在顾客数量多,则应采取间接渠道。

(3)潜在顾客的地理分布情况。如果顾客集中分布在一个或少数几个地区,则可利用直接渠道;顾客分布很分散,则应设计间接渠道。

(4)顾客购买的批量大小。顾客购买的次数少而每一次购买批量大的商品,可设计直接渠道;而交易次数频繁、购买数量零星的商品可采用间接渠道。

(5)顾客需求的稳定程度。如果顾客需求比较固定,有传统的消费习惯,则可设计直接渠道;而顾客需求无规律、变化大,则宜设计间接渠道。

(6)市场的其他特点。如销售季节性的变化、节日商品、同类商品竞争者的分销渠道的变化等,都是企业在设计分销渠道应考虑的因素。

3. 企业特性

(1)企业的声誉和财力。一般说来,企业声誉越高,资金越雄厚,就越有条件设计各种分销渠道。有些大企业甚至可以建立自己的分销渠道系统,根本不需要利用中间商;反之,一些不大出名的和资金薄弱的中小企业,则必须依赖中间商提供各种销售服务,分销其商品。

(2)企业自身的销售力量和销售经验。一般说来,企业自身有足够的销售力量,或有丰富的商品销售经验,就可以少用或不用中间商;反之,如果企业自身销售力量不足,或者缺乏商品销售经验,那就要依靠批发商或零售商来分销商品。

(3)企业提供服务的态度和能力。如果生产者愿意为最终消费者或用户提供更多的服务,则可采用直接渠道;如果生产者愿意为零售商提供更多的服务,就会吸引许多零售商经营这种商品;如果生产者愿意为批发商提供各种服务,则会有更多的批发商对这种商品发生兴趣。

(4)企业对分销渠道的控制程度。如果企业的市场营销策略要求严格控制商品的零售价格和新鲜程度,则要设计单一的或尽可能短的分销渠道。

4. 竞争特性

生产者的渠道设计还受到竞争者所使用的渠道的影响,因此要分析竞争者的渠道模式、渠道策略,根据企业产品特性、企业实力、企业分销目标,设计出有利于自身产品销售的渠道体系。根据不同的情况,可以与竞争者相同和相近的经销处与竞争者的产品抗衡,也可以避开竞争者使用的渠道。

5. 中间商特性

中间商有不同的类型、不同的职能、不同的区位、不同的市场能力,设计渠道时,要考虑不同中间商的优缺点。中间商在执行运输、广告、储存及接触顾客等职能方面,以及在信用条件、退货特权、人员训练和送货频率方面,都有不同的特点和要求。一般来讲,在考虑中间商因素时,要着重从可得性、成本和服务三个方面来综合考虑。

第四节　分销渠道的管理

随着现代市场营销的发展,分销渠道结构日益复杂,形成了多条流通渠道、多种经营方式并存的局面。渠道之间既有合作,也有竞争和矛盾。企业要有一个畅通的分销渠道网络,确保企业的市场营销组合策略的实施,必须加强对分销渠道的管理。

一、选择渠道成员

中间商的选择是否恰当,直接影响企业商品的分销,从而影响企业整体营销目标的实现。因此,企业必须慎重地选择中间商,在选择中间商时,应遵循目标一致原则、效率优先原则、市场到达性原则、分工合作原则等基本原则。

就大多数企业来说,必须认真考察中间商的下列条件:

(1)中间商综合实力的大小,包括经济实力、分销能力、服务能力。中间商必须具有良好的经济状况,以利于企业及时回收货款,加速资金周转,必要时能得到中间商的资金融通。对需要有专门运输设备、仓库及温度等的商品,还得审度中间商的运输能力和储运设备,以确保商品有效的储运。中间商还必须有良好的分销能力,能很好地完成分销任务,此外,还要考虑他们是否具备提供优化服务的能力,以提高顾客的满意度。

(2)中间商的预期合作程度。现代渠道系统是生产商与经销商密切合作的利益共同体，客观上要求中间商有良好的合作意愿和合作态度，只有这样，才能让中间商自觉规范自身行为，减少渠道运作过程的冲突；才能在目标统一的前提下，密切合作地解决渠道运作的有关矛盾；才能使企业制定更有效的渠道建设和管理政策。

(3)中间商的市场及产品覆盖面。中间商的销售对象应与企业商品的目标顾客相一致，这样才有利于企业的商品顺利进入目标市场。为此，中间商必须有一个理想的地理位置。批发商应尽量选择在通往目标市场的“咽喉”要道上，能充分发挥其运输、储运及运送货物的功能；零售商则要尽量设计在顾客集中或客流量最大的地区，以便于顾客购买。

(4)中间商的信誉。一般还应要求中间商有较高的信誉和知名度，尤其是当企业商品进入某个新市场，或者是新商品刚刚投入市场时，更应注意这一点，这样可以有效降低企业货款回收风险，降低中间商分销不力及服务不到位的风险。

(5)中间商内部管理水平。企业应考察中间商领导人员的营销才干、管理者和职工队伍的素质、企业的政策、各种规章制度等。中间商的管理能力强，是提高商品销售效果的基本保障。

(6)中间商经销某种产品的历史和成功经验。中间商有从事相同或相似产品经销的经历及取得的良好业绩，证明中间商经销本企业产品能成功的可能性比较大。

二、激励渠道成员

鼓励中间商，最大限度地调动和发挥中间商的销售积极性，是管理分销渠道的重要内容。生产者应在通过合同规定与中间商合作的基础上，不断地给中间商予以鼓励。因为，中间商在处理同生产者、供应商、顾客的关系时，往往偏向顾客一边，认为自己是顾客的采购者，其次才考虑生产者或供应者的期望，中间商感兴趣的是销售任何顾客购买的商品。因此，他们的销售努力更多考虑的是顾客需要的商品组合，而较少注意单项商品。除非额外给予一定的利益，中间商一般不会按牌号作销售记录，不注意积累有关改进商品、定价、包装以及宣传推广等市场信息情报，有时还有意识地将这些情况对生产者保密。针对这些情况，生产者要对中间商采取相应的措施予以鼓励。

(1)在提供商品方面。生产者要在商品的数量、质量、品种、价格和交货时间、交货条件等方面尽可能满足中间商的要求，为中间商创造良好的营销条件。这是鼓励中间商的一个很重要的措施。生产者应根据市场需要以及中间商的要求，合理地调整生产计划，改进生产技术，改善经营管理，生产物美价廉、适销对路的商品。

(2)在交流情报信息方面。生产者要及时向中间商传递本企业的信息以及所获得的其他市场情况，以便中间商合理安排营销工作。为此，企业有必要定期或不定期的邀请中间商座谈，共同研究消费者需求，分析市场动态，制定扩大销售的措施。

(3)在开展促销方面。生产者应协助中间商掌握商品的技术知识和开展技术服务，并通过广告宣传、举办商品展览和操作表演，帮助中间商搞好商品陈列、新产品专柜，培训推销人员和维修人员，提供一些商品目录、说明书和其他宣传材料，以开拓商品的销售市场。

(4)在资金互助方面。生产者对资金不足的中间商，应采取资金通融措施，包括给予中间商以较长的付款期限，给予一些折扣或代销办法上的优惠，提供一些免费咨询等，尽力帮助中间商扩大经营。

(5)在经营收益方面。生产者要本着公平合理、利益均衡的原则，从双方的长期利益出发来处理经营收益的分配问题，使产销双方都能得到合理的利润。企业的定价既要考虑自己的盈利，也要考虑中间商的利益，应根据市场需要和中间商的销货情况，随时调整价格政策。

(6)在提供服务方面。在具体的营销业务手续中，多为中间商提供各种方便，协助他们搞好经营管理，提高经营效果。

(7)在渠道价格方面。理顺价格关系是保证渠道成员利益的关键环节。生产企业通常要根据不同中间商的实力与其在通路中的地位，结合具体的销售目标制定出不同层面的价格差，以协调各环节的利益关系，使之取得相对平衡，从而维持分销渠道的正常运转。

三、评估渠道

生产者要对中间商进行有效的管理，还得制定一定的标准，经常对中间商的经营情况进行评估。

(1)评估标准。包括销售指标完成情况、平均存货水平、向顾客交货的快慢程度、商品周转速度、市场占有率、同生产者宣传与培训计划的合作情况、对顾客的服务等。其中销售指标完成情况是一项重要的评价标准。从一定程度上说，它可以作为中间商营销绩效高低的综合标准。

(2)评估方法。正确评价中间商的工作绩效有两种方法：一种是生产者预先规定销售总额指标，表明企业一定时间内的期望销售额。一段时间后，生产者再把各个中间商的销售额列表分发，以鼓励那些销售额大的中间商继续保持荣誉，同时鞭策那些销售额落后的中间商努力赶上；另一种办法是将各个中间商的本期销售额实绩与上期进行比较，或者把中间商完成的实绩与定额指标作比较，而集中精力对那些没有完成销售额指标的中间商进行分析诊断，帮助其制定改革方案，迅速提高效益。

四、调整渠道

工商企业在拓展市场过程中，由于消费者需求及市场营销环境的变化等多种原因,原有分销渠道已经不能适应市场环境变化的要求,使企业的市场占有率出现下降的趋势。在这种情况下,企业有必要考虑调整分销渠道。

调整分销渠道,首先要通盘考虑整个渠道的运行状况,分析出现问题的原因,针对新情况做出相应的调整方案。

1. 调整具体渠道成员

即决定增减渠道中的个别中间商。工商企业市场占有率下降,有时是由于个别中间商未能适应市场环境变化,经营管理不善造成的,在这种情况下,则要考虑寻找其他适当的中间商替补。有时可能是因为竞争企业分销渠道扩大,使自己的分销渠道相对减少造成的,在这种情况下,则要考虑增加中间商的数量。分销渠道成员数量的增减,是小范围的调整,对企业整个分销渠道结构影响不大,但也要作直接的经济效益分析,看其对企业盈利有何影响。同时,还要注意其他渠道成员的反应,防止出现一些不必要的矛盾。

2. 增减某一分销渠道

工商企业对某种商品的分销,可能采用宽渠道,也可能采用窄渠道。在采用宽渠道时,发现有些渠道作用不大,需要缩减;采用窄渠道时,又会发现渠道不足,造成某些商品销售不畅,需要增加新的分销渠道。这种分销渠道的增减是较大范围内的调整,对整个分销渠道结构可能产生较大的影响。企业要根据自己的情况,更广泛地对可能带来的直接或间接反应作系统分析,在此基础上,决定对分销渠道的增减。

3. 调整整个分销渠道

这是指工商企业对分销渠道进行的最大、最全面的调整。例如由生产者自销改为中间商经销,或从中间商经销改为企业自销都属于此类。这种分销渠道的调整是最困难的,它要舍弃已经健全的渠道系统而建立一套新的分销渠道结构,要花费大量的投资。更重要的是还要研究怎样与企业整个市场营销组合策略有机结合进行。这种调整可能是由于企业整体营销战略和策略的调整而引起的渠道结构不适应,也可能是由于原有的渠道出现了重大的问题,无力纠正,无法继续使用而进行的全面调整。这种调整必须经过企业最高管理层认真研究后才能实施。

五、渠道冲突管理

渠道冲突(channel conflict),指的是渠道成员发现其他渠道成员从事的活动阻碍或者不利于本组织实现自身的目标。渠道冲突产生不利的后果,其危害主要有破坏渠道成员间的关系、降低整个渠道的销售业绩、破坏整个渠道的规则体系、影响产品品牌在消费者心目中的地位。因此,对渠道冲突要高度重视。

1. 渠道冲突的类型

(1)水平渠道冲突。指的是同一渠道模式中,同一层次中间商之间的冲突。产生水平冲突的原因大多是生产企业没有对目标市场的中间商数量分管区域做出合理的规划,使中间商为各自的利益互相倾轧。这是因为在生产企业开拓了一定的目标市场后,中间商为了获取更多的利益必然要争取更多的市场份额 ,在目标市场上展开“圈地运动”。例如,某一地区经营 A 家企业产品的中间商,可能认为同一地区经营 A 家企业产品的另一家中间商在定价、促销和售后服务等方面过于进取,抢了他们的生意。如果发生了这类矛盾,生产企业应及时采取有效措施,缓和并协调这些矛盾,否则,就会影响渠道成员的合作及产品的销售。另外,生产企业应未雨绸缪,采取相应措施防止这些情况的出现。

(2)垂直渠道冲突。指在同一渠道中不同层次企业之间的冲突,这种冲突较之水平渠道冲突要更常见。例如,某些批发商可能会抱怨生产企业在价格方面控制得太紧,留给自己的利润空间太小,提供的服务(如广告、推销等)太少;零售商对批发商或生产企业,可能也存在类似的不满。

垂直渠道冲突也称做渠道上下游冲突。一方面,越来越引起分销商从自身利益出发,采取直销与分销相结合的方式销售商品,这就不可避免要同下游经销商争夺客户,大大挫伤了下游渠道的积极性;另一方面,当下游经销商的实力增强以后,不满意目前所处的地位,希望在渠道系统中有更大的权利,向上游渠道发起了挑战。在某些情况下,生产企业为了推广自己的产品,越过一级经销商直接向二级经销商供货,使上下游渠道间产生矛盾。因此,生产企业必须从全局着手,妥善解决垂直渠道冲突,促进渠道成员间更好地合作。

(3)不同渠道间的冲突。随着顾客细分市场和可利用的渠道不断增加,越来越多的企业采用多渠道营销系统即运用渠道组合、整合。不同渠道间的冲突指的是生产企业建立多渠道营销系统后,不同渠道服务于同一目标市场时所产生的冲突。例如,美国的李维牌牛仔裤原来通过特约经销店销售,当它决定将西尔斯百货公司和彭尼公司也纳为自己的经销伙伴时,特约经销店表示了强烈的不满。

2. 渠道冲突的原因

(1)渠道成员目标不一样,购销业务中本来就存在矛盾。如供货商要以高价出售,并倾向于现金交易,而购买者则要支付低价,并要求优惠的商业信用。矛盾的一个主要原因是生产企业与中间商有不同的目标,生产企业希望占有更大的市场,获得更多的销售增长额及利润;但大多数零售商,尤其是小型零售商,希望在本地市场上维持一种舒适的地位,即当销售额及利润达到满意的水平时,就满足于安逸的生活;制造商希望中间商只销售自己的产品,但中间商只要有销路就不关心销售哪种品牌 ;生产企业希望中间商将折扣让给买方,而中间商却宁愿将折扣留给自己；生产企业希望中间商为它的品牌做广告，中间商则要求生产企业负担广告费用。同时，每一个渠道成员都希望自己的库存少一些，对方多保持一些库存。

(2)渠道成员的任务和权利不明确。例如，有些公司由自己的销售队伍向大客户供货，同时它的授权经销商也努力向大客户推销。地区边界、销售信贷等方面任务和权利的模糊和混乱会导致诸多冲突。

(3)对市场的预期不同。冲突还可能来自渠道成员的市场知觉差异。例如，生产企业预测近期经济前景良好，要求经销商的存货水平高一些，而经销商却可能认为经济前景不容乐观，不愿保留较多的存货。

(4)中间商对生产企业的依赖过高。例如，汽车制造商的独家经销商的利益及发展前途直接受制造商产品设计和定价决策的影响，这也是产生冲突的隐患。所有这些都可能使渠道成员之间的关系因相互缺乏沟通而趋于紧张。

3. 渠道冲突的直接原因

(1)价格原因。各级批发价的价差常是渠道冲突的诱因。制造者常抱怨分销商的销售价格过高或过低，从而影响其产品形象与定位。而分销商则抱怨给其的折扣过低而无利可图。

(2)存货水平。制造商和分销商为了自身的经济效益，都希望把存货水平控制在最低。而存货水平过低又会导致分销商无法及时向用户提供产品而引起销售损失甚至使用户转向竞争者。同时，分销商的低存货水平往往会导致制造商的高存货水平，从而影响制造商的经济效益。此外，存货过多还会产生产品过时的风险。因此，存货水平也是容易产生渠道冲突的问题。

(3)大客户原因。制造商与分销商之间存在着的持续不断的矛盾的原因是制造商与最终用户建立直接购销关系，这些直接用户通常是大用户，是"厂家宁愿直接交易而把余下的市场领域交给渠道中间商的客户(通常是因为其购买量大或有特殊的服务要求)"。由于工业品市场需求的 80/20 规则非常明显，分销商担心其大客户直接向制造商购买而威胁其生存。

(4)争占对方资金。制造商希望分销商先付款、再发货(如宝钢)，而分销商则希望能先发货、后付款。尤其是在市场需求不确定的情况下，分销商希望采用代销等方式，即货卖出去后再付款。而这种方式增加了制造商的资金占用，加大了其财务费用支出。

(5)技术咨询与服务问题。分销商不能提供良好的技术咨询和服务，常被制造商作为采用直接销售方式的重要理由。对某些用户来说，甚至一些技术标准比较固定的产品，仍需要通过技术咨询来选择最适合其产品性能的产品以满足生产过程的需要。

(6)分销商经营竞争对手产品。制造商显然不希望他的分销商同时经营竞争企业同样的产品线。尤其在当前的工业品市场上，用户对品牌的忠诚度并不高，经营第二产品线会给制造商带来较大的竞争压力。另一方面，分销商常常希望经营第二甚至第三产品线，以扩大其经营规模，并免受制造商的控制。

4. 渠道冲突解决办法

(1)在渠道成员的选择上要求进行严格的评估和审核。作为渠道体系的基本单位，每个渠道成员能否按合同的要求行动非常重要，因此，必须严格按程序和标准进行，选择具有良好合作意愿、共同目标、能自我约束的渠道成员，把好第一关。

(2)在战略上要建立共同的愿景和发展目标。有了共同的愿景和发展目标，当渠道受到威胁时，渠道成员能迅速分清矛盾的主次，自动合作排除威胁。管理者要有意识地激发渠道成员的共同目标，引导他们密切合作，战胜威胁，追求共同的目标价值。

(3)在两个或两个以上的渠道成员之间交换人员，互相在对方的单位工作一段时间，以促进彼此之间的了解，更好的合作，特别是对于垂直性冲突。比如，让制造商的一些销售主管去部分经销商处工作一段时间，有些经销商负责人可以在制造商制定有关经销商政策的领域内工作。经过互换人员，可以提供一个设身处地为对方考虑问题的位置，便于在确定共同目标的基础上处理一些垂直性冲突。

(4)冲突双方的协商谈判。谈判是渠道成员讨价还价的一个方法。在谈判过程中，每个成员会放弃一些东西，从而避免冲突发生，但利用谈判或劝说要看成员的沟通能力。事实上，用上述方法解决冲突时，需要每一位成员形成一个独立的战略方法以确保能解决问题。

(5)由第三方(如制造商、其他中间商或专门的仲裁机构)出面调解和仲裁。从本质上说，调解和仲裁是为存在冲突的渠道成员提供沟通机会，强调通过劝说来影响其行为而非信息共享，也是为了减少有关职能分工引起的冲突。因此，要求调解人具有较高的地位和威信。

(6)退出。解决冲突的最后一种方法就是退出该营销渠道，即中断与某个或某些渠道成员的合同关系。

第五节　物流策略

一、物流的概念及功能

1. 物流的概念

物流的概念经历了一个不断发展的过程。1935 年美国销售协会的定义：“实物分配是包含于销售之中的物质资料和服务在生产场所到消费场所的流动过程中所伴随的种种经济活动。”这个概念只重视商品的供应过程，而忽视了与生产有关的调达物流，是一种单向的物质流通过程；是生产销售的附属行为，只着重商品的传递，忽视了物流的能动作用。

1998 年美国物流管理协会(CLM)定义：“物流是供应链流程的一部分，是为了满足客户需求而对商品、服务及相关信息从原产地到消费地的高效率、高效益的正向和反向流动及储存进行的计划、实施与控制过程。”该定义不仅把物流纳入了企业间互动协作关系的管理范畴，而且要求企业在更广阔的背景上来考虑自身的物流运作。强调“物流是供应链的一部分”，并从“反向物流”角度进一步拓展了物流的内涵与外延。

2001 年，我国制定国家标准《物流术语》(GB/T18354—2001)中，物流定义为：物品从供应地向接收地的实体流动过程。根据实际需要，将运输、储存、搬运、包装、流通加工、配送、信息处理等基本功能实施有机结合。

在上述代表性的定义中，美国销售协会定义属于传统物流的概念，美国物流管理协会(CLM)及我国制定的国家标准中的物流定义属于现代物流的概念。对于现代物流，强调下面五点：

(1)现代物流的宗旨是以客户为中心，强调满足顾客要求。

(2)现代物流强调物流的整体性和系统性，包含回收和废弃物流、生产物流等。现代物流管理范围是从原材料采购到生产全过程到营销活动全程的管理与控制。

(3)现代物流重视物流信息和信息化的巨大作用。现代物流不仅是实物流程的管理，更重要的是所有相关信息的管理与控制。

(4)现代物流管理是将其管理技术嵌入到整个企业活动的价值链的全过程当中。

为了更好地理解现代物流，我们把现代物流与传统物流进行比较，如表 11－1 所示。现代物流的特征为：物流反应快速化、功能集成化、服务系列化、作业规范化、目标系统化、组织网络化、经营市场化、信息电子化。

2.物流的功能

(1)运输功能。运输是物流的核心业务之一，也是物流系统的一个重要功能。选择何种运输手段对于物流效率具有十分重要的意义，在决定运输手段时，必须权衡运输系统要求的运输服务和运输成本，可以从运输机具的服务特性作判断基准：运费、运输时间、频度、运输能力、货物的安全性、时间的准确性、适用性、伸缩性、网络性和信息等。

表 11－1　传统物流与现代物流之比较

项目	传统物流	现代物流
物流服务	各种物流功能相对独立； 无物流中心； 不能控制整个物流链； 限地区内物流服务； 被动服务 短期合约； 价格竞争； 提供标准服务	强调物流功能的整合； 采用物流中心； 供应链的全面管理； 跨区域的物流服务； 主动服务； 第三方物流的普遍应用； 长期战略伙伴关系； 降低总物流成本； 增值物流服务； 定制物流服务
物流信息技术	无外部整合系统； 有限或无限 EDI 联系； 无卫星跟踪系统	实时信息系统； 广泛应用 EDI； 卫星跟踪系统
物流管理	有限或没有现代管理； 分散管理	现代化、信息化管理； 系统管理； 全面质量管理

(2)仓储功能。在物流系统中，仓储和运输是同样重要的构成因素。仓储功能包括了对进入物流系统的货物进行堆存、管理、保管、保养、维护等一系列活动。随着经济的发展，仓储功能从重视保管效率逐渐变为重视发货和配送作业的效率。流通仓库作为物流仓储功能的服务据点，在流通作业中发挥着重要的作用，它将不再以储存保管为其主要目的。流通仓库包括捡选、配货、检验、分类等作业，并具有多品种、小批量、多批次等收货配送功能以及附加标签、重新包装等流通加工功能。

(3)包装功能。为使物流过程中的货物完好地运送到用户手中，并满足用户和服务对象的要求，需要对大多数商品进行不同方式、不同程度的包装。工业包装的作用是按单位分开产品，便于运输，并保护在途货物。商品包装的目的是便于最后的销售。因此，包装的功能体现在保护商品、单位化、便利化和商品广告等方面。

(4)装卸搬运功能。装卸搬运是随运输和保管而产生的必要物流活动，是对运输、保管、包装、流通加工等物流活动进行衔接的中间环节，以及在保管等活动中为进行检验、维护、保养所进行的装卸活动，如货物的装上卸下、移送、拣选、分类等。装卸作业的代表形式是集装箱化和托盘化，使用的装卸机械设备有吊车、叉车、传送带和各种台车等。在物流活动的全过程中，装卸搬运活动是频繁发生的。对装卸搬运的管理，主要是对装卸搬运方式、装卸搬运机械设备的选择和合理配置与使用，及尽可能减少装卸搬运次数，以节约物流费用，获得较好的经济效益。

(5)流通加工功能。流通加工功能是在物品从生产领域向消费领域流动的过程中，为了促进产品销售、维护产品质量和实现物流效率化，对物品进行的加工处理。这种在流通过程中对商品进一步的辅助加工，可以弥补制造企业、物资部门、商业部门生产过程中加工程度的不足，更有效地满足用户的需求，是物流活动中的一项重要增值服务，也是现代物流发展的一个重要趋势。流通加工的内容有装袋、定量化小包装、拴牌子、贴标签、配货、挑选、混装、刷标记等。

(6)配送功能。配送功能的设置，可采取物流中心集中库存、共同配货的形式，使用户或服务对象实现零库存，依靠物流中心的准时配送，而无须保持自己的库存或只需保持少量的保险储备，减少物流成本的投入。配送是现代物流的一个最重要的特征。

(7)信息服务功能。现代物流是需要依靠信息技术来保证物流体系正常运作的。物流系统的信息服务功能，包括进行与上述各项功能有关的计划、预测、动态的情报及有关的费用情报、生产情报、市场情报活动。物流情报活动的管理，要求建立情报系统，正确选定情报科目和情报的收集、汇总、统计、使用方式，以保证其可靠性和及时性。

二、物流系统规划与控制

1. 物流系统的目标

(1)服务目标：物流系统是流通系统的一部分，它具体联结着生产与再生产、生产与消费，因此要求有很强的服务性。物流系统采取送货、配送等形式，就是其服务性的体现。在技术方面，近年来出现的“准时供货方式”、“柔性供货方式”等，也是其服务性的表现。

(2)快速、及时目标：及时性不但是服务性的延伸，也是商品流通对物流提出的要求。在物流领域采取的诸如直达物流、联合一贯运输、高速公路、时间表系统等管理和技术，都有助于这一目标的实现。

(3)节约成本目标：节约成本是经济活动的重要规律，在物流领域中，由于流通过程消耗大而又基本上不增加或提高商品的使用价值，所以节约成本成为提高相对产出的重要手段。

(4)规模优化目标：物流系统具有“规模效益”，规模与系统的经济性密切相关。在物流系统中，如何规划物流设施，如何对各种物流要素进行合理配置都是实现物流系统规模优化目标时所要考虑的问题。

(5)库存调节目标：是服务性的延伸，也涉及到物流系统本身的效益。在物流领域中正确确定库存方式、库存数量、库存结构、库存分布就是这一目标的体现。

2. 企业物流模式选择

(1)物流联盟模式。物流联盟是指为了取得比单独从事物流活动更好的效果，企业间形成的相互信任、共担风险、共享收益的物流伙伴关系。企业之间不完全采取导致自身利益最大化的行为,也不完全采取导致共同利益最大化的行为,只是在物流方面通过契约形成优势互补、要素双向或多向流动的中间组织。物流联盟应由供应商、承运商、生产制造商、物流配送中心、核心物流企业等组成。

(2)企业物流全部外包模式。物流外包,即生产或销售等企业为增强核心竞争能力,将其物流业务以合同的方式委托于专业的第三方物流公司(3PL)运作,外包是一种长期的、战略的、相互渗透的、互利互惠的业务委托和合约执行方式。目前,中国许多企业纷纷将自己的业务外包出去,弥补自己企业在物流活动中的不足,降低企业物流成本,缩短企业产品到达顾客的时间,提高产品的附加值,精于核心业务,提高顾客的满意度和忠诚度,有利于企业的品牌和企业形象的树立等。

(3)企业自创分立的物流体系模式。是企业或和其他合伙人出资创建,独立于其他部门或事业部成立的物流公司,并最终致力发展成为专业的第三方物流公司。此时,物流公司一方面为原有企业服务,同时,物流公司对外提供物流服务,市场化运作,把物流活动作为企业利润源之一。如海尔的"一流三网"物流模式,不仅实施质量零距离、服务零缺陷、零营运资本三个"零"目标,而且,海尔物流运用已有的配送网络与资源,并借助信息系统,积极拓展社会化分拨物流业务,成为日本美宝集团、AFP 集团、乐百氏、ABB 公司、雀巢公司的物流代理。

(4)物流股份制模式。以股东的物流业务作为主要业务来源,它将集中各股东的物流资源,利用先进的管理方法和信息技术,达到流程的优化,进而节省客户的总体物流成本及提高物流服务的水平。如广州安泰达物流有限公司是一家现代第三方物流公司,是由中国远洋物流公司、远洋网络有限公司、广东科龙电器股份有限公司、无锡小天鹅股份有限公司和广州经济技术开发区建设创业投资有限公司共同投资组建的。目前安泰达主要负责科龙及小天鹅的物流业务,随着公司的发展与成熟,还将逐步引入其他家电企业,在全国建立起一个功能完善、服务周到的家电物流平台,最终使安泰达成为家电领域全供应链范围的物流服务商。

3. 影响企业物流模式选择的因素

企业在进行物流决策时,应根据自己的需要和资源条件,综合考虑以下主要因素,慎重选择物流模式,以提高企业的市场竞争力。

(1)物流对企业成功的影响度和企业对物流的管理能力。如果物流对企业成功的重要度很高且企业处理物流能力也高,则自营物流。反之,则采用业务外包。

(2)企业对物流控制力的要求。市场竞争激烈的行业,企业对供应和分销渠道的控制要求比较高,此时企业应该自营物流。一般来说,最终产品制造商对渠道或供应链过程的控制力比较强,往往选择自营物流,即作为龙头企业来组织全过程物流活动,制定物流服务标准。

(3)企业产品自身的物流特点。对于工业品原料的货运,则应利用相对固定的专业物流服务供应商;对鲜活产品的分销则宜采用短渠道物流;对全球市场的分销,宜采用地区性的专业第三方物流企业提供支援;对于技术性较强的物流服务,如口岸物流服务,企业应采用委托代理的方式;对非标准设备的制造商来说,应该交给专业第三方物流企业去做。

(4)企业的规模和实力。一般地,大中型企业由于实力较雄厚,通常有能力建立自己的物流系统,保证物流服务的质量。同时,还可以利用过剩的物流网络资源拓展外部业务。而中小企业则受人员、资金和管理资源的限制,企业应把资源用于主要的核心业务上,把物流管理交给第三方专业物流代理公司。

(5)物流系统总成本。在选择是自营还是物流外包时,必须弄清两种模式物流系统总成本的情况。减少仓库数量可降低仓储费用,但会带来运输距离和次数的增加而导致运输费用增加,如果运输费用的增加部分超过了仓储费用的减少部分,总的物流成本反而增大。所以,在选择和设计物流系统时,要对物流系统的总成本加以论证,最后选择成本最小的物流系统。

(6)外包物流的客户服务能力。在选择物流模式时,考虑物流成本尽管很重要,但外包物流对为本企业及企业客户提供服务的能力是选择物流服务至关重要的。如果找不到合适的物流服务商,则企业也不得不自建物流体系或与其他企业合作共建物流体系。

(7)企业的发展战略。企业的物流模式要符合企业总体发展战略,如果企业把物流业务作为企业利润增长点,则企业可选择自营物流。在满足企业自身物流服务需求的同时,通过市场化运作获得更多利润。

4.企业物流绩效考核及控制

企业在慎重选择物流模式之后,在实施过程中必须对其进行严格绩效考核及控制,即将实际工作成绩与评价标准进行对比,如果偏差超过了规定的界限,则应找出发生差距的原因,并采取纠正措施,以使实际工作成绩回到预先标准范围之内。物流绩效的评价包括质量、时间、成本和资产四个方面:

质量指标:质量指标主要衡量企业满足客户服务质量需求的能力,如客户满意度和服务质量等。

时间指标:时间指标主要衡量企业满足客户时间要求的能力,包括按计划送入订单的时间、装运时间、运输时间、配送时间和客户接受的时间。

成本指标:成本指标主要衡量供应链的总费用,主要指标有订货完成成本、原料成本、仓储成本、财务和管理信息系统成本、劳动力和库存间接成本等。

资产指标:资产指标主要是衡量物流战略实施中的资产利用水平,常以特定资产水平支持下的销售水平为标准,如库存供给天数(即按现有库存水平计算的销售天数)、投资收益率、存货跌价等。

企业对实施的物流战略进行绩效考核之后,企业不仅对目前企业的物流战略有一个清醒的认识,而且要根据物流绩效评价反映出来的问题,在认真研究的基础上进行企业物流战略的调整,经过不同程度调整后才能让企业达到较为理想的物流目标。

三、企业物流成本管理

1. 物流成本构成

物流系统的总成本=总运输成本+总固定仓储成本+总可变仓储成本+均交货延期所损失销售量的总成本

一般而言,物流成本构成为:运输 46%;仓储 26%;存货 10%;定单处理/顾客服务/分配管理 18%。

2. 物流成本管理的基本思路

(1)从流通全过程的视角来降低物流成本。对于一个企业来讲,控制物流成本应该考虑从产品制成到最终用户整个供应链过程。

(2)通过实现供应链管理,来提高对顾客的物流服务及削减成本。企业协调与其他企业以及顾客、运输业者之间的关系,实现整个供应链活动的效率化。

(3)借助现代信息系统降低物流成本。仅各企业内部的物流效率化难使企业在不断加剧的竞争中取得成本上的竞争优势,企业必须与其他交易企业之间形成一种效率化的交易关系。借助现代信息系统,使各种物流作业或业务处理能准确、迅速地进行。

(4)通过效率化的配送降低物流成本。伴随配送产生的成本费用要尽可能降低,要求企业采用效率化的配送方法。一般来讲,企业要实现效率化的配送,就必须重视配车计划管理、提高装载率以及车辆运行管理。

(5)削减退货成本。退货成本也是企业物流成本中一个重要的组成部分,它往往占有相当大的比例。退货成本之所以成为某些企业主要的物流成本,是因为随着退货会产生一系列的物流费、退货商品损伤或滞销而产生的费用以及处理退货商品所需的人员费等各种事务性费用。

(6)利用一贯制运输和物流委托降低成本。即将从制造商到最终消费者之间的商品搬运,利用各种运输工具的有机衔接来实现,运用运输工具的标准化以及运输管理的统一化,来减少商品周转、卸载过程中的费用和损失,并大大缩短商品在途时间。

四、企业物流服务管理

1. 物流服务的特点

(1)从属性。

(2)即时性。

(3)移动性与分散性。

(4)较强的需求波动性。

(5)可替代性。

2. 物流服务的内容

(1)运输类服务:运输网络的设计与规划、"一站式"全方位运输服务、外包运输力量、帮助客户管理运输力量、动态运输计划、配送等。

(2)仓储、配送类服务:配送网络设计、订单处理、库存管理、仓储管理等。

(3)增值服务:延后处理、零件配套、供应商管理、货运付费、支持 JIT 制造、咨询服务、售后服务等。

(4)信息服务:信息平台服务、物流业务处理系统、物流过程跟踪等。

(5)物流总体策划服务。

3. 构建物流服务的质量管理体系

(1)物流服务质量的内涵。物流服务质量是指物流服务固有的特性满足物流客户和其他相关要求的能力,表现为物流技术质量和物流功能质量。

(2)物流服务质量的形成。来源有三个方面:设计来源、供给来源、关系来源。

(3)物流服务质量体系。物流服务质量体系主要有管理者的职责、资源、质量体系结构三个关键方面,其关系如图 11－4 所示。

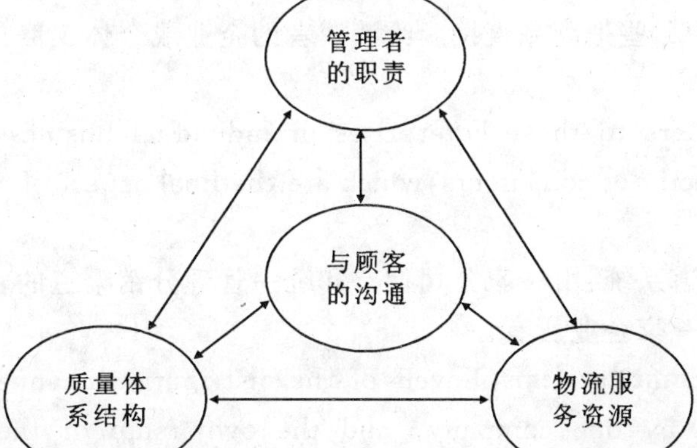

图 11－4　物流服务质量体系

本章关键术语中英文对照

分销渠道(channel of distribution)	公司式渠道系统(corporate channel systems)
批发商(wholesalers)	管理式渠道系统(administered channel systems)
零售商(retailers)	契约式渠道系统(contractual channel systems)
密集分销(intensive distibution)	水平渠道系统(level channel systems)
选择分销(selective distribution)	复合渠道系统(composite channel systems)
独家分销(exclusive distribution)	物流(logistics)
垂直渠道系统(vertical channel systems)	渠道冲突(channel conflict)

本章重要概念中英文释义

1. 分销渠道:分销渠道亦称销售渠道,是指产品从生产者流向消费者或用户所经过的路线。

channel of distribution: Also called a marketing channel, refers to route of moving goods from producers to consumers or uesers.

2. 批发商:指那些主要从事批发业务的企业或个体工商户,其销售对象是为了转卖或商业用途而进行购买的企业或个人。

wholesalers: It means enterprises or individual businesses who primarily engaged in the wholesale business targeted those who buy for resale or business use.

3. 零售商:指那些把商品直接卖给消费者的企业或个体工商户,零售商是商品流通的最终环节。

retailers: Refers to those enterprises or individual businesses who put the merchandise directly to consumers, which are the final aspect of commodity circulation.

4. 公司式渠道系统:由一家公司拥有和统一管理分销渠道的若干层次,整个渠道的所有权都归一家企业所有。

corporate channel systems: Levels of the distribution channels is owned and unified managed by one company, and the ownership of the whole channel belongs to the company.

5. 管理式渠道系统:众多渠道成员之间达成非正式的协议,彼此合作。通常表现为通过某一规模大、实力强的成员来协调不同生产和销售部门的行为。

administered channel systems：In which，an informal agreement is made betweem many channel members to cooperate with each other. Usually it appears that the behaviors of different production and sales departments are coordinated by a certain strong company with large scale.

6. 契约式渠道系统：是由不同层次的独立制造商和分销商在合约的基础上进行联合的销售渠道系统。

contractual channel systems：Refers to a maketing channel system jointed by independent manufacturers and distributors at different levels on a contractual basis.

7. 物流：物品从供应地向接收地的实体流动过程。根据实际需要，将运输、储存、搬运、包装、流通加工、配送、信息处理等基本功能实施有机结合。

logistics：The flow of the entity from suppliers to receivers of articles. According to actual needs，it implements the organic integration of the basic functions such as transport，storage，handling，packaging，distribution processing，distribution，information processing.

8. 渠道冲突：渠道冲突指的是渠道成员发现其他渠道成员从事的活动阻碍或者不利于本组织实现自身的目标。

channel conflict：Channel conflict refers to the situation that channel members find other members engaged in activities which impede or go against the organization's own goal.

本章小结

分销渠道也称配销通路或市场营销渠道，它是指产品在其所有权转移过程中从生产领域进入消费领域所经过的各个环节及经营机构。

企业在构建商品销售渠道时，必须做出直接与间接、长与短、宽与窄等不同的销售渠道的选择。中间商起着联系生产与消费、减少交易次数、加速资金周转、沟通信息等作用，不同类型的中间商各有其特点。生产者进行渠道选择时要根据市场特点、产品特点、企业自身状况、环境因素及经济形势等因素，确定中间商的类型、数目及渠道成员的责任，并运用选择、激励、评估、调整等措施对渠道成员加以有效管理。

物流管理的特殊功能在于将渠道中的商流与物流统一起来，仓储提供时间效用，运输提供空间效用，仓储和运输管理的发展趋势是先进的储存、装卸、管理、手段与标准化、系列化的运输工具的有机结合。

本章思考题

1. 试述分销渠道、分销渠道的策略类型、分销渠道的系统类型、批发商、零售商概念。

2. 影响分销渠道选择的因素有哪些？

3. 简述分销渠道的结构。

4. 什么是中间商？简述中间商的功能和作用。

章末案例分析

案例1　TCL集团:构建深广兼容的分销渠道

TCL集团于1981年靠一个小仓库和5 000元贷款起家，1999年发展成为拥有100多亿元总资产，销售收入、出口创汇分别达到150亿元、2.4亿美元，在中国电子行业雄踞三强的企业集团。该集团前10年集中生产经营通讯产品，占据了电话机市场龙头地位；后10年进军家电、电工市场，在十分激烈的竞争中，年均销售增长率持续超过50%。进入新世纪，集团正在策划新的目标：再用10年时间，使公司从传统的电子企业向以“3C”整合为核心、信息产业为主导的互联网接入设备主流供应商转移，销售规模达到1 500亿元，进入世界500强企业行列。

集团决策者觉得需要全面审视公司的经营观念和分销战略与策略管理问题。为此，回顾、总结过去的经验是必要的。

多年来，集团一直将市场视为企业的生命，提出并奉行“为顾客创造价值”的核心观念，赢得了宽广的市场空间。公司不断推出适合市场需求的新产品，严格把好每一个产品和部件的质量关，并十分重视建立覆盖全国的分销服务网络，为顾客提供了优质高效的购买和保障服务。显然，经营产品的扩展，必须与经营渠道建设结合起来。这是一条重要经验。

TCL在连续不断的市场大战中主动认识和培育市场，逐渐形成了“有计划的市场推广”、“服务营销”和“区域市场发展策略”等市场拓展新理念，建立了覆盖全国的营销网络，发展自己的核心竞争力。到1998年底，TCL已在全国建立了28家分公司、130个经营部(不包括县级经营部)，还有几十个通讯产品、电工产品的专卖店，销售人员3 000多人，这个网络既销售王牌彩电，也销售集团内的多种产品，1998年的销售额达到50多亿元。为了进一步开拓国际市场，除利用在香港、美国原有子公司外，近年来又成立了“国际事业本部”，积极策划在东欧、东南亚设立自己的销售网点。

建立营销网络加快了TCL集团的发展步伐。TCL坚持经营变革与管理创新，不断推进企业产权制度的改革。集团通过授权经营，落实了企业经营风险责任机制和利益激励机制。尤其是进入20世纪90年代以来，TCL抓住机遇，通过灵活机动的资本运营机制，先后兼并了香港陆氏彩电、河南美乐电视机、内蒙古彩虹电视机、金科集团和翰林软件公司，并与美国Lotus Pacific合作，进入了信息网络终端产品和信息服务领域。TCL投资创办了爱思科微电子集成电子公司，介入了通讯系统设备制造、移动电话和锂离子电池等高科技领域。TCL已开始的产业结构调整，目标是使公司由传统家电产品制造商向互联网设备的主流厂商转变。集团领导层对这个转变充满信心，其中一个理由是营销网络为这个转变的实现提供了有力的保证。

经过多年苦心经营，TCL的营销网络已建立了能及时发现市场、开拓市场、保障服务质量、有效改进品牌推广，并灵活适应市场变化的机制。20世纪90年代初TCL王牌彩电成功介入竞争白热化的国内市场，名列"三甲"，营销网络功不可没。在1996年彩电市场降价竞争中，TCL整个网络迅速做出统一行动，调整价格，加强促销，不仅稳定了公司的销售，而且争取到市场的扩展，给人留下深刻印象。

TCL集团在主导产品战略转移的同时，同步营造营销渠道网络，使之成为公司扩大经营规模、提高竞争优势的重要战略组成部分。首先，集团强制推行"项目计划市场推广战略"，要求所有项目必须制定详尽的市场推广战略，自觉、主动地认识市场、培育市场和占有市场。其次，导入"区域市场推广战略"。将国内市场划分为7大区域，按"大区销售中心—分公司—经营部—经营办事处"模式构建区域分销网络，禁止跨区违规操作，规范市场开发管理。第三，实施"深耕细作"策略。按各区域网络做细经营管理，开展"千店工程"，将销售网遍布广大城乡。第四，实施营销网、服务网"双网络"拓展，产品品牌、服务品牌"双品牌"经营计划。将原售后服务部改成"用户服务中心"并相对独立运作；建立客户档案，主动回访；在一些城市装配维修生产线，配合公司配件供应中心，提高服务效率；严格履行"三月包换、三年免费维修、中心城市上门服务"的承诺。第五，提高网络的兼容性。以家电营销服务网络为基础，整合家电网、电工网和通讯产品网，方便顾客，降低成本。

TCL强大的营销网络吸引了国内外一些公司上门来要求合作。健伍、NEC分别找上门来要求TCL代理其音响、手机。TCL营销网络不仅是

TCL 产品的“市场高速公路”，而且成了 TCL 最重要的一块无形资产。

（资料来源：卜妙金，张传忠. 分销渠道管理. 北京：高等教育出版社，2001）

思考：

1. 根据本章的学习，综合分析 TCL 分销渠道网络有何特点。
2. 为实现新的目标，TCL 分销系统还有哪些可以改进之处？
3. 从本案例中总结分销渠道对企业发展的战略意义。

案例 2 国美的物流配送管理体系

一、大库与小库的关系

据国美电器北京一家门店分管物流的经理介绍，他每天上班的第一件事是填写需货通知单，传真到“大库”（北京地区配送中心），在那里排上队，随后门店所属的大货车开到位于京郊的大库提货。中午时分，所需商品便能运到门店，入到门店所附的“小库”。“每天都要从大库调货，多的时候一天要调七、八趟。”他补充说，“大库”、“小库”构成了国美电器全国连锁的物流系统的枢纽。在国美已有的北京、天津、上海、成都、重庆 5 家分部，各自拥有一家 7 000～10 000 平方米的配送中心，家电产品由生产厂家驻各地的分公司直接拉进这些配送中心，然后，再由配送中心分送至众多门店。国美电器高层管理者透露，每个地区分部需有 7～8 家连锁店，配送中心方能充分发挥其作用。

与前面提到的门店经理工作程序一样，国美各地连锁店负责物流的经理一般按此前 2～3 天的实际销售情况、总公司市场宣传的卖点以及总部的业务指标，决定每天从本区域配送中心调货的数量以及型号，运输由每家门店拥有的 2～3 辆 3 吨货车完成。600～700 平方米的“小库”是国美各家门店必备的设施，也是门店选址的一个重要参考因素。与门店随时从配送中心调货相对应，门店也可把残次品或销售不太佳的商品送回配送中心。当然，这期间需严格按公司的流程规定操作。

二、“大库”管理方式

国美对配送中心设置的要求是：

(1)面积在 1 500 平方米以上的封闭式仓库，交通便利。

(2)附带足够的停车位，保证送货车辆取送货停车和夜间停放。

(3)防火、防盗设施齐备，以保证货物安全。

(4)有供库房人员办公、住宿的场所，生活、通讯、电力、上下水设施齐备。

(5)24 小时全天候进、出货保障,确保营业取送货需要。

(6)仓库通风、干燥、地面平整。

配送中心的管理有章可循,基本要求如下:

(1)建立健全商品账目,按类别分账管理,认真填全账上项目。

(2)库房商品按类别分区码放,标志货区,便于货物查找,提高工作效率。

(3)所有商品入库时均要求检验机身、核对配件、登记机号,出库时对随机赠品需随机发放。

(4)库房商品分类别由专人负责,责任落实到人。

(5)库房保持整洁卫生,做到地面无杂物,库区无垃圾。

(6)不断完善防火、防盗工作,库区严禁烟火,保证商品安全。

三、配送中心三级管理体系

在国美电器的经营管理手册中,是这样定义配送中心的:根据总部业务部或分部业务部的订货信息,接收批量供货,进行商品储存,并按门店的要求进行配销的流通机构。各地区分部的配送中心无相互隶属关系,仅对总部及所属分部有纵向垂直管理关系。

配送中心的主要任务也做到了细化:

(1)严格按照总部或地区分部业务部的订货指令,接收或提运供货者的批量货物。

(2)货至配送中心后,确认商品有无损坏,数量、品种、规格是否正确无误。

(3)货物入库后,做到定位管理、分区码放,保障商品安全。

(4)根据总部或分部业务部的调货指示及各门店的调货申请,对货物实行配销。

国美配送中心实行三级管理制:配送中心总经理—库管员—库工。

配送中心经理向地区分部总经理、业务部经理负责,并督导下级:库管员、库工及配送中心司机。其主要职责是:

(1)合理安排配送中心人员的工作,制定配送中心的日常工作制度,严把出入库关。

(2)组织库房商品盘点,发现问题及时上报处理。

(3)依据公司制度及有关规定,负责执行商品进出库的工作流程。

(4)合理调配运输车辆,保障商品流转的正常进行。

(5)加强对残次商品的管理,将每日发生的残次商品及时上报业务部，请示解决方案。

库管员向配送中心经理负责，并督导库工工作。其具体分工是：

(1)建立健全库房商品账目，严把出入库手续。

(2)依据流程规定，负责对商品进行验收、组织装卸、清点数量、核对型号，记录机号，并办理一切入账手续；

(3)妥善管理残次商品，及时上报经理。

(4)负责库存商品的码放工作。

(5)做好库区的防火防盗工作，保证库存商品的安全。

(6)负责安排库工的日常工作。

库工向配送中心经理、库管员负责。日常工作是负责商品出入库的装卸、码放工作；负责商品、库房的卫生；做好库区内的防火防盗工作。配送中心司机直接向配送中心经理负责，服从配送中心经理的调配，完成各项运输任务，保证所送货物的安全。

随着企业的发展，国美将配送中心的三级管理体系进一步细化，增加了配送会计、配送出纳、配送录人、配送干事，以便加强财务管理，把所有的环节控制得更严，杜绝漏洞。

与此对应，国美对配送中心的工作流程作了更加具体详尽的规定，细分为：配送中心进货流程、配送中心出货流程、配送中心随机赠品配发流程、配送中心促销品配发流程、配送中心残次品入库流程、配送中心残次品退货流程、配送中心残次品换货流程。凡是工作中可能出现的各种情形都能从公司流程中找到具体的操作方式，只要所有员工按流程办事，一切就会井井有条，账目明晰。

四、残次商品控制

既然有商品从厂家到配送中心、从配送中心到“小库”，又有从“小库”返回配送中心，进进出出、来来回回，一系列的运输过程，损坏、残次商品便不可避免。国美对残次商品有一整套的控制制度。

首先，在送货、进货环节上控制，公司规定：

(1)各配送中心在送货时要严格把关，对外包装破损，重心、重量有异常情况的商品要及时查明情况，不得转调门店或其他配送中心。

(2)配送中心和各门店在从厂家进货时要严格检验，对于外包装破损，重心、重量有异常情况的商品应开箱检验，并做好确认记录。

(3)进货时如发现商品有残次，收货方可拒收或记录注明。

(4)在装卸过程及商品码放过程中严格控制。如商品装卸时，配送中心或门店必须有一名负责人在场，杜绝野蛮装卸。

(5)商品码放要符合仓库码放的管理规定,严禁超高、倒置或倾斜。

(6)门店一旦发现有残次品,需如实填写有关情况,配送中心严格核对。

国美根据商品流转程序,对配送中心及各门店的外伤残次率作了严格限定:各门店外伤残次率限额为0.8%,各配送中心外伤残次率限额为1%,各配送中心之间调运商品的残次率限额为1%。针对这个限额,公司又有一套奖惩措施与之对应。

五、借用社会资源搞好国美物流

国美的物流系统建设,开始尝试着借助社会上已有的配送资源,比如租用邮政系统的车辆运输,邮政系统的车大、车况好,操作规范,信誉度高,远比自己养一支庞大的车队效率高。给顾客送货上门的车辆,国美眼下采用的也是招募制或合作制,在北京,几百辆送货小面包车都是招募的,而在成都,则采取了与搬家公司合作的方式。

另据透露,国美电器内部网络系统正在建设之中,到时只需轻轻一点,各个配送中心、各家门店商品的进出便一目了然。

思考:

1. 综合分析国美物流体系的特点。
2. 从本案例中总结物流对企业发展的战略意义。

推荐阅读书目

1. 苗月新.营销渠道概论[M].北京:清华大学出版社,2007
2. 王国才,王希凤.营销渠道[M].北京:清华大学出版社,2007
3. 吕一林.营销渠道决策与管理[M].北京:中国人民大学出版社,2005
4. 王方华,奚俊芳.营销渠道[M].上海:上海交通大学出版社,2005
5. 庄贵军,周筱莲,王桂林.营销渠道管理[M].北京:北京大学出版社,2004
6. 伯特·罗森布罗姆.营销渠道管理[M].北京:机械工业出版社,2003
7. 张解放.大渠道营销[M].北京:北京工业大学出版社,2008
8. 李先国.分销渠道管理[M].北京:清华大学出版社,2007

第十二章 促销策略

本章主要内容

1. 促销与促销组合概念、作用和促销组合策略
2. 广告的概念与种类、广告媒体及其选择、广告的设计原则及广告效果的测定
3. 人员推销策略、公共关系策略
4. 销售促进策略

本章重点与难点

1. 掌握营销组合的基本概念与基本构架以及特征
2. 学会运用市场营销组合对企业进行分析与决策

教学要求

1. 了解促销的涵义与作用，促销组合的基本内容以及各种促销方式的主要特点。

2. 掌握广告的设计原则和人员推销的基本策略、公共关系和营业推广的主要活动方式，应用促销组合理论，分析中国企业促销实践中存在的问题。

3. 结合模拟主题尝试制定促销策略。

开章引例

"金六福"促销有招

2004年新年伊始，金六福在广州各主要网点内进行着一场紧锣密鼓的促销战。在各大同类酒品牌的竞相征讨声中，金六福推出了买一瓶500ml"三星金六福"送一瓶250ml的"三星金六福"，买一瓶"四星"送一瓶"无比古方酒"的买赠促销的市场活动。金六福近年来的市场动作在白酒行业一直非常抢眼，无论是初闯江湖时的名人广告的牛犊气，还是2003年年末宣布进军红酒

业的市场出位，金六福的市场步伐一步一步都走得有板有眼。

金六福的稳步发展，其中重要的一条是讲究理智的、重策略的促销，而不是盲目的、跟风的促销。如金六福年初的这场促销活动是由总部一手策划的，然后再分派各区域市场负责人执行，整个促销活动的背后有着一个完整的立体支持系统，绝不是一次不入流的市场的盲从。

（改编自：买赠促销市场操作全攻略．http：//tieba.baidu.com/f？kz=316169114）

有道是"成也促销，败也促销"，其中关键在于制定合理的促销策略。现代市场营销不仅要求企业提供符合顾客需求的产品，制定顾客可接受的价格，构建能方便顾客购买到产品的渠道，而且还要能够控制在市场上的形象，向顾客和公众传播其产品及其经营发展方面的信息，通过有效沟通，密切与顾客的关系，使顾客从关注和对产品产生兴趣逐渐发展到产生购买行为，达成促销的目的。

第一节　促销与促销组合

一、促销的涵义

促销(promotion)是促进销售的简称。指企业的营销人员采用各种有利于销售的沟通方式，向目标顾客以及对目标顾客的消费行为有影响的群体进行宣传、说服、诱导，唤起需求，以促成购买的活动。

在此，需要特别注意的有三点：

(1)促销必须要明确对象。促销的对象应该是企业现有的目标顾客或潜在顾客，以及对目标顾客行为有影响的群体如购买的决定者、影响者等。

(2)促销活动的核心是沟通。随着经济的发展和人民生活水平的提高，消费者的需求已从"量的满足"，发展到"质的满足"，甚至"感性消费"。一位美国营销学家指出，"人们不再是仅仅为了使脚暖和和干燥去买鞋，他们买鞋是因为鞋子使他们感受——男性的气魄、女性的娇媚、强健有力、与众不同、优雅、年轻、富有魅力、时髦。现在我们的企业与其说是推销鞋子，还不如说是推销刺激。"因此，现代企业促销的核心在于与消费者的有效沟通，在整合促销时要注意运用"5W1H 原则"，即为什么传播(Why)：宣传的目的；向谁传播(Who)：确定信息接收者；传播什么(What)：传播信息内容；何时传播(When)：传播时间选择；在哪里传播(Where)：传播信息的接触点选择；如何传播(How)：传播媒体的选择。

(3)促销的最终目的是促成消费者的购买，扩大企业销售。但企业不能指望消费者一接触有关产品的信息就马上购买，所以促销沟通的目标应是一个层层推进的过程，如图 12－1 所示，一般可划分为知晓、了解、偏好、信服、购买五个层次，而且越往上走，难度越大。因此企业应根据消费者所处的层级，确定具体的促销目标，推动消费者不断地向更高的台阶发展。

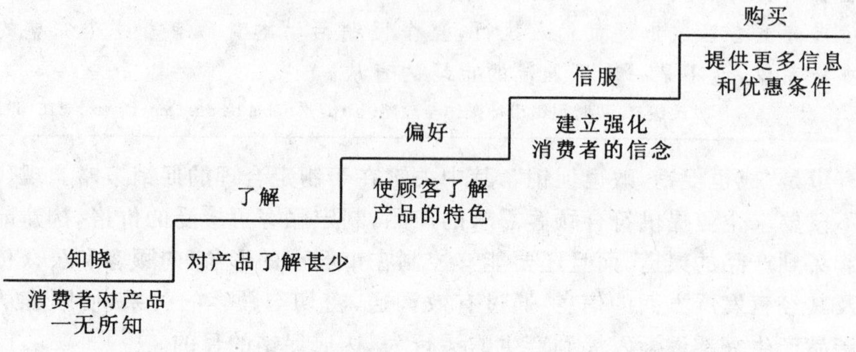

图 12－1　促销沟通层级目标示意图

二、促销组合

促销组合(promotion mix)，是指企业根据促销工作的需要，对人员推销、广告、营业推广(promotion)、公共关系等促销手段的有机结合，综合运用。

由于各种促销工具具有不同的优势和特点，企业促销中，就应针对不同的产品、不同的目标顾客、不同的竞争环境等，选择不同的促销手段，并将它们加以整合运用，以达到在一定的成本下促销效率最大化或者是在一定的促销目标下达到成本最小化。

1. 促销组合的四种手段

我们将在后面的几节中具体阐述每一种促销手段的特点及应用，这里仅对它们的优劣势进行简要比较，如表 12－1 所示。

表 12－1　四种促销手段比较

促销手段	优　势	劣　势
人员推销	与顾客直接接触，可灵活地进行促销宣传，能立即得到顾客的反馈信息	市场覆盖面有限，推销成本较高；推销队伍的管理复杂
广　告	信息传播范围广，可以控制信息传播的内容、时间	对单个顾客的针对性不强；制作、发行总体费用较高
营业推广	激励零售商支持产品的销售，给顾客提供购买的刺激，提升短期销售量	过于频繁的营业推广会引起顾客的疑虑和反感，不利于提升品牌形象
公共关系	可信度高，易于为人们接受，有利于树立良好的企业形象	见效慢，间接促销

2. 促销组合的两类策略

(1)推式策略。推式策略就是以中间商为主要促销对象，通过人员推销的方式，将产品推进分销渠道，再由中间商推向最终顾客。这种策略一般适合于单位产品价值高、性能复杂、消费者或用户对产品不太了解或根本就不了解的情况，如一些专业性设备、专业性的销售、财务管理软件等的促销，也适合于新产品的市场开拓，如图 12－2 所示。

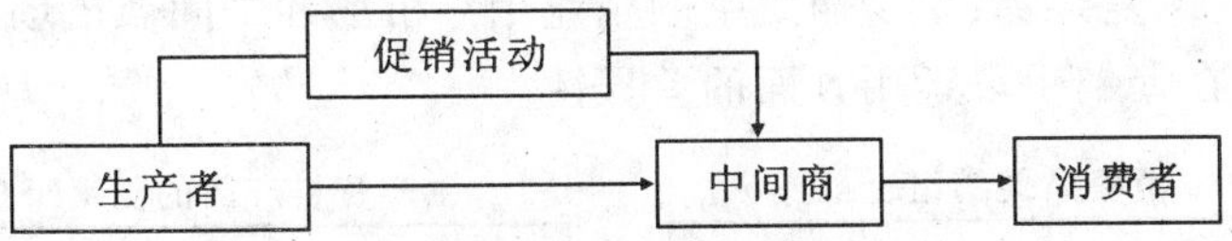

图 12－2　推式策略

(2)拉式策略。拉式策略是以最终顾客为推销对象，可通过广告等手段激发消费者的兴趣和需求，由最终顾客向中间商询购该产品，中间商自然就会向制造商进货。这种策略一般适用于单位价值低、市场需求量大、流通环节多、消费者或用户对产品非常了解和熟悉、市场比较成熟的情况，如图 12－3 所示。

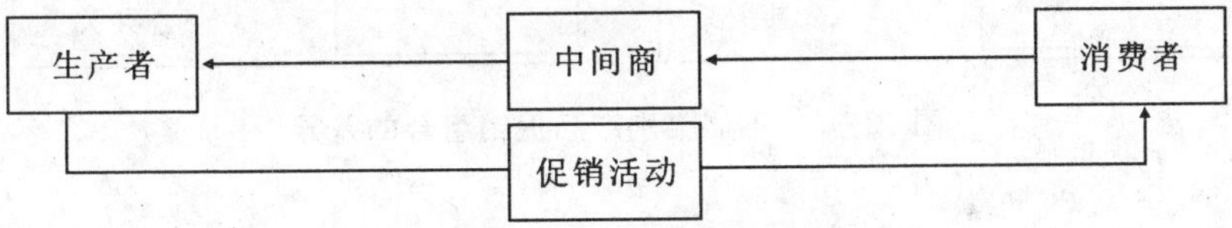

图 12－3　拉式策略

实际中，企业常常要根据具体情况，灵活地将两类策略有机地结合起来使用，如先推后拉、推拉结合或者先拉后推(图 12－4)。

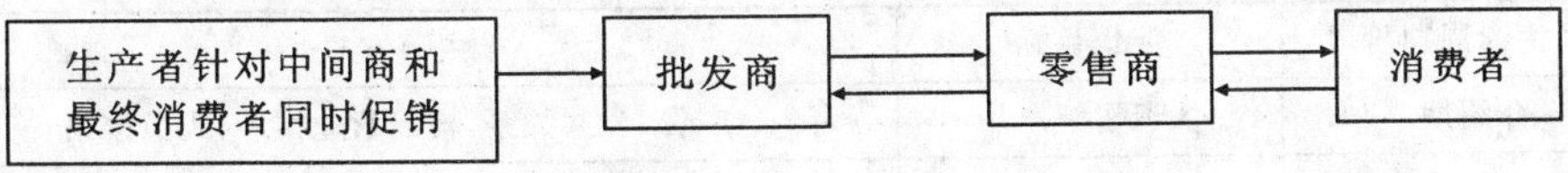

图 12－4　推拉结合策略

三、企业选择整合沟通策略时应考虑的因素

企业在选择促销手段、制定促销组合策略时，应综合考虑以下一些因素。

1. 促销目标

不同的促销手段对实现不同的促销沟通层级目标(知晓、了解、偏好、信服、购买)有不同的作用，如广告、公共关系在知晓阶段最有效力；人员推销在建立顾客偏好、信服阶段会有很大的作用；而营业推广对于促成购买效果明显。因此，企业应根据具体的促销目标的需要，对不同的促销手段加以选择和运用。

2. 产品类别及市场类型

一般地，对于消费品最主要的促销手段是广告，其次是营业推广；而对于生产资料用品，最主要的促销手段是人员推销，其次是营业推广。换言之，广告比较适合于产品价值低、技术性低、买主多而分散的消费品市场，人员推销比较适合于产品价值量高、技术复杂、买主少而集中的企业用户市场和中间商市场。图 12-5 反映了两类产品在促销手段运用方面的差异性。

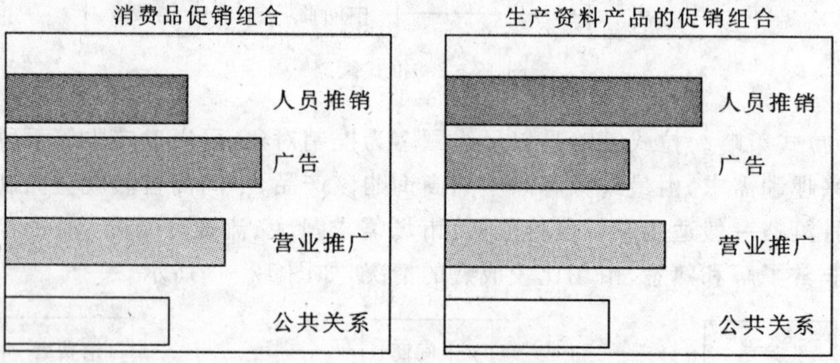

图 12-5　不同类别产品促销组合的差异

3. 产品所处的生命周期阶段

对处于生命周期不同阶段的产品，企业促销的目标和重点不同，因而应采用不同的促销手段和沟通方式，如表 12-2 所示。

表 12-2　不同生命周期阶段促销方式比较

产品生命周期阶段	促销目标	主要方式
介绍期	认识了解产品	广告、公共关系，辅以营业推广，人员推销
成长期	增进兴趣与偏爱	加强广告、人员推销，宣传产品特色，巩固、扩大市场
成熟期		加强公共关系，树立品牌形象
衰退期	促成信任购买	营业推广为主，辅以提示性广告、减价

4. 促销费用预算

不同的促销手段所需费用不同，有的费用较高，如电视广告、大型展销会、派送赠品等；有的费用较低，如邮寄广告、商场展销等。企业应在促销费用预算的限度内，选择促销效果尽可能好的促销组合方式。

第二节　人员推销

一、人员推销特点及形式

根据美国市场营销协会定义委员会的解释，所谓人员推销，是指企业通过派出推销人员与一个或一个以上可能成为购买者的人交谈，作口头陈述，以推销商品，促进和扩大销售。

（一）人员推销的特点

（1）亲切感强。满足顾客需要是保证销售达成的关键。因此，推销人员总愿意在许多方面为顾客提供服务，帮助他们解决问题。因此，推销人员通过同顾客面对面的交流消除疑惑，加强沟通。同时，双方在交流过程中可能建立起信任和友谊关系。

（2）说服力强。推销人员通过现场示范，介绍商品功能，回答顾客问题，可以立即获知顾客的反应，并据此适时调整自己的推销策略和方法，容易使顾客信服。

（3）针对性强。广告所面对的范围广泛，其中有相当大一部分根本不可能成为企业的顾客。而人员推销总是带有一定的倾向性访问顾客，目标明确，往往可以直达顾客。因而，无效劳动较少。

（4）竞争性强。各个推销人员之间很容易产生竞争，在一定物质利益机制驱动下，会促使这一工作做得更好。

（二）人员推销的形式

（1）可以建立自己的销售队伍，使用本企业的推销人员来推销产品。在西方国家，企业自己推销队伍的成员叫做推销员、销售代表、业务经理、销售工程师。这种推销人员又分为两类，一类是内部推销人员，他们一般在办公室内用电话等来联系、洽谈业务，并接待可能成为购买者的人来访；另一类是外勤推销人员，他们做旅行推销，上门访问客户。

（2）企业可以使用专业合同推销人员。例如制造商的代理商、销售代理商、经纪人等，按照其代销额付给佣金，西方国家的大公司甚至雇用国内外退休的高级官员当推销员。

（3）企业可以雇用兼职的售点推销员，在各种零售营业场合，用各种方式促销，按销售额比例提取佣金，如产品操作演示、现场模特、咨询介绍等。一般称这种促销员为售点促销小姐或促销先生。

二、人员推销的任务及其工作步骤

（一）推销人员的任务

（1）探寻市场。推销人员应该寻求机会，发现潜在顾客，创造需求，开拓新的市场。

(2)传递信息。推销人员要及时向消费者传递产品和劳务信息,为消费者提供购买决策的参考资料。

(3)销售产品。推销人员要尽可能说服顾客购买自己的产品。

(4)收集情报。推销人员在推销过程中还要收集情报,反馈信息。

(5)顾客服务。推销人员要开展售前、售中、售后服务。

(二)推销人员的工作步骤

一般来说,推销点的商品推销包括以下几个步骤:

(1)寻找潜在顾客。寻找顾客有很多种办法,如地毯式访问法、顾客介绍法、个人观察法、广告开拓法、市场咨询法、资料查阅法等。寻找顾客的目标是找到准顾客。准顾客(prospect),指一个既可以获益于某种推销的商品,又有能力购买这种商品的个人或组织。

(2)顾客资格审查(qualifying prospects)。指在对顾客的购买能力、购买意向、购买量进行评估基础上对顾客进行分类。

(3)约见顾客:推销人员事先征得顾客同意接见的行动过程。一般来说,顾客都不大欢迎推销人员来访。在美国有的机构门口甚至挂着这样的牌子:"推销员、狗、小偷、闲人,请勿入内"。

(4)接近顾客。如何接近顾客也是非常关键的一环,接近顾客有多种方法,包括:

1)如产品接近法:推销员直接利用推销的产品引起顾客注意,它适用于本身有吸引力、轻巧、质地优良的商品。

2)利益接近法:利用商品的实惠引起顾客注意和兴趣。

3)问题接近法:从顾客需要解决的问题出发引起顾客兴趣。

4)馈赠接近法:推销人员利用赠品来引起顾客注意和兴趣,进入面谈。

推销员接近顾客时,一定要信心十足,面带微笑。国外推销人员平时非常注意微笑训练,甚至有人发明了所谓"G字微笑练习法",即每天早晨起床后对着镜子念英文字母G,以训练笑脸,把微笑变成一件十分自然的事情。

(5)面谈。它是整个推销过程的关键性环节。在面谈过程中,要遵循一条黄金法则:不与顾客争吵。在面谈中顾客往往会提出各种各样的购买异议。这些异议可分为:①需求异议:顾客自以为不需要推销的商品;②财力异议:顾客自以为无钱购买推销品;③权力异议:顾客自以为无权购买推销品;④产品异议:顾客自以为不应该购买此种推销品;⑤价格异议:顾客自以为推销品价格过高。另外还有货源异议、推销人员异议、购买时间异议等。

推销员处理购买异议时应注意语言技巧,如汽车加油站的职员,与其说"您需要加多少油?"不如说"我为您把油加满吧!"饮食店招待员把"您喝点什么?"改为选择问句"您是喝咖啡，还是甜点心？"这样的问话使顾客感到难以完全拒绝；而"来点甜点心吧"和"来一杯咖啡吧"这样两问句却达不到那样的效果。

三、推销人员的管理

1. 推销人员的甄选

推销人员应具备的条件包括：知识面广，有一定的业务知识，富于进取，反应灵敏，吃苦耐劳。一个理想的销售员应该具有以下特质：

(1)健康的心理。对现实与他人的认识趋于准确客观；对事实持现实的态度；广泛而深厚的人际关系。

(2)坚强的意志。明确自己的责任；深知工作性质；以勤为径，百折不挠。

(3)复合的个人特性。一个理想的销售员应该具有何种特性呢？有人认为销售员应该是外向和精力充沛的，然而有许多成功的推销员却是内向的和态度温和的。其实，销售员的个人特性是由他们的责任决定的(表 12－3)。

表 12－3　销售员的个性特征

销售员的责任	有关个人特性
挖掘潜在顾客的需要	主动、机智、多谋、富有想像力、具有分析能力
宣传产品	知识丰富、热诚、富有语言天分、有个性
说服顾客	具有说服力、具有持久力、机智多谋
答辩	有自信心、知识丰富、机智、有远见
成交	具有持久性、有冲劲、有自信心
日常访问报告、计划和访问编排	有条不紊、诚实、留意小节
以服务建立企业信誉	友善、有礼貌、乐于助人

2. 推销人员的培训

销售员的培训内容包括：

(1)了解企业情况。企业情况包括历史、经营目标、组织结构设置、主要负责人、主要产品、销售量等。

(2)产品情况。包括产品制造过程、技术含量、功能、用途，特别是企业产品的优缺点和给顾客带来的利益。

(3)顾客情况。顾客情况包括他们的购买动机、购买习惯、购买数量、地理分布、负责人情况、付款方式、信用状况等。

(4)竞争者情况。包括竞争者产品的优缺点、竞争者的营销策略。

(5)推销程序和责任。销售员要懂得怎样在现有客户和潜在客户间分配时间，如何拟定推销路线，如何合理支配费用等。

3. 推销人员的组织

销售队伍组织结构设计关系到推销工作的效率和资源最佳利用问题。销售队伍组织结构可按照市场区域、产品、顾客以及这三个因素的结合进行调整和组织。

(1)按地区结构设计。这是最简单的推销人员结构(图 12-6)。这种组织结构的好处是：①结构清晰，便于整体部署；②销售人员的活动范围与责任边界明确，有利于管理与调整销售力量，能鼓励推销员努力工作；③有利于推销员与当地商界及其他公共部门建立良好的关系；④相对节省往返旅途费用。

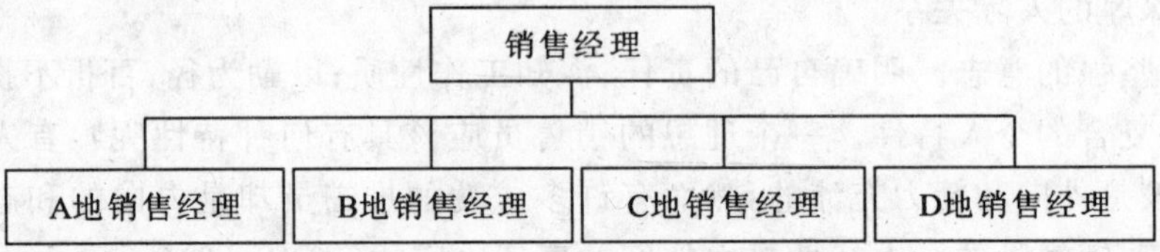

图 12-6 地区销售组织

企业在规划地理区域时，要充分考虑地理区域的某些特征：各区域是否易于管理，各区域销售潜力是否易于估计，他们用于推销的全部时间可否缩短等。

(2)按产品结构设计。这是按产品线来设计的推销结构，推销员负责一种或一类产品的推销工作(图 12-7)。

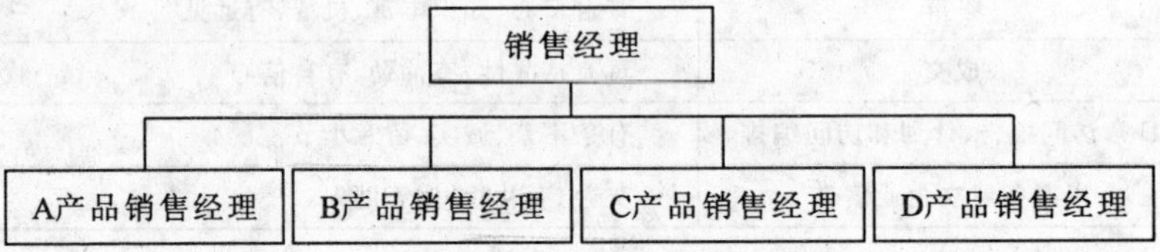

图 12-7 产品销售组织

这种设计一般适合产品技术性强、生产工艺复杂、产品种类繁多、不同产品线的推销员应有专门知识的情况。这种类型组织设计的优点主要有：①产品经理能够实现产品的最佳营销组合；②产品能较快地成长起来；③能够对市场出现的问题及市场状况的变化迅速做出反应。

当然，这种组织也存在一些问题：①缺乏整体观念。在产品型组织中，各个产品经理相互独立，他们会为保持各自产品的利益而发生摩擦；②部门冲突。产品经理的工作未必能获得广告、生产、财务等方面的理解和支持；③多头领导。由于权责划分不清楚，具体推销人员可能会得到多方面的指令。

(3)按顾客结构设计。企业也常常按顾客类别来分配推销人员。如企业对不同行业安排不同的销售队伍，一般来说，分类方法有行业类别、用户规模、分销途径等(图 12－8)。

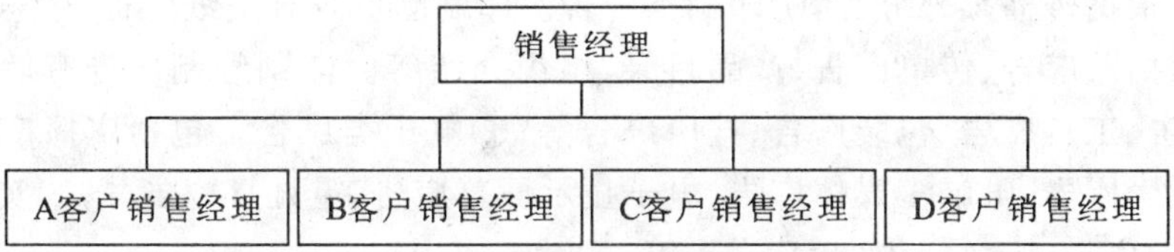

图 12－8　客户销售组织

这类设计能针对不同顾客采取不同的推销策略。但是，一个销售员可能要横跨若干省份或大区域，整个销售队伍有可能重复交叉出现在同一个地区。

4. 推销人员的业绩评估

业绩评估的主要考核指标如下：

(1)销售数量指标。

(2)访问顾客的次数。

(3)增加新用户的数量(或市场占有率的提高)。

(4)销售完成率＝实际销售额/计划销售额。

(5)推销费用率＝推销费用/总销售收入。

(6)货款回收率＝回收货款/应收货款。

第三节　广告

一、广告的涵义与种类

1. 广告的定义

“广告”一词源于拉丁语(advertere)，作“诱导”、“注意”解，后演化成为英语口语中的 advertising(广告活动)和 advertisement(广告宣传品或广告物)。广告作为一种传递信息的活动，它是企业在促销中普遍重视且应用最广的促销方式。市场营销学指的广告，是指经济广告，是广告主以促销商品为目的，以付出一定的费用，通过特定的媒体传播商品或劳务等有关经济信息的大众传播活动。

广告具有下列特征：①广告是付费传播；②广告必须明确广告主；③广告是经过“艺术处理”的信息；④广告通过大众传播媒介进行传播(非人际传播)；⑤广告是对被管理的信息定位并向目标市场的传播活动(对象的选择性、特定的信息内容)；

⑥广告以说服方法以期达到改变或强化观念和行为。

2. 广告的种类

广告可以根据不同属性进行分类。

(1)根据传播媒介分类:①印刷类广告。印刷品广告有报纸广告、杂志广告、图书广告、招贴广告、传单广告、产品目录、组织介绍等。印刷绘制广告有墙壁广告、路牌广告、工具广告、包装广告、挂历广告等;②电子类广告。包括广播广告、电视广告、电影广告、电脑多媒体广告、电子显示屏幕广告、霓虹灯广告等;③实体广告。包括实物广告、橱窗广告、赠品广告等。

(2)根据广告的诉求地区分类:全国性广告、区域性广告、地区性广告。

(3)根据广告诉求目的分类:以推销商品为目的的广告、以树立形象为目的的广告、以建立观念为目的的广告。

(4)根据广告诉求对象的分类:消费者广告、工业用户广告、商业批发广告。

(5)根据广告的诉求方式分类:情感广告、理性广告。

(6)根据广告阶段性分类:报道式广告、说服式广告、提醒式广告。

二、广告媒体及其选择

1. 广告媒体的种类及其特性

广告媒体的种类很多,不同类型的媒体有不同的特性。目前比较常用的广告媒体有以下几种:

(1)报纸广告。报纸广告的优势是:覆盖面宽,读者稳定,传递灵活迅速,新闻性、可读性、知识性、指导性和纪录性“五性”显著,白纸黑字便于保存,可以多次传播信息,制作成本低廉等。报纸广告的局限是它以新闻为主,广告版面不可能居突出地位,广告有效时间短,日报只有一天甚至只半天的生命力,多半过期作废。

(2)杂志广告。杂志广告是指利用杂志的封面、封底、内页、插页为媒体刊登的广告。世界上最早的杂志是德国《观察周刊》,创于 1590 年。杂志广告的优势是:阅读有效时间长,便于长期保存,内容专业性较强,有独特的、固定的读者群,如妇女杂志、体育杂志、医药保健杂志、电子杂志、汽车摩托车杂志、家用电器杂志等,有利于有的放矢地刊登相对应的商品广告。同时杂志广告也有其局限性:周期较长,不利于快速传播,由于截稿日期比报纸早,杂志广告的时间性、季节性不够鲜明。

(3)电视广告。电视广告是指利用电视为媒体传播放映的广告。电视的优势很明显,它收视率高,插于精彩节目的中间,观众为了收看电视节目愿意接受广告,虽然带有强制性,但观众一般可以接受。电视广告形声兼备,视觉刺激强,给人强烈的感观刺激。而且看电视是我国家庭夜生活的一项主要内容,寓教于乐,寓广告于娱乐,收视效果佳,其广告效果是其他广告媒体无法相比的。著名广告人大卫·

欧格威无不自豪地说："如果给我1小时的时间做电视广告，我可以卖掉世界上所有的商品。"它的局限性也很明显，主要是电视广告制作成本高，电视播放收费高，而且瞬间消失，使企业通过电视做广告的费用很高，小型企业无力问津。

(4)广播广告。广播广告是指利用无线电或有线广播为媒体播送传导的广告。由于广播广告传收同步，听众容易收听到最快最新的商品信息，而且它每天重播频率高，收播对象层次广泛，速度快，空间大，广告制作费也低。广播广告的局限性是只有信息的听觉刺激，而没有视觉刺激，而据估计，人的信息来源60%以上来自于视觉，而且广播广告的频段频道相对不太固定，需要经常调寻，也妨碍了商品信息的传播。

(5)户外广告。它主要包括：路牌广告(或称广告牌，它是户外广告的主要形式，除在铁皮、木板、铁板等耐用材料上绘制、张贴外，还包括广告柱、广告商亭、公路上的拱形广告牌等)、霓虹灯广告和灯箱广告、交通车厢广告、招贴广告(或称海报)、旗帜广告、气球广告等。

(6)邮寄广告。邮寄广告是广告主采用邮寄售货的方式，供应给消费者或用户广告中所推销的商品。它包括商品目录、商品说明书、宣传小册子、明信片、挂历广告，以及样本、通知函、征订单、订货卡、定期或不定期的业务通讯等。邮寄广告是广告媒体中最灵活的一种，也是最不稳定的一种。

(7)POP广告。英文point of purchasing advertising的大写字母缩写，译为售点广告，即售货点和购物场所的广告。世界各国广告业都把POP视为一切购物场所(商场、百货公司、超级市场、零售店、专卖店、专业商店等)场内场外所做广告的总和。POP广告的种类就外在形式的不同分为立式、悬挂式、墙壁式和柜台式四种；就内在性质的不同分为室内POP广告和室外POP广告两种，室内POP广告指商店内部的各种广告，如柜台广告、货架陈列广告、模特儿广告、圆柱广告、空中悬转的广告、室内电子广告和灯箱广告。室外POP广告是售货场所门前和周围的POP广告，包括门面装饰、商店招牌、橱窗布置、商品陈列、传单广告、活人广告、招贴画广告，以及广告牌、霓虹灯、灯箱和电子显示广告等。

(8)其他广告。其他广告指除以上7种广告以外的媒体广告，如网络广告、电影广告、电子显示大屏幕广告、馈赠广告、赞助广告、体育广告，以及包装纸广告、购物袋广告、火柴盒广告、手提包广告等。

2. 广告媒体的选择

不同的广告媒体有不同的特性，这决定了企业从事广告活动必须对广告媒体进行正确选择。正确选择广告媒体，一般要考虑以下影响因素：

(1)产品因素。不同产品在展示形象时对媒体有不同要求，如性能较为复杂的技术产品，需要一定的文字说明，较适合印刷媒体；服装之类产品，最好通过有色彩的媒体做广告，一般消费品可用视听广告媒体。

（2）消费者媒体习惯。人们在接受信息时，一般是根据自己的需要和喜好来选择媒体。比如，教育程度高的人，接受信息的来源往往偏重于因特网和印刷媒体；老年人则有更多的闲暇时间用于看电视和听广播；在校大学生偏爱上网和听广播。分析目标顾客的媒体习惯，能够更有针对性地选择广告媒体，提高广告效果。如针对工程技术人员的广告，应选择专业杂志为媒体，推销玩具和化妆品等最好的媒体是电视。

（3）广告媒体的知名度和影响力。如选择报刊媒体要调查发行量、发行区域分布、读者层构成、发行周期、信誉等。选择广播电视媒体要调查传播区域、视听率、视听者层等。交通广告、路牌、霓虹灯广告，则主要通过调查交通人流量、乘客人员来匡算测定。

（4）广告主的经济承受能力。不同媒体所需成本也是媒体选择所必须考虑的因素之一。考虑媒体费用不能仅仅分析绝对费用，如电视媒体的费用大，报纸媒体的费用低等，更要研究相对费用，即沟通对象的人数构成与费用之间的相对关系。

三、广告的设计

广告效果，不仅决定于媒体的选择，还取决于广告设计的质量。高质量的广告必须遵循一些基本的原则。根据广告的性质和目的可将广告设计的原则分为：真实性原则、形象性原则、针对性原则、感情性原则、创新性原则、社会性原则。

（1）真实性原则。真实性是广告的生命和本质，是广告的灵魂。作为一种有责任的信息传递，真实性原则始终是广告设计首要的和基本的原则。广告的真实性首先是广告宣传的内容要真实，应该与推销的产品或提供的服务相一致，必须以客观事实为依据。其次，广告的感性形象必须是真实的，无论在广告中如何艺术处理，广告所宣传的产品或服务形象应该是真实的，与商品的自身特性相一致。

（2）形象性原则。随着生活的不断提高，科学技术的不断更新，同类商品的品质几乎都是大同小异的，消费者在选择商品时，往往不把商品的功能因素放在首位，而是考虑商品所提供的形象，消费者买的是商品，选择的是印象。因此，如何创造品牌和企业的良好形象，已是现代广告设计的重要课题。

（3）针对性原则。广告设计必须与产品关联、与目标关联、与广告联想引起的特别行为关联。广告如果没有关联性，就失去了目的。关联性的原则在于要解决以下几个基本问题：广告要达到什么样的目的？广告做给什么样的目标观众？有什么样的竞争利益点可以做广告承诺？广告的品牌有什么特别的个性，也就是产品的“卖点”是什么？什么样的媒体适合传播广告信息？取悦听众的突破口在哪里？广告设计必须针对消费的需要，有的放矢，才能引起消费者的注意与兴趣。

(4)感情性原则。感情是人们受外界刺激而产生的一种心理反应，人们的购买行动受感情因素的影响很大。通常把人们在购买活动中的心理活动规律概括为引起注意、产生兴趣、激发欲望，促成行动四个过程，整个过程自始至终充满着感情的因素。现代广告设计要充分注意感情性原则的运用，尤其对于某些具有浓厚感情色彩的广告主题，更是设计中不容忽视的表现因素。

(5)创新性原则。广告设计的创新性原则实质上就是个性化原则，是一个差别化设计策略的体现。通过个性化的内容与独创的表现形式和谐统一，显示出广告作品的个性与设计的独创性。广告设计的创新性原则有助于塑造鲜明的品牌个性，能让品牌从众多的竞争者中脱颖而出，能强化其知名度，鼓励消费者选择此品牌，因此，品牌个性是一个有价值的资产。

(6)社会性原则。广告在传播经济信息的同时，也传播了一定的思想意识，必然会潜移默化地影响社会文化、社会风气。广告的社会性要求广告必须符合社会文化、思想道德的要求，遵循党和国家的有关方针、政策。

四、广告效果评估

广告效果的评估就是指运用科学的方法来鉴定所做广告的效益。广告效益包括三个方面：一是广告的经济效益，指广告促进商品或服务销售的程度和企业的产值、利税等经济指标增长的程度；二是广告的心理效益，指消费者对所做广告的心理认同程度和购买意向、购买频率；三是广告的社会效益，指广告是否符合社会公德，是否寓教于乐。

广告效果的测定方法有很多种，可按不同的标准分类。

1. 广告发布前效果评估

它是广告制作完成以后，在媒体发布以前所进行的广告效果测定和相应分析。具体可通过以下手段进行：

(1)模拟销售检验。就是通过人为的办法“选”一个销售环境，以此检验广告的促销功能。譬如“盲目销售检验”，就是把包装好的产品上的商标拿掉，摆在货柜上，每种商品后面有个说明卡片，上面分别有一则不同的广告，最后看哪种商品销量大，就说明那种卡片上的广告促销功能大。

(2)消费者试用。就是把一组同类产品放在消费者面前，其消费者可以是企业内部的职工，也可以是部分有兴趣的市民，各自产品均配以不同的广告，然后检验消费者对广告的反映程度、对相应产品的购买意向和购买结果。这类办法的优点是速度快，检验的是真正的消费者，价格费用不高，能利用完整的广告。局限性在于不是顾客主动地选购，而是被动地回答，购买行为不自然，而且由于消费者表达能力的不同，对其意见想法的回答难以准确。

(3)邮寄检验。邮寄检验可以通过各种各样的印刷品形式进行,如小册子、信件、说明书和明信片等。把不同的广告缩小地印在明信片上,每张明信片都有一些免费小赠品,所有明信片的赠品都一样,然后把这些明信片寄给大量的、有一定代表性的消费者,根据有复信并已接受赠品者的比例大小,就可以检查出广告的有效程度。

(4)仪器检验。把消费者置于各种仪器前,检测其对广告的反映程度。视力像机的功能是在阅读广告时记录其视力运动情况。测量表明一个人在阅读时,眼睛并不是顺着字行稳定地移动的,不同的人其阅读习惯也不同。通过视力像机获得的资料可以用来确定广告标题的位置,确定某一广告长度的合适与否以及其他广告文案设计问题。再如印象测量器也是一种国外使用的广告效果检测仪,这种机械装置把被检测的广告在被检测人员眼前暴露3~5秒钟,然后检验人员可以衡量出每个被检测人能够回忆起多少广告内容。

2. 广告发布后效果评估

为了分析广告效果,调整广告策略而进行的测量广告效果的方法。具体可通过以下手段进行:

(1)广告传播效果评价。衡量广告传播效果主要是利用以下指标:

①接收率。接收率指接收某种媒体广告信息的人数占该媒体总人数的比率。接收率往往只是指接收信息的广度,为了全面评价广告传播效果,还应使用深度指标。

接收率=接收广告信息的人数/接触该媒体的总人数×100%

②认知率。认知率是指接收到广告信息的人数中,真正理解广告内容的人所占的比率,这一指标真正反映广告传播效果的深度。

认知率=理解广告内容的人数/注意到此广告的人数×100%

(2)广告促销效果评价。广告的促销效果比传播效果更难测量,因为,除了广告因素外,销售还受到许多其他因素的影响,如产品特色、价格等。这些因素越少,或者越是能被控制,广告对于销售的影响也就越容易测量。所以采用邮寄广告方式时广告销售效果最容易测量,而品牌广告或企业形象广告的销售效果最难测量。人们一般利用以下办法来衡量广告的促销效果。

①广告增销率。广告增销率是一定时期内广告费的增长幅度与相应期销售额的增长幅度之比较。其公式为:

广告增销率=销售增长率/广告费增长率×100%

②广告费占销率。广告费占销率指一定时期内企业广告费的支出占该企业同期销售额的比例。这也是一种通过广告费和销售额的比较来反映广告促销效果的方法。

广告费占销率＝广告费支出/同期销售额×100％

以上评价方法都有一个共同的前提，即测试期内销售额其他影响因素无明显变化，否则会影响测试的精确性。如一些常规因素影响不可避免（如销售淡季、旺季变化），可根据变化规律设置某些调整系数，当然也可以将具有周期性变化规律的时期作为一个测试期（如一年）来进行测试和比较。

（3）广告形象效果评价。广告形象效果评价是对广告所引起的企业或产品知名度和美誉度的变化情况所进行的检测和评价。广告效果并不仅仅反映在对产品销售的促进方面，因为尽管有些消费者接触了广告后并不马上会产生对产品的购买欲望，但毕竟会给他们留下一定的印象，这种印象可能导致将来产生购买欲望。企业形象一般用知名度和美誉度两项指标来衡量，通过广告前后对固定对象的调查，了解企业形象的变化。

第四节　营业推广

一、营业推广的特点

营业推广，又称销售促进，它是指企业在某一段时期内采用特殊的手段，对消费者和中间商实行强烈刺激，以促进企业销售迅速增长的非常规、非经常性使用的促销行为。营业推广有如下特点：

（1）直观的表现形式。许多营业推广工具具有吸引注意力的性质，可以打破顾客购买某一特殊产品的惰性。它们告诉顾客说这是永不再来的一次机会，这种吸引力，尤其是对于那些精打细算的人是一种很强的吸引力，但这类人对于任何一种品牌的产品都不会永远购买，是品牌转换者，而不是品牌忠实者。

（2）灵活多样，适应性强。可根据顾客心理和市场营销环境等因素，采取针对性很强的营业推广方法，向消费者提供特殊的购买机会，具有强烈的吸引力和诱惑力，能够唤起顾客的广泛关注，立即促成购买行为，在较大范围内收到立竿见影的功效。

（3）适合销售促进的品种有限。在大多数情况下，品牌声誉不高的产品采用销售促进的较多，而名牌产品则主要依靠品牌形象取胜，过多地使用销售促进可能降低其品牌声誉。同时，销售促进实质上表现为经济利益的让渡，所以对于价格弹性较大的产品比较适用，而价格弹性小、品质要求高的产品不宜过多使用销售促进手段。

（4）短期效应明显。人员推销和广告一般需要一个较长周期才能显示出效应，而销售促进只要选择得当，其效益能很快地体现出来。

二、营业推广的形式

销售促进依据对象不同，可以分为三种类型，即面向消费者销售促进、面向中间商销售促进、面向本企业推销员销售促进。

1. 针对消费者的营业推广(consumer promotion)

可以鼓励老顾客继续使用，促进新顾客使用，动员顾客购买新产品或更新设备。引导顾客改变购买习惯，或培养顾客对本企业的偏爱行为等。其方式可以采用：

(1)赠送：向消费者赠送样品或试用样品，样品可以挨户赠送，在商店或闹市区散发，在其他商品中附送，也可以公开广告赠送，赠送样品是介绍一种新商品最有效的方法，费用也最高。

(2)优惠券：给持有人一个证明，证明他在购买某种商品时可以免付一定金额的钱。

(3)廉价包装：是在商品包装或招贴上注明，比通常包装减价若干，它可以是一种商品单装，也可以把几件商品包装在一起。

(4)奖励：可以凭奖励券买一种低价出售的商品，或者凭券免费以示鼓励，或者凭券买某种商品时给一定优惠，各种摸奖抽奖也属此类。

(5)现场示范：企业派人将自己的产品在销售现场当场进行使用示范表演，把一些技术性较强的产品的使用方法介绍给消费者。

(6)组织展销：企业将一些能显示企业优势和特征的产品集中陈列，边展边销。

2. 针对中间商的营业推广(intertrade promotion)

目的是鼓励批发商大量购买，吸引零售商扩大经营，动员有关中间商积极购存或推销某些产品。其方式可以采用：

(1)批发回扣：企业为争取批发商或零售商多购进自己的产品，在某一时期内可给予购买一定数量本企业产品的批发商以一定的回扣。

(2)推广津贴：企业为促使中间商购进企业产品并帮助企业推销产品，还可以支付给中间商以一定的推广津贴。

(3)销售竞赛：根据各个中间商销售本企业产品的实绩，分别给优胜者以不同的奖励，如现金奖、实物奖、免费旅游、度假奖等。

(4)交易会或博览会、业务会议。

(5)工商联营：企业分担一定的市场营销费用，如广告费用、摊位费用，建立稳定的购销关系。

3. 针对销售人员的营业推广(sales force promotion)

鼓励他们热情推销产品或处理某些老产品，或促使他们积极开拓新市场。其方式可以采用:①销售竞赛,如有奖销售、比例分成;②免费提供人员培训、技术指导。

三、营业推广的实施过程

一个公司在运用营业推广时,必须确定目标,选择工具,制定方案,实施和控制方案,及评价结果。

1.确定营业推广目标

就消费者而言,目标包括鼓励消费者更多地使用商品和促进大批量购买;争取未使用者试用,吸引竞争者品牌的使用者。就零售商而言,目标包括吸引零售商们经营新的商品品目和维持较高水平的存货,鼓励他们购买落令商品,贮存相关品目,抵消各种竞争性的促销影响,建立零售商的品牌忠诚和获得进入新的零售网点的机会。就销售队伍而言,目标包括鼓励他们支持一种新产品或新型号,激励他们寻找更多的潜在顾客。

2.选择营业推广工具

可以在上述的各种方式中,灵活有效地选择使用。

3.制定营业推广方案

营业推广方案应该包括以下因素:

(1)费用:营销人员必须决定准备拿出多少费用进行刺激。

(2)参加者的条件:刺激可以提供给任何人,或选择出来的一部分人。

(3)营业推广措施的分配途径:营销人员必须确定怎样去销促和分发销促方案。

(4)营业推广时间:调查表示,最佳的频率是每季有三周的销促活动,最佳持续时间是产品平均购买周期的长度。

(5)营业推广的总预算。

4.方案试验

面向消费者市场的营业推广能轻易地进行预试,可邀请消费者对几种不同的、可能的优惠办法做出评价和分等,也可以在有限的地区进行试用性测试。

5.实施和控制营业推广方案

实施的期限包括前置时间和销售延续时间。前置时间是从开始实施这种方案前所必须的准备时间。它包括最初的计划工作、设计工作,以及包装修改的批准或者材料的邮寄或者分送到家;配合广告的准备工作和销售点材料;通知现场推销人员,为个别的分店建立地区的配额,购买或印刷特别赠品或包装材料,预期存货的生产,存放到分配中心准备在特定的日期发放。销售延续时间是指从开始实施到大约95%的采取此促销办法的商品已经在消费者手里所经历的时间。

6.评价营业推广结果

对营业推广方案的评价很少受到注意，以盈利率加以评价不多见。最普通的一种方法是把推广前、推广中和推广后的销售进行比较。

第五节　公共关系

一、公共关系的概念及特征

公共关系(public relation)是指某一组织为改善与社会公众的关系，促进公众对组织的认识、理解及支持，达到树立良好组织形象、促进商品销售的目的的一系列促销活动。它本意是工商企业必须与其周围的各种内部、外部公众建立良好的关系。它是一种状态，任何一个企业或个人都处于某种公共关系状态之中。它又是一种活动，当一个工商企业或个人有意识地、自觉地采取措施去改善自己的公共关系状态时，就是在从事公共关系活动。

公共关系的特征可以表述为：是组织主体与公众之间的相互关系；主体和客体之间联系的纽带是有效的传播与沟通活动；是组织主体有计划、有意识、有目的开展的一种沟通活动；是以在公众心目中树立组织的美好形象为目的；公共关系是一种长期活动。

作为促销组合的一部分，公共关系的涵义是指这种管理职能：评估社会公众的态度，确认与公众利益相符合的个人或组织的政策与程序，拟定并执行各种行动方案，以争取社会公众的理解与接受。

二、公共关系的职能

公共关系作为一门经营管理的艺术，其职能主要表现在信息收集、咨询建议、舆论宣传、信息沟通、教育引导等方面。

(1)信息收集。公共关系所须收集的信息主要有四大类，即产品形象信息、企业形象信息、企业内部公众的信息及其他信息。产品形象信息包括公众特别是用户对于产品价格、质量、性能、用途等方面的反映，对于该产品优点、缺点的评价以及如何改进等方面的建议；企业形象信息则包括公众对本企业组织机构的评价，如机构是否健全、设置是否合理、人员是否精简、运转是否灵活、办事效率如何等；公众对企业管理水平的评价，如经营决策评价、生产管理的评价、市场营销管理的评价、人事管理的评价等；公众对于企业人员素质的评价，如对决策者的战略眼光、决策能力、创新精神等方面的评价；公众对于企业服务质量的评价，包括服务态度、对顾客的责任感。企业内部公众的信息包括内部职工对企业的反应、评价及期望。

其他信息包括投资者意向、竞争者的动态及国内外形势的变化。

(2)咨询建议。在信息分析的基础上,及时准确地向企业决策者进行咨询,提出合理化的建议。其内容涉及本企业知名度和可信度的评估和咨询,公众心理的分析预测和咨询,评议本企业的方针、政策、计划。

(3)舆论宣传。公共关系机构将企业的有关信息及时、准确、有效地传送给特定对象,为企业树立良好的形象创造良好的舆论氛围。

(4)信息沟通。在企业创建时期,信息沟通的主要任务是争取建立公众对于本企业的良好印象,能够招揽人才,争取投资来源;建立自己的独特风格,如企业产品的命名、商标、广告的制作、代表色的选择、门面的装修。在企业遇到风险时,要弄清事情的原因,区别对待:对公众的误解或他人的陷害,要进行必要的解释,将本企业采取的预防措施向公众宣布;对企业自身过失危害公众利益,公共关系人员应实事求是,使恶劣影响减小到最低限度,将本企业的改进措施公之于众,帮助企业重振声誉。

(5)教育引导。公共关系具有教育和服务的智能,是指通过广泛、细致、耐心的劝服性教育和优惠性、赞助性服务,来诱导公众对企业产生好感。

三、公共关系的原则与实施步骤

1. 确定公共关系的原则

(1)以诚取信的原则。企业要在公众心目中树立良好的形象,关键在于诚实。只有诚实才能获得公众信任的回报。如果企业以欺骗的方法吹嘘自己,必然会失去公众的信任。

(2)公众利益与企业利益相协调的原则。企业的生存发展不能离开社会的支持,诸如劳动力、资金、生产资料的提供及政府的宏观调控。因此,企业因为社会公众提供优质产品,公关活动时必须将公众利益与企业利益结合起来。

2. 选择公共关系的方法

选择公共关系的方法很多,如周年庆祝活动、艺术展览会、拍卖会、义演晚会,在不寻常地方举行聚会、舞会等。

3. 公共关系实施的步骤

(1)调查研究。企业通过调研,一方面了解企业实施政策的有关公众的意见和反映,反馈给高层管理者,促使企业决策有的放矢。另一方面,将企业领导者意图及企业决策传递给公众,使公众加强对企业的认识。

(2)确定目标。一般说来,企业公关目标是促使公众了解企业形象,改变公众对企业的态度。具体地说,公关目标是通过企业传播信息,转变公众态度,即唤起企业需求。必须注意,不同企业或企业在不同发展时期,其公关具体目标是不同的。

(3)交流信息。企业通过大众传播媒体及交流信息的方式传播信息。可见,公关过程就是信息交流过程。

4. 评估公共关系结果

评价的指标可以包括:①曝光频率,衡量公共关系效果的最简易的方法是计算出现在媒体上的曝光次数。企业同时希望报上有字,广播有声,电视有影;②反响,分析由公共关系活动而引起公众对产品的知名度、理解、态度方面的变化,调查这些变动前后变化水平;③如统计方便,销售额和利润的影响是最令人满意的一种衡量方法。

四、公共关系的主要方法

公共关系是一种间接的促销方式,企业开展公共关系活动,可以采用以下几种主要方法:

(1)创造和利用新闻。利用新闻媒介宣传企业及其产品是企业乐意运用的公关手段。新闻媒介宣传是一种免费的广告活动。由大众媒介进行的宣传,具有客观性和真实感,消费者在心理上往往不设防,传媒客观性带来的社会效益往往高于单纯使用商业广告。企业应善于将其生产经营活动和社会活动发展成为新闻,通过新闻媒介达成比广告更为有效的宣传。

(2)参与和赞助各种社会公益活动。企业是社会的一份子,在生产经营活动的同时,也应积极参与广泛的社会活动,在广泛的社会交往中发挥自己的能动作用,赢得社会的爱戴。如参与赞助办学、扶贫、救灾活动、体育比赛等。

(3)组织宣传展览。企业可组织编印宣传性的文字、图像材料,拍摄宣传影像带以及组织展览等方式来开展公共关系活动。通过一系列形式多样、活泼生动的宣传,让社会各界认识企业、理解企业,从而达到树立企业形象的目的。企业宣传的内容,既可以是企业历史、企业优秀人物、企业取得的优秀业绩,也可以是企业的技术实力、名牌产品等。企业宣传展示的形式尽可能多种多样化,利用光电、声音、图像、文字模型等,从不同侧面充分展示企业形象。

(4)建立企业识别系统(CIS)。企业形象是社会公众对企业各种活动及其成果的整体评价与一般认定。通过企业形象设计,将企业的经营观念、行为规范和模式传达给社会公众,并逐渐被社会公众所认同。

(5)建设企业文化。企业形象的传播,一个重要的方面是通过全体员工的言谈举止来进行的。社会各界从与之交往的企业员工身上,同时可以感受到企业的形象。因此,企业应结合实际情况,有计划、有步骤、有重点地建设企业文化,提高员工素质,活跃企业文化氛围,美化企业环境,从深层次有效地进行公关活动。

本章关键术语中英文对照

促销(promotion)	公共关系(public relation)
促销组合(promotion mix)	准顾客(prospect)
广告(advertisement)	顾客资格审查(qualifying prospects)
营业推广(promotion)	pop 广告(point of purchasing advertising)

本章重要概念中英文释义

1. 促销:是促进销售的简称,指企业的营销人员采用各种有利于销售的沟通方式,向目标顾客以及对目标顾客的消费行为有影响的群体进行宣传、说服、诱导、唤起需求,以促成购买的活动。

promotion:It is the abbreviation of sales promotion which refers to the activities of business marketers to facilitate the purchase, in which the marketing staff promote to the target customers, as well as the target customer groups who have influence on customer behaviour with persuasion and inducement to arouse demand.

2. 促销组合:是指企业根据促销工作的需要,对人员推销、广告、营业推广、公共关系等促销手段的有机结合,综合运用。

promotion mix: Refers to the organic combination and comprehensive use of promotional tools such as personal selling, advertising, sales promotion, public relations and so on in accordance with the marketing work of the enterprises.

3. 人员推销:是指企业通过派出推销人员与一个或一个以上可能成为购买者的人交谈,作口头陈述,以推销商品,促进和扩大销售。

personal selling: Refers to the activities that the enterprises sell the goods, promote and expand sales by sending out salespersons to talk with and make oral presentation to one or more people who may become customers.

4. 广告:是广告主以促销商品为目的,以付出一定的费用,通过特定的媒体传播商品或劳务等有关经济信息的大众传播活动。

advertisement, Ad: The public communication activities of advertisers to propagate the relevant economic information of goods or service through a certain media for the promotion purpose with paying a fee.

5. 公共关系:指某一组织为改善与社会公众的关系,促进公众对组织的认识、理解及支持，达到树立良好组织形象、促进商品销售的目的的一系列促销活动。

public relation：In order to improve the relation with the public and promote public awareness of, understanding and support to the organization, the organization have a series of promotional activities to set up a good image and promote sales.

6. 营业推广：又称销售促进，它是指企业在某一段时期内采用特殊的手段，对消费者和中间商实行强烈刺激，以促进企业销售迅速增长的非常规、非经常性使用的促销行为。

promotion：Also known as sales promotion, it is enterprises' special means in a certain period of time, in which the enterprise implement a strong stimulus to consumers and intermediaries to promote the rapid growth of sales, it is an non-conventional or non-recurrent used promotion behaviour.

本章小结

促销简而言之就是采用各种手段与目标顾客沟通，唤起顾客需求，促成顾客购买的活动。促销策略是四大营销策略之一。正确制定促销策略是企业在市场中取得竞争优势的重要保证。

促销的核心是沟通，围绕沟通效果，企业在促销中要明确 5W1H，即为什么传播(why)，向谁传播(who)，传播什么(what)，何时传播(when)，在哪里传播(where)，如何传播(how)。在现实中，企业要综合运用多种促销手段，进行整合促销。这要求首先要掌握各种促销手段的特点和功能，在此基础上，结合企业促销目标、产品特点、促销费用等因素，选择合适的手段并有机结合综合运用。

本章思考题

1. 怎样理解促销的实质是信息沟通？
2. 影响促销组合的因素有哪些？
3. 联系实际谈谈人员推销的步骤。
4. 企业选择广告媒体时，应综合考虑哪些因素？
5. 企业常用的公关促销方式有哪些？

章末案例分析

案例1 美容院促销

一、常规促销

(1)折扣促销。是美容院最常用的方式，通过对价格的上浮再打低折扣赢得顾客的消费心理；或在庆典、特别的日子等活动中低于平常价格来刺激顾客消费欲望。

案例：1）原价 138 元，上浮 30%后为 180 元，打八折优惠后为 144 元。

2）月卡 180 元，打九折优惠后为 160 元。

（2）开卡促销。大致分为年卡、半年卡、季卡、月卡、疗程卡、贵宾卡，美容院多数通过开卡的方式作为留住顾客的一种手段，此方式顾客觉得实惠捡到便宜，而美容院又能留住顾客一段时间，双方得益。开卡折扣：月卡大约是单次收费的 8 折，季卡 7.5 折，半年卡 7 折，年卡 6 折。

（3）免费体验。这种方式通常用来吸引新顾客、新项目的推广、老顾客对新产品的试用来感受效果。

（4）搭配促销。通过买某种产品加少量金钱来赢得顾客，让顾客感觉超值。如购防晒套装加 16 元，送简约套装+防紫外线伞；加 68 元购买原价 380 元的脊椎保养经典套装。

（5）返利。这种方式通常作为刺激顾客消费，提高消费金额的手段。如对加盟店，开展 5 折进货，完成任务返利 10%，等于变相调低价格降低美容院经营成本；对消费者，购买产品、开卡消费到一定金额后返还，可购买产品及项目。

（6）会员积分。这种方式对稳定、留住老顾客有很大帮助，能鼓励、刺激顾客消费，可在消费后累计积分换取礼品等；是目前最好的留客办法，能提高美容院档次。

（7）次数。消费达到规定的次数可再赠送。如月卡的第三、四次时，提前支付现金购买下月月卡，可额外再送一次护理，即原本只有 4 次护理的月卡因提前购买而变成 5 次。

二、广告促销

（1）电视。视觉冲击大，这种方式对于中小型城市效果较佳，因费用低且因地域小广告覆盖面广，方式直接。

（2）电话。能直接与消费者沟通，需具说话的艺术才能达到理想效果。

（3）报纸。选择报纸的刊登对目标消费客户非常重要，缺点是影响时间太短。

（4）灯箱路牌。在车站刊登广告，这种方法选择地点最重要，须在人流量大、商业写字楼密集的地区。

（5）CIS 促销。美容院整体形象对自身消费定位起主导作用，若面对中高档消费群体那就更重要了,对吸引新顾客有至关重要的作用。

三、通路促销

(1)派单、DM促销。通过派发、邮寄宣传资料、夹报等方式到消费者手中。

(2)亲友促销。通过儿童、丈夫、学生等进行促销。

(3)公关促销。在大型活动场所做公关活动,同时为美容院做形象广告。

(4)文化促销。以"××女性"等为主题,讲一个普通女性如何经过挫折磨难取得成功,越传奇越容易引起共鸣。

(5)直销促销。类似会员制,用利益刺激消费者,变相发展成为美容院销售人员。

(6)外派促销。可通过上门服务提升服务质量。如上门护理、到机关或公司举办讲座,吸引顾客到店消费。

四、活动促销

(1)联谊促销。现今为止是美容院最快速销货、提升营业额的方法,活动组织成功能在当地美容业取得主导垄断作用。

(2)专家、老外、名人促销。利用中国人爱看热闹、抓住人们的好奇心理,吸引消费者注意,从而达到宣传推广效果。

(3)学习促销。举办瑜珈班、健身操,将美容院与顾客的感情更好地维系在一起。

(4)公益促销。选择一个孤儿或失学儿童作为帮助对象,作为活动亮点,让高层次顾客奉献爱心。

(5)旅游促销。针对会员或开卡、消费额高的顾客展开,大到旅游名胜、小到游园烧烤,达到交流与沟通,促进感情。

(6)心理促销。邀请著名心理专家开设咨询服务,或在电台开设美容咨询热线。

五、异动促销

(1)标语促销。通过悬挂标语方式促销,醒目具广告效果。

(2)时段促销。利用早上客人较少采取特价方式进行促销,或是在选择淡季某个时间特价消费,为期最好不超过10天。

(3)以旧换新促销。用已经使用过的产品空瓶免费换取新产品,或是为了争取客源非本店销售的品牌亦可换取,美容院须制定更换价值标准。

(4)拍卖促销。采取这种方式时操作者必须具备良好的口才与快速的反应,有一定数量的顾客同时在场方能达致理想效果。

(5)限量促销。推出少量产品或项目，让顾客有紧迫感而达到销售目的。

(6)效果促销。利用照片进行前后护理效果对比，加强功效保障，令顾客放心。

六、感情促销

(1)节日促销。在年底、周年庆、重要节日的时候答谢、邀请顾客吃饭增进感情。

(2)问候促销。通过电话、信函、新年卡、生日卡、发放信息等方式，既能起到感情维系的作用，又能及时将促销信息传递到位，从而实现销售。

(3)生日促销。可采取为顾客到店开生日派对的方式，并邀请其相关朋友到会，无形中又能吸纳更多新顾客。

(4)细节促销。在美容院内摆放水果、小吃、保健饮料，加强顾客舒适温馨感觉。

(5)接送促销。顾客提前预约护理，提供派车接送服务，满足顾客身份尊贵的虚荣心。

(6)质量促销。把服务层次再提高，保证护理时间、效果、质量，打消顾客的疑虑，如制定《美容院服务公约》。

七、联动促销

所谓联动促销，指联合其他行业共同进行促销，达到双赢目的。方式：

(1)赞助选美活动。

(2)在顾客中寻找合作伙伴开设连锁店。

(3)利用先进美容仪器强调专业权威性。

(4)联合商场、花店、娱乐休闲场所、咖啡厅。

八、有奖促销

(1)小礼物促销。

(2)抽奖促销。

(3)奖券促销。顾客挑选号码，美容院出资购买小金额彩票。

(4)保险促销。

(5)送音乐会、电影票促销。

(6)形象代言人促销。在消费者中挑选护理效果好的中年妇女，定期在店内交流心得体会。

(资料来源：http://hi.baidu.com/%D6%B1%CF%FA365/blog/item/)

思考：

1. 上述案例使你对促销有何认识？

2. 你认为美容院促销还有哪些可以改进之处？

案例 2　雀巢咖啡中秋节促销

一、促销场景

中秋节前夕，潇潇秋雨的一个周末下午，在济南的某一大型超市门前，雀巢咖啡举行免费促销活动。促销小姐穿着鲜明、个性、统一的公司服装，面带微笑热情地为每一位路过客人递上一杯热咖啡；另一边的电视播放着公司的简介和“味道好极了！”的广告语。

二、促销巧妙之处

（一）促销时间的选择（when）

中秋节前夕的周末，人们开始高度关注节日的到来，对节日的注意力开始提高，人们开始大量购物过节，此时搞促销容易引起人们的关注，这体现了注意力促销。

中秋节虽然月饼是主角，但咖啡可以与月饼互补，进行互补营销，在吃月饼的同时喝上一杯芳香的咖啡，那感觉一定很不错。消费者在买月饼时会顺便买咖啡，因为广告语告诉你“味道好极了”。

（二）地点（where）

人们在超市购完物以后，一般都比较累比较渴，再加上秋后的小雨给人一丝丝凉意。此时热情的促销小姐为你送上一杯热咖啡，以解您的劳累和口渴，消费者心存感激，这一杯咖啡是一杯温情和芳香。消费者会从心里大大增加对雀巢咖啡的美好印象，为以后的消费打好了基础。这体现了亲情促销。

（三）促销对象（who）

这一大型超市属于档次较高的超市，逛超市者绝大部分都是年轻人和中年人，他们年轻并且有购买力，正是雀巢咖啡的目标消费者，在这里做促销针对性强，有效性高。

（四）促销内容（what）

在促销中，服装统一，热情、礼貌、漂亮的促销员体现了雀巢公司的良好企业形象；“味道好极了”体现了公司品牌形象的宣传；品尝咖啡宣传了雀巢咖啡所具有的良好品质。

（五）如何促销（how）

在超市门口促销，体现了决战终端的促销策略，消费者可以近距离感受到雀巢咖啡所具有的品质和魅力。

既采用了人员推销，又采用了电视推销，体现了整合传播促销。

免费品尝，现在的免费让不知道雀巢咖啡的人知道它，让潜在的消费者变成现实的消费者，让现在的消费者增加对雀巢咖啡的满意度和品牌忠诚度。

（资料来源：http://jieri.xkrf.com/jierihuodong/20070531/1056.html）

思考：

1. 结合上述案例阐述促销的特点。
2. 你是怎样评价雀巢咖啡的节日促销活动的，有哪些地方可以改进？

推荐阅读书目

1. 唐·舒尔茨.促销管理的第一本书[M].北京：中国财政经济出版社，2005
2. 卢泰宏，杨晓燕.促销基础案例[M].北京：清华大学出版社，2007
3. 刘永炬.实战促销[M].北京：机械工业出版社，2006
4. 姜玉洁，宗清辉，陈静宇.促销策划[M].北京：北京大学出版社，2005
5. 朱利安·柯明斯.促销[M].北京：北京大学出版社，2003
6. 鹏程.促销：透过心灵的37种商业说服[M].北京：中国发展出版社，2006
7. 于文声.商品促销管理[M].广州：广东经济出版社，2005
8. 张雪飞，丁浩.成功促销技巧[M].北京：中国纺织出版社，2003
9. 周广华.促销管理实战[M].广州：广东经济出版社，2003

第十三章 网络营销

本章主要内容

1. 网络营销导论
2. 网络营销工具
3. 网络营销策略

本章重点与难点

重点：

1. 网络营销工具
2. 网络营销策略

难点：

营销观念变革与网络营销的关系

本章要求

1. 全面、正确地理解网络营销的概念。
2. 能结合各类网络营销工具的特点，选择正确的营销策略开展网络营销。

开章引例

知名企业的网络营销

2000年在法国巴黎举行的财富论坛上，几乎所有参会的企业都表示要把商务搬到互联网上，甚至表示将来不和没有网络的企业发生商业关系。这些巨头们的话预示将来传统企业加入到互联网的必然，传统的商业交往将通过网络这个平台进行。在未来的信息时代，传统企业将必然把自己融入到互联网经济中去，因为如果它没有参与到互联网，它会发现，周围根本找不到商业伙伴。

一、阿里巴巴网络营销

阿里巴巴是全球领先的电子商务企业，在当今中国唯一整合了门户、搜索、社区、通讯、在线贸易和支付的企业集团，为客户提供一站式网络营销整合服务平台，集团旗下的各项业务都处于行业领先地位：全球规模最大的 B2B 电子商务平台阿里巴巴，在全球 20 余个国家和地区拥有 2 000 多万注册用户；中国最大的 B2C、C2C 电子商务平台淘宝网拥有 4 000 万庞大的用户群，日交易额超过亿元；创新门户平台雅虎（中国）率先整合了搜索、资讯、社区及通讯四大功能；支付宝解决了网上交易的支付难题；阿里软件推动了中小企业进行高效管理。

2006 年 9 月 9 日，全球最大的环球贸易企业对企业网上市场——阿里巴巴的最新调查显示，通过阿里巴巴进行网上采购可把一般采购周期缩短 75%。阿里巴巴的会员认为，通过阿里巴巴找到合适的交易伙伴并在网上洽谈一项交易，平均仅需 3 个星期，远比一般 3.3 至 4.2 个月的采购周期为短。

研究显示，搜索阶段，即买家搜寻卖家的过程，是采购周期内最花费时间和成本的阶段。像阿里巴巴一类的网上市场可以全年不间断地提供全球的商品及供货商信息，从而大大缩短搜索阶段所需的时间。2001 年，Aberdeen Group 曾预言，全球企业如通过采用高效的电子采购策略，将共可节省 1.7 兆亿美元的成本。5 年后，随着阿里巴巴的出现，这节省成本的预言正逐步实现。

位于美国加州洛杉矶的成衣进出口商 Sales Managers Unlimited 的总裁 Richard Price 先生说："在全球时装采购界，我认为阿里巴巴比黄页要好得多——只需手指动动，一切便可办妥。过去采购要花上几个星期甚至几个月，现在通过阿里巴巴只需几个小时甚至几分钟即可完成。"

独立网站浏览量统计机构 Alexa.com 把阿里巴巴列为电子商务及国际商贸领域中浏览量最高的全球性网站。每天逾 50 万人访问阿里巴巴国际网站，其中大多数为有意在中国及其他主要生产国寻找卖家的国际买家及进口商。阿里巴巴在 200 多个国家和地区拥有超过 1 600 万名注册用户。

（资料来源：曹朝霞，江志强：阿里巴巴谋局网络营销，http://news.hexun.com/2007-09-29/100819921.html，2007.9；http://page.china.alibaba.com/shtml/about/ali_group_news09.shtml）

二、Nike 网站实现从信息型到销售型的转换

Nike.com 以前提供有关 Nike 公司信息，是一个信息发布型网站。从 2002 年开始，Nike 公司开始专注于将网站 Nike.com 建设成为一个销售渠道而不是信息获取渠道。这样做的结果是：网站的流量急剧下降了 25%。在外

界刚要表示对 Nike 的同情时，Nike. com 的总经理 O'Neill 却宣布，网站的客户转化率比从前猛增了 67%，而整个网站的月平均销售额比过去提高了 5%。

O'Neill 将 Nike. com 成功转型归功于“三步”方式：吸引、转化及保留客户。

吸引：

做好吸引步骤的关键因素是创建各种运动、活动类网站，这些网站活动都由穿 Nike 鞋的客户参与。Nike 公司同时运营 12 个这样的网站，包括 NikeSoccer. com 和 NikeBasketball. com。在一些网站上，客户可以定制合意的运动鞋。Nike 公司将这一定制方式扩展到其下所有的站点。

O'Neill 还强调网站在线下推广的重要性。通过分析用户访问 Nike 网站的途径，可看出网下促销对于 Nike 网站成功的重要意义：有超过 50% 的网站流量来自直接访问 URL，而不是通过搜索引擎或会员制联盟网站的链接，50% 的访问者都是首次访问。

另外一个吸引客户的关键因素是运用 Email。O'Neill 认为，Email 交流要做到建立关系的目的，并包含一定的信息，而不能只是纯粹地售卖推销内容。他们曾经在一个假日里向客户发送电子贺卡，成功地获得 13% 的点击率和 2% 的客户转化率。

转化：

一旦客户进入了网站，紧接着的步骤就是尽可能将他们转化成购买者。Nike 曾在此方面做过许多工作，其中之一就是改变网站的注册程序。对于初来者，网站不会要求客户在购物前就进行注册，同时简化注册程序。改进之前的网站注册需要填写一大堆内容，但现在只要求填写电子邮件和区号。这样一来，访问者的注册率从 2.5% 上升到 6%。

保留：

最后，Nike 还通过各种主动服务方式留住这些客户。如承诺在 24 小时内发送所有订货，运用即时交流工具实现与客户实时沟通等。

与其他所有零售商和制造商一样，Nike 也面临着网上网下多渠道销售的冲突问题。O'Neill 说，实际上，这个问题多年前就一直存在，但零售商应该强调这样一点：一个强势品牌可以为所有的员工都带来利益。因此，要通过提升品牌价值，让品牌的力量来克服渠道冲突。

（资料来源：http://www.seoip.net/SEO/Article353.htm；http://www.internetretailer.com/internet/marketing-conference/24589-nikecom-takes-three-pronged-attract-converting-from-info-only-sales.html）

思考题：试述阿里巴巴和 Nike 各自网络营销的特点。

第一节　网络营销导论

一、网络营销的概念

网络营销是以网络为基本手段，以满足消费者需求为中心，通过网络沟通、网络交易、网络促销等形式开展的一系列商务活动的总称。其重要内容是将营销的规则与方法应用于网络，实现企业的经营目标。网络包括互联网（internet）、数字媒体，如无线或移动通讯网络（wireless or mobile median）、数字电视（digital television），是继报纸、杂志、广播、电视后的第五媒体，被称为信息中心、娱乐中心、沟通与传播中心、交易中心、流通中心、资源整合中心，具有信息传播快捷、成本低廉、交互性等特点。互联网的快速发展对人们的价值观念、工作生活模式、不同营销主体的沟通方式等产生了巨大影响，为企业提供了新的机遇与挑战，企业须变革营销模式，方能应对新的挑战。所以，不能把网络简单地理解为报纸、电话等传统信息传播手段的替代工具。网络营销也不仅限于网上销售、网络广告、网站建设，也非简单、机械地基于网络应用营销的理论与方法，而是变革营销观念、变革企业与利用相关者的关系、再造业务流程的背景下为客户创造价值的过程（图 13 - 1）。

网络营销是传统营销的延续与发展，但与传统营销在营销者与消费者的沟通网络与媒介、部分产品的特点、顾客参与的程度等方面有所差异，如表 13 - 1 所示。

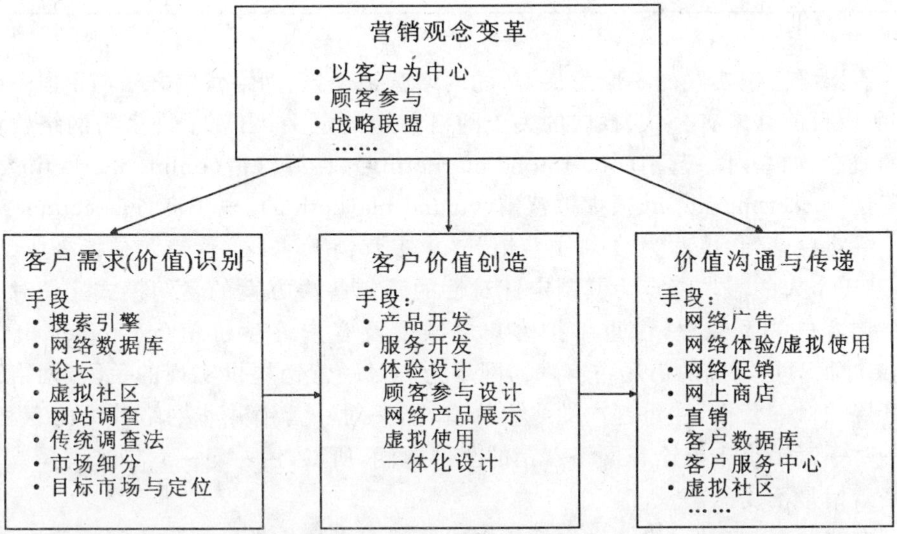

图 13 - 1　网络营销客户价值创造流程

表 13-1　传统营销与网络营销的关系

比较项目	传统营销	网络营销
核心概念	交换	交换
营销理念	消费者中心	消费者中心、消费者主导
营销手段	整合营销	整合营销
传播或沟通手段	电视、报纸、广播等传统媒体	网络
内部营销与外部营销的关系	整合程度不够	每个员工皆可基于网络获取消费信息，服务客户需求
媒体特性	交互程度弱，信息传播的单向性为重要特征	网络媒体与传统媒体相互补充，相辅相长
企业与客户的关系	单向或有限程度的双向沟通	高效、快速的双向沟通
市场细分与目标市场	目标市场营销，非一对一营销，非定制化营销	提供了新的细分依据、细分方式和细分市场；一对一营销，定制化营销
产品类别	主要是有形产品和服务	包括有形产品、服务、顾客体验
渠道策略	渠道媒介发挥重要、甚至控制性作用；长渠道在消费品市场较多见	网络直销发挥重要的作用，传统渠道媒介的功能有所弱化(趋势)；多渠道(multi-channel marketing)整合
价格策略	难能达到真正意义上的以客户价值导向定价(value based pricing)	客户价值定价成为价格策略核心
IMC	信息传播单向性，交互程度弱	双向沟通，网络媒体与传统媒体相整合

因网络营销实践的不断发展，新的网络营销现象、网络营销方法与手段不断涌现，所以目前并未有公认、权威的关于网络营销的定义，出现了许多与网络营销相关的概念，如一对一营销(one-to-one marketing)、在线营销(online marketing)、直复营销(direct marketing)、虚拟营销(virtual marketing)、电子商务(e-commerce)。

一对一营销：也称为“1 对 1 营销”、“121 营销”。“121 营销”是指企业(营销者)基于个人的需求特点为其制定针对性的营销解决方案的营销模式。一对一营销强调客户关系管理，注重维护客户忠诚度及客户终生价值(customer lifelong value)，而不是短期的市场占有率。网络为一对一营销提供实现的手段，网络营销应开展一对一营销，注重客户的终生价值，但一对一营销并非网络营销的专利，而且一对一营销也未能诠释网络营销的全部内涵，所以，用一对一营销来解释或定义网络营销是不妥的。

在线营销：应是网络营销的重要方式及消费者最为常见的网络营销模式，但网络营销不仅限于在线销售，还包括网络沟通、客户关系维护等内容，所以在线营销并非网络营销。

直复营销:直,direct,指不通过渠道中间商而通过网络、报纸、电话、邮件等媒体直接向客户传递产品信息,吸引消费者;复,response,指客户对营销者吸引消费者的营销努力的响应。美国直复营销协会(Direct Marketing Association,简称DMA)把直复营销定义为在发展营销者与消费者、潜在顾客或者慈善捐助者的相互关系的基础上,为产生可度量的销售额、反应、零售采购或慈善捐助而使用一种或多种广告媒体的互相作用的过程。直复营销在分析消费者或慈善捐助者的数据库,进而了解消费者的需求特点的基础上,利用电子邮件、电视、报纸、电话等沟通手段与这些客户进行沟通,从而达成交易,建立长久的互利合作关系。直复营销并非网络出现和快速发展的背景下才出现的概念。在传统营销阶段,企业可以借助电话、电视等传播或沟通手段与客户实现一定程度的直复营销,但沟通的效率与效果较互联网弱,所以直复营销在互联网背景下更为现实,效果更好。

虚拟营销:指企业只保留核心业务,而把非核心业务转由其他组织或个人来完成,使这些非核心业务虚拟化。例如,耐克专注于运动产品的设计及品牌的经营,生产等非核心业务交由其他企业来完成,生产虚拟化了。网络具有虚拟性的特点,但网络营销不是虚拟营销。

电子商务:国际商会于1997年在巴黎的世界电子商务会议上指出,电子商务(electronic commerce)是指实现整个贸易活动的电子化。从狭义上看,电子商务也就是电子交易,主要指利用Web提供的通信手段在网上进行交易活动,包括通过Internet买卖产品和提供服务。当一个企业的网上经营活动发展到可以实现电子化交易的程度,就可以认为是进入了电子商务阶段。① 网络营销是电子商务的基础和前提,电子商务不是网络营销。

以上这些概念与网络营销有密切的关系,但不等同于网络营销,所以用这些概念来等同或替代网络营销是不妥的。

网络营销是传统营销的变革与发展,但网络营销要获得成功,仍需整合传统的一些营销手段与营销工具,如电视、报纸、直销等。可以认为,网络营销是在网络背景下的整合营销,是企业整体营销战略的一个部分。

二、网络营销的特点

1. 跨时空性

网络使企业的营销活动及消费者的消费活动受时间和空间的限制显著减少,消费者在家里、工作场所、运输工具上皆可进行交易,且可以24小时不间断。网络

①李纲,张天俊,吴恒.网络营销教程.武汉:武汉大学出版社,2005

营销使市场真正国际化，跨国界、跨文化的交易变得更为便捷。

2. 互动性

借助于网络，消费者与企业能进行双向沟通，不再是被动地接受信息，而是更为主动地向营销者传递自身的消费意向，同时拥有多条信息获取渠道，对营销者所销售的产品或提供的服务的评价将更为客观。例如，消费者欲购买一台数码相机，他可以利用百度(Baidu)或谷歌(Google)等搜索引擎搜索数码相机的相关信息，然后登陆数码相机论坛，了解他人对某品牌、某型号的相机的评价或使用经验及建议。在数码相机论坛，一些消费者会贴一些用某款相机拍摄的照片，使欲购买的消费者在未购买之前就有所体验。数码相机厂家可以登陆论坛，利用文字、实物照片及相机所拍摄的照片等介绍产品的特点引导消费者，同时了解消费者的需求特点。图 13－2 为中关村在线数码相机论坛的页面，在该论坛，消费者可以贴照片，谈使用经验，晒价格，发泄购物不满等；数码相机营销者可以介绍产品，解答消费者疑问，舒缓消费者不满等。

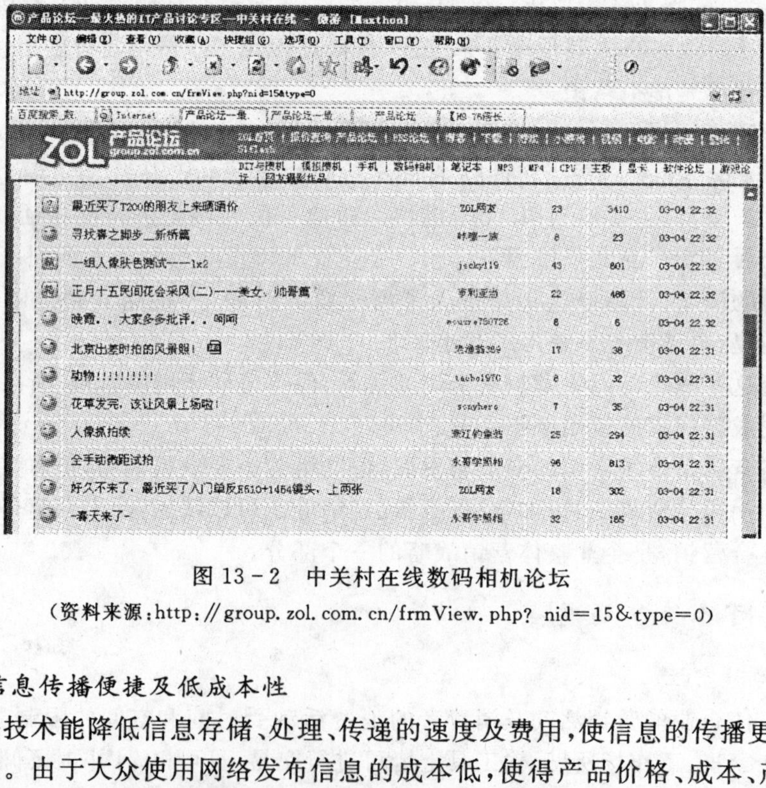

图 13－2　中关村在线数码相机论坛

(资料来源：http://group.zol.com.cn/frmView.php? nid=15&type=0)

3. 信息传播便捷及低成本性

网络技术能降低信息存储、处理、传递的速度及费用，使信息的传播更为便捷，成本低廉。由于大众使用网络发布信息的成本低，使得产品价格、成本、产品特性等变得更为透明，消费者可以获得实惠。例如，欲了解数码相机的价格，可以登陆阿里巴巴网站查询数码相机的价格(图 13－3、图 13－4)。但也应注意到，由于信息发布的自由性，大量的信息呈现在网络上，消费者面对大量的信息可能无所适从，特别是缺乏网络使用经验的消费者。

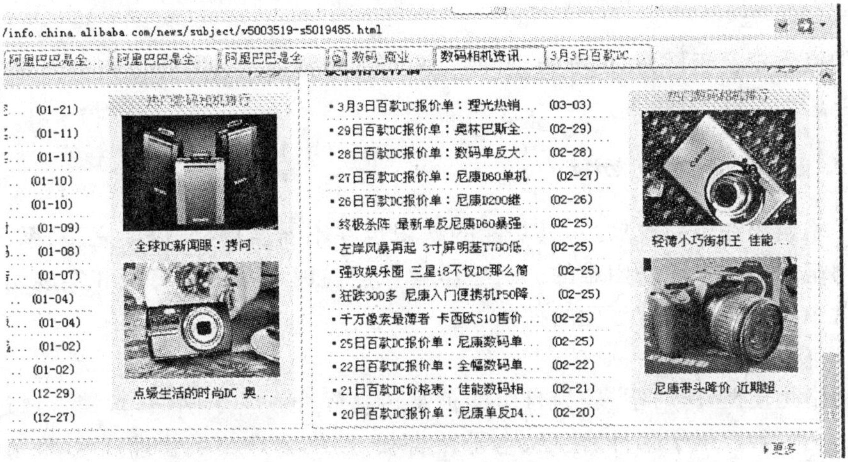

图 13-3 阿里巴巴数码相机行情页面

（资料来源：http://info.china.alibaba.com/news/subject/v5003519-s5019485.html）

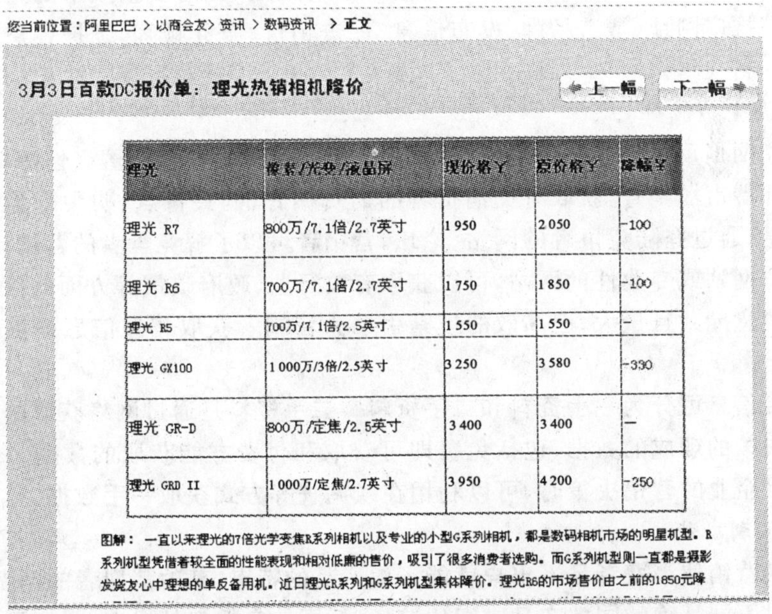

您当前位置：阿里巴巴 > 以商会友 > 资讯 > 数码资讯 > 正文

3月3日百款DC报价单：理光热销相机降价 上一幅 下一幅

理光	像素/光变/液晶屏	现价格￥	原价格￥	降幅￥
理光 R7	800万/7.1倍/2.7英寸	1 950	2 050	-100
理光 R6	700万/7.1倍/2.7英寸	1 750	1 850	-100
理光 R5	700万/7.1倍/2.5英寸	1 550	1 550	-
理光 GX100	1 000万/3倍/2.5英寸	3 250	3 580	-330
理光 GR-D	800万/定焦/2.5英寸	3 400	3 400	—
理光 GRD II	1 000万/定焦/2.7英寸	3 950	4 200	-250

图解：一直以来理光的7倍光学变焦R系列相机以及专业的小型G系列相机，都是数码相机市场的明星机型。R系列机型凭借着较全面的性能表现和相对低廉的售价，吸引了很多消费者选购。而G系列机型则一直都是摄影发烧友心中理想的单反备用机。近日理光R系列和G系列机型集体降价。理光R6的市场售价由之前的1850元降

图 13-4 阿里巴巴网站对某款相机的报价

（资料来源：http://info.china.alibaba.com/news/detail/v5003519-d1001606568.html）

4. 个性化

网络营销能针对单个消费者的特点开展营销，使企业的产品设计、服务的提供等适合某一消费者的需要，使营销个性化。

5. 整合性

网络营销基于网络，但不限于网络，是与多种营销工具与资源相整合的企业活动，具有整合性的特点。

三、网络营销的功能

网络营销在不断发展，对其功能的认识也在不断发展，所以要完整、系统地界定出网络营销的功能是困难的。一些学者从当前网络营销的特征和实践出发，对网络营销功能作了一定程度的探索。

1. 沟通功能

网络是便捷、跨时空、较为自由的信息传播媒介。基于网络，营销者通过网络广告、企业网站、电子邮件、论坛、电子留言板、网络客户关系管理(CRM)系统、网络新闻(事件)、网络公共关系、网络促销等形式向消费者传递企业及其产品和服务的信息。同时，消费者可以通过论坛、电子邮件、在线反馈系统等形式表达自己的购买意向、态度，从而达到营销者与消费者适时沟通、提高营销效果的目的。网络沟通具有推广网址、塑造品牌、发布信息、促进销售、服务顾客、维护客户关系等任务。

2. 调查功能

互联网是重要的信息传播媒介，利用其交互性、跨时空性、匿名性等特点，营销者可以开展市场调查，获取有关消费者的消费偏好、购买特点、购买行为特征等方面的信息；通过登陆竞争者的网站、论坛，营销者可以了解竞争者的营销动态；利用一些门户网站或专业性的网站，可以获取有关行业、政府政策等方面的信息。尽管互联网信息庞杂且量大，但高效的搜索引擎为营销者获取相关信息提供了便捷的条件。

网络信息可分为一手资料和二手资料。二手资料是通过网络获取的可用于企业营销决策的现成的数据，包括免费即可获取和付费方能获取的数据。二手资料不能满足企业的营销决策时，可以利用在线调查等方式获取一手数据。

3. 便利功能

网络营销使消费者足不出户就能了解产品的特点、其他消费者的消费体验，同时可以对不同品牌的同类产品进行比较，降低了信息搜集的成本，提高了决策的效率。对于某些服务类，如在线咨询、在线培训、音乐下载、网络游戏，直接在网上销售，而且一般可以试用，使消费者的购买与消费更为便捷。基于电子商务，商品的交易成本降低，交易过程简化，为消费者带来了购买的便利，但存在网络安全、消费者需具备一定的网络使用经验等问题。

4. 交易功能

传统营销具有交换、交易的功能，网络营销同样具有这些功能，但我们强调互联网交易的低成本性及便捷性。

5. 资源整合功能

网络是庞大、快捷、适时的信息传播、交流的平台，也是整合各种资源的中心。通过在线调查、电子邮件、论坛、博客等网络交流平台或媒介，消费者可以参与企业产品的设计，可以参与产品的促销，可以参与产品信息的传播；营销者与渠道中间商等机构能快速沟通产品的销售及客户的购买情况等信息，使营销者与渠道商能有效地整合信息与其他资源。

第二节 网络营销工具

一、企业网站

(一)企业网站的涵义及功能

企业网站是企业进行商品展示、客户服务、品牌塑造等网络营销活动的综合性平台，是企业开展网络营销的重要阵地。基于网站，企业可以：

1. 向公众传递企业的文化理念与价值观，展示企业的品牌形象，介绍企业的发展历程，发布企业新闻

登陆 IBM 网站(图 13-5)，你可以了解 IBM 的业务方案、产品与服务、IBM 的历史、最新新闻、服务理念、业务范围等信息。

2. 展示、促销和销售产品，向供应商、分销商、合作伙伴用户提供信息和服务

图 13-6 和图 13-7 为 IBM 在其中文网站为客户所提供的产品信息。

3. 收集客户信息，了解消费者的购买意向

企业通过在线调查问卷、注册成为会员、提供赠品、获取免费服务、折价优惠等形式收集客户的信息，有助于企业了解和判断消费者的购买动机和特点。在 IBM 网站，可以注册成为其客户，IBM 即可为你提供个性化的服务，如图 13-8 所示。

4. 交易商品或提供服务

一些企业建立在线交易平台，可以进行商品交易。目前，耐克网站具有在线交易的功能，消费者可以根据自己的特点在该网站选购自己喜欢的产品。

5. 建立与维护客户关系，提升客户忠诚度

图 13-9 为耐克网站的客户服务页面。

图 13－5　IBM 的中文网站

（资料来源：http://www.ibm.com/cn/zh/）

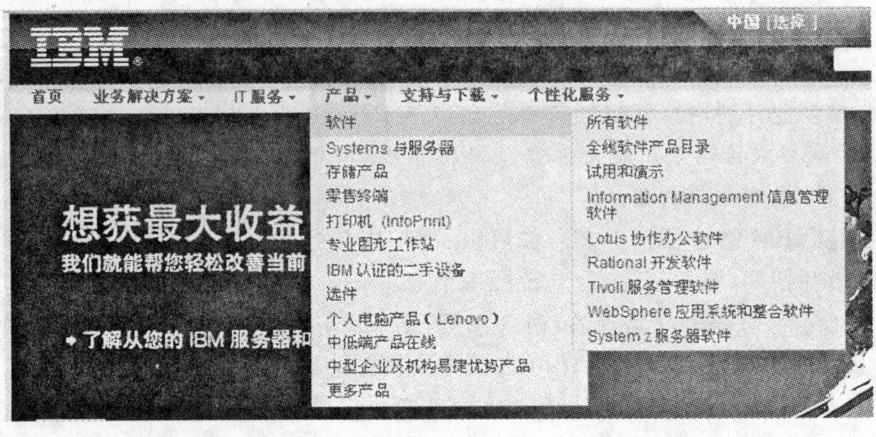

图 13－6　IBM 中文网站关于产品介绍的链接

（资料来源：http://www.ibm.com/cn/zh/）

6. 整合资源

企业网站可以通过交换链接、建立网络数据库等形式整合企业与企业、企业与客户、企业与中间商等利益相关者的关系。

（二）企业网站建设

一般而言，企业网站的建设包括网站规划、域名申请、网页制作、网站发布与推

图 13-7 IBM关于打印机产品的介绍

(资料来源：http://www.infoprintsolutionscompany.com/internet/wwsites.nsf/)

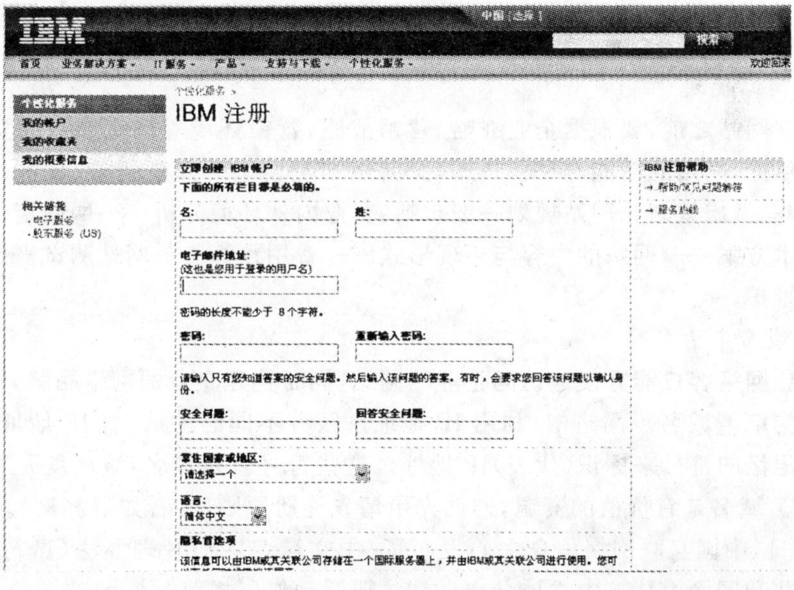

图 13-8 IBM客户注册页面

(资料来源：https://www.ibm.com/account/myibm/profile.do? cc=cn&lc=zh&page=reg)

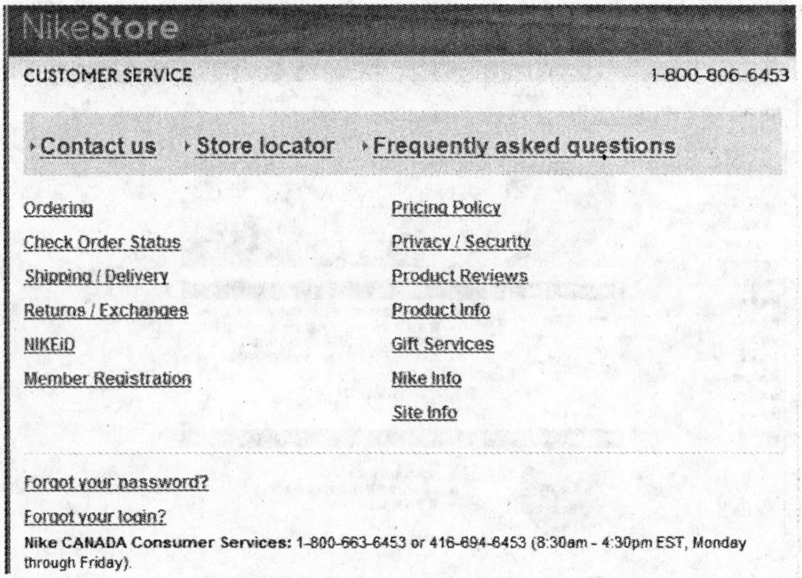

图 13-9　耐克美国网站的客户服务页面

（资料来源：http://www.nike.com/renov/nikestore/us/v1/us/en/info/custserv.jsp）

广、网站管理与维护。

1. 网站规划

建立网站之前，要根据企业战略、营销战略、营销环境等确定建立企业网站的目的和目标，网站的功能、规模、费用，并就网站建设中的人员要求、技术、内容、测试、维护等做出策划。网站规划一般包括：企业内外环境分析——网站定位——网站的技术方案——网站的内容与表现形式——费用预算——网站测试——网站的推广与维护。

2. 域名申请

为让网络客户能方便地访问企业的网站，同时构建企业的网络品牌，需向域名服务机构申请域名。网络中，利用 IP 地址来区分不同的主机，但 IP 地址难记，就用容易记忆的符号来标识（代表）IP 地址。这些符号就是域名，域名就是符号化的 IP 地址。域名是有价值的资源，遵循先申请先注册原则（参看如下案例）。2000 年 11 月 1 日，中国互联网络信息中心发布了《中文域名注册管理办法（试行）》，对中华人民共和国境内从事中文域名申请和注册活动作了规范。

学习伴随案例：

域名抢注

自2006年以来，域名注册名人、热点词汇漫天要价的消息不绝于耳，如刘翔的系列域名、“十一五”、“八荣八耻”等汇词都被一一注册拍卖。有关域名抢注的报道也不断涌现，如：艺术人生被抢注叫价500万；网民巨资买www.央视一套；媒体商标频遭抢注，“小喇叭”也被注册；“中国国家电视台”两个英文域名被抢注；多个政治词汇被抢注，“八荣八耻”报价达800 800元。

中国互联网域名创记录，珠峰新高8844.com售出天价

中新网北京2006年9月24日电（宋佳）　中国2005年重测世界第一高峰珠穆朗玛峰高度举世瞩目，同时也引发一场大规模互联网域名抢注战。2006年，曾创造中国首家电子商务网站8848的连邦软件赢得“战争”，以高达七位数的天价购得珠峰新高度8844的顶级域名8844.com，这也创下中国内地互联网域名交易的最高价记录。

在中国互联网大会的展会上，连邦软件总裁王建华对媒体说，买到8844.com这个域名还真费了不少周折，由于对珠峰新高度域名志在必得，在国家重测的珠峰高度发布之前，连邦一口气注册了8845～8855的几乎所有相关域名，偏偏没有注册8844，因为各种信息显示新高度大于8848的可能性大。当国务院新闻办宣告8844这个数字后，连邦迅速去抢注该域名，但为时已晚。

连邦立即着手调查，几天内查到8844.com被江苏徐州的一位无业人员抢注。等联系上他时，得知域名在珠峰新高度发布后第二天就被江苏另外一位人士以20万元买走。之后顺藤摸瓜，找到真正的域名持有人时，该域名已经是三易其手，价格也抬得很高。经过与其多次协商，连邦最终才以7位数的价格把它拿下。而此前，中国内地域名转让可以证实的最高价也就是6位数。

谈到为什么要花如此高的价格收购8844.com域名，王建华显得颇为激动，他称，首先，世界第一高峰的高度，本身具有罕见的全球关注度，8844.com比其他任何数字域名都更易于世界范围传播，它的象征意义巨大，代表的就是世界第一。其次，连邦软件具有极其强烈的珠峰情结，珠峰原来高度是8848，连邦当年曾将8848.com做成那几年中国电子商务的代名词。

（资料来源：中国新闻网. 中国互联网域名创记录，珠峰新高8844.com售出天价. http://www.chinanews.com.cn/other/news/2006/09-24/795225.shtml）

刘翔域名被抢注,网上开价58 888元叫卖

“刘翔域名——www. liuxiang. net. cn,58 888元转让。”2006年9月11日,国内拍卖网站淘宝网上出现这则消息。此前1天,中国飞人在今年国际田联年度总决赛夺冠。域名,又称网址,如今,有一批人花几十元注册1个域名,转手能卖上万元,甚至几十万元,他们被叫做:玉米虫。

1. 有人转让“liuxiang. net. cn”

“域名转让:明星刘翔 www. liuxiang. net. cn,一口价:58 888元。”、“域名转让:liuxiangVISA. net(刘翔 VISA信用卡)。”国内拍卖网站淘宝网上出现这则消息。

点击网上这家商铺的信息,“掌柜”还配发刘翔的照片。交易截止时间是一个月,恰好是刘翔参赛的日子。“掌柜”——“wzncn”,是福建厦门人,姓蔡,当地一电器商店的老板。

他说,自己共能提供“liuxiangVISA”的4个不同域名,“如果是4个域名打包卖,价格能便宜。”

在蔡“掌柜”的网上小店里,还有“平平安安康康. com”等多个域名,挂牌出售。显然,淘宝等网络小店,给了他们一个新的渠道。

2. 天价域名网上叫卖近亿

什么是域名?现实世界中,每个家庭都拥有门牌号码。网络上也有“门牌号”,这个“门牌号”就是域名,有了这个“门牌号”,人们在网上就能准确找到网站。

登陆淘宝网,输入“域名”一词,19 731条相关信息跃然眼前,把搜索到的信息按价格排序,域名价格从8元钱到99 999 999元不等。最高价域名是“斯达康. net”——99 999 999元。卖家“xiaoben9377”还打出“绝品域名,便宜出售”的旗号。

网上出售域名的信息种类繁多。名人域名、企业域名、风景区域名占主流。最近,又出现了新的个人域名热。谁在买卖域名?

3.“实力米”、“创意米”热卖

这一类人叫“玉米虫”。“玉米”是网络对“域名”的趣称。买卖“玉米”的人,自然成了“玉米虫”。“玉米虫”的论坛,即所谓“米行”。

戴跃,湖南人,业内有名的“米行”负责人。2004年至今,他现在有800多个域名,他把这些“米”分成“实力米”、“创意米”、“杂米”。

通常,“实力米”是地方名称、区号还有企业品牌。比如戴跃曾经卖过的

"张家界"域名(zjj. com. cn)。当时,他用 280 元从一个"玉米虫"手中买来,几经转手卖出好几万元。

"其实名人域名不赚钱,算是杂米。"戴跃说,他有个以"周杰伦"名字注册的域名,只卖 2 000 元,但无人问津。

"创意米"则是另一种分类,戴跃手头的"www. 2china. com. cn"就是"创意米"最好的例子。他的谐音就是"爱中国"。这类"米"能卖个好价钱。

4. 专家观点——"玉米虫"其实是网络"股民"

胡钢(中国互联网协会互联网政策与资源工作委员会学术专家、律师):直接注册或授让域名,再行转让,财务上的表现是低买高出,和现实世界的"股民"没有实质区别。域名,从整体而言,属于电信资源。但特定域名注册后,就属于注册者所有。法律法规没有域名交易的禁止性规定,公民或组织享有自由交易的权利,至于偷漏税是否存在,是个案问题。域名纠纷,可依法处理。我国域名的法律保障体系完备。相关权利人完全能在现有法律框架下获得保护。

(资料来源:人民网。祝玲,徐哲. 刘翔域名被抢注,网上开价 58 888 元叫卖. http://media. people. com. cn/GB/22114/71403/71404/4839737. html)

思考题:从这个案例中,你有何启示?在企业网站建设中,域名的申请应考虑哪些因素?

3. 网页制作

网页的制作方式多种多样,可利用的工具很多,但要设计出能体现企业的经营思想、反映企业的文化、便于客户访问的网页并非容易的事。网页的设计要考虑:风格是否与企业的形象相匹配;是否符合目标客户的阅读习惯;是否有助于提高浏览的速度;是否能吸引访问者的注意力;能否便于更新与维护,等等。

4. 网站发布与推广

申请了域名,设计制作了网页,若要让潜在客户知晓企业的网站,并使企业的品牌、企业文化等无形资产在网络上得到传播,企业应利用一定的传播手段发布和推广企业的网站。利用网络或电视等传统媒体向公众推介网站,提高网站的知名度,吸引网络流量访问网站,达到宣传介绍企业及其产品,影响消费者购买意向,培养消费者忠诚度,提高网络营销效果的目的。网站发布与推广的常见方式有:

(1)登陆搜索引擎。利用一些工具把网站登陆到各类搜索引擎,提高网站被客户获知的概率。

(2)许可 Email。向潜在客户发垃圾邮件是不妥的,须采用许可电子邮件方式。许可 Email 营销是在用户事先许可的前提下,通过电子邮件的方式向目标用户传递有价值信息的一种网络营销手段,包含三个基本因素:用户许可、通过电子邮件传递信息、信息对用户是有价值的。真正意义上的 Email 营销就是许可 Email 营销。许可 Email 营销可以分为内部列表 Email 营销和外部列表 Email 营销，或简称内部列表和外部列表。内部列表也就是通常所说的邮件列表，是利用网站的注册用户资料开展 Email 营销的方式，常见的形式如新闻邮件、会员通讯、电子刊物等。外部列表 Email 营销则是利用专业服务商的用户电子邮件地址来开展 Email 营销，也就是电子邮件广告的形式向服务商的用户发送信息。①

(3)交换链接。与一些网站合作，交换链接。

(4)网络广告。利用网络广告平台，如提供网络广告服务的门户类的网站发布广告进行网址推广。

(5)博客。博客作为一种较为自由的信息发布媒介，使用率越来越高。利用博客发布企业的网址，也不失为一种有效的方法。

(6)论坛与留言板推广。利用论坛或留言板发布企业网站的链接。不过一些论坛对广告性的链接具有屏蔽功能，而且一些网络用户对在论坛发布企业广告比较反感，可能会有负面的效应。

(7)即时沟通工具。目前，像 QQ、MSN 等适时沟通工具拥有大量的用户，可以利用这些沟通工具发布网址。

(8)网络实名注册。网络实名是继 IP、域名之后的第三代互联网访问方式。企业名、产品名、网站名等名称在提供实名服务的结构注册后，网络客户即可在浏览器地址栏中直接输入企业名、产品名、网站名等经过注册的名称，即可直达目标网站，无需记忆复杂的域名、网址。如欲访问新华网，无需输入新华网的网址：http://www.xinhuanet.com/，只需输入“新华网”即可访问。

(9)搜索引擎关键词竞价排名。Baidu、Google 等搜索引擎提供了关键字竞价排名，当用户利用搜索引擎查询某一关键字，对该关键词付费高的企业网站的排名就会排在前列，被用户访问的可能性就高。

(10)传统媒体广告。利用报纸、电视等传统媒体进行广告，推广企业的网站，也是一种比较有效的网站推广方式。

5. 网站管理与维护

包括对服务期及相关软硬件的维护与保障、内容的更新、访问流量的监测等内容。

二、电子邮件

电子邮件(electronic mail)是通过 Internet 开展信息交换的通信方式，又称电子信箱、电子邮政，简称为 E-mail，昵称为“伊妹儿”，是网络应用最为广泛的服务之

①冯英健. Email 营销. 北京：机械工业出版社，2003

一。电子邮件基于通信和计算机技术在用户间传递电子信件、资料和文件，名称源自传统的邮政业务。用户通过向邮件服务提供商申请获得有密码保护、标识符为@的电子信箱后就可发送和接收电子邮件。目前，有众多的电子邮件服务商向个人或组织提供电子邮件服务，如 163 邮箱、126 邮箱、QQ 邮箱、139 邮箱、Gmail、MSN mail、Hotmail 等。电子邮箱易于申请，而且很多是免费的；使用简单，邮件投递迅速，几乎不发生费用；发送和接收的邮件可长期保存，易于查询和管理；邮箱的使用不受时空限制，有网络就能使用。随着计算机和互联网技术的不断发展，电子邮件的功能不断扩展，具有提供大容量存储空间、身份识别、在线聊天等功能。

企业利用电子邮件，向目标客户群发送企业的营销信息，达到传播企业产品形象、宣传与促销商品、了解消费者购买动机等营销目的。某些企业通过免费向客户提供电子邮件服务来扩大客户群体，提高市场占有率，培育客户忠诚度。例如，中国移动免费向客户开通 139 邮箱，只要手机号码有效，便永久拥有 139 邮箱。邮箱与手机号的捆绑有助于降低手机用户的流失率，提升客户的忠诚度。

可一次性、低成本、快速地向多个用户发送信息的特点使电子邮件成为 Internet 上最为常用的广告手段。电子邮件广告的关键在于获取有效的电子邮件地址。企业可以通过用户反馈的个人资料、加入有关讨论组、购买他人提供的邮件列表等方式获取邮箱地址。一些企业建立了更为详细的顾客数据库，根据顾客的购买习惯、特点等将电子邮件分类，从而可以依据产品的特点有目的地向特定的顾客发送邮件。电子邮件广告的易用性，使得垃圾邮件泛滥，一个 E-mail 短时间内会接收到大量垃圾邮件。图 13-10 中，一个邮件账号在一天内接收到了 89 个垃圾邮件。基于垃圾邮件泛滥的事实，电子邮件服务提供商、电子邮件客户端如 outlook express、windows live mail、foxmail 等提供了垃圾邮件过滤服务或功能；一些软件厂商专门设计了垃圾邮件过滤软件。号称中文邮箱第一品牌的网易 163 免费邮箱，垃圾邮件及病毒有效拦截率超过 98%和 99.8%；Google 利用创新技术可以将垃圾邮件拒于收件箱之外。垃圾邮件过滤机制的存在，使 E-mail 营销的规模化优势有所减弱，营销者可通过许可营销、与电子邮件服务提供商合作、电子邮件客户细分、口碑营销、树立客户忠诚等途径或方式提高电子邮件营销的效果。

三、博客

(一)博客的涵义及特点

博客是 Blog 的中文译名，而 Blog 是 weblog 的缩写。Weblog 是 Web 与 Log 的组合，意为网络日志。Blogger 或 Webloggers 是指 Weblog 的使用者。博客是基于网站，发布思想、见解、学术、文学创作等内容的形式。所发布的内容由网站管理人员、个人提供，或链接自其他网站，按倒序的时间顺序排列，不断更新，最新的

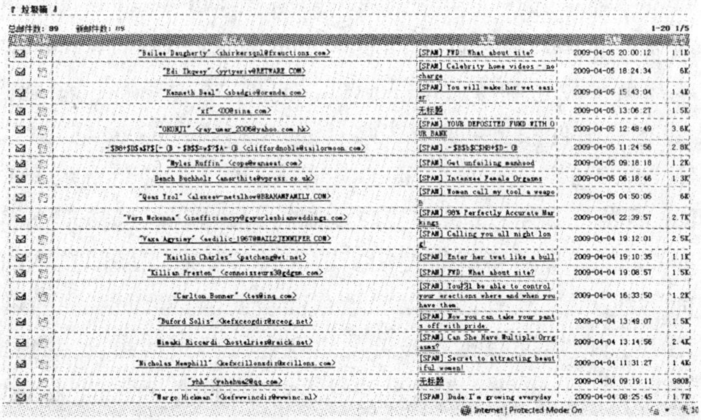

图 13-10　某 E-mail 邮箱一天内收到的垃圾邮件

总在最前面，使用者可以是个人也可以是一个组织。一个博客就是一个开放的、不断更新的、可供交流的网络信息发布平台。

随着互联网与移动通讯功能的不断整合，微博客（Micro Blog，简称为微博）发展成为继博客之后新的信息发布、传播和交流的平台，用户通过网页、WAP、手机短信、智能手机客户端等发布不超过 140 个字符的信息，实现信息共享。微博的出现和发展以手机用户为主，因手机短信字符最长为 140 个字符，所以微博也限定为 140 个字符，微博也因此得名。微博信息短小，三言两语，无需像博客那样有版面的布置和语言组织与编排的要求，可较为随意、及时地发布。最早、最著名的微博是美国的 Twitter，创建于 2006 年。目前国内已经引入微博，新浪等公司已经提供微博服务，发送的信息长度变为 140 个汉字。微博信息可以共享，也可以向特定的人群发布，针对性更强，营销信息的发布更具针对性。

一般认为，Blog 是继 E-Mail、BBS、IM（Instant Messaging，如 QQ）之后出现的第四种网络交流方式，但与它们有很大的不同。E-Mail 多用于两个用户之间的通信，信息一般不公开，私密性强；IM 多用于个人之间的通讯，有些 IM 也可开展多人之间的沟通和信息共享，如 QQ 提供的群功能，但信息公开度不够，共享性不强；BBS 公开性很强，但个体特性表现不够充分，且个人对所评论和讨论的过程可控性弱，在表现个人的性格、情感、信念等方面的完整性、连续性、表现力有所欠缺。Blog 在公开性、个体化、易用性、整合性（整合了 BBS、Email、IM 的大部分功能）、开放性、参与感等方面表现优异，主要特征有。①

①李红艳. 复活网络精神. 声屏世界，2004(5).

1. 个体性

个体性是博客最为基本的特征。博客绝大多数为个人所有，有着浓厚的个人色彩，其所有者可以在博客上发表自己的心情、感想、言论、音乐、图片等信息，这也是有人将博客称为“网络日志”的一个原因。

2. 交互性

博客具有交互性。博客的阅读者，随时可以在博客主文本后面发表评论，表达意见。有时，blogger 和读者可以同时在线就某一问题进行讨论，实现真正意义上的实时互动。

3. 即时性

即时性是博客的一个显著特点，经常更新，甚至每天不断地加进新的思想、新的观点、新的信息和新的内容等，这也是博客有别于其他个人文章、著作的关键。因为即时，所以新鲜，因为新鲜，所以独特。

4. 集中性

开放性并非博客专有，BBS、公共论坛也具有开放性。但是在 BBS、公共论坛发布的信息比较散乱，并且不为个人控制。博客则不然，其主页信息均来自 blogger，内容集中。此外，由于博客内容不断更新，在时间上具有持续性，这也在很大程度上增加了博客的集中性。

(二)利用不同的博客类型开展网络营销

博客按地域、博主、内容等可分为同城博客、名人博客、企业博客、专题博客等类型。

(1)同城博客。是以某一地理区域为名称，吸引与此地理区域有关的网络用户开设博客而形成的博客集合，如武汉博客、北京博客、新疆博客、山东博客等。企业可以针对目标市场区域，根据当地的文化、消费特征，建立博客，强化与消费者的沟通。

(2)名人博客。主要指名人开设的博客。名人社会影响度高，网络用户对名人非常关注。2005 年，新浪网站引进“博客”，并邀请名人加入，成立明星或名家博客群落。2006 年初，徐静蕾博客访问量升至千万大关，至 2010 年 3 月 21 日访问量已达 271 816 420。企业可以通过与名人合作借助于其博客的影响力开展营销。企业领导者开设博客，利用自己的影响力，介绍自己的经营理念，向客户传递公司的文化观念，获取消费者的消费观念等信息，对于企业树立良好形象、增强消费者对企业的认知及认可度等有积极意义。在图 13－11 的网页上可以了解阿里巴巴马云的发言、管理思想以及读者的评论等。

(3)企业博客。由企业建立的博客网站，为员工之间、员工与客户之间的交流提供了平台。企业可以通过发布信息、获取客户浏览日志、收集客户留言等方式了解消费者的消费信息和态度，也可以通过博客开展内部营销，向员工传递企业文

图 13－11　马云个人主页图

（资料来源：http://yunma.blog.china.alibaba.com/）

化，了解员工的动态。登陆图 13－12 联想的主页，可以了解联想的产品、技术、服务、售后等情况。

图 13－12　联想的主页

（资料来源：http://www.lenovo.com.cn/）

(4)专题博客。针对某一专题开设的博客网站,如财经博客网、法律博客网等。企业加入专题博客网,可增加对同行业企业的了解,也能更为准确地定位目标客户群体,让目标客户更为方便地获取企业的信息。

学习伴随案例:

亚马逊网站的书籍作者博客营销策略

为了鼓励用户为网站创作内容(user-generated content),全球最大的网上零售网站亚马逊(Amazon. com)发布了一个新程序 The Amazon Connect,为所有的书籍作者开通博客。目的在于增进读者与作者之间、读者与 Amazon. com 之间的接触和沟通。同时,书籍作者博客不仅为作者提供了一个推广自己书籍产品的渠道和机会,也给予那些购买了书籍的访问者再次访问 Amazon. com 的理由。

新竞争力网络营销管理顾问认为,亚马逊的书籍作者博客营销策略非常高明,在很多电子商务网站还没有将博客与营销策略产生联想时,亚马逊已经将博客营销运用自如了。亚马逊鼓励作者写博客,实际上是 Amazon. com 在不用自己付出额外努力和投入的情况下,让作者加入到书籍网络营销的行列,通过作者与顾客的互动达到更好的在线销售效果。

在亚马逊的图书作者博客栏目,作者最新发布的博客文章被醒目地放在作者介绍页面或书籍的介绍页面,同时有一个链接指向该作者的全部博客页面。此外,用户也可以通过他们自己的 Amazon 首页看到购买过书籍的作者的最新博客文章。

不过目前该程序还不允许读者对作者博客进行评论,或者通过 RSS 订阅博客文章。专家认为,受欢迎的博客有两个特点是必须具备的:可以 RSS 订阅和读者评论,因此 Amazon 应该开通这两个功能。同时,Amazon 还可以利用 RSS 信息源作为向用户发送个性化推荐产品的工具,如向那些订阅作者博客的人发送"购买该作者书籍的用户还可以购买……"之类的产品促销信息,这种策略无疑将产生巨大的网络营销价值。

在零售网站上,网络购物者需要根据有限的产品介绍信息来进行购买决策,有时是比较困难的,如何增加更详尽的产品信息是零售网站的难题之一。对比国内部分电子商务网站的书籍产品介绍发现,有些已经有较高知名度的电子商务网站也经常存在很多产品描述信息非常贫乏的情况,有些书籍除了书名、作者、出版社和价格之外,很少有更详尽的内容,这种情况下要想获得好的效果是不太现实的。相反,亚马逊网站在产品信息方面一直在引领潮流。2005 年,他们就开始允许用户上传产品相关的图片。Amazon 还开始测试 wiki 产品页面,消费者都可以增加或编辑书籍或产品的信息,类似 wikipedia(维基百科)编辑方式。公司还让用户对产品加描述性关键词标签,让所有人浏览。

(资料来源:http://marketingcase. blogbus. com/logs/2073970. html)

思考题:结合案例分析博客在网络营销中的作用。

四、论坛

论坛也称电子公告牌，即 BBS(Bulletin Board System，BBS)，是一种网上发布信息的平台，具有下载数据、阅读新闻、与其他用户交换信息等功能，内容受到管理员的管理、限制。用户正式注册登录后方能使用论坛功能。

企业可以开设论坛，与消费者直接沟通交流，了解消费者使用产品的情况，解答消费者提出的问题，指导消费者正确使用产品，提高消费者的满意度和忠诚度。登陆图 13－13，可以知道惠普各型号笔记本的配置、价格、网友使用情况等。

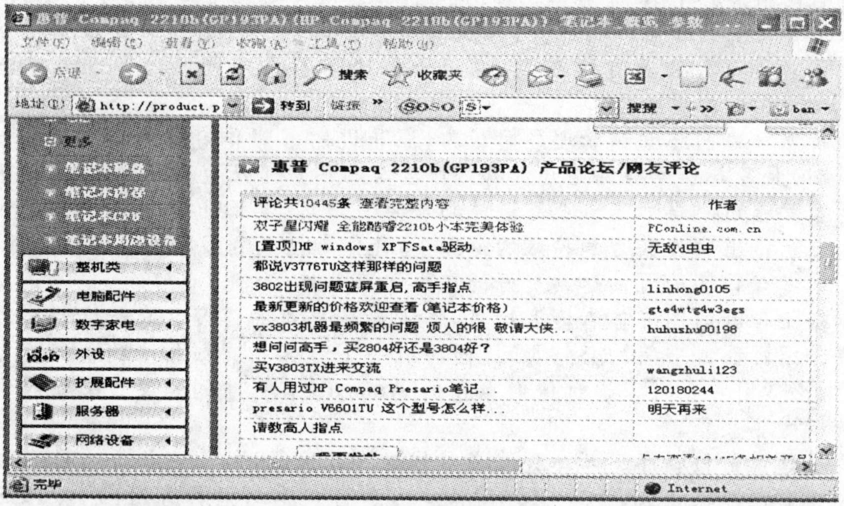

图 13－13　惠普的网站

(资料来源：http://product.pconline.com.cn/notebook/hp/196363.html)

五、电子书

电子书(electronic book，E-Book)是将图书内容电子化，读者借助于电脑、网络、便携式阅读器、手机等设备进行阅读的图书。随着电脑、网络、手机的功能整合不断提高，电子图书的应用越来越普遍，阅读电子书的客户在不断增加，使其成为网站推广、产品促销、客户关系维护、企业知名度提升的有效工具。

在网络营销应用中，电子书的信息传递方式如图 13－14 所示。

电子书易于保存，可保存于电脑、移动存储器、手机、邮箱、网盘等设备或媒介中；易于传播，通过电子邮件、网站、网盘、手机蓝牙等即可传递；表现形式丰富，文件格式多样，具有超链接和多媒体功能，可以将文字、声音、视频等整合在一起，采取真人朗读、读者交互选择等形式发布促销和广告信息；具有更新的功能，有助于提高读者的阅读兴趣，提高营销效果。

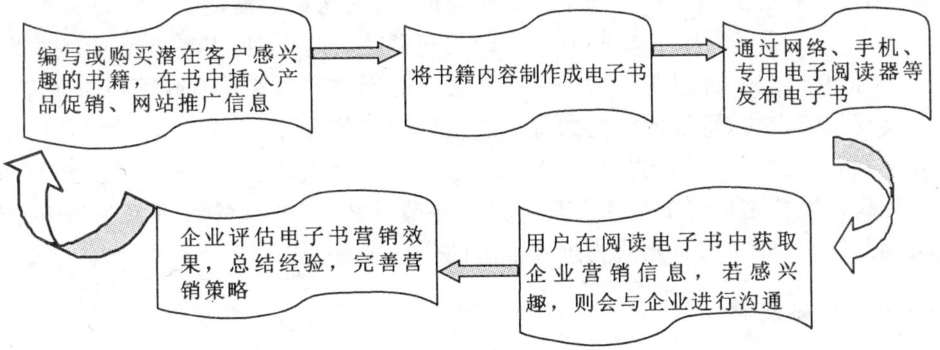

图 13－14　电子书的信息传递方式

开展电子图书营销，要分析电子图书读者的特点，做好市场细分、目标市场和定位等工作。年轻、时尚、追求新奇的消费群体可以作为重要的电子图书消费群体加以考虑。

六、即时信息

即时信息(Instant Messaging，简称 IM)，指可以在线实时开展信息交流的工具，从 20 世纪 90 年代中期开始流行，当时 ICQ 是最为著名的即时通讯工具。目前常用的即时信息工具有 QQ、MSN Messenger、百度 Hi、新浪 UC、ICQ、雅虎通(Yahoo！Messenger)等。

即时信息(IM)在网络营销中的作用主要表现在下列五个方面：沟通方便、快捷，降低客户不信任度，在线导购，网络广告媒体，以及作为病毒性营销传播工具等。

(1)沟通方便、快捷。便捷、实时是 IM 的重要特点，克服了电子邮件响应速度慢、处理周期长、信息表现不够完整等缺点；有助于避免电话沟通可能出现客户紧张、意思表达不清、不完整等情况。目前，QQ 等即时信息工具具有文字、音频、视频等功能，通过视频，客户可以将产品的实物信息传递给客服人员，客服人员可以了解产品的使用状况，解答产品使用中的问题。若出现要维修的情况，可以快速定位问题，降低维修的成本和时间。

(2)有助于降低客户的不信任度。客户对陌生电话一般持否定态度，通过 IM 与客户建立友好关系有助于降低客户的不信任度。

(3)在线销售中的导购服务。实现一个在线销售流程需要多个环节，在完成订单前就要经历商品查询、阅读产品介绍、比较价格、了解交货时间和退货政策、最终选择商品并加入购物车，然后还要经过订单确认、在线付款等环节才能完成购物过程，在网上购物过程中只要有一个环节出现问题，这次购物活动就无法完成。①

(4)网络广告媒体。由于拥有众多的用户群体，即时信息工具已经成为主要的在线广告媒体之一，并且与一般基于网页发布的网络广告相比有其独到的优势，如便于实现用户定位、可以同时向大量在线用户传递信息等。

(5)病毒性营销传播工具。与电子书等网络营销工具一样，即时信息也可以作为一种病毒性营销信息的传播工具。如一些节日祝福、笑话等都可以成为病毒性营销的载体，而即时信息则成为这些信息的传播工具。

七、搜索引擎

搜索引擎是互联网上对信息进行组织与处理、帮助客户找寻特定信息并向客户提供检索服务的系统。营销者利用客户通过搜索引擎检索信息的方式，把企业的营销信息传递给客户的方式就是搜索引擎营销(Search Engine Marketing，简称SEM)。搜索引擎营销的基本模式是：企业将有关自身营销信息的 Web 页面提交到搜索引擎——搜索引擎把企业的 Web 页面存入数据库——客户登陆搜索引擎，利用关键字检索——搜索引擎罗列相关的索引信息及其链接——客户点击 URL 进入信息源所在网页。

主要的搜索引擎提交入口如下：

Google：http://www.Google.com/intl/zh-CN/add_url.html

百度：http://www.Baidu.com/search/url_submit.htm

雅虎：http://search.help.cn.yahoo.com/h4_4.html

MSN：http://search.msn.com/docs/submit.aspx

搜狐：http://db.sohu.com/regurl/regform.asp

TOM：http://search.tom.com/tools/weblog/log.php

中搜：http://ads.zhongsou.com/register/page.jsp

Alexa：http://www.alexa.com/site/help/webmasters

目前，搜索引擎竞价排名成为企业利用搜索引擎的重要方式。企业付费给搜索引擎服务公司，同一关键词的网站出现在检索结果页面的先后顺序按付费的高低排列，付费高的排在前面，被客户点击的可能性就高。企业购买关键字排名之前，可以登陆搜索引擎服务商的关键词查询页面，查询拟提交的关键字的报价。

常见的竞价排名系统关键字竞价查询工具：

百度：http://jingjia.baidu.com/

搜狐搜索引擎：http://db.sohu.com/regurl/pv_price/query_consumer.asp

①冯英健.网络营销基础与实践.北京：清华大学出版社，2004.

中搜:http://www.zhongsou.com/kfzx/fwlxs.htm

新浪搜索引擎:http://chaxun.sina.com.cn

网易搜索引擎:http://adpsearch.163.com/find_price.php

第三节 网络营销策略

一、网络营销组合

从营销的目的来看,网络营销与传统营销并没有根本的区别,都是要加强与消费者的沟通和交流,了解消费者的需求,将潜在交换转化为现实交换。从市场营销学的发展历程及营销的实践来看,尽管营销的手段与理念不断创新,营销策略的基础和框架,无论是4P策略还是4C策略,都是产品、价格、分销、促销这四个基本方面,网络营销的组合仍然是产品、价格、分销与促销四种策略的组合。但网络营销在环境、工具、手段、方式等方面与传统营销有显著区别,传统的营销策略在网络经济时代被赋予了新的内容。

二、网络营销产品策略

(一)网络营销产品层次

网络营销产品分为五个层次,如图13-15所示。其中三个层次属传统营销产品层次,分别是:

(1)核心产品。是指产品或服务满足消费者需要的基本效用或功能。

(2)实际产品。是指围绕核心产品制造出来的产品,具有质量水平、特色、设计、品牌名称和包装五大特征。

(3)外延产品。是指围绕核心和实际产品,附加的消费者服务和利益。

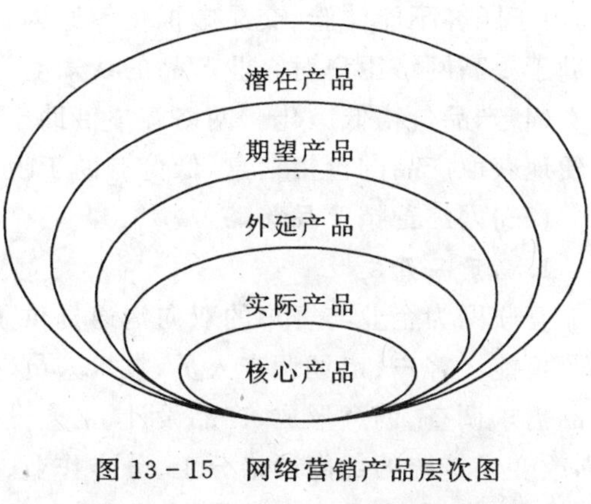

图13-15 网络营销产品层次图

网络营销产品在原有基础上附加了两个层次,分别是:

(1)期望产品。在网络营销中,顾客处于主导地位,消费呈现出个性化的特征,因此产品的设计和开发必须满足顾客这种个性化的消费需求。顾客在购买产品前对所购产品的质量、使用方便程度、特点等方面的期望值,就是期望产品。网络营销背景下，顾客提出要求，营销者要快捷地向消费者提供期望产品，营销者的响应速度、产品与期望产品的符合程度等成为衡量竞争力的重要因素，产品的设计、生产和供应等环节必须实行柔性化管理。对于服务、软件等无形产品，定制、个性化等非常重要。

(2)潜在产品。是指在外延产品层次外，由企业提供能满足顾客潜在需求的产品层次，主要是产品的增值服务。在高新技术发展日益迅猛的时代，许多潜在需求、利益和服务还没有被顾客及时认识到，企业可以通过广告、体验营销、培训等形式引导和开发顾客的潜在需求。

(二)网络营销产品特点

随着互联网普及程度的提高及物流技术的发展，可基于网络开展营销的产品越来越多，电脑相关产品、家具、书籍、音乐、教育、咨询服务、医疗服务等都可以网购。相对而言，具备以下特性的产品更适合在互联网上销售：

(1)产品标准化。一般而言，所有的产品都可以通过网络来销售，但规格、功能和使用统一、标准化程度高的产品，无需特殊定制即可购买使用，最为适合网络营销，如书籍、一些电脑产品、软件、网络教育、音乐产品。这很大程度上是由于网络销售不能现场体验，消费者对非标准化产品的质量、功能不了解造成的。标准化降低客户信息收集、产品比较等方面的成本，增加购买的自信度。

(2)产品式样本地化。网络营销应注重市场细分，开展本地化营销。可以针对不同的文化、信仰和教育水平、区域消费观念等方面的差异，推出符合当地需求特点的产品，突出本地化特色。

(3)产品品牌化。品牌是营销者对产品质量的一种承诺或保证。在网络营销中，由于顾客不能体验、交易虚拟化等原因，注重品牌化，塑造强有力的品牌形象，有助于提高网络用户对企业产品的认知度。

(4)产品价格低廉化。网络客户借助于搜索引擎、专题网站、电子商务网站能方便地获取产品的价格信息，低价有助于吸引消费者购买。

(三)网络营销产品策略

1. 新产品开发

互联网为企业与客户的双向沟通提供了便利，为客户参与企业产品的开发提供了可能。客户、市场调查人员、技术人员、生产人员等能同时参与产品的开发，使产品需求调查、创意形成、产品设计、工艺设计、试制、试销、正式投产等环节并行进行，改变了传统的部门严格分工、分步作业、任务完成交给下一部门的串行工作模式，有助于提高产品开发的效率。企业可以通过论坛、产品体验、网络调查、网络访谈等形式让消费者参与产品的设计。借助于网络，对拟开发或生产的新产品进行网络虚拟推广，获取消费者对产品的偏好、接受程度和满意度，从而有助于改进和完善产品的设计和营销方案，提高正式产品的成功率。

2.品牌策略

品牌与企业产品质量、产品形象、客户服务水平、文化、经营理念等相联系，是企业对产品或服务质量的承诺。不论是传统营销还是网络营销，品牌都是企业从事经营活动的重要资产，但传统品牌并不等同于网络品牌。企业拥有传统优势品牌，易于形成网络优势品牌，但若企业存在网络营销产品开发力度不够、网络营销理念未能建立、网络域名推广不够等问题，传统优势品牌就不一定是网络优势品牌。网络优势品牌的创立需要重新规划和投资，其中域名品牌尤为重要。域名是网络营销企业提供给消费者的识别和选择标志，是"企业的网上商标"，是企业产品、形象、服务、商誉等的综合体现，具有专属性和唯一性。一个好的域名应该具有独占、表意明确、可识别、易记忆、易传播等特点。

域名可以分为国际顶级域名和国内域名。国际顶级域名以"国际通用域"为后缀。常见的"国际通用域"有：". com"表示商业机构，". net"表示网络服务机构，". org"表示非盈利性组织，". gov"表示政府机构，". edu"表示教育机构，". info"表示信息服务机构，". tv"表示视听电影服务机构。国内域名后缀通常要包括"国际通用域"和"国家域"两部分，而且要以"国家域"作为最后一个后缀。以 ISO31660 为规范，各个国家都有自己固定的国家域，如"cn"代表中国、"jp"代表日本，"us"代表美国、"uk"代表英国。常见的 cn 顶级域名有". cn"、". com. cn"、". org. cn"、". net. cn"、". gov. cn"等。例如，www. cug. edu. cn 是一个中国国内域名，www. baidu. com 是一个国际顶级域名。

域名管理涉及多方面的问题，包括规划、设计、推广等环节，可考虑以下几点：①为突出国际化经营，可优先考虑国际顶级域名；②域名应具有独特性，易记忆，避免雷同，可以用企业的名称、商标名、品牌名等作域名名称，但要注意域名、品牌名称、产品名称、商标等的统一，避免名称的多样化影响消费者对本企业产品的识别和选购；③注重域名的保护。域名注册遵循先申请先注册原则，为避免他人注册与企业域名类同的域名影响网络营销，企业可以预先对相似的域名进行注册。对域名纠纷应注重应用法律武器维护自身的正当权益。

三、网络营销价格策略

传统营销确定定价目标、制定定价策略的方法以及多数的定价目标、定价策略皆可用于网络营销，但要考虑影响网络定价的特殊因素。

1.多向沟通，消费者更为主动

消费者能与企业、竞争者、其他消费者、网络商店等进行沟通，通过企业网站、在线商店、搜索引擎、论坛、即时消息等获取信息，且成本低廉，使得消费者对产品的特点、质量、定价等更为了解，消费也更为主动，讨价还价能力增强。网络定价要综合考虑产品的特点、品牌形象、定位、竞争等情况合理定价。如果产品具有品牌优势，差异化程度高，特色明显，难以被模仿，采取网络专营，则可以采用取脂（撇脂）定价。如果产品标准化程度高，市场地理区域分布广，消费群体规模较大，则可考虑渗透定价，利用低价策略吸引消费者。

2. 交易成本更低

借助于网络平台开展交易，营销者与消费者的沟通成本、消费者信息收集成本以及交易履行成本大为降低，使得网络营销的成本更低。网络交易中，网络零售商提供了信誉担保、在线支付等功能，简化了交易，降低了交易成本；基于互联网信息共享、信息来源渠道广泛等特点，企业之间或顾客与企业之间寻找、沟通、协调、订约及其他种类的交易成本更低；通过网络进行多种形式的广告宣传不受时间和空间的限制，能够全天候地向全球用户进行个性化的信息宣传和产品推广，费用却极为低廉；在线交易突破了传统的以批发、零售为代表的店铺经营方式和以邮购为代表的无店铺经营方式，"虚拟市场"取代了传统市场，减少了交易环节，有效地降低了销售成本，使产品具有强大的价格优势。

3. 竞争更为激烈，产品开发周期缩短

如果新产品无专利保护、无技术壁垒等差异化手段，网络沟通的便捷性、低成本性使得产品极易被模仿，使企业丧失竞争优势，使竞争更为激烈。从实践来看，模仿无处不在，俨然成为一种时尚的山寨现象就是明证。不断开发新产品是企业提升竞争力的重要措施。在技术发展、需求、竞争的推动下，产品开发的周期缩短了。对新产品，企业可考虑取脂定价，快速盈利；若想打击竞争者，防止模仿，可采用渗透定价。

具体定价时，可考虑以下策略。

1. 定低价

互联网的发展使消费者信息获取渠道多、成本低，商品的网络价格很透明，加上沟通等交易成本的降低，企业针对标准化程度高的产品可定低价，具体形式可以为直接低价、折扣低价、促销低价（如现金返还、获得可抵扣现金的积分等）。

2. 定制定价

企业允许客户在一定范围内按自身的需求偏好定制所欲购买的产品，价格依据所定制的配件或服务的不同而不同。Dell 用户可以通过其网页配置自己所需要的电脑，所选择的配件不同，价格也就不同。Dell 的定制性营销扩大了消费者的选择余地，能较好地适应不同消费者的需求。

3. 使用程度定价

顾客对网络营销的产品并不取得完全产权，而是根据使用的次数、时间的长短或使用的量付费。例如，某些软件公司推出的杀毒软件，用户可以免费下载试用，但过了试用期后须付费，费用高低依据使用期限的长短而定；远程电影视频点播按播放次数来收费；电子书、歌曲、学术文章按下载次数收费。随着网络的进一步发展，用户可以在线付费使用 word 等字处理软件以及财务、数据处理等方面的软件或服务。

4. 拍卖定价

拍卖交易历史悠久，随着网络以及电子商务的不断发展，网络拍卖发展迅速，出现了专业的拍卖网站。Ebay (http://www.ebay.com)是国外较有名的拍卖网站。目前，国内开展网络拍卖业务的有淘宝网、拍拍网、易趣。易趣于 1999 年 8 月在上海创立，2002 年与 eBay 结盟，更名为 eBay 易趣。拍卖网站允许商品公开在网上拍卖，拍卖竞价者在网上进行注册，拍卖方将拍卖品的相关信息提交给网站，经审查合格后即可上网拍卖。网络拍卖与传统拍卖主要区别是对拍卖商品限制少，技术上而言几乎所有的商品都可以拍卖；竞拍人来源广泛，几乎人人可以参与；竞买者相互不见面，没有了激烈的现场竞争氛围；买卖双方直接交易，商品无需委托第三方保存，交易成本低；突破了时间与空间的限制，可 24 小时进行拍卖。

网络拍卖便捷，技术上而言，对拍卖品没有太多的限制，但要注意合法性的问题。2005 年淘宝曾出现违法拍卖象牙及其制品的情况，浙江省林业部门要求淘宝网停止网上拍卖象牙及其制品，彻底清除此类非法拍卖信息。淘宝网承诺，今后将制止违规商品在网上拍卖，对违规会员将进行处罚或冻结。淘宝网禁止发布野生动物、管制刀具、毒品、彩票、政府文件、代写论文等 50 余种商品或服务的信息(http://service.taobao.com/support/help_detail-6489.htm)。

网上拍卖定价方式主要有以下几种：

(1)竞价拍卖。个人或组织将欲出售的商品放到拍卖网站，以公开竞价的方式，将商品转让给最高应价者的买卖方式。

(2)竞价拍买。与竞价拍卖相反，消费者提出一个价格范围，求购某一商品，由商家出价，出价可以是公开的或隐蔽的，消费者将与出价最低或最接近的商家成交。

(3)秘密拍卖。只设拍卖起价、保留底价与竞价期限，竞价者依据自己对物品价值的判断自由出价，在竞价期限内，达到保留底价的最高竞价为中标价。竞价者无法看到保留底价及其他竞价者的竞价，竞价过程完全保密。

(4)动态定价策略。动态定价策略指网络营销企业根据不同顾客的需求、购买时间及季节变动、购买数量、物价状况、市场供求状况、同行竞争状况及其他因素，在考虑收益的基础上，在网上建立自动调价系统，自动调整价格。动态定价法可以给企业带来竞争优势，竞争对手很难明确知道企业的价格变动情况，因为彼此库存情况不一样，价格紧随策略就行不通；同时竞争对手企图固定一个价格的策略也难以取胜,因为企业实行最优动态定价时已把其他商家的定价策略考虑进来,通过观察销售量,运用数学模型计算出最优价格。动态定价策略的优势在于商家能在每一轮销售周期调整商品价格使其达到最优。

5.免费定价

免费定价就是将产品以零价格形式提供给顾客使用。免费定价策略在传统市场营销中常用于促销和推广产品,一般是短期和临时性的,但在网络营销中,免费定价不仅是一种促销策略,还是一种非常有效的产品和服务定价策略。免费定价的类型有:完全免费,即产品从购买、使用到售后服务所有环节都免费;限制免费,即产品可以被有限次使用,超过一定期限或者使用次数后,取消这种免费服务;部分免费,如软件在注册前只能使用部分功能;捆绑式免费,即购买时赠送其他产品和服务。

四、网络营销渠道策略

网络营销渠道分为两个基本类别,一是直接渠道,即网络直销,企业基于互联网直接销售产品或提供服务;二是间接渠道,企业通过提供交易平台或开展网络交易服务的第三方销售产品。采用网络直销,企业自己开设网站,发布产品信息,与客户直接交易,银行等金融机构提供网络结算服务,物流公司提供配送服务。当然,企业也可以自己组建物流配送系统,但要权衡第三方配送与独立配送的成本。目前,联想、DELL等公司都提供在线销售服务,采用的就是直接渠道。间接渠道利用专业化的电子商务公司或交易平台开展营销。这些公司专业化程度高,有品牌和规模优势,能降低交易风险。目前,淘宝网(http://www.taobao.com/)、卓越亚马逊(https://www.amazon.cn/)等是专业的电子商务平台。在淘宝网上交易的产品种类繁多,包括电脑、食品、衣服、家具、游戏点卡等有形产品和虚拟产品。卓越亚马逊出售图书、音像、软件、电子产品、日用消费品等产品,联想、HP、Nokia等公司的产品在该网站有售。

直接和间接渠道各有优缺点。采用直接渠道,企业能直接追踪客户的购买行为,客户的消费信息可直接反馈到有关部门,便于决策。专业性交易平台不具有这些特点,但提供多样化的产品为消费者选择提供了便利,具有规模优势。如果客户购买不同的产品要去不同的网站,要不断注册,要不断学习新交易的模式,要收集各种信息对网站的信誉、交易安全性等作评估,会增加客户的成本。专业性网站产品种类多样性解决了这些问题,客户一次注册,可多次交易,无需不断学习,而且交易安全。淘宝网为会员设置支付宝账户,采取“收货满意后,卖家才能拿到钱”,保障客户交易安全,承诺“你敢付,我敢赔”,让客户购物没有后顾之忧。企业可以基于自身的情况,选择直接或间接渠道,也可以同时采用直接与间接渠道。

五、网络促销策略

促销的实质是沟通，网络促销就是基于网络开展企业与消费者之间的沟通，有网络广告(Internet Advertising)、网络销售促进(Internet Sales Promotion)、站点推广(Website Promotion)和网络公共关系营销(Internet Public Relations)这四种基本形式，如图 13－16 所示，其中网络广告和站点促销最为常见。

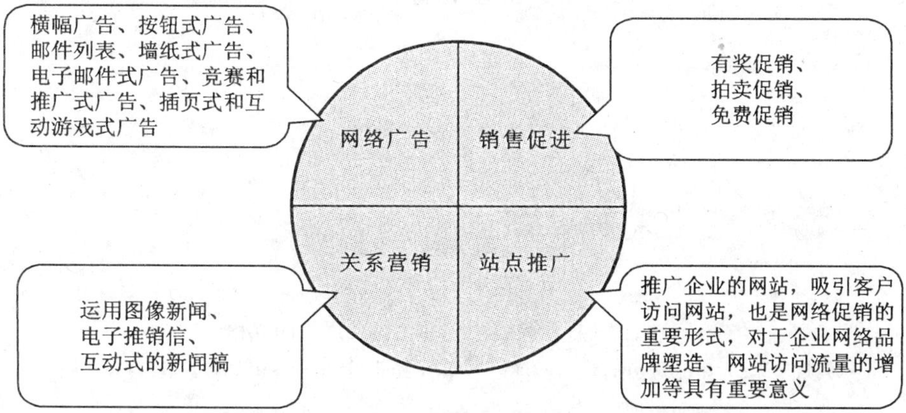

图 13－16　网络促销形式

(一)网络广告

网络广告是指利用多媒体、数字等技术手段，借助网络媒体发布商业信息，从而达到宣传或沟通目的的过程。最早的网络广告形式是企业的网站。随着不同类型网站的出现和发展，以及网络功能及服务形式的多样化，出现了许多网络广告形式。

(1)横幅广告(banner)，又称旗帜广告、标牌广告，是出现较早、应用广泛的网络广告形式。指在其他公司的网络媒体上购买广告空间放置用以 GIF、JPG 等格式建立的图像或 Flash 等类型的动画，来吸引客户从而达到广告的目的。横幅广告有多种表现形式和规格，其中最常用的是 486×60 像素。可用于放置 Banner 广告的网络媒体通常有搜索引擎、论坛、电子杂志、Web 页面等。横幅广告可大可小，放置位置可在屏幕的顶端或底部。

(2)按钮式广告(buttons)。尺寸比横幅广告略小的称为按钮广告，一般有四种尺寸：125×125，120×90，120×60，88×31 像素。定位在网页中，由于尺寸偏小，表现手法较简单。美国互动广告局(Interactive Advertising Bureau，简称 IAB)发布了横幅广告和按钮式广告的规格(图 13－17)，成为业界遵循的规范。

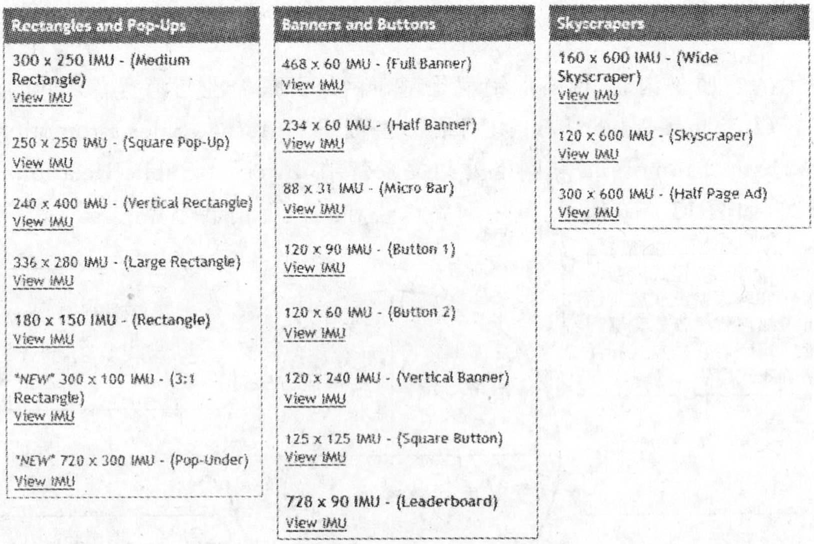

图 13－17　横幅广告和按钮式广告的规格

（资料来源：http://www.iab.net/iab_products_and_industry_services/1421/1443/1452）

(3)邮件列表广告(mailing list)。利用网站电子刊物服务中的电子邮件列表，将广告加在每天读者所订阅的刊物中发放给相应的邮箱所属人。获取邮件列表的常见手段有新闻组、专题讨论、客户注册、电子书、行业信息发布等。

(4)墙纸式广告(wallpaper)。把企业所要表现的广告内容体现在墙纸上，并安放在具有墙纸内容的网站上，以供感兴趣的人下载。①

(5)电子邮件式广告(E-mail)。广告形式以 Banner 为主，广告会出现在个人邮箱的主页上。

(6)竞赛和推广式广告(contests & promotions)。企业可以与网站一起合办他们认为感兴趣的网上竞赛或网上推广活动，使企业和网站双双打响知名度。

(7)插页式广告(interstitial ads)。又名"弹出广告"，企业可以选择自己喜欢的网站或栏目，在该网站或栏目出现之前插入一个新窗口显示广告。

(8)互动游戏式广告(interactive games)。在互动游戏，如 Flash 游戏、QQ 游戏的不同部分，如开始、中间、结束部分插入广告。

网络广告的优势不言而喻，要提高网络广告效果，必须在目标客户的定位、广告的制作、网络媒体的选择、摆放的位置、投放的时机和不同手段相互配合等方面

①蒋文杰，田雨. 电子商务实用教程. 杭州：浙江大学出版社，2006

精心策划。

(二)网络销售促进

利用网络的各种工具与消费者进行沟通，刺激消费者，以促使消费者进行购买或消费的活动称为网络销售促进，这里简称为销售促进。销售促进主要用于短期性的促销，旨在通过短期、大强度的消费刺激，鼓励消费，尝试新产品或扩大消费量。传统营销中的销售促进工具如赠品、折扣、免费试用、现金返还、光顾奖励、竞赛、抽奖、游戏等一般都可用于网络销售促进，但要注意网络参与人员来源广泛、身份认证困难、信息透明度高、易被模仿等方面的问题。网络拍卖快捷方便，吸引了大量用户参与网上拍卖活动，成为网络销售促进独树一帜的一个方面。

网络销售促进的作用包括：

(1)促使消费者产生购买欲望，即刻进行购买。这是销售促进最主要的功能。

(2)提升消费者对产品的认知度。在推出新产品的初期，通过有奖销售、免费试用、提供赠品等形式吸引消费者的注意力，提升消费者对产品的认识。

(3)培育消费兴趣。网络营销的商品种类繁多，而且不断推陈出新，面对多样化的选择，要让消费者对某种产品产生兴趣乃至购买并非易事，而且某些产品，如软件、网络游戏等的使用有个学习的过程，如果没有一定的刺激，消费者较难放弃正在使用的产品。积极的网络销售促进，有助于培育对本企业产品的兴趣，降低对竞争者产品的敏感度。

(4)鼓励重购，培育客户忠诚度。对老客户，通过积分、以旧换新、赋予对某些商品的高折扣权等方式鼓励他们重购，培育忠诚度。

(三)站点推广

站点推广就是通过对企业网站的宣传，吸引客户访问网站。站点推广是促销的重要形式，对于企业网络品牌的塑造、网站访问流量的增加等具有重要的意义。网站推广的一些方法请参考本章网络营销工具部分。

(四)网络公共关系

网络公共关系与传统的公共关系（指通过报纸、杂志、电视、广播等媒体进行的沟通、传播)的营销功能是一致的，但由于网络信息的共享、透明、影响面宽以及互动性等特点，网络公共关系有许多新特点。

1.企业网络公共关系的主动性增强

传统公共关系中，媒体的编辑、记者等人充当“守门员”的角色，决定企业的消息是否能见诸于媒体，企业公共关系活动主动性受到限制。网络使企业能借助于自己的网站、电子邮件列表、即时信息、网络新闻、博客、论坛等直接面向消费者发布信息，几乎不受时间、地点等方面的限制，开展公关活动的主动性增强。

2.消费者信息选择的主动性增强,参与度提高

信息发布的自由性、低成本性使大量信息充斥于网络,网络不再像电视、报纸那样只有有限的频道或版面供消费者选择,而是一个可以无限扩展的信息平台,消费者选择更为自由,可以只关注和接受自己感兴趣的信息,对一些网络广告或不感兴趣的信息能利用工具予以过滤。消费者借助于论坛、博客等能自主、直接地对信息加以评论、发表观点,参与程度提高,对企业的影响变得更直接、更迅速。因此,从事网络公共关系的人员必须充分认识到消费者在网络公共关系活动中的重要性,密切监视公共论坛和新闻组中对公司不利的言论,事先影响和控制信息传播的内容、方向、范围;监控消费群体的反应,及时采取有效措施,化解对企业的不良影响。

3. 网络公共关系传播的效能大大提高

传统媒介的信息传播是单向一对多方式,互动性弱,反馈速度慢,而且企业与公众之间的沟通在信息量、实效性等方面又受到传播媒介的限制,所以传统公共关系的影响面、功效、力度较弱。互联网信息传播是双向互动式的,消费者不是被动地接受信息,而是可以在获取信息的同时,与企业的有关人员或其他网民开展讨论,发表观点。另外,企业可以对信息的内容、传播形式进行控制,使企业能根据消费者需求的差异提供个性化的信息服务。信息的传播较少受时间和地域的限制,网络公共关系的传播时空大为扩展。

网络公共关系策略创意空间无限,可采用但不限于以下策略:

1.创建新闻稿页面

创建新闻稿页面,使企业站点成为记者的有用信息来源。随着网络的发展,记者们也渐渐习惯于到企业站点上寻找最新消息和企业的背景知识。新闻稿页面还可加上相关新闻链接,增强互动性,方便记者和感兴趣的读者寻找更多有用的信息。

2.争取在网络会议上作为客串主持

这可以增加与目标顾客群的接触次数,提高企业知名度。

3.运用多媒体新闻

将企业产品、重要活动或发言人讲话等信息制作成音频、视频、电影、动画等类型的文件,通过企业网站或专业视频网站进行发布。

4.撰写电子推销信

给有关记者发送电子推销信,在信中简述新闻的内容及对他的请求(请求他写一篇文章或采访公司总裁,会见公司代表,参观一个新工艺等)。电子推销信简洁明了,字数不要太多,直击主题。不同的记者需要的信息重点有所不同,发送电子推销信时,要先考虑记者的目标公众的类型,做到有针对性。标题要富于吸引力,在信的末尾最好添加公司的链接,方便记者答复。

本章关键术语中英文对照

网络营销	network marketing	电子商务	electronic commerce
电子邮件	electronic mail	博客	blog
企业网站	enterprise website	搜索引擎	search engine
论坛	bulletin board system	即时信息	instant messaging
网络营销组合	network marketing mix	网络广告	online advertising
网络销售促进	online sales promotion	站点推广	website promotion

本章重要概念中英文释义

1. 网络营销:是以网络为基本手段,以满足消费者需求为中心,通过网络沟通、网络交易、网络促销等形式开展的一系列商务活动的总称。

network marketing: Network marketing is the general term of a series of business activities through network communication and network transactions, which takes network as a basic means and based on customer's demands.

2. 电子商务:是指实现整个贸易活动的电子化。

electronic Commerce: Electronic commerce refers to the realization of the electronic trading activities.

3. 电子邮件:通过 Internet 开展信息交换的通信方式,又称电子信箱、电子邮政,简称为 E-mail,昵称为"伊妹儿",是网络应用最为广泛的服务之一。

electronic mail: A kind of electronic which means of communication to provide information exchange, is the most extensive network application service.

4. 博客:博客是基于网站,发布思想、见解、学术、文学创作等内容的形式。内容由网站管理人员、个人提供,或链接自其他网站,按倒序的时间顺序排列,不断更新,使用者可以是个人也可以是一个组织。

blog: A blog is a web site for publication of thought, opinion, academic, literary creations, and other contents of network information arranged in reverse chronological order, often updated on frequently with new information written by the site owner, gleaned from other Web sites or other sources, or contributed by users.

5. 企业网站:是企业进行商品展示、客户服务、品牌塑造等网络营销活动的综合性平台，是企业开展网络营销的重要阵地。

enterprise website：Enterprise website is an important integrated network platform for the enterprise to display commodity，provide customer service，develop brand，and do other marketing activities.

6. 搜索引擎：是互联网上对信息进行组织与处理、帮助客户找寻特定信息并向客户提供检索服务的系统。

search engine：Search engine is a system to organize the information and help customers find specific information.

7. 论坛：即 BBS，是一种网上发布信息的平台，具有下载数据、阅读新闻、与其他用户交换信息等功能，内容受到管理员的管理、限制。用户正式注册登录后方能使用论坛功能。

bulletin board system：Bulletin Board System or BBS is an internet system that allows users to connect and log in to the system using a terminal program or web browser. Once logged in，a user can perform functions such as downloading software and data，reading news and bulletins，and exchanging messages with other users but the contents of the information are controlled by the board manager

8. 即时信息：指可以在线实时开展信息交流的工具。

instant messaging：Instant messaging is a form of online real－time direct text－based communication between two or more people.

9. 网络营销组合：网络营销产品、定价、渠道和促销策略的有机组合。

network marketing mix：Elements of network marketing mix are referred to as network product，network pricing，network placing and network promotion strategy.

10. 网络广告：网络广告利用多媒体技术、数字技术等技术手段，借助于网络媒体发布商业信息，达到宣传或沟通目的的过程。

online advertising：Online advertising is the process to publish business information to achieve the purpose of advertising or communication by using multimedia technology，digital technology and other technical means.

11. 网络销售促进：利用网络的各种工具与消费者进行沟通，刺激消费者，以促使消费者进行购买或消费的活动。

online sales promotion：Online sales promotion is the activity to increase consumer demand，stimulate market demand by using a variety of internet communication tools.

12. 站点推广：站点推广就是通过对企业网站的宣传，吸引客户访问网站。

website promotion：Website promotion is the process to attract customers to visit the web site by using internet promotion tools.

本章小结

本章介绍了网络营销概念、工具及其营销组合策略。

(1)网络营销是以网络为基本手段，以满足消费者需求为中心，通过网络沟通、网络交易、网络促销等形式开展的一系列商务活动的总称。

(2)网络营销特点：跨时空性、互动性、信息传播便捷及低成本性、个性化、整合性。

(3)网络营销的功能：沟通功能、调查功能、便利功能、交易功能、资源整合。

(4)企业网站是企业进行商品展示、客户服务、品牌塑造等网络营销活动的综合性平台，是企业开展网络营销的重要阵地。它可以：向公众传递企业的文化理念与价值观，展示企业的品牌形象，介绍企业的发展历程，发布企业新闻；展示、促销和销售产品，向供应商、分销商、合作伙伴用户提供信息和服务；收集客户信息，了解消费者的购买意向；交易商品或提供服务；建立与维护客户关系，提升客户忠诚度；整合资源。

(5)企业网站的建设包括网站规划、域名申请、网页制作、网站发布与推广、网站管理与维护。

(6)网络营销工具包括企业网站、电子邮件、博客、论坛、电子书、即时信息、搜索引擎等。

(7)纵观市场营销学的发展历程，无论 4P 策略还是 4C 策略，都是以产品、价格、渠道、促销四个基本方面为出发点，网络营销也是从这四点出发的。

(8)网络营销产品策略有新产品开发策略、品牌策略等。

(9)网络价格策略包括定低价、定制定价、使用程度定价、拍卖定价、免费定价等。

(10)网络渠道可分为直接渠道和间接渠道。

(11)网络促销是在网上市场开展的促销活动，有网络广告、销售促进、站点推广和关系营销这四种基本形式，其中网络广告和站点促销最为常见。

本章思考题

1. 何为网络营销？它在现代商务中的作用如何？

2. 试述网络营销客户价值创造流程。

3. 试述网络营销与传统营销的联系和区别。

4. 网络营销工具有哪些,各自有何特点,区别在哪里?
5. 适合在网络上销售的产品通常有哪些特点?
6. 网络营销渠道有哪些? 可采取何种渠道策略?
7. 如何开展网络促销,有哪些促销手段?

章末案例分析

露露,网络营销更进一步

一、露露的网络营销背景

2006年第四季度开始,露露的品牌代言人在许晴一人的基础上增加了濮存昕。由两位代言人担任主角的"滋润年节篇"出现在了电视媒体上,"喝露露,真滋润"的传播主题就此开始。

露露品牌的创新举措有着深刻的涵义,品牌的创新不是摇旗呐喊,而是要让消费者感知到品牌的长久生命力。除了电视媒体广泛性的广而告知以外,还要更加深入、持久地演绎品牌全新的理念,要切实建立起品牌与消费者之间的情感关联。能够做到深入、持久的传播,并达到与消费者建立深刻关联的传播效果,非网络媒体莫属。因此,在2007年露露的营销策略中,网络营销较去年担负起更加重要的任务。

二、整合网络资源,使营销价值最大化

网络的营销就要充分发挥网络的优势,将客户品牌的特质与网络媒体的资源做到有效的结合,一味的网络广告并不能算是高明的网络营销,只能说是把广告挪了个位置,归根结底只是广告投放媒体的变化。网络营销是复杂的,因为网络资源很多,论坛、博客、专题频道、社区、邮箱等等,网络技术的发展使得网络广告形式丰富多彩,3D、流媒体、视频、对联、按钮……只有将这些资源进行有效的整合,才能为客户带来最大化的价值。

自2006年在网络上推出换装秀及市场调查之后,2007年露露大刀阔斧地开展了全新的网络营销,在品牌的整体策略下有效地整合网络资源,将媒体的特质为品牌所用,既展示出了网络媒体的丰富多样性,又达到了营销的目的。

三、成功秘诀:一个阵地,两个奇招

露露2007年网络营销的策略性首先体现在有着自己的"阵地",一个既有品牌全面信息又可以因推广策略而灵活变化的微型网站,为营销策略的开展奠定了坚实的基础。

登陆露露微型网站，首先展现在网友面前的是一个极具品牌特色的动态页面：企业标准色为背景，渐变的蓝色下隐约出现品牌的新标识和几滴诱人的露珠儿，新的广告语“喝露露，真滋润”以动态的效果出现。整个网站从设计到频道安排完整合理，随着活动的进展，首页进行升级设计，为企业网络营销的开展建立了巩固的阵地。

奇招一：“滋润生活”摄影大赛，将“滋润”进行到底

结合“喝露露，真滋润”的传播主题，露露在网络上开展了主题为“滋润生活”的摄影大赛。目的是让网友在参与过程中体会品牌概念。同时形式多样的网络广告创意，对活动和露露品牌进行了有效的传播。

“心灵需要滋润以善待生命；眼球需要滋润以发现美好；身体需要滋润以获得健康；生活需要滋润以享受温情。一年有四季，春夏秋冬各有不同的风景，但唯一不变的是滋润的心情。”——具有感染力的文案是对“滋润”的最佳诠释。网友通过对活动的参与，对露露“滋润”的传播主题有了更加深刻的体会，企业在传播品牌概念的同时达到了与消费者建立情感联系的目的。

在短短40天内，访问量达264 676 909次，超过2 000 000张选票对上传的作品进行投票，活动取得了巨大的成功。

奇招二：露露春雨行动，将网络营销演绎到极致

如果说露露通过“滋润生活”摄影比赛来传达品牌概念的做法是聪明之举，那么接下来开展的“春雨行动”则充分彰显了大品牌的大智慧。“露露春雨行动”不仅是网络营销的一个精彩案例，更为企业的网络公关提供了很好的借鉴。

露露公司向中国残疾人福利基金会捐资300万元，成立了“露露春雨基金”，以资助贫困残疾青少年完成学业。同时开展了大型扶残助学公益活动——“露露春雨行动”。以往企业的公益行为只是单纯的捐赠资金，媒体对企业也只是捐款时短暂性的曝光，达不到持久的营销效果。而且随着越来越多的企业加入到公益事业当中，如果不做好后续的营销准备，企业捐资再多，其宣传效果亦如昙花一现。露露就恰当地抓住这个公益事业的时机，以网络为阵地，整合多种资源，开展持续性的网络公关，打造露露“春雨”品牌。

其中最为与众不同的就是“通过网友的力量，发现更多需要帮助的人”，专门开设了“露露春雨论坛”。在这个网友们热衷的BBS环境里，网友们将他们身边需要帮助的人的详细信息公布在网络上，以吸引更多人的帮助。如果信息通过了官方（中国残疾人福利基金会）审核，还有可能

成为“露露春雨行动”的救助对象。

由网友来确定受助对象，在公益事业中实属先例。这也充分体现了露露博爱的企业精神和回馈社会的企业文化。

(1)网络反客为主，颠覆传统媒体格局。露露此次开展的“春雨行动”，整合了政府资源(中国残疾人福利基金会、中国残疾人联合会)、明星资源(许晴、濮存昕)、媒体资源(门户网站、电视台、电台、平面媒体等)等，完成了一次具有创新性的整合公益活动。

2007年7月20日，“露露春雨行动”的新闻发布会在中国残疾人福利基金会正式召开。著名演员濮存昕、许晴也来到了发布会现场，为活动助力。作为露露品牌的行象代言人，他们还被现场授予“春雨行动爱心大使”的称号。两位明星的光临，为发布会掀起了一阵高潮。除了网上直播外，另有30余家新闻媒体出席了此次新闻发布会，并对“露露春雨行动”进行了详细报道。“露露春雨行动”一经启动，就受到了社会各界的广泛关注。

以往谈及网络营销，网络媒体只是辅助性的工具，而露露的“春雨行动”则打破了这个定律。“露露春雨行动”网站有着最详实、权威的信息和最及时的报道。露露春雨行动受助者名单将在这个网站上进行公布，新闻发布会的相关报道第一时间出现在网络上。网友可以了解到“露露春雨行动”的最新进展，并可以在线参与互动。网友可以通过在线留言、发布评论来表达自己对活动的看法和感受，也可以通过“露露春雨”主题论坛向主办方推荐自己发现的需要帮助的人，更可以通过官方捐助热线直接对活动或者某个人进行捐助。这些都说明了网络在企业的营销过程中可以担当重任。

(2)利用网友力量，线上线下同步发力。高明的网络营销不仅要充分整合多种网络资源，而且要使这些资源的价值发挥得淋漓尽致，线下活动的开展则可以使网络营销锦上添花。“露露春雨行动”利用网站摄友频道，在各大论坛、社区发布了招募“摄友团”的信息，组织摄影爱好者深入贫困地区进行发现之旅，采集“露露春雨行动”捐助对象的信息，发现更多需要帮助的人，得到了网友的热烈响应。

2007年8月25日，“露露春雨行动”首个爱心摄友团迈出了发现之旅的第一步，他们来到了北京最边远的村庄——门头沟清水镇下清水村，带回了最真实的报道。此次发现之旅共发现贫困残疾家庭8户，现场网友慷慨解囊，为贫困残疾家庭捐款。

“露露春雨行动”将活动与媒体资源、政府部门、明星资源进行捆绑，特别是活动网络平台的设立，使得“露露春雨行动”能够有个阵地进行长期建设，最大程度地发挥露露公益活动的价值。媒介计划在发布会阶段，采用三大门户网站相结合的策略，明显提高了活动的影响力，扩大了影响范围。“露露春雨行动”将网络营销发挥到了极致。

（本案例正文改编自：窦山平. 露露，网络营销更进一步. www.tomx.com，2007-12-04）

思考：

1. 露露网络营销运用了哪些营销工具？
2. 露露运用了何种营销策略，有何启示？

本章实践题

1. 开设一家网络商店，将该商店加入网络搜索引擎，宣传商店、发布商机信息，利用邮件开展营销工作，使用 BBS 论坛寻找合作机会。

2. 在现实中寻找一个企业，分析其网络营销现状，为其编写一份网络营销策略。

推荐阅读书目

1. 冯英健. 网络营销基础与实践（第 3 版）. 北京：清华大学出版社，2007
2. 宋文官. 网络营销案例与分析. 北京：高等教育出版社，2004
3. 斯特劳斯. 网络营销（第 4 版）. 北京：中国人民大学，2007
4. 张卫东. 网络营销理论与实务（第 3 版）. 北京：电子工业出版社，2009
5. 孟祥瑞. 网络营销. 上海：华东理工大学出版社，2005
6. 李纲，张天俊，吴恒. 网络营销教程. 武汉：武汉大学出版社，2005

第十四章 现代市场营销策划

本章主要内容

1. 现代市场营销策划的基本原理
2. 现代市场营销策划的基本原则
3. 现代市场营销策划操作的基本程序
4. 现代市场营销策划的基础和标准

本章重点与难点

重点：

1. 现代市场营销策划的原理
2. 现代市场营销策划的原则
3. 现代市场营销策划的操作

难点：

现代市场营销策划操作

本章要求

1. 正确理解现代市场营销策划的基本原理。
2. 掌握现代市场营销策划的基本原则。
3. 能用现代市场营销策划的原理和原则编制营销策划案例。
4. 了解现代市场营销策划的现实作用及运作价值。

开章引言

老子说“治大国如烹小鲜”。学问家陈鼓应先生解释道，“小鲜”就是指小鱼。老师的意思是说治理大国就要像煎小鱼一样的谨慎小心。因为火候的大小和烹调的方式都要好好把握，不然就有可能造成夹生、烧焦。经过多年的潜心研究和实践，我体会到，策划工作就类似于这样一种工作。

那么，市场营销策划到底是什么？它是怎样操作的？

第一节 现代市场营销策划的基本原理

营销策划(marketing mastermind)是商品经济发展到一定阶段的产物。现代市场营销策划则是以现代科学技术为背景，运用现代化科技手段和装备，着眼于开拓潜在市场、树立企业形象、弘扬企业文化、培育新的生活方式和消费心态的现代水平的策划。营销策划正以势不可挡的魅力，在今天的市场经济大潮中扮演着一个重要的角色。不管是目前国内家电业巨头的“海尔文化激活休克鱼”，还是市场上上演正烈的彩电、空调等家电大战，其中或多或少、或正或误都倾注了某些营销思想与原理，只不过有的运用正确得当，深谋远虑，最终取得巨大成功；有的则思考有欠周详，决策失误，运用营销策划原理不当而最终销声匿迹。

营销策划原理贯穿于企业整个营销活动的始终，但它并不要求在设计和实施策划方案时生搬硬套，而是要隐含在企业营销策划的每一个活动环节中，并指导企业的市场营销活动。

一、创新出奇原理

创新(innovation)出奇可谓是策划的第一大原理。“出奇方能制胜”，在竞争日益激烈的现代商业社会，没有新意的营销策划只会使企业最终走向默默无闻，而不会为其带来新的活力和成功。

创新是人类赖以生存和发展的主要手段。创新，适用于人类一切的自觉活动。没有创新便没有发展。不能出奇便缺乏生机，缺乏魅力，如一潭死水。美国学者阿瑞提普说：“单靠科学上的创造力是不能解决人类一切领域里的不幸和苦恼的，甚至可能给世界上的生活增加潜在的危险。而在智慧上的不断创新却能够回答因人与人之间的信任以及相互帮助而提出来的问题。”不正是无穷无尽、连绵不绝的出奇创新才使我们这颗行星格外璀璨夺目，使得人类生活丰富多彩。

没有新意的策划不会带来巨大的成功。我们从日本“精工”手表打入澳大利亚市场的营销策划创意中就可以看出这一点。长期以来，日本货在欧美、澳洲一贯被视为“价廉而不耐用”的代名词，而“精工”手表作为日本石英表的代表，一时还难以被消费者所接受。为改变人们对“精工”表的这种偏见，证明其品质出众且价廉物美，日本精工集团特意租用一架飞机，从万米高空中将“精工”表抛下来。当地居民发现这些从天而降、包装精美的“精工”表从万米高空飞落居然依旧走时精确，运行如常。于是，这些投下的“精工”表被一抢而空，这一事件也引起了当地媒体的关注，并加以大量报道。这一消息传开后，“精工”表一举打入澳大利亚市场，大获成功。

同时，创新出奇的营销策划方案必须具有可操作性，否则只能是一种妄想。其方案策划必须与企业现有经济实力和科技实力相符合。

相关链接：

经济发展的四大因素是人、财、物和创新。企业发展也需要这几个因素。营销策划就是创新因素的一个实践部分，缺少这四种因素尤其是创新因素的企业，往往难以理解这一点，更难以在企业经营实践上贯彻执行，并且始终如一。

二、系统全胜原理

系统(system)全胜原理是策划家的一条必不可少的原理，它要求谋划人能够高瞻远瞩，深谋远虑，能用系统论的联系观、层次观、结构观、进化观来分析事物的演变，能够从整体上把握控制和驾驭全局。局部获胜、阶段获胜是全局、全过程最终取胜的前提和基础，但它不是谋划人的最终目标，谋划人的最终目标是要能够高屋建瓴，追求整体全胜。一个优秀的策划人员是不会过于计较局部的失利的，追求整体胜利才是他们的目标。

这一原理要求策划人员能为决策者提供一整套的、多角度的、多方位的、系统化的、切实可行的方案。要求策划人能和决策者一样时刻站在全局高度，多层次、多角度地去谋划。

三、动态原理

物质的"变"是绝对的，静止不变是相对的，任何系统都处于动态变化之中。动态原理把营销策划放在了一个随时随地都在变化着的世界中。

动态(dynamic)原理要求策划者在策划时首先自己能通权达变，也要求他设计出的策划方案能够让执行者在执行时可以随机应变，质量也不断改进——市场营销的主体和客体都是在不断变化着的。在瞬息万变的市场中，营销有变通、适应能力。市场就是战场，形势瞬息万变。政府的法规政策在变，社会文化在变，人们的生活水平、消费方式在变，企业自身也在不断地发展变化。同时企业的产品也在更新换代环境中，企业的营销策划必须具有动态性。只有这样，企业才能生存，才能适应市场环境，才能在残酷的市场竞争中立于不败之地。

营销策划的动态发展原理还要求企业在营销战略决策过程中因时而变，因势而变，真正地使营销思想及操作立足于实地，使其适应市场需求和消费者心理进而促使消费者发生购买行为，而不是将营销思想作为一个空洞的精神支柱，或是理论学术界未经市场操作实际检验的"思想之花"。

市场竞争的胜利者总是属于那些运用动态原理制定策划、执行策划的一方。

四、高层次原理

高层次原理是指策划者在进行策划时，能够超越时间、空间的限制，把眼光放远一点，站得高一点，视角新一点。同时策划的内容本身也要求能够是高质量、高层次的。以高段位智能去震慑驾驭、控制事物发展的全面及运行状态。

高层次原理的实质是策划能量——智慧能量的段位提升，是创意的升华，是营销策划的升华。不能与平常的策划难分高下，而应超出一般的策划很多很多，要能给人一种耳目一新的、高屋建瓴的感觉。智慧的能量来源于平日的积累，来源于营销队伍的整体素质。素质与别人不同，起点上才可以与别人不同，境界上也才能与众人分出高低。因此，高层次原理要求策划者能在众多矛盾、变量中一下子抓住支配矛盾的主导变量、抓住纲举目张中的"纲"。根据这个"纲"制定相应的对策，就具有较强的智能优势，有利于执行者、操作者事半功倍地实现营销策划的目标。

五、简单易行原理

策划者在策划时，必须时时记住策划的方案应简单易行。一套方案是否简洁明了、切实可行，充分体现了策划者的策划水平。冗长繁杂的策划容易使方案执行者不辨东南西北。一套不是太可行、有些牵强的策划方案将使方案的实现付出过高的代价与成本。

高水平的策划者，能够从成千上万的参变量、变化因素、限制因素中抽象出创造性的简单可行的决策方案。

策划要尽量做到环节、工序少，人员、职责分工明确，简便易行，不劳工费时，尽量不耗费巨资。

高水平的策划是至简至易的。策划方案的出发点可以是很平常的，但要在平常中展现其不平凡的创意。同时，在策划的内容上，文字表达要通俗，不可过于深奥玄妙，否则容易使执行者误解，从而产生更大的麻烦，付出更高的代价。简单与可行应同时具备，方为至佳方案。

六、裂变原理

营销创意(originality)是营销策划的核心和前提，在现代营销活动中它已成为一种极具潜在号召力的活动方式。

现代市场营销是一项富有挑战性的事业，营销策划成为一项极富创造性的活动。人们，尤其是市场营销人员经常听到这样的评价或议论：某某公司的某个营销策划意境深邃,某企业的营销策划方案意枯无境。无论从对社会的影响看,还是从对促进生产、指导消费拓展市场角度看,创意、创造力一直是现代营销活动存在和发展的动力。

众所周知,现代物理学认为原子核能是可以裂变(fission)的,而我们认为,创意和智慧也是可以发生裂变的。营销策划人员的智慧和创意可以被灵感激发出具有多样化、创新化的策划措施、策划目标、策划手段和营销策划方案。

创意(originality)是策划的前提,是策划的核心,是策划的艺术境界。如果创意不正确,即使策划再好也无用。

因此,正确利用创意裂变原理可以为我们创造出多样化、创新化并富有意境的市场营销策划方案。

七、大整合原理

系统论原理告诉我们:由局部、部分组合起来的系统整体功能,要大于各孤立部分的机械相加,即 1+1>2。

整合(conformity)可以出高效益,可以出奇迹。有时看起来根本无甚稀奇的东西,一经优势互补、智能匹配式的整合就可以将原来的功能放大许多倍。像美国的“阿波罗”登月计划,可以说其单项的技术并没有多少创新。许多单项技术是日本、法国、德国的科学家发明的,成千上万的零部件也是由“多国部队”制造的,但经由美国人一整合,结果制造出了载人宇宙飞船,从而使人类跨向月球的梦想得以实现。这就是大整合原理可以发挥的效用。

所谓策划的大整合原理,就是要求策划者把系统的各元素、各层次、各结构、各功能等,依照创意、目标的主线集约整合起来,扬长避短,避实击虚,以实现系统的整体功能。

同样,一个系统、全面、完整的营销策划方案在调动了企业内部机体,充分利用了市场因素后,它所表现出来的效果也远不是只在产品策划或价格策划或促销策划或分销策划上孤注一掷所能相比的。

总之,营销策划的整合原理是综合系统工程的一个基本原理,它把企业发展总目标与分目标、总体环境与个体环境、信息与创意、方法与步骤等主客观因素极巧妙地整合在一起,产生了巨大而明显的效果。

八、奇门作局原理

奇门作局是综合了古代东方的奇门遁甲、现代系统工程和自组织原理的产物,是适合现代大市场营销的特殊策划创意技术。

所谓奇门大作局或奇门作局,简单地讲,就是要从现有的诸要素所形成的局面中，找到或整合出特别的创新出奇的奇局，以最少的投入获得最大的产出。它包括析局→开局→创局→选局→决局→布局→运局→馈局与监局→结局等步骤，简称奇门动局之九局。当然还有奇门静局，亦有九局。在实施时动局与静局要结合。

在营销策划活动中，小策划、小的营销目标，一拍脑瓜，想出个营销创意，出个点子就完事了，但是面对现代知识经济社会、信息时代——知识创意的大爆炸，我们在营销策划活动中就需要特别的“营销奇门作局”技术。一场大的营销策划、大的市场攻坚战都是由一连串“局”一气呵成的。不懂得营销作局艺术的策划人员即使有小聪明，出个点子，弄个公关，做个CI，都是很难做成大事的，即使做成了也是偶然的走运。把企业发展的总目标的营销策划交给这样的策划人员无疑是极具危险的。

在现代风云变化无常的市场上，善于利用市场上各种要素和条件，借助于自己的智慧，创出天马行空般的营销大奇局的奇才更是比比皆是。敢于携“Windows98”与美国政府对簿公堂的微软公司的比尔·盖茨，不仅精通电脑，在市场运作中一样手法多样。中国家电大王青岛“海尔”集团总裁张瑞敏，领导海尔叱咤商海，创下哈佛经典案例“海尔文化激活休克鱼”。同样，四川长虹集团也是善于作大局的企业。长虹的几次降价行为，降价前的动作、布局，降价中的炒作、运作，降价后的长虹市场份额的扩大……都是一连串的作局动作。

策划原理(mastermind theory)运用之妙，存乎一心。以上八条只不过是其荦荦大端而已，撷英咀华、提纲挈领、完美结合是每一个策划者成功的钥匙。八条原理，若单独使用，则收效甚微，若八者互为融合，则能事半功倍。

第二节　现代市场营销策划的十大原则

企业在决策的过程中，不管提出什么样的营销方案，都必须科学地运用策划方法(mastermind method)。营销策划已经具备了自己独特的、完整的体系、方法论和原则。

现代企业营销已经进入全方位的策划时代，策划是市场营销的灵魂。众多营销业绩卓越的企业，如麦当劳、摩托罗拉等等，无一不是在营销策划上具有高人一筹的能力。而且，营销策划水平的高低，已经成为检验企业营销管理水平高低、预测企业兴衰成败的重要尺度。现代意义上的营销策划，对企业在众多竞争者中独树一帜、脱颖而出有着巨大的作用。

为了保证市场营销策划的方向性、有效性和高效性，在进行具体营销策划时，一方面可以灵活运用营销策划的方法，另一方面必须遵循营销策划的一些基本原则。本章将对这些原则进行阐述。

一、信息化原则

信息(information)是市场营销策划的基础,营销策划是在对市场信息进行充分了解和考察后进行设计的,市场营销策划是对市场信息的充分发掘和利用。

当今世界已进入信息时代,对信息的高水平收集、处理和管理应用,已成为许多企业在市场鏖战中克敌制胜的法宝。而作为以市场信息加工为基础的市场营销策划,就更是离不开信息的支持。因此,在当今以信息资源为基础的社会里,市场营销策划必须遵循信息化原则。

信息时代,信息同能源、材料将成为社会基本支柱。随着我国科学技术和经济建设的迅速发展,社会生产力不断智能化、信息化,信息与物质生产已经紧密结合,并向社会全部领域渗透。

市场信息,就是关于市场的情报,是一种无形的财富,它可以成为人们的"耳目"、"参谋"。要想在商战中所向披靡,市场情报的收集、整理、利用工作就必不可少。而要做好一次营销策划,信息的收集、加工、传递、存储、核查、输出与利用、反馈与更正等各个方面,也必须综合运用。

首先,市场信息可以帮助市场营销人员做出正确的营销决策。所谓"决策",就是基于科学预测和市场调研基础上的对未来企业营销活动所做出的当前的决定,而科学预测所依据的前提当然是由市场调研或平时积累的市场信息。当充分收集了有关市场活动的历史相关信息和当前信息及同业、政府等各方面情报,从中找到了事态的发展趋向后,再对事态发展到某一阶段的可能状态做出正确的判断,一旦这种判断确立,企业就据此来做出决策,提前安排未来的营销活动,制定出市场营销策划方案。

其次,市场信息可以帮助调控营销活动。一个完整的市场营销策划活动,并非以营销方案(marketing project)的定稿批复而结束,它伴随在整个营销策划实施、监控、审核过程中。任何超前设计,都不可能全部考虑到未来可能出现的各种市场变量,因此,必须在执行过程中适当地加以调试。当然,这种调试不是随心所欲地进行修改,而是根据市场所提供的最新信息而做出的修正与完善。所以说,市场信息是实现市场营销策划目标的基本保证。

可以这么说,奇招迭出的广告人需要市场信息,创意四溢的公关人员需要市场信息,横刀立马的企业决策者需要市场信息——市场营销工作各方面从业人员都迫切需要了解和掌握最新、最准确的市场信息,为市场营销整体策划出谋划策。

市场信息的收集和加工整理工作,有以下几种基本要求。

1.收集的市场信息力求全面

不同商圈、不同阶层、不同的消费群体的信息分布密度是不均匀、不相同的,信息生成量的大小也各有不同。因此，在收集市场原始信息时，首先应大面积辐射，进行广泛的收集：政府有关政策法规、经济文献、社会文化习俗、市场容量大小、消费者心理与生活形态、消费能力、竞争状况、资金来源、销售渠道畅通与否等等。此外，要特别注意防止重要信息泄露。

2.收集的信息要准确可靠

市场原始信息要真实、准确、可靠。由于目前市场调查咨询公司过多，且管理中有诸多问题，加之少量在一线的市场调查员不够认真，造成市场信息收集跟不上或信息失真等问题。因此，在市场信息收集、甄别、分析过程中，就要有专业人员用慧眼去伪存真。如果原始市场信息都不可靠，那么以后各环节信息的处理就会连续地一错再错下去，这将会给整个信息工作和市场营销策划工作带来无穷后患。

3.要保持信息的系统性和连续性

任何活动本身都具有系统性和连续性，市场信息的收集整理工作也不例外。系统地收集，是对某一市场研究对象一系列运动状态、变化特征、个性与共性进行全面观察，对其发展的各种阶段的变化进行连续收集，要求所收集的信息能反映出某一市场现象概貌，并据此做出前瞻性市场策划，对未来的市场活动进行规划与指导。

4.要保持信息的真实性和准确性

市场信息情况复杂，范围广泛，信息生成量又大，随机性强，往往生成许多零散的、各种需求的市场信息。这就要求有专业经验的营销策划人员去粗取精、去伪存真，既不失偏颇，又把难以反映市场整体发展和供求规律的信息筛选出来，把缺少操作性的市场信息视其存在价值进行分类留取或摒弃。

5.市场信息加工要准确、及时、系统、适用

市场信息的加工处理要求将杂乱无章的市场信息变成有序有利用价值的策划资源，以达到充分利用的经济目的。在信息处理中，对信息的熵值、信息的多余度和模糊度要有正确认识，使营销策划人员高效优质地获取含信息量最大的资料，这也是体现营销策划工作水准与素质的一个关键环节。

总之，从商业角度看，市场信息就是目光如炬的市场策划人员借来下蛋的“母鸡”。市场营销策划便是利用别人手中的资金，别人提供的信息、机会来为自己、为社会创造利益。市场信息为营销策划人制定营销方案提供了机会。市场信息是市场营销策划的基础，信息原则是营销策划的关键性原则和核心环节。

二、创意原则

所谓创意(originality)，包含两层意思：一是指创造欲望，是人们心理上的一种强烈的发现问题的冲动；二是意想不到的能带来效益的解决问题的方法，也就是创

造性组成的一连串的“点子”。

创意，在英文中叫 creation，就是把营销策划思想和定位在概念上表达出来。它以创造新奇的营销策划谋略为其主要特征。说白了，创意就是“出个好点子”，创意就是构思。构指构造、结成的意思；思含有意象、意境、思考、立意、想象、联想、念头、点子等意思。创意是现代市场营销策划的核心，一个好的创意，将是营销策划火花的引爆点，“创意引发商机，新的点子开创财路”。

创意原则非常注重打破常规的想象力，在旧因素重组中创造机会。在现实中常常会有人为设置的规则，而在创意中，打破陈规，超越思维方式，往往有引导出绝佳的策划创意。创意原则中有一种突出的表现方式——灵感。人们在创造性思维达到高潮阶段，往往以“一闪念”的形式出现一种极富创造性的思维突破，古往今来的重大科技成果都无不与科学家的灵感思维有关。

人们在创意过程中往往苦思冥想，对欲解决的问题反复地、紧张地、艰苦地、长时间地思考，但使你茅塞顿开的灵感的到来却往往是“踏破铁鞋无觅处，得来全不费功夫”。

创意的内涵主要包括以下三个方面：

(1)创意来源于独特的心智，令竞争者无法模仿。创意必须以市场营销策略为依据，但高明的创意又不是市场策略的灌输，不能把营销策划简单文字化。

(2)创意是用新的方法组合旧的要素的过程。这就揭示了创意的本质——“策划者其实就是在不断寻找各种事物、事实存在的一般或不一般的关系(要素之间的关系)，然后把这些关系重新组合、搭配，使其产生奇妙、变幻的思想。”

(3)真正使营销策划方案实施取得奇效，影响到消费者购买与否的是创意的内容，而不是它的形式，策划创意并非一个投机取巧的小花招，它是一条通向消费者、打动消费者的捷径，真正决定购买行为发生的，归根结底还是为之策划创意的产品。

创意过程中并非一拍脑瓜，豁然开朗，创意也要有一些依据，而不能没有根据、漫无目的地突发奇想。创意的依据主要是：

(1)依据营销策划其他环节提供的事实和构架进行创作，这就是说创意是从企业自身或产品自身出发，根据整个策划方案的基调进行创意。

(2)依据市场调研提供的信息，如产品信息、消费者偏好、竞争对手诉求点等。创意再有新意，一经发现它与消费者想象中的要求不一致，它的诉求点与比自己更有实力的竞争对手的诉求点一致，这则创意必须扼杀在摇篮中，否则，它为企业带来的负效应是难以用金钱估量的。

(3)依据营销策划中的营销对象、消费者某一群体确定。这同样要求创意的主旨与目标消费群的偏好相一致，才能够发掘消费者的购买欲。

(4)依据营销策划中的产品定位。创意本身应该是为产品的市场定位服务,策划中有什么标准的产品市场定位,就要求相应的高质量创意与之相配合。

(5)依据营销策划战略的总体思路。创意本身就必须依照策划方案的需要来设计,以达到实现策划总目标的目的。

(6)依据现实情况进行创意。市场情况变化莫测,有时营销策划的计划赶不上变化,造成营销策划各组成部分跟不上要求。这时,创意就要打破常规为策划方案开辟一条新的道路。

(7)创意是组合旧的元素,创意是旧的元素的新的组合。创意绝非是凭空想象的,它都是来源于现实世界原有的创造,只是凭经验再进行加工转化。有些创意完全是对旧要素进行新的组合,有些则是把旧的要素赋予其新组合的能力,这种能力在于对各要素之间相互关系的了解,在心智上养成寻求各事物之间关系的习惯,成为产生创意中最重要的事,而这种习惯是可以培养的。

创意的方法和过程主要具有以下四个步骤与阶段:

(1)尽可能收集全面、详尽的市场信息、产品信息,为创意的产生积累必要条件。

(2)市场信息的分析与整理。从市场上得到的原始信息需要整理筛选,进行分析研究,从中找出反映市场供求状况的情报来。对市场状况了解分析尽可能详尽,才能为适合营销策划要求的创意的产品的产生提供根本保障。

(3)创意的出现。经过对市场信息的研究,找出创意的主旨和应该诉求的方向,运用头脑和凭借丰富的经验进行联想,产生出高人一筹的优秀创意来。

(4)创意的发展。创意在出现后或者在策划实践中表达出来后,也不是不变的,创意要随着策划方案的深入执行而不断丰富与发展的。产品生命周期的变化,消费者对产品认知程度的变化不断发展,才能更好地为营销总目标服务。创意不是孤立的、静态的,它是动态地贯穿于营销策划始终的,是不断发展变化与完善的。

三、目标原则

营销策划一开始,就需要明确特定的目标(goal)。营销策划的目标,是所有策划创意和行动的根本出发点。其他所有策划创意和行动都是围绕这一目标展开的。

对于任何企业来说,其营销策划的根本目标就是为最终获取最大的利润。但营销策划中的每一步行动,又各自有侧重的目标,如促销战略中的广告策略主要是为了提高商品品牌的知名度;公关战略是为了树立企业良好形象,创造更有利于企业生存和发展的“生态环境”;企业推广战略则是为了扩大产品的市场份额。

下面是一则经典的紧密围绕销售目标而进行的营销策划案例:

东京银座的绅士西装店“日本GOOD”从20世纪70年代开始对其产品进行一折销售，使当时的东京人大为震惊。要知道，在当时通常打7折、6折的抛售方式已经被商家称做是“吐血大甩卖”了，打1折销售是世人闻所未闻的，这样的销售方式岂不是让企业大为亏本吗？但聪明的商家却不以为然，他们采用的是“放长线钓大鱼”，先吃一点小亏再去赚取利润的营销策略。

销售方法是这样的：先制定出打折销售的时间；第1天打9折，第2天打8折，第3、4天打7折，第5、6天打6折，第7、8天打5折，依此类推，直至第15天和最后一天打1折。顾客只需要在打折销售期间任选自己喜欢的日子去购买就行了。如果想要以最便宜的价格购买则只需在最后两天去就可以了，但是你想买的东西是否还有就很难说了。根据负责监控这项活动的人士讲：第1天、第2天前来购买的客人并不多，即使前来，大多也只是看看而不做任何购买就走了，第3天一群群的客人开始光顾，第5天打6折时，客人就像潮水般涌来开始抢购，以后就连日顾客爆满。当然，商品全部售出的营销目标得以圆满实现。

营销策划的总目标是整个策划活动的大方向。一般营销策划方案中，总目标是相对恒定的，是整个策划方案的精髓，每一个分目标和每一个营销活动都是围绕它展开的。我们必须针对这些分目标来制定具体的营销策划，而最终达到完成总目标的目的。

四、运筹原则

策划不仅要有信息、创意和目标，还必须善于以客观形势为依据，通过严格的分析与规划，对未来的发展进行周密的策划，制定出具体方案，才切实可行。在营销策划中，最重要的是审时度势，在营销活动开展的时间和空间上进行巧妙的运筹。

1.时间运筹

是指营销策划者根据营销策划动态发展和变化，分步骤、有条理地安排一系列活动，使系统力量的重心与最主要、最有决定意义的那一部分任务、目标在时间上能保持一致。

营销策划中时间运筹的基本原则是轻重相比选其重，急缓相衡择其急。审时度势，最大程度地保存和释放能量，把企业资源集中起来，人为制造对市场的冲击力，达到营销策划所预期的效果。

2.空间运筹

事物的动态发展，无非在空间和时间两个关键因素上交互作用。事物的运行空间中，由于各要素占据的位置不同，要素和要素之间的关系也不尽一致，因而在营销策划时，要考虑很多相互联结的要素所构成的关键点。

在营销策划过程中，必须综合考虑时间和空间两个要素进行运筹策划，稍有疏漏，就会造成策划方案的缺陷。因此，在营销策划活动中只有时间运筹、空间运筹并重，才有可能选择正确的时间、正确的地点，采用正确的方案，打一场正确的、精彩的营销大战。

营销策划中必须重点运筹以下七个方面：

(1)营销策划实施中的人际关系。策划要巧用别人的钱财和智慧，就要有张四通八达的“关系网”——市场上基于利益而互联起来的关系，这种关系常常需要靠那些神通广大、耳目众多、路子宽广的策划者搭建桥梁，故称之为“关系网”。

(2)营销策划实施中的有利害关系的组织或团体对策。

(3)营销策划中的资金对策。

(4)营销策划实施中同大众传播媒体的关系对策。

(5)营销策划实施中障碍因素及消除对策。

(6)与营销策划实施有关的政府对策。

(7)与营销活动实施有关的法律对策。

五、集中原则

市场营销策划实施过程中，必须把营销策划所涉及的各个部门的活力充分调动起来，把企业各种人力、物力、财力资源充分运用，使之发挥最大功效，在营销策划战略上保持各个程序资源供应的合理搭配，但在营销战术上必须在某一时间某一空间点上，在策划实施的某一领域，集中(concentrate)企业所可能提供的全部资源，在实施某一程序或攻击对手时取得决定性胜利。

美国史旺森公司是冷冻食品业中最老牌且最成功的一家。自 1953 年它推出速冻食品“TV dinner”(电视餐)而成为该市场的领头羊，后来由于人们口味发生了变化，“TV dinner”和零售的正菜销售额急剧下降。自 1978 年以来，5 年中史旺森餐类的商品销售额滑落了 23%。同时，市场上的竞争对手推出了适应时代需要和消费者口味变化的新产品，抢占了其大量市场份额。

史旺森冷冻食品该怎样卷土重来？是提高产品质量，还是跟竞争对手作正面冲突？通过市场调研和分析研究，史旺森公司发现：大众远比以前更注重饮食，越来越多的人对食品中食盐神经过敏，同时，因微波炉的出现，人们对老式冷冻食品的喜爱增强，以前被排斥的点心重获认可。

史旺森公司立即据此做出战略部署：集中全力发展高级冷冻食品，同时在低热量、低盐分的领域及包装、食谱等方面，对其竞争对手的弱点展开攻击。史旺森公司给这项战略起了个代号叫做“project fix”(专案定位)，并分三个阶段来推出一系列新产品。

史旺森公司的战略原则是把优势的战斗力集中于决定竞争胜负的地点。营销专案定位小组深知集中优势兵力原则的三个关键：首先，在即将来临的市场争夺战中，设定了胜败转折点的战场。这项决定作为作战的要旨，使美味冷冻食品成为项目的焦点。其次，小组正确认识了竞争对手的长处和弱点：对手的长处在于食谱有想象力，带有异国风味，而弱点是使用含钠的添加物，包装粗糙而不受一部分年轻人和注重身体保健的消费者的青睐。第三，他们把攻击的主力集中在美食市场和小吃品市场。

史旺森公司马上攻击对方的薄弱点，很快，该公司的战略和战术在市场争夺战中获得了戏剧性的成功，公司集中优势兵力击中了竞争对手的弱点，占领了市场大部分份额。史旺森公司的餐点类和单项菜肴在第一线焕然一新，大受欢迎。崭新的设计及美军风格的老式浅盘的全面革新，有助于吸引新的消费群体，而注重健康和不使用食盐的保存贮藏方法，也引起了热烈反响。

史旺森公司战略战术的成功正印证了集中原则在市场营销活动中的重要性。运用这一原则，要注意以下几点：

(1)认识并确定出决定胜败关键的点，也就是市场营销中易于进入市场的切口。

(2)摸清竞争对手的长处和弱点，知己知彼，百战不殆。

(3)集中企业的人、财、物，抓住对手的弱点猛攻，不给对手喘息反击的机会。

(4)抓住时机，在决定性的地点投入决定性的力量。明智的营销策划者，无机则造机，有机则乘机，见机则借机，抓住时机毕其功于一役，从对手最薄弱的环节一举击溃之。

六、满意性与梦想原则

在现实生活中，人们内心深处往往隐藏着自己的梦想与期望。营销策划人员和别人一样也有自己的梦想，但更主要的是，他们还需要帮助他人实现梦想，满足他人的欲望。令他人即消费者满足、满意(satisfaction)的原则，是营销策划的最终效益原则。

从消费学的角度来看，马斯洛需求理论中最高层次的“自我实现的需要”越来越为人们所重视，而未来的人类消费将走向感性消费与文化消费层面。营销策划就是为了帮助人们实现梦想，达到自我实现的目的。

根据现代营销学观点，满足消费者的需求，是市场营销的核心和中心环节。任何理念上的营销策划或现实中的具体操作都是为了满足消费者的需求，进而最终达到取得最大利润的目的。因此，满意性与梦想原则既是市场营销策划的基本原则，又是营销策划的实施办法。

现代商业中的营销策划，往往像一场虚构的演出，它使人类想象尽力驰骋，满足着人类游戏的天性。从这个意义上说，营销策划创造了商品的文化价值或精神内涵，同时也带来了高利润的商业价值。也就是说，满足他人愿望的同时也会给自己带来许多商机，使自己在为他人提供了保证对方满意的产品或服务后取得经济利润。

在国内方便面品牌竞争中，以“康师傅”最先树立其领先地位。很多人在工作之余、旅途中渴望能有一碗香喷喷的面条来犒劳自己，而当时市场上的广州伊鸡面、加州牛肉面都是袋装，如果不事前预备上碗、筷，是无福享受这顿美餐的，“康师傅”正是瞄准了人们对碗、筷这一需求，适时地推出“碗面”里面附带一个小叉子。这样，为消费者提供了全方位服务，满足了顾客需求，也在这小小的“碗”和“叉子”中赢得了巨大的效益。

七、权变原则

市场营销策划处在一个大的动态营销环境中，营销环境是企业不可控制的因素。营销策划的实践表明，在策划的实施过程和设计过程中，都会经常遇到一些对策划产生巨大影响、变化非常迅速的突变事件，如政策形势的调整、消费心态的变化、贸易战等等。

市场营销策划设计和实施过程中，经常会遇到这种市场变量，正如本章前文所讲到的，现代企业存在于一个动态的生态环境中，影响企业生存发展的各种因素变幻莫测，是企业意想不到和无法控制的，企业必须能动地适应市场上的这些难以预测的变量。这些变量一部分来源于企业所处的总体环境(政府政策的变动，经济因素的变动，社会文化的影响，宗教、科技的影响，法律的制约等)；另一部分来自于企业所接触的个体环境(竞争对手状况、消费者消费心理与生活形态、工商管理部门的规定、企业自身因素等)。

在营销策划方案实施前，应尽量对各种可能的变量进行预测分析，设法增添营销策划的灵活性，使之对突发事件有足够的应变能力。

美国菲力浦莫里斯公司出产的名烟万宝路(Marlboro)能在众多的香烟品牌中一直保持世界销量第一，一个重要原因就是其厂商在世界各地采用的广告策划有着足够的机动应变性，充分考虑了各个目标市场的不同文化与风俗。在进入香港市场时，香港人对万宝路的优美西部风情和音乐非常欣赏，但对其品牌代言人——一个终日策马牧牛的牛仔却持否定态度。在香港人心目中，牛仔是地位低下的劳工，万宝路采用牛仔作广告，无疑是对消费者的侮辱。于是，万宝路更换了其广告代言人，以一个年轻、洒脱、在事业上小有成就的牧场主出现在电视屏幕上，并提出一个崭新而诱人的广告口号：万宝路“带给你一个多姿多彩、包罗万象的动感世界”。这正适应了 20 世纪 70 年代香港经济腾飞时多数人已脱离无产的劳工阶层，并向往一个新天地的心态，结果很快打开了销路。

万宝路在开拓日本市场时摇身一变而成为日本牧童，在没有现代化技术的情况下征服自然，过着一种田园诗般的生活。在拓展中国大陆市场时，充分考虑了中国大陆有比美国更辽阔的土地，其广告在优美音乐声中伴随着出现一幅幅豪迈的万马奔腾的情景，山丘、树林、小溪、沙滩一纵而过。从该广告展现的场面上，每个人都可以去遐想，去创造一个自己心目中的“万宝路世界”，一个融合了自己在内的完美的梦幻世界，一个多姿多彩、包罗万象的动感世界，这正是其广告口号的精神感染力之所在。

通过各种入乡随俗的变化，万宝路香烟创下年销量 3 000 亿箱的业绩，世界上每消耗 4 支香烟，其中就有 1 支是万宝路，其品牌的无形价值也在林林总总的商品中数一数二。

适时而言，能动地适应客观环境的要求，不只是万宝路的专利，任何一家想在市场竞争中笑傲江湖的企业都不会漠视这一点。与万宝路品牌无形价值在伯仲之间，同样代表美国文化的可口可乐不也在西亚沙漠中因宗教关系和文化背景将其包装罐改为绿色的了吗？

凡营销策划，必然是动态变化的，必有各种各样的阻挠因素，也必有风险。客观环境是变化不定的，企业自身也是变化进取的，企业的营销策划方案也必然是综合了各种市场变量后，可以因时而变，因势而变，因地而变的。一个真正优秀的营销策划方案，往往善于在决定性的时间、决定性的地点上，投入自己决定性的人力、物力和财力，这就是权变原则的精华之所在。

八、出奇创新原则

策划，是一张改变现状的规划、蓝图。要变化，只有创新才能成功。一场战争，两军对峙，实力相当，现代意义上靠的已不再是勇气，而是谋略。善出奇兵的将军，方能战无不胜，要逆转不利形势，出奇创新才能克敌制胜。

策划中有一种方法，叫动脑会议激荡法，指召集数位成员，针对某一主题，自由发言，构思的方向越多越好。构想属异想天开，似天方夜谭也不准嘲笑；彼此不批评对方着眼点的好坏；从别人所想的地方得到暗示，而自由附加想出新点子。这样，各人凭自己某一方面成熟的经验提出创意，彼此相互激发，其中比较有趣的妙点子，可将其化为创意。看起来似乎异想天开的着眼点，往往比平凡的思维方式更能收到奇效。即使是空想性的创意，只要新奇并下一定功夫转化，同样可以成为好的策划。

策划，要想出效益，要想成功，就必须以“奇”制胜。创新是策划成功的关键。

可以有新的内容、新的手段、新的方式、新的服务、新的传播方式、新的契合点等等，无处不可以改变，无处不可以标新立异。请看两则免费广告的成功案例。

日本著名的衣料店“越后屋”，特备有许多雨伞。每逢下雨时许多未带雨伞的顾客或过路的行人纷纷聚集在檐下或店堂里避雨，此时店员便拿出雨伞“借”给他们，让他们能早点回家。这些雨伞上都印有醒目的“越后屋”三个大字。客人们打着这样的伞在雨中行走，为“越后屋”做了“活广告”，并且还心存感激之情。来日再还时，又光顾了一趟衣料店。即使行人借了伞而忘记归还，也倒无妨，“越后屋”反而乐得增加几个“永久性活广告”。

一项好的策划，事实上并不一定要复杂庞大。它也许只是在关键处的一次巧妙变化或者将繁琐化为简便，只要达到目的，便是成功的。如果你自认为自己的想法完美无缺，但却因现实困难重重无法实现，那你就不是一个好的策划人。策划家经常做减法，因为他知道，追求完美的前提是：可行。

九、简单性与可行性原则

1. 简单性原则

在商业界，许多大企业因业绩卓著而不断发展，一家接一家地并购其他企业，而终于成为实力强大的联合大企业。

但在经济普遍不景气的背景下，放弃不赚钱的部门，追求简单和高利润、高效率，应该是联合大企业的明智之举。这就犹如穷人一开始渴望营养和强壮，而当他一旦成为富人，继而肥胖之时，他就必须考虑减肥了。

简单性，意味着操作简便，可行性强。在策划当中，简单性的运用，也许正体现了策划的高明。简洁是一种美，简单更是一种力量。策划之剑的锋利，正是经简单性磨砺出来的。

2. 可行性(feasibility)原则

任何一个策划，作为一种想法，开始只留在头脑中；作为创意，只是一种设想或文字的组合，也许都只是未经实践检验的天方夜谭。这一异想天开的主意在现实中可能顺利实现，可能经改装而实现部分，也可能遇到不可克服的障碍半途而废。为此，在策划之初，考虑最多的便是其可行性。

一位优秀的策划人如是说：我不会选择去做一个普通人。我寻找机会，我要做有意义的冒险。我要梦想，我要创造，我要失败，我要成功。

可行性，往往是梦想变成现实的必备。

在策划之初，我们要考虑创意本身的不足或缺点，并试图进一步改进；我们可以在小范围内预演，看看是否有好的效果。我们需要谨慎而细心，因为是否可行，我们开始并不十分清楚。以策划一个新产品新闻发布会为例，具体的可行性思考如下：

——发布会的主要场所、新产品展示处。

产品该以何种形态展示？如何加以说明？

——说明新产品的示范舞台。

新产品是何种商品？怎样进行实物示范？

——接待到场者的舞台。

怎样安排座位？以什么样的空间进行布置？

——招待顾客的宴会场所。

以谁为对象，进行何种接待？

——使到场者感到欢乐的精彩节目舞台。

表演何种内容的节目？

——使顾客前来的邮寄广告方式、营业访问等。

以谁为对象，在何时进行何种方式邀请？

——告诉一般人开会通知的发表舞台。

通过何种媒体告知开发布会之事？

——介绍到场者，作简介的交通舞台。

怎样接送？采取何种介绍方式？

——在当天的说明中所使用的工具舞台。

准备什么工具，采取何种配置形式？

——发布会结束后的追踪舞台。

结束后，还与何种营业活动相连接？

十、智能放大原则

人，是有意识的高级动物。人的意识是有一定能量的，这种能量就是“意识能”或叫“智能”（当然智能的范围是十分广泛的）。这种能量是广义上的能量，所以又可称之为“广义能”。广义能的特殊性就在于它是可以创造并放大的。

人的能量是无限的。策划中的创意与构思之所以可贵，正在于将人的智能扩大了。科学中的逻辑性与系统性、战争中的谋略与战术、广告中的技巧与构思、绘画中的选景与制作、经商中的选项与运作，在某种程度上来说，都是智能放大(function magnify)原则的成功实施。

中国有句古话：三个臭皮匠，顶个诸葛亮。人的智慧，经过互射互激，便能以突变式倍增，这也是策划中智能放大原理的突出表现。如果你有一个苹果，我有一个苹果，相互交换以后，你我仍各自有一个苹果。但是如果你有一条创意，我也有一条创意，相互交换一下，则你我都有两条创意。创意策划等智能，都是能以聚增方式迅速放大的。

曾经有一位国有大中型企业的厂长，找到我国著名的创意策划学派的陈放先生及其几位伙伴给厂子想办法、出点子。他们开口先打听"厂里有多少工人?"厂长回答说："大概 2 000 多名职工。"他说："你先别跟我介绍情况，我现在便有一个能得到许多好点子的办法……"他们建议厂里定期设立提建议活动，让每位职工每月必须提出一条好的合理化建议。这样，厂长的智囊们一下子得到这么多的创意，智能得到激发、撞击后，必然会产生更美妙的火花。

智能放大(function magnify)原则，在通常的企业、商业策划中，往往以广义的文化内涵形式或是导入 CI 的方式体现出来。而策划的魅力与实质，也就是把创意智能的放大。

相关链接：

我国开国主席毛泽东对策划的认识

策划要追求利益，但在诸多的利益中，战略利益、长远利益相对于局部利益和眼前利益来说，又是至高无上的。毛泽东主席曾生动地说："那种走一步看一步的指导方式，对于政治是不利的，对于战争也是不行的。"

第三节　现代市场营销策划操作的基本程序

市场营销策划是一项复杂的工作，要求策划者必须按照一定的程序进行，以避免盲目性，使之达到预期目的。现代市场营销策划操作的基本程序包括拟定策划计划、市场调研和企业诊断、方案的设计与实施、效果测评。

一、拟定策划计划

全面而完整的市场营销策划，是一项非常复杂的工作，在进行正式策划之前，必须拟定关于策划的计划。它通常以文字的形式——计划书呈现出来，以指导整个市场营销策划工作。

策划计划书是关于市场营销策划的全部计划，是未来市场营销策划操作的依据。其主要内容包括四个方面。

(一)确立策划目的

市场营销策划，要投入较多的人力、物力和财力，因此，在拟定计划时，就必须确立明确的目的，这也是提高企业策划意识的基础。

1. 政治目的

大市场营销策划面临的可能是国际市场贸易壁垒森严、公众舆论不允许进入等一些非正常营销手段所能解决的问题。于是企业就必须进行政治和公共关系方面的营销策划，其目的是为了获得一些政府部门的认可，从而获准进入市场。国内企业可以通过一些营销策划，使自己的全部经营活动在国家法律、法规、规范下进行，或者获取政治上的一些许可和支持，避免与国家方针、政策相抵触。一旦出现这种情况，也需要营销策划来化解抵触，实现政治目的。

2. 经济目的

几乎所有的营销策划都直接或间接地以经济为目的，对于狭义的市场营销策划来讲，企业归根结底的目的是实现产品的销售，获取一定的经济利益。而对于广义的市场营销策划来说，营销者可能推销一种观念或生活方式，它的目的是鼓励大家自觉地去遵守，去接受，从而让其他人能享受到生活方式带来的好处，这可能不是以经济为目的。经过精心的市场营销策划，使企业营销活动达到系统有序化、科学化和有效化，以最少的资金投入产生最大的营销效益。应该强调的是，经济目的是市场营销策划的主要目的，能否产生良好的经济效益，是营销策划能否顺利开展和实施的关键。

3. 文化目的

文化因素无论对企业的内部影响还是外部影响都相当大，通过市场营销策划，一方面加强企业内部文化建设，造成一种企业文化环境，提高凝聚力，形成企业的经营理念和营销模式。另一方面还可以防止在企业对外的营销活动中产生文化冲突，阻碍企业营销方案的顺利实施。

4. 社会公益目的

社会公益目的是指企业要在与社会的需求、发展相适应的基础上进行各项营销活动。一些组织，如卫生部推行禁烟运动，它有可能进行营销策划，联合其他组织，如妇女联合会等进行大规模的宣传，最后结果使“吸烟有害人的健康”这一观念深入人心。吸烟人自觉戒烟，社会环境得到净化，人民提高了健康水平。这一目的就属于公益目的。企业在组织营销活动时，不仅仅要考虑企业的经济目的和效益。因此，企业的一些策划活动就是为了满足社会利益。这体现为两层涵义：一层是企业有义务以自身的生产经营活动来满足社会日益增长的物质和文化需求；另一层是企业的营销不得损害社会利益，比如破坏生态平衡、威胁人类健康、影响社会稳定等。

5. 法律目的

既借助精心的市场营销策划，充分运用法律手段促进企业营销，同时又避免与法律相抵触，减少营销失误及营销损失。

就我国许多企业的实际情况来看，策划的主要目的是解决一定的问题。企业在营销活动中可能存在着这样或那样的问题，概括起来，主要有以下几个方面：

(1)企业在转轨时期，遇到重大的战略转变问题，需要进行营销策划，主要是战略营销策划来改变企业战略。

(2)企业的内部管理落后，不适应当今的经济形势，需要进行营销管理策划。

(3)企业外部环境不断变化，需要一些营销策划来解决出现的问题。

(4)企业开张伊始，需要一套系统的营销策划方案来指导企业营销活动。

(5)企业发展壮大，原有营销方案被淘汰，需要新的营销策划方案。

(6)原有营销方案严重错误，需要进行大修改或重新设计。

(7)企业在总的营销方案下，需要在不同时期，根据市场特征，设计新的阶段性营销方案。

(8)企业根据营销组合，在每个组合因素发生变化情况下，相应地策划新的营销方案。

(9)企业为建立自身形象或产品形象，要连续不断地设计出营销方案，实现目的。

(10)企业在经营过程中，会遇到一些危机事件，需要进行营销策划来消除不良影响。

(二)拟定策划进程

在拟定策划书时，必须明确市场策划的具体进程，列出详尽的策划时间表。市场营销策划的进程大致有以下四个阶段。

1.准备阶段

这一阶段是为正式策划所进行的前期准备，它包括物质准备、人员准备、知识准备和舆论准备等。最关键问题是确定出营销策划目的，也就是为什么要策划的问题。准备阶段各项工作应当充分，但时间不宜太长。

2.调研阶段

这一阶段主要是为正式的市场营销策划收集资料，也是充分收集信息阶段，广泛、大量地占有材料和信息。调研阶段是策划的基础阶段，对策划的成功与否影响很大，而且这一阶段是产生创意的阶段。虽然调研阶段并非策划的核心，也不是策划的目的和结果，但却是全面策划工作的基础，对策划的成功与否影响很大。因此，在时间安排上，这一阶段必须分配较多的时间，时间太少，必定影响调研的质量。

3.设计阶段

方案设计是在占有大量调研资料基础上，借助理论知识和实践经验所进行的智力操作活动，这是市场营销策划的核心。尽管如此，但并不表明这一阶段必然花费较多的时间。如果前期工作做得很完备、很详细，已经是“胸有成竹”，那么在这一阶段的方案就是“水到渠成”。反之，复杂的局面会使策划人心中无数，必然占用较多的时间，则可能要花费很多的时间去处理存在的问题。在具体拟定时间表时，可根据个人的经验来灵活确定这一阶段的长短。

4. 实施阶段

方案出来后，要综合考虑各方面情况，筛选出好的方案进行实施。市场营销实施阶段的时间长短，要由其方案的性质来定。市场营销的方案通常有两种：一种是企业的营销战略方案。该方案涉及企业多个方面的营销战略，具有长期性特征，因此，其实施只有起点没有终点。至于它究竟何时为止，应由未来的市场和产品的变化而定，策划时不必去硬性设定，所以，可不必设时限。另一种是企业的市场营销策略方案。该方案仅涉及企业某一次或某一段时间的市场营销活动，它不仅有起点，也有终点。至于起于何日，又终于何时，则是由活动的目的和性质而定。

(三)经费预算

市场营销策划要取得预定的效果，必须投入一定的资金。而投入多少资金，什么时候投入，投入到哪些方面等问题，均牵扯到经费预算问题。因此，在拟定市场营销策划的计划书时，必须认真匡算用于策划的具体费用。一般地，用于市场营销策划的费用主要包括下述几项：

(1)市场调研费。市场调研费的多少，取决于调研规模的大小和难易程度。规模大，难度大，耗费的人力、物力、财力多，费用必然高；反之，则费用低。

(2)信息收集费。信息收集费主要包括信息检索费、资料购置及复印费、信息咨询费、信息处理费等。其费用的多少由收集的规模、及时性来决定。

(3)人力投入费。市场营销策划过程中必然要投入相应的人力，才能完成各种分工不同的任务。有人力投入就肯定会产生费用问题，至于费用的多少，可以通过预计投入的人力多少匡算。

(4)策划报酬，也即支付给策划人的报酬。如果是由公司内部人员征收策划，可以节约这方面的开支，实施取得成效后可通过资金等形式奖励策划人员，提高其工作积极性；如果是外聘策划专家，就要支付策划费，策划费的具体支付数额及支付形式由双方协商决定。

(四)预测效果

在拟写市场营销策划书时，必须对策划方案实施以后的可能效果进行初步预测，并将其提供给企业及有关方面的决策者定夺。对策划效果的预测主要包括两个方面：

(1)预测经济效果。预测经济效果的好坏，是决定市场营销策划是否需要展开的前提。在预测时，应当客观地进行，防止夸大和低估的现象，以使得决策准确，实施得力。

(2)预测形象效果。即对方案实施后企业可能因此提高的知名度、美誉度等情况进行预测。虽然形象效果未必能立即产生经济效益,但它为企业开辟了有效的潜在市场,是企业未来经济效益的当前保证。

二、市场调研和企业诊断

当市场营销策划书被企业认可后,即进入正式的策划程序。策划程序的第一道工作就是进行市场调研和企业诊断。市场调研是对市场营销资料进行系统调查、收集、分析和研究的活动。它是生产经营者实施营销管理的重要工具,当然也是市场营销策划的依据和基础。

企业诊断是一项专门的经营诊断。它是指诊断人员深入到企业的具体经营活动中,与企业经营管理人员紧密配合,运用科学方法,找出企业经营活动中存在的主要问题,查明产生问题的原因,并提出改进方案和措施的活动。企业诊断对于掌握企业内部情况,进行卓有成效的市场营销策划也具有很大作用,因此,要有效地对诊断资料及结果进行分析和利用。

市场调研和企业诊断,是市场营销中具有不同功能的两类基本活动。市场调研侧重于对企业的外部资料、市场各方面情况的收集、分析和研究,可以为研究企业营销状况、策划市场营销活动、制定和调整营销决策提供素材和科学依据。

企业诊断则侧重于分析企业内部经营的各方面现实情况,依据目标要求对其优劣做出评估,找出问题,提出相应的建议和措施。

(一)市场调研的程序

市场调研的程序通常分为以下几个阶段。

1.确立调研目的

市场调研的最终目的是调查研究企业市场营销的内部环境和外部环境,为市场定位提供依据,创造条件。当然,根据调研规模和范围的不同,还可以确立不同时期的调研目的,但它们必须是为最终目的服务的。

2.确定调研范围

在确立了调研目的之后,就可以据此选择市场调研的范围。调研范围越大,情报就越全面、越准确,但费用也越高。调研范围越小,虽可以节省费用,但情报往往不全面,准确性也就差。要投入较少的费用获得大范围内较为准确和全面的调研资料,通常采用抽样调查的方式来解决。

3.选择调研方法

市场调研的方法多种多样,究竟选用什么方式来进行,应由调研的目的、范围和性质来决定。

如果调研的目的是要弄清本企业产品在全国的市场占有率(market share),那么就应该采取咨询法,向国家统计部门提出咨询,应先弄清全国同类产品某一时期的销售总量(额),再运用市场占有率公式,就可以计算出本企业产品的市场占有率。如果调研的目的是为了了解某产品的未来消费趋势,那么就应该采用大面积的抽样问卷调查法;如果市场调研的范围很广,一般只能用抽样问卷调查法,而如果调查范围很窄,就可以采用座谈法和观察法等来解决;如果调查属于摸底性质,就可以采取座谈法解决,而如果调查是为了精确统计,那么就应当采用全面调查法或设计科学的抽样调查法。

4. 选择调研对象

市场调研的对象可能很多,实际进行时只能有选择地进行。其选择方式有随机型和非随机型两种。

随机型是遵循随机原则抽取调研对象,它不受主观倾向控制,调研结果客观公正,能反映市场的真实情况,所以,它被广泛用于市场调研中。但这种方式操作规程相当严格,要求调研对象具有代表性,并且有可能产生一定的误差。

非随机型是受主观倾向控制的,调查结果可能与真实情况有些距离,但可以节省大量的无效劳动,减少调研费用。非随机型调研一般选择下列对象:

(1)权威人士。这些人由于对市场颇有研究,他们的意见能更深刻地反映市场的真实情况。

(2)信息领袖。信息领袖是掌握着某种信息的单位和个人。由于他们持有丰富的信息,所以,将他们作为调研的对象,可以得到更多的情报资料。

(3)意见领袖。这是具有某种典型观念和倾向的代表人物,他们影响着一类人的观念和倾向。因此,通过调查这些意见领袖,就可以获得一类人的信息。这是事半功倍的一种调研方式。

(4)消费领袖。这是领导某种消费潮流的代表人物,他们不仅善于捕捉消费信息,喜欢追逐消费热点,也擅长于预见消费趋势。他们一般具有求新、求异的个性特征,喜欢赶时髦。通过调查消费领袖,可以了解到消费运行规律和未来的消费趋势。

5. 拟定调研方案

根据前几个阶段所确定的调研目的、范围、方式和对象,拟定相应的市场调研方案。市场调研方案分为两类:问卷调研方案和非问卷调研方案。

(1)问卷调研方案。主要是借助设计好的书面问卷来实施调研的一种方案。它具有目的鲜明、可控性强、有针对性、易于统计的特点。但由于问卷是由调研者预先设计好的,有时难免有主观臆断的成分,而且简单的统计数据后,也可能掩盖许多真实的东西。

为了使问卷设计更为科学,更能准确地反映市场的实际情况,必须对所设计的问卷进行充分考查,检验其对真实性和客观性的调查能力。

(2)非问卷调研方案。非问卷调研方案是不借助设定好的书面问卷而制定的调研方案。虽然不设定书面问卷,但仍要设计出调研的主要内容、步骤、方式和具体的方法,才能保证收集到全面有效的情报。

6.调研实施

市场调研方案拟定之后,就可以据此实施了。在市场调研的实施阶段,必须注意以下几个问题:

(1)拟出简洁明了的"指导语"。无论是问卷调研还是非问卷调研,都需要简洁明了的"指导语"引导被调查者,让被调查者都明白调查者的具体意图。

(2)争取被调查者的积极配合。在市场调研实施过程中,尤其是问卷性市场调研中,调查者常常不能与每位被调查者见面,被调查者只能根据问卷的问题,凭自己的经验来回答。有的被调查者较容易合作,他们会根据自身的情况,仔细地回答问卷中的每一个问题。但也有一些被调查者,他们忙于自身事务,并不情愿接受调查,因而也就不认真对待调查,马虎回答,应付了事。如果这类人占被调查者的比重太大,就会使调查结果出现偏差,导致策划方向偏误。因此,必须努力争取被调查者的合作,必要时还应对他们付出的劳动给予物质和精神上的补偿。

(3)不能完全拘泥于调研方案。对于纷繁复杂、不断变化的营销环境而言,无论市场调研方案的设计多么完美无缺,都不可能将现实中发生的各种情况和因素都考虑进去。如果一味按图索骥,就有可能失掉重要的信息。所以,在营销调研过程中,要及时发现、收集和整理超出预定方案之外的信息,使调研更全面、更仔细、更科学。

7.信息整理

调查、搜集的市场资料往往是分散和零碎的,为使信息资料系统、完整、真实、可靠,需要进行科学的整理及加工,以得出规律性的结论。整理信息的主要工作任务有:

(1)剔除无效的信息。这里尤应注意的是剔除标准,切不可将看似无效,实则蕴藏着巨大经济价值的信息剔除,以免造成损失。

(2)对信息进行分类。在比较的基础上,找出信息之间的相同点和不同点,把信息分别归于不同类别之中。分类时应当注意的是,有许多信息具有多面性,它可能分属于不同的类型。因此,信息分类不能进行非此即彼的划分。

(3)对信息数量化。将信息数量化,是信息处理的基本方式,它使信息变得简单明了,一目了然。但有时进行数量化处理会犯下把复杂问题简单化的错误,也有可能为了数量化,有意无意过滤掉一些难以量化的信息,这些问题都应当引起注意。

(4)从信息中寻找规律。借助于分析综合和抽象概括,从大量的信息中找出有关市场的本质属性,并将本质属性有机地综合成概念,即形成了规律,一旦找到了规律,市场调研的任务就圆满完成了。

(二)企业诊断的程序

企业诊断包括发现和揭示企业经营中的难点和缺陷,提出相应的建议和对策,以及指导企业实施有关建议和对策,改进完善营销管理。因此,企业诊断的基本程序一般包括以下三个阶段。

1. 准备阶段

诊断准备阶段,主要是确定诊断目标,制定诊断设计,以及为诊断的顺利展开进行人、财、物等各方面的准备。这一阶段的具体活动包括:诊断人、策划人与企业高层领导人座谈,共同分析企业内部情况以及营销活动面临的困难,确定诊断目标并选定诊断类别和课题;制定相应的诊断设计,对诊断活动的步骤、方法、进度、人财物等方面的安排做出具体的规划;根据计划安排,落实有关的资料准备工作等等。

2. 诊断阶段

诊断阶段是诊断人员根据诊断目标和计划的安排,对企业营销活动进行全面深入的调查,在系统收集有关资料和详细分析和研究的基础上,依据营销活动的规律,对企业的实际营销活动做出评价,揭示和发现问题及设计和形成改善方案。这一阶段又可细分为专题调查分析、综合调查分析和制定改进的方案等几个具体阶段。

(1)专题调查分析。这是指诊断人员根据诊断目标和计划的安排,按营销活动的职能或营销中的难点,确定具体诊断课题,并按课题分别调查收集企业现实营销活动的有关资料,运用科学的分析方法,对这些资料进行定性和定量的分析,为进一步寻求有效的改善方案和市场营销策划提供依据。

(2)综合调查分析。即诊断人员会同企业各层次的市场营销管理人员,共同对专题调查的资料进行深入系统的分析,追究和查明原因。这种综合调查分析,可以采取由上而下、上下结合的方式,先听取企业领导人对其营销策略及现状的基本观点,然后根据这些材料向中层和基层管理人员征求意见,从中找出问题和缺陷,再与高层领导人面商,探讨改进的方案及营销策划的思路。

(3)制定改进的方案。就是在查明企业市场营销活动中存在的问题、缺陷以及产生的原因后,由诊断人员根据市场营销活动的规律,有针对性地为企业提出克服和改善问题、缺陷的建议、对策,并形成具体的实施方案。改进方案最终以诊断报告书的形式提出,它对于市场营销策划起着重要的作用。

3.实施指导阶段

实施指导就是诊断人员帮助企业落实诊断改进方案。包括诊断人员协助受诊断单位培训执行方案的人员，建立执行组织，制定方案的实施计划，进行方案实施的各项准备工作，以及在方案实施过程中帮助企业采取各种措施排除实施障碍，直至对方案的实施结果进行检查和评价等等。

三、营销方案的设计与方案的实施

将各种信息汇总之后，就可以进行营销方案(marketing project)的设计了。从市场营销策划操作实务的角度看，营销方案的设计一般要经过准备、酝酿、豁朗、论证与选点试行和方案写作五个阶段。

1.准备阶段

这一阶段的主要工作是为营销方案的正式设计进行信息准备。市场调研、企业诊断所得到的信息资料一般是以文字、表格或图像的形式予以记录的，它们必须转录到策划人的头脑中才能最终被利用。信息转录的方式有两种：

(1)消化吸收。就是对所收集整理出来的信息进行系统的吸收，使之变为大脑中信息系统的一部分。信息消化的目的是使策划人对所有汇总的调研信息做到心中有数，能随时调遣使用。

(2)信息研究。即对信息的本质、外部联系进行系统的考虑，使信息能与策划人的知识经验相结合，使信息成为方案的直接支持系统。

2.酝酿阶段

经过信息、知识和经验的准备后，就进入了方案的酝酿阶段。酝酿阶段是策划人进行充分讨论、研究，借助于各种信息、知识和经验，在大脑中构思各种方案，然后对这些方案进行自我考证和自我否定的过程。

酝酿阶段的工作许多是无形的，但无论从复杂性上还是从时间上看，这一阶段智力操作的强度是很大的，体现出以下几个特点：

(1)枯燥性。酝酿是一种纯粹的脑力劳动，策划人往往要日复一日、夜复一夜地冥思苦想，既枯燥又乏味，有时甚至搞得人心力交瘁，寝食难安。

(2)漫长性。营销方案设计阶段所需要的时间主要就分配在这一阶段。因为任何一项有创意、有价值、有效果的市场营销方案的形成都不是一蹴而就的，都必须经历“踏破铁鞋无觅处，得来全不费功夫”的痛苦经历。

(3)否定性。在酝酿阶段，策划人总是提出一个又一个的方案构思，但它们总会因为这样或那样的不完善被自我否定了，这种否定的开始是轻松的，随着否定的不断继续，痛苦开始伴随着策划人。但这种否定是必要的，这是方案逐步完善的前提。

基于上述特点，策划人在进行营销策划方案设计时，必须有充分的思路准备。只有知难而进，持之以恒，才会有优秀的策划方案的出台。

3.豁朗阶段

经过酝酿阶段的漫长而紧张的思索，在脑中突然闪现出的新的构思，使百思不得其解的方案瞬间跃现，一段时间的艰苦工作，终于有了一个结果。

营销方案(marketing project)设计的豁朗状态是令人愉快而激动的，但能否进入这种状态，还取决于思维的积累和信息触动两个基本条件。

(1)思维积累。豁朗状态不是无源之水、无本之木，它不会凭空光临。只有经过日常的点滴积累和酝酿阶段的强力思维的冲击，并达到某一个临界值时，大脑对方案的构思才达到豁然开朗的境界。

(2)信息触动。当思维积累达到临界值时，如果此时有相关信息触动，即可在瞬间达到豁朗状态。

所谓相关信息主要有两种，一种来源于外界环境的信息，另一种是策划人记忆系统的信息，两种信息进入到大脑的思维操作系统，并发生触动作用，豁朗状态很快就会出现。

4.论证与选点试行阶段

对设计好的方案的可行性进行评估、论证，而对于涉及面广的规模大的营销方案，还要在一定的范围内选点试行，以避免由于主观性而造成的损失。对于营销方案的论证和选取点试行一般有以下几种方法：

(1)经验判断。经验判断是借助评估人已有的经验对已设计好的方案进行可行性的主观评估。经验判断可以借助直接经验进行判断，也可以借助间接经验进行判断。前者是借助评估人自身所经历的各种直接的营销事实，而对营销方案进行的直接评估。这种评估的可靠性，取决于评估人自身的直接经验的丰富程度，直接经验越丰富，评估得就越准确。因此，那些经常从事市场营销策划和操作的营销大师，常能准确而迅速地判断方案的可行性。间接经验判断是指借助自身所掌握的他人的营销事实而对营销方案进行的直接评估。间接判断的可靠性取决于间接经验的丰富程度，而其准确性却稍逊于直接经验判断。

(2)逻辑判断。这种判断是借助逻辑学的原理，对需要论证的方案进行恰当的推演，以此来判断方案可行性的方法。逻辑推论的方式很多，但在营销方案的评估中可使用类比推论。类比推论是依据其他类别的成功方案来推论目前的方案。在采用类比推论时，要对所论证的营销方案与其他成功的方案的前提条件进行比较分析，只有当两者基本相似时，这种推论才有科学性，否则就无法使用。

(3)专家论证。专家证论是营销方案论证中经常使用到的方法。它是将营销方案提交给具有丰富知识和经验的专家进行论证，借助于专家的知识、经验来判断、评估方案的可行性。采用专家论证法，应注意所聘的专家应当是营销方面的理论与实践相结合的专家，必须对企业、行业和环境情况非常熟悉，否则会出现很大的失误。

(4)选点试行。就某些涉及范围广、投入多的营销方案而言，除了应采用上述方式进行论证外，还应当选择试点，在一定范围内进行试运行，借助试运行的反馈效果来确定方案的可行性。

在选点时，应注意其代表性，即应选择最能代表目标市场特点的局部市场，这样才可以保证试验具有可推广性。

5. 方案写作阶段

当所设计的营销方案经过充分的论证和选点试行认为可行时，就进入了方案设计的最后阶段——方案写作阶段了。这一阶段的主要任务是将设计好的方案用文字等形式表达出来，写成具体的可操作的策划书，以指导企业营销策划实施过程的各项工作。

方案实施就是将制定好的策划书按照实施日程一步一步变成具体的行动。在营销方案的实施过程中，应注意以下几个问题：

(1)稳定性与灵活性相结合。市场营销方案一旦确定，就应当相对稳定，使之在相当长的时间内指导企业的营销活动。但稳定性并不排除灵活性，在形势需要时，适当地调整营销方案，可以更好地发挥它的效能，过于僵化稳定往往适得其反。

(2)程序性与机遇性相结合。市场营销方案是按既定程序严格执行的，但这并不意味着可以把机会排除在外，对良好的市场机会的把握是对营销方案最好的补正。

(3)更替性与交叉性相结合。更替是指一个步骤完成后再进入下一个步骤，交叉则是多个步骤交叉进行。更替性与交叉性相结合，不仅可以大大节省实施时间，而且可以大大优化活动结构，提高营销效果。

(4)既要全面贯彻，又要不断反馈调节。既然历尽艰辛才策划出一个方案，就应当全面贯彻，不得任意更改。好的方案要有强有力的行动来落实它，现实中经常有好的方案而没有取得一流的效果，就是由于贯彻不力或无方所至。策划出一个好的方案极其不易，如果仅仅由于贯彻不到位而前功尽弃，不仅令人遗憾，还会因局部贯彻而造成新的损失。

从另一方面看，任何营销方案在实施过程中，都有可能出现与现实情况不相适应的地方，因此，方案贯彻的情况如何必须不断地向决策者反馈，决策者也应该根据所反馈的情况及时对方案的不足之处进行调整。在营销实践中经常有这样的例子：一个非常普通的营销方案，却取得了极其优秀的营销效果，这就是在方案实施过程中紧贴市场，不断进行反馈调节，充分反映了市场运行规律的结果。

四、效果测评

市场营销策划方案实施以后，效果如何需要运用特定的标准及方法来予以检测和评价。这种测评既可以在方案实施过程中进行，又可以在整个方案实施过程结束后进行。通过实施效果的检测和评价，适时充实营销策划方案或调整营销策略是十分必要的，它可以使企业的市场营销策划活动逐步完善，进入良性运转状态。

（一）效果测评的主要形式

1. 进行性测评

进行性测评是指在营销方案实施过程中进行的阶段性测评，其目的是为了了解前一阶段方案实施的效果，并为下一阶段更好地实施方案提供一些建议和指导。

2. 总结性测评

总结性测评，也就是在营销方案实施完成后进行的总结性测评，目的是了解和掌握整套方案的实施效果，为今后的营销方案设计乃至企业的营销活动提供依据。

相关链接：

若把一只完全正常的青蛙投进一锅滚烫的开水中，青蛙定会用尽全力从热水中蹦出来，一点危险也没有；若把这只青蛙放在一锅凉水中，然后慢慢加热，这只青蛙却浑然不知，仍悠闲地玩耍，等到水已经达到了很热的温度，青蛙想跳出来时，已经没有了力量和机会，最终被活活烫死。这个实验启示我们：对于企业而言，做了营销策划并不等于万事大吉。

（二）测评实施效果的原则

为确保测评效果的准确、恰当和全面，在进行营销策划方案实施效果的测评时，应坚持下列原则。

1. 有效性（validity）原则

坚持有效性（validity）原则，是指测评工作一定要达到测评的目的，要以具体结论而非空泛的评语来证明营销策划的实施效果。这就要求在测评时必须选取真正有效的、确有代表性的测评指标作为衡量标准，并且尽可能采用多种测试方法，多方面综合观察，广泛收集意见，以得出客观的结论。否则，就失去了有效性，难以真正将营销策划的效果充分体现和评价出来。

2. 可靠性（dependability）原则

遵循可靠性（dependability）原则，要求前后的测评工作有连续性，采取的测评指标、方法以及被测评对象也要前后相对稳定。

3. 相关性(relativity)原则

所谓相关性(relativity)原则，是指测评的内容必须与所确立的策划目标相关，不可做空泛或无关的测评工作。如果营销策划主要为经济目的，具体是在已有的市场上增加销售，测评内容应主要集中在销售量(额)及利润的前后对比上。通过对比，观察各种营销组合策划特别是促销策划是否真正有效以及它们的实施效果。如果策划的主要目的是与同类产品竞争，扩大市场份额，则效果测评的内容应着重于市场占有率的提高上，并且与销售、利润的测评情况相结合。

(三)实施效果测评的主要指标

营销策划的目的有经济目的与非经济目的，对非经济目的的实施效果测评(effect measure)，如政治效果、社会及文化效果、法律效果等主要采取定性测评方法，而对经济效果的测评则主要采用定量方法，选择一定的指标进行考察。

1. 销售收入

企业销售收入是指销售产品或提供劳务而获得的货币收入。它包括产品销售收入和其他销售收入两部分。产品的销售收入，是企业销售产品成本、自制半成品、代制代修品以及提供工业性劳务等所获得的货币收入；其他销售收入，是企业销售外购商品、多余材料和提供运输等非工业性劳务以及包装物出租等所取得的收入。

在全部销售收入中，产品销售收入是主要的组成部分。企业销售收入是反映营销成果的一个重要指标，在测评营销实施效果时要经常使用。而对于具体产品的销售情况，可以在可比的原则下，采用销售量和销售额进行方案实施前后的数量对比。

2. 企业利润

企业利润是企业在生产经营过程中各种收入扣除各种耗费后的盈余，这个指标最能确切地反映实际经常效益，是测评营销方案实施效果的重要指标。由于企业利润总额中营业利润是主要组成部分，而营业利润中的产品销售利润又是主要组成部分，因此，产品销售利润是构成企业利润总额的基本成分，而对营销方案实施效果的测评，尤其是促销效果的测评，主要也是针对产品销售利润的。

3. 市场占有率(market share)

某一品牌产品某一时期在某地区的市场占有率，是指该品牌在该时期内的实际销售(量或额)占整个行业实际销售(量或额)的百分比。市场占有率既是评价企业日常业绩的重要指标，也是进行市场营销方案实施效果测评的重要指标。由于这一指标是一个相对量，它可以避免单纯以销售收入、利润等绝对量反映实施效果时由于宏观经济环境所造成的错觉。比如，在经济高速发展时期，市场购买力总是不断上升，所有参加竞争的企业都可以沾光，即使竞争力弱的企业，销售收入、利润也会有一定程度的上升。所以在经济景气时代，企业的市场竞争只是企业所取得利润高低的次序之争。然而，当社会需求量饱和，经济不景气，市场疲软时，市场竞争势必形成在固定的、有限的销售收入中所占百分比的比例之争。事实上，在经济停滞不前时期，即使企业销售下降，但只要市场占有率上升，就说明企业经营业绩不错。因为有了高的市场占有率，一旦市场复活，销售量就可急剧上升。由此可见，市场占有率是测评营销方案实施效果、评估企业业绩的一个重要指标。

4. 品牌形象和企业形象

品牌形象和企业形象是反映企业在市场中的地位的重要指标，也是测评大规模营销策划方案实施效果的常用指标。市场的发展，消费心理的逐步成熟，使得人们在购买商品时更注意其"软价值"，也即商品实际以外的价值，如良好感、优越感、幸福感等等，因此，现代市场营销策划中，提升品牌形象，树立良好企业形象成为重要策划内容，而形象的提升与否、提升的程度当然也就成为方案实施测评的常用指标。具体测评时，可根据企业情况以知名度、美誉度、印象度及复购率等进行测评。

第四节　现代市场营销策划的基础和标准分析

什么样的市场营销策划是成功的，想必是每个策划人员都极其关注的问题，与此同时，也只有把这个问题弄清楚之后，市场营销策划活动才可能具有一个较高的起点。这无论是对某一个营销问题的策划，还是对整个市场营销活动的策划，都具有十分重要的意义。

一、现代成功市场营销策划的基础分析

(一)全面认识商品的价值

在市场上，为何生产同一种产品的不同企业，有的企业销售情况很好，而有的企业却销路不畅，大量积压，其中一个重要原因就在于有的企业未能全面认识到商品的价值。

商品的价值可以分为两类，一类是商品的物理价值，也即商品的使用价值，特别是商品的技术性能，这是由开发研究人员完成的。应该看到，保证商品物理价值这些技术方面的要求，各个企业是容易达到的，即使存在一些差距，技术力量较差的也会通过研究和技术引进、改造来赶上先进企业。尤其是在当今社会，即使是申请专利保护的技术，也是可以通过购买其使用权而获得的，况且专利在一定时期后也会失去保密的价值。另一类是商品的心理价值，这主要指的是商品设计、色彩、包装、品牌、服务等带给消费者心理上的满意度。这是一种软技术，其价值主要由市场营销策划人员协助完成。应该看到，产品开发的目的不是为了创造独一无二

的产品，而是要创造让更多人满意的东西。

可见，成功市场营销策划的基础之一，就是在保证商品的物理价值的前提下，发掘出商品的心理价值，从而在消费者心目中确立其独特的企业和产品形象并达到与消费者实现情感上沟通的目的。

(二)坚持消费者导向

成功的市场营销策划，必须坚持消费者导向，也就是说，要站在消费者的立场上进行创意设计，这样才能使策划方案具有亲和力，最终实现商品的适销对路。

这就要求策划人员必须根据产品的不同特点，制定出能充分满足消费者需要的方案，并使消费者认同和接纳。对这一点把握得越好，市场营销策划就越成功。

二、成功市场营销策划的基本标志

在分析了成功市场营销策划的基础之后，进一步分析成功市场营销策划的基本标志，具有十分重要的意义。一般来说，成功市场营销策划的基本标志主要有以下几方面。

1. 实现交易(transaction)

市场营销的核心就是交换，市场营销策划是为了使交换更加顺利，更加有保证，尤其是在今天市场环境变化、市场竞争激烈和科学技术迅速发展的情况下更是如此。因此，达成交易是市场营销策划的首要目的，同时也只有达成交易才能占有更大的市场份额。

2. 获取利润

除了达成市场交易之外，衡量策划是否成功的另一个重要标志就是获取利润。应该看到，获取利润是市场营销策划的重要核心标志。因为策划的一个重要任务就是使企业资源得到最充分合理的利用，用尽可能少的成本获得最大的收入。

3. 社会形象(visualize of society)

成功市场营销策划还应该使企业树立良好的社会形象(visualize of society)，因为利润的取得应该是企业在法定轨道上拼搏的结果。实践证明，一个具有良好社会形象的企业背后都有一个规范的市场营销策划支持着，因此，树立良好的企业形象是成功市场营销策划的重要标志。

总之，成功的市场营销策划可以在消费者心目中确立新的要领，并实现与消费者的情感沟通，而且成功的市场营销策划要着眼于提高策划的文化品位，同时还要尽量隐蔽其商业动机，选取以大众关注的事件为主题，树立起企业良好的社会公众形象。

本章关键术语中英文对照

营销策划(marketing mastermind)	市场营销(marketing)	系统(system)
目标(goal)	动态(dynamic)	裂变(fission)
交易(transaction)	关系(relationship)	创新(innovation)
整合(conformity)	信息化(information)	创意(originality)
集中(concentrate)	满意性(satisfaction)	可行性(feasibility)
相关性(relativity)	可靠性(dependability)	有效性(validity)
效果测评(effect measure)	智能放大(function magnify)	营销方案(marketing project)
策划原理(mastermind theory)	策划原则(mastermind principle)	策划方法(mastermind method)
社会形象(visualize of society)	企业诊断(corporation diagnose)	市场占有率(market share)

本章重要概念中英文释义

1. 营销策划:营销策划是营销管理活动的核心,是企业对将要发生的营销行为进行超前决策和谋划。

marketing mastermind: marketing mastermind is the core of marketing management activities, is the advance planning and decision-making of the enterprise will be do on the marketing.

2. 策划的大整合原理:就是要求策划者把系统的各元素、各层次、各结构、各功能等,依照创意、目标的主线集约整合起来,扬长避短,避实击虚,以实现系统的整体功能。

principle of integration of the mastermind: Principle of integration of the mastermind is require the planner to integrate all elements of the system, include all levels、the structures and the functions, in accordance with originality and the goal of the intensive integration of the main line, the non-virtual avoid the strike, in order to achieve the overall system function.

3. 创意:包含两层意思:一是指创造欲望,是人们心理上的一种强烈的发现问题的冲动;二是意想不到的能带来效益的解决问题的方法,也就是创造性组成的一连串的"点子"。

originality: Originality contains two meanings: Firstly, is the desire to create, is a people psychologically strong impulse to the problems identified; Secondly, is the unexpected method which can resolve the problems and bring about effective, which is composed of a series of creative "Ideas."

4. 权变理论:在企业管理中要根据企业所处的内外条件随机应变,没有什么一成不变、普遍适用的"最好的"管理理论和方法。

contingency theory: in the process of management, we must according to the internal and external conditions in which enterprises adapt in decision-making, and there is no immutable, universally applicable "best" management theory and methods.

5. 企业诊断:是指诊断人员深入到企业的具体经营活动中,与企业经营管理人员紧密配合,运用科学方法,找出企业经营活动中存在的主要问题,查明产生问题的原因,并提出改进方案和措施的活动。

enterprise diagnosis: is a series of activities which is used to provide improvement scheme and measures, which the person who diagnose according to go to the specific business activities, use of the scientific method to cooperate with the management closely, to identify the major problems which caused the business activities in trouble.

6. 相关性:是指测评的内容必须与所确立的策划目标相关,不可做空泛或无关的测评工作。

relativity: Relativity is that the contents of evaluation must be established by the relevant mastermind goals, not vague or irrelevant to the evaluation work.

7. 市场占有率:就是在同一个行业里,自己所生产的东西在市场的销售总量的百分比。

market share: that is in the same industries, the percentage of the production of their own in the total market sales.

本章小结

本章介绍了现代市场营销(marketing)策划的基本原理、基本原则、基本程序、操作的基本程序和现代市场营销策划的基础以及标准。内容主要包括:

(1)营销策划是商品经济发展到一定阶段的产物。现代市场营销策划则是以现代科学技术为背景,运用现代化科技手段和装备,着眼于开拓潜在市场、树立企业形象、弘扬企业文化、培育新的生活方式和消费心态的现代水平的策划。营销策划正以势不可挡的魅力,在今天的市场经济大潮中扮演着一个重要的角色。营销策划原理贯穿于企业整个营销活动的始终,但它并不要求在设计和实施策划方案时生搬硬套,而是要隐含在企业营销策划的每一个活动环节中,并指导企业的市场营销活动。

现代市场营销策划的八大基本原理，主要包括：创新出奇原理、系统全胜原理、动态原理、高层次原理、简单易行原理、裂变原理、大整合原理和奇门作局原理。

(2)企业在决策的过程中，不管提出什么样的营销方案，都必须科学地运用策划方法。营销策划已经具备了自己独特的、完整的体系、方法论和原则。现代企业营销已经进入全方位的策划时代，策划是市场营销的灵魂。众多营销业绩卓越的企业，如麦当劳、摩托罗拉等等，无一不是在营销策划上具有高人一筹的能力。而且，营销策划水平的高低，已经成为检验企业营销管理水平高低、预测企业兴衰成败的重要尺度。现代意义上的营销策划，对企业在众多竞争者中独树一帜、脱颖而出有着巨大的作用。为了保证市场营销策划的方向性、有效性和高效性，在进行具体营销策划时，一方面可以灵活运用营销策划的方法，另一方面必须遵循营销策划的一些基本原则。

现代市场营销策划的十大原则，主要包括：信息化原则、创意原则、目标原则、运筹原则、集中原则、满意性与梦想原则、权变原则、出奇创新原则、简单性与可行性原则、智能放大原则。

(3)现代市场营销策划操作的基本程序。市场营销(marketing)策划是一项复杂的工作，要求策划者必须按照一定的程序进行，以避免盲目性，使之达到预期目的。现代市场营销策划操作的基本程序包括拟定策划计划、市场调研和企业诊断、方案的设计与实施、效果测评。

首先，要根据政治目的、经济目的、文化目的、社会公益目的和法律目的拟定策划计划，确立策划目的市场营销策划，要投入较多的人力、物力和财力，因此，在拟定计划时，就必须确立明确的目的，这也是提高企业策划意识的基础。市场营销策划的进程大致有以下四个阶段：准备阶段、调研阶段、设计阶段方案、实施阶段方案。还包括经费预算和效果预测。

其次，进行市场调研和企业诊断，在确定调研目的、对象、范围和方法的基础上拟定调研方案，进行调研；企业诊断的基本程序为：准备阶段、诊断阶段和指导实施阶段。

最后是营销方案的设计与方案的实施以及效果测评。

(4)现代市场营销策划的基础和标准分析。什么样的市场营销策划是成功的，想必是每个策划人员都极其关注的问题，与此同时，也只有把这个问题弄清楚之后，市场营销策划活动才可能具有一个较高的起点。这无论是对某一个营销问题的策划，还是对整个市场营销活动的策划，都具有十分重要的意义。在分析了成功市场营销策划的基础之后，进一步分析成功市场营销策划的基本标志，具有十分重要的意义。

总之，成功的市场营销策划可以在消费者心目中确立新的要领，并实现与消费者的情感沟通，而且成功的市场营销策划要着眼于提高策划的文化品位，同时还要尽量隐蔽其商业动机，选取以大众关注的事件为主题，树立起企业良好的社会公众形象。

本章思考题

1. 如何正确理解营销策划？
2. 现代市场营销策划的原理有哪些？如何理解它们？
3. 市场营销策划强调适应性，这与一般营销策略有什么联系？
4. 现代市场营销策划的基本内容有哪些？
5. 怎样进行现代市场营销策划？

章末案例分析

碧桂园——市场营销策划的经典

1993 年 6 月，肆虐的骄阳暴晒着位于广东省顺德市广珠公路南侧的 1 000 多亩土地。临近公路的一片工地上，几百座灰头土脑的小楼房，袒露着无可奈何的胸膛，此处，就是已经圈了两年的农田、鱼塘、山丘。一架古老的水车在烈日下低垂着它的黑影，沉重的叶轮早已无法转动。

如同当时广东境内上百个花园别墅楼盘，这个号称面积最大的工地，显然处于“死火”状态。银根突然紧缩，加紧宏观调控，失控的经济列车被重新拉回轨道，耀眼的“经济泡沫”在阳光下开始破灭。曾经一度炒得火爆的“高级花园别墅”刹那间受到冲击。“击鼓传花”式的炒卖投机，终于自食其果。房地产大势转弱，走向低潮。鼓声停下来的时候，不祥之花正好落在碧桂园这个地盘之上。

碧桂园，以位于顺德市陈村水道的碧江之畔桂山之侧得名，它坐落于顺德与番禺的交界地，前不着村，后不靠镇，上不着天，下不着地。尽管投资逾亿的开发商反复宣传此地为“金三角的交汇点”，又请在广东颇得民心的叶选平前省长亲笔题写“园”名，前来看楼买房的人仍是零星可数。

为了“救市”，开发商曾多次邀请一些专家、学者实地考察，希望出奇制胜，但也没有什么高招。

碧桂园的老板虽出身农民，却酷爱书报。古谚云：“书中自有黄金屋”，料不到，机遇女神竟也藏身其中。他从报上看到，四川有个奇人，办了一所“贵族学校”，广州有个从化，也办了“中华英豪学校”，为“大款”们解除子女教育的后顾之忧。他也是“大款”，他也有一儿一女，一开始，他想的是送自己的孩子去“中华英豪”。然而，8 月的一天，当他驱车来到离广州两个小时车程的“贵族学校”时，他的心却忽然地拨亮了。这里也是偏乡僻壤，学校建在水田鱼塘之上，却有那么多“大款”争先恐后把自己的“千金”、“公子”往这儿送，尽管每个学生要交教育储备金 15 万元。

为什么不在自己的楼盘建一所学校，别墅区本来就要教育配套，当然，通常的惯例是先建房再办学，可是为什么不能倒过来，先办学再建房呢？逆向思维往往出创意，碧桂园老板顿然省悟：山路不通走水路，楼盘不活先办学。可是，一帮农民出身的建筑商怎么办起一个高档次的贵族学府呢？如何取信于民，取信于社会！

当时，碧桂园成立了一个筹办学校的小组，其中有位精明的年轻人，建议请新闻界的“大腕”出山，写一篇大手笔的文章，为办学推波助澜。他请来了著名的策划人——王志刚。

在碧桂园售楼部的小会议室里，老板说起了他办学的设想，他说：“我们希望您用新华社记者的名义写一篇文章重头报道，为我们办学校鼓一鼓劲，扩大影响。”王志刚沉吟片刻，朗声答道：“这个事业不是一篇文章就能做好的。现在的情况是，就房地产搞地产肯定死火，要跳出房地产才能开发房地产。”

他强调：“房地产不等于钢筋加水泥，名牌的背后是文化，地产也要用文化的方式去运作。办学，不是权宜之计，而是围棋上的‘生死之劫’，要把它当作一个系统工程的部分，一种全新的生活方式，用全新的策划思路去做。”

一、碧桂园学校

桑基鱼塘的土地上，不炒地产办学校。碧桂园积极与北京景山学校联合办学，南北携手共创办学新模式。广东顺德市北窖镇与北京景山学校创办了在北京以外的第一所分校——碧桂园学校。碧桂园学校要办成推动中国 21 世纪经济大潮的黄浦军校。作为碧桂园学校母体的北京景山学校是邓小平的子女邓朴方、邓榕和邓楠曾经读书的学校，而且邓小平的孙子目前又正在北京景山学校读书。在中国改革开放的 20 世纪 80 年代初期，邓小平同志亲自为北京景山学校题词：“教育要面向现代化，面向世界，面向未来。”这样高质量的学校现在到富裕的广东来办学，加之先富起来的人们望子成龙的强烈愿望，并以一流的教师待遇吸引一流的师资，必然带来一流的教学质量。一所同国际教育接轨的现代学校在充满希望的土地上出现了。

几个月后，草创而成的碧桂园学校——北京景山学校广东分校的门前，人头涌动，车水马龙，从公路边蜿蜒而入的两公里内，排列着“奔驰”、“宝马”、“丰田”、“凌志”……等各种名车上千辆，简直成了世界名车大展。最初，学校担心招生达不到1 000人，结果因宣传策划轰动一时，报名者突破1 300人，教育储备金也由最初的一个学生18万元涨到23万元直至30万元。“碧桂园”一跃成为广东高价学校的“龙头大哥”。珠江三角洲的富翁、“大款”们纷纷送子送女就读。于是在开学的第一天，形成了“名车大会展”的奇景。

二、碧桂园“给您一个五星级的家”

碧桂园学校名声大噪，日渐红火，然而，毗邻的占地1 500亩的高级花园别墅区却悄无动静。

碧桂园的商战豪杰们，不是慈善家，而是高人一筹的战略家，他们投入上亿元资金办学，收回的是几个亿的“教育储备金”，而且，随着学校知名度如日中天，“死火”两年的碧桂园地盘自然日益升值，成为“风水宝地”。学校这步“生死之棋”下活了，下一步就看楼盘策划。

王志刚与碧桂园老板策划于密室，他说：“碧桂园的楼盘推广，绝不能仅是屋村展销。一般的楼盘推广，总是交通便利、生活舒适、价廉物美、附送电器那一套，人们已经听厌了。许诺得越多，反而令人怀疑其真实。香港电视几乎天天有酒店房产展销会，又有多少人去看，去买！大势疲软时，要高屋建瓴，出奇制胜。”老板愿闻其详，王志刚出口不凡：“碧桂园的推广思想，一句话，叫做‘一个中心，两个基本点。’一个中心，就是‘碧桂园生活方式’的营造与炒作，两个基本点，一个是国际学校（碧桂园学校），一个是建设五星级的国际俱乐部。”

他说：“碧桂园的策划，一定要跳出房地产概念，加大文化内涵，上升到‘全新的生活方式’的高度，才能令人耳目一新。”他又风趣地说：“系统工程好处多，别人一头牛，至多只能扒一张牛皮；而碧桂园作为系统工程，则可得到五六张牛皮。”

什么叫全新的生活方式？王志刚认为，改革开放以来，房地产开发形成全新的市场，为居住者提供了不同层次、不同品味的生活方式，带来了居家的数次革命。最初是“温饱型”，国家建房单位分，千人一面千户一孔，有厅有房就满足了。多层楼宇最多讲究楼层朝向、单位远近，至于有没有市场、学校，那是市政管理部门的事。

20世纪80年代初出现了成片开发的小区模式，布局统一规划，讲究综合配套，注意绿化环保。比如广州市的五羊新村、江南新村，都兴建有肉菜市场、百货商场、中小学校、幼儿园、花园等，设置小区管理处，从而把都市人的居家推向“小康型”阶段。近年来，在广州城郊涌现的一些“别墅区”，由于设计不合理，配套不齐全，软件不到位，虽然标以“豪华”的级别，实际上还属“小康型”。

无论是“温饱型”还是“小康型”，都是在传统的都市概念中徘徊，注重人的基本生活需求，而忽略了人的生活方式的更新。而生活方式的全球化与个性化，无疑成了时代未来的走向。在时代新浪潮拍岸的南中国，一种“理想型”的全新居家方式正在喷薄而出。

王志刚把这“第三种方式”称为“超级社区生活方式”——碧桂园方式。沉睡了三年的碧桂园地盘，被他以“梳妆打扮三年”一语破解，他定下的广告语是：“三年不鸣，一鸣惊人；三年不飞，一飞冲天；碧桂园给你一个五星级的家，碧桂园，成功人士的家园。”

当金碧辉煌的会所与豪华气派的别墅正加紧建造之时，一个“秘密行动”又在酝酿之中。给富翁、大款们一个“五星级的家”，这“五星”不仅是指硬件一流，更意味着服务一流，管理要一流。管理从何入手？

王志刚向碧桂园老板建议：“会所能够建好，我相信你的能力，你是一个杰出的建筑地产商。但是，你们毕竟是农民，管理上不了档次。顺德人往往看不起广州，但广州毕竟是制高点，五星级管理人才一定要‘借腹生子’。”碧桂园到广州高薪聘请来了高级人才。

餐饮部经理，来自白天鹅酒店；管家部的负责人，几天前还在中国大酒店当部长；采购部、培训部经理，分别来自国际大酒店与花园酒店。数一数，广州的“五星”白领在这里竟有20人之多！

与一般的小区管理处截然不同，碧桂园成立了物业管理公司，下设公关部、维修部、饮食部、采购部、人事培训部、基建工程部、康乐部等11个部门，管理人员达150多人，其主要骨干均为广州酒店管理的“精英”。

管家部是人员最多的一个机构，现有60多人。它的功能就是为每一幢别墅的主人提供无时不有、无处不在的“管家”服务。灯泡突然坏了，打个电话，管家就会赶来处理；夫妇双双出门赴宴，刚满月的婴儿可以委托“管家”照看；花园里的花草，可以交由管家部的园艺班修剪、浇水；如果长期公务在外，还可请管家部的卫生班定期上门开窗通气，打扫卫生……

一切服务都是专业化、规范化、高档化，令别墅的主人们感受到五星级客人的自尊，感受到一种全新的理想生活方式——高效、便捷、舒适、自然。

碧桂园是成功人士的家园，其生活方式应该是对其为社会所创造的价值的回报，要让他们生活在能够排除一切后顾之忧和提供无微不至服务的五星级酒店管理的环境之中。

三、碧桂园国际俱乐部

在新的生活理念——碧桂园生活方式的建设中，“碧桂园国际俱乐部”会所开业了，会所印制了2 000张会员卡。本来，会员卡是要高价购买的，但新开业，知名度不高，不用说卖，送人恐怕都没人感兴趣，怎么能引起人们的强烈兴趣呢？王志刚巧施“引君入瓮”之策，他又设计了一个“名车大行动”。

星期六，处于全盛时期的碧桂园学校门口，又一次出现了蜿蜒几公里“世界名车展”的盛况。原来，这一天，学校召开第一次“家长大会”，珠江三角洲各市县包括广州的富翁、大款们心挂下一代，纷纷于百忙之中抽身驱车而来。

大会结束已是下午4时30分，当家长们带着子女登车启程时，发现车子被引导到一座富丽堂皇的大厦门口。“这里是碧桂园国际俱乐部，请您就座，有免费自助餐招待。”礼仪小姐笑容满面地迎候客人。

家长们到过不少会所，但这里的气派、档次显然高出一筹，特别是餐厅里的大面积透明厨房和可以自由挑选的超级菜场，更令人刮目相看。一餐美食之后，会所老板亲自送上一张张“会员金卡”，顿使家长们有了“五星级”的自尊。

2 000张卡很快就有了主人，一传十，十传百，加印3 000张卡又全部被抢购一空。从此，碧桂园会所成了长年的“名车大展”之地，棋盘上又一只“眼”被做活了。

四、碧桂园策划的基本原则及总体构想

1. 基本原则

紧紧围绕两个口号，从战略意义上展开全方位的广告宣传攻势，充分体现出新思维新角度新包装、高品位高格调高眼界、大气势大气度大氛围，以情动人心，以理夺人智。其两个口号为：

(1)“碧桂园生活方式”。

(2)“给你一个五星级的家”。

2. 总体构想

从碧桂园学校到碧桂园别墅和碧桂园五星级国际俱乐部，三位一体构成了“碧桂园生活方式”。广告定位的思考点：

(1)“碧桂园生活方式”，有心、诚心、匠心，别开生面，独树一帜，是“天时、地利、人和”的三位一体，是新时代的“长子”，是“高智商”的、“强健”的优生儿。

①“碧桂园生活方式”与中国传统文化的关系。儒家思想是中国传统文化的代表，学而优则仕、建大功立大业，是这种传统文化思维的集中体现。“望子成龙”的碧桂园学校“龙凤呈祥”，是未来成功者的摇篮。

②“碧桂园生活方式”与中国传统观念的关系。“儿孙不如我，要钱做什么；儿孙强过我，要钱做什么。”打不破的传统观念，根深蒂固的“忧患意识”！居安思危，碧桂园学校为成功者解除“后顾之忧”：江山代有人才出，各领风骚数百年！

③“碧桂园生活方式”与中国传统习惯的关系。“在家千日好，出门事事难。”家，人生的起点；家，游子的梦境；合家欢乐，中国人最美好的祝福；天伦之乐，中国人世代追求的境界。“碧桂园生活方式”，现代人的生活质量，并保持了中国传统家庭的那种温馨。

④“碧桂园生活方式”与中国改革开放的关系。“让一部分人先富起来”，随着伟人的登高一呼，时代的列车缓缓开动，昨天便成了历史。于是，你毫不留恋地告别了贫穷；于是你幸运地成为了这“一部分人”。然而，只有“碧桂园生活方式”，才会使你最终彻底地改变昨天的思维和昨天的形象。

⑤“碧桂园生活方式”与中国21世纪的关系。世纪末的长风，正在托起新的太阳；新世纪的太阳在声声呼唤着中国插上翅膀。21世纪的中国是什么模样，中国的21世纪该是何样的辉煌。“碧桂园生活方式”——21世纪优秀的中国人生活的类型，本世纪末成功者面前的一座跨世纪的桥梁！

(2)“给你一个五星级的家”，这不是理想，而是理想的实现；这不是出发，而是胜利的到达；这不是乐谱，而是你耳旁动听的旋律；这不是彩霞，而是你心中一幅绚丽的图画。啊，碧桂园“给你一个五星级的家”！

①“给你一个五星级的家”，风景如画的家。从地理环境的优势，阐述“碧桂园”有山有水的自然条件，是乡村中的都市、都市中的乡村。

②“给你一个五星级的家”，舒适潇洒的家。从科学的设计和高质量的建筑角度，展示“碧桂园”别墅的豪华。

③“给你一个五星级的家”，近在咫尺的家。从交通的便利和通信技术的发达，说明“碧桂园”与广州、香港及珠江三角洲周边城市的联系。

④“给你一个五星级的家”，保证安全的家。从现代化的物业管理水平和配套的生活设施，介绍“碧桂园”井然有序的内部服务和滴水不漏的保安措施。

⑤“给你一个五星级的家”,大展鸿图的家。从既是休息、享受又可以不中断事业的实际需要出发,告诉人们“碧桂园”从学校到别墅和会所,三位一体、相互依存的超前构想与创意。

思考:

1. 你认为当地产商在销售环节上出了问题时,他们应该从哪些方面着手解决问题?

2. 本案例反映了碧桂园采用了营销策划的哪些原理和原则?

本章实践题

蒙牛“随变”冰淇淋广告策划

继“悄悄豆”和伊利“四个圈”分获当年冰淇淋单品销量第一之后,蒙牛开始新一轮的营销策划。与前两者不同的是,蒙牛的产品已经有了一个很好的品名:随变冰淇淋。

蒙牛随变冰淇淋是巧克力架和奶油冰淇淋结合的产物,工艺非常特别。即使整支冰淇淋中的奶油全部溶化了,错综复杂的巧克力架依然完好无损。而且每只冰淇淋的巧克力架都不一样,就好像指纹一样,独一无二,非常奇特。只是这个独一无二的产品特性是很难让消费者在使用时感觉到,并不能构成蒙牛随变冰淇淋用来作为区别其他同类产品的USP,所以比较可惜。

但“随变”的命名却可以挖掘出一个非常有意思的概念。几乎是在刚刚接触到蒙牛随变冰淇淋的刹那,随变的电视广告创意就在我的脑海中诞生了:变!变!变!变蝙蝠侠,变蜘蛛侠,变哈里·波特!一只让你随心所欲,想变就变的冰淇淋!

一、蒙牛乳业 TVC“大片篇”

(1)画面:宽荧幕,宛若大片上映;(中心大字幕)蒙牛随变;(小字幕)大片上映。声音:紧张的音乐。

(2)画面:(仰拍)12 岁左右小孩面部特写;但见他一手持蒙牛随变冰淇淋,大喝一声猛咬一口。声音:蒙牛随变冰淇淋,我变!

(3)画面:一道闪电划过铅灰色的天空;小孩化作蝙蝠侠的模样一飞冲天;四周围观的小孩仰首发出“呜”的惊叹声。

(4)画面:小主人公一着地,猛喝一声,又咬一口。声音:(旁白)我再变。

(5)画面:(前景)"哄"地燃起一团火;小主人公化成蜘蛛侠的模样破火而出,围观的小孩又发出"呜"的惊叹声。众小孩齐声惊叹小主人公的神奇。

(6)画面:小主人公神情得意地手持冰淇淋,边说边吃。(产品特写)声音:(旁白)蒙牛随变冰淇淋,随心所变,想变就变!

(7)画面:众小孩猛吃一口冰淇淋,大喊一声,化成精灵古怪的哈里·波特骑着扫帚把漫天飞。声音:你变!我也变!(旁白)啊哈!

(8)画面:无数的蒙牛随变冰淇淋在城市的上空飞来飞去。

(9)画面:标版。

但在创意完成的刹那,我突然有了另一种想法:哪里有"随便"冰淇淋卖?

到底卖随便,还是卖随变?

这是一个关于"随便"的概念,谐音"随变"而来。

据说,蒙牛在命名随变冰淇淋的时候,更多是因为"随便"的口语。

生活中经常发生这样的对话:今儿吃什么菜?随便。喝什么?随便。可是哪里有"随便"卖呢?

蒙牛随变冰淇淋提供了一个"随便"的选择。

从这个思路出发,我们又创作了一系列以"随便"为概念的电视广告创意。其中有一支"约会篇"比较有趣。

二、蒙牛乳业 TVC"约会篇"

(1)画面:热辣辣的夏天,一对十六七岁情窦初开的小朋友,女孩很害羞的样子,男孩显然也缺乏经验,但仍在努力地制造氛围。

(2)画面:男孩提议,女孩抿嘴一笑。声音:(男孩)逛书店好不好?(女孩)随便。

(3)画面:男孩又提议,女孩抿嘴一笑。声音:(男孩)吃冰淇淋好不好?(女孩)随便。

(4)画面:男孩灵机一动,跳到大街上大声呼喊。声音:(男孩)哪里有随便冰淇淋卖?

(5)画面:男孩站在屋顶上大叫。声音:(男孩)哪里有随便冰淇淋卖?

(6)画面:男孩站在树梢上大叫。声音:(男孩)哪里有随便冰淇淋卖?

(7)画面:满满一冰柜的蒙牛随变冰淇淋溜进画面,男孩惊奇地看着蒙牛冰淇淋。声音:(男孩)蒙牛随变冰淇淋!

(8)画面:蒙牛随变冰淇淋特写,女孩兴奋地看着蒙牛冰淇淋。声音:

(女孩)蒙牛随变冰淇淋!

(9)画面:女孩终于忍不住放声大笑,氛围一下活跃起来。

(10)画面:男孩和女孩一起美滋滋地吃着蒙牛冰淇淋。

(11)画面:(标版)蒙牛随变冰淇淋。

那么蒙牛随变冰淇淋到底卖"随便",还是卖"随变"呢?

三、让消费者做主

应该说两个电视广告片都对产品有足够的强化表现,而且都比较有戏剧性。但我们只能选一个来执行,所以觉得特别难。

那就让消费者来做主吧。

冰淇淋的主体消费人群是青少年,尤其是8岁到16岁的孩子。这一年龄段的孩子活泼好动,介于成熟与不成熟之间,具有丰富的想像力。消费形态偏重感性,较少理性。而冰淇淋的消费更多是冲动型购买,毕竟一只普通冰淇淋的价格只有一两元人民币,这个尝试的风险谁都冒得起。

另外,就冰淇淋的产品特性其实并没有多大区别,尤其口味,更是大同小异。各品牌早就明白了这一点,所以早早就开始大玩产品概念,包括"悄悄豆"和"四个圈",都是抓住了小孩子好玩好奇的特性而获得成功的。

喜新求变显然是小孩子最显著的特点之一,特别是10岁左右的孩子,对动漫的狂热充分显现了他们爱幻想的童心。甚至有许多孩子喜欢模仿著名的动漫人物,哈里·波特的帽子和扫帚流行一时就是一种印证。

为了更有充分的把握,我们将两支创意制作成模拟版做了测试,结果"随变"的选择率比"随便"的选择率高出约20%。

数据说明了一切。让消费者做主,我们还是决定让蒙牛随变冰淇淋"随变"起来。

四、大片感觉+流行元素

时尚的不一定是流行的,而流行的一定是时尚的。

在蒙牛随变冰淇淋的创意表现中,我们希望能加入既流行又时尚的元素,让蒙牛随变冰淇淋风行起来。

第一个时尚元素是大片感觉的营造。现在不都流行大片吗?好莱坞大片,中国制造的大片。所以我们让蒙牛随变冰淇淋广告片一开场便先声夺人,气派十足。虽然短短30秒或15秒,却给人观看大片一般的过瘾感觉。

第二个时尚元素是蝙蝠侠。

第三个时尚元素是蜘蛛侠。

第四个时尚元素是哈里·波特。

数数看，这几年流行大片里的超现实角色，还有谁没有列出来。

而在整个广告片“变！变！变”的形象变化中，紧张明快的节奏与热闹缤纷的画面里，蒙牛随变冰淇淋始终是最中心的角色与线索，所有的情节都围绕此展开，产品得到极其强化的表现。

产品永远是广告片最最重要的主角，不是吗？

蒙牛随变冰淇淋的交片异乎寻常的顺利，客户上上下下一致叫好，丝毫未改便通过了。尽管有一堆广告片同时播出，蒙牛随变冰淇淋还是非常突出，效果非常棒，心中很是得意。如果你还没看到，赶紧去看吧，真的很精彩。

（本案例正文改编自：叶茂中．营销策划机构．中国市场，2003(6)）

思考：

请结合所学知识谈谈你对此案例的理解。

推荐阅读书目

1．梁宏，严良．现代市场营销策划——原理、方法与应用．武汉：中国地质大学出版社，2003

2．王瑞丰．市场营销技术——策划与运作．北京：北京航空航天大学出版社，2007

3．唐豪．市场分析与营销策划．上海：上海财经大学出版社，2002

4．梁宏，严良．现代市场营销策划——案例及点评．武汉：中国地质大学出版社，2005

附录：

××卷烟总厂5元、10元卷烟A省市场研究方案

一、背景

随着我国“入世”和卷烟市场的不断开放，卷烟行业竞争越来越激烈，卷烟企业面临着新的经营环境。作为B省卷烟行业颇具实力的××卷烟总厂为适应新的经营环境调整了其发展战略，其中，进一步拓展省外市场，提高该厂及其主要卷烟品牌在全国的知名度是发展战略中的重要内容之一。A省作为B省的毗邻省份，人口众多，是××卷烟总厂重点开发的省份之一。A省卷烟消费需求特征、需求规模、竞争卷烟品牌销售格局等是该厂制定A省卷烟市场开发战略的重要信息依据，而这些信息必须也只能借助于市场调研，有鉴于此，该卷烟总厂委托某大学经济管理学院进行了“××卷烟总厂5元、10元卷烟A省市场研究”项目。

二、调研目的

在A省，已有极个别地区有××卷烟厂产品销售，因而，本次调研目的相应分为以下两类：

(一)尚无××卷烟覆盖的地区

注意，以下阐述中，两价位指5元和10元。

总目的：掌握主抽5元和10元卷烟消费者的需求特征和两价位主流卷烟品牌的知名度和渗透率。

具体目标为：

1. 了解主抽两价位卷烟消费者的基本特征
2. 了解两价位消费者的消费行为
3. 了解两价位消费者对卷烟的包装、价位、购买地点、卷烟信息获取等方面的需求特征
4. 掌握各地两价位卷烟品牌的知名度和渗透率
5. 掌握各地两价位的主流卷烟品牌和消费者评价

(二)已有××卷烟覆盖的地区

总目的：掌握两品牌卷烟的消费反馈、知名度和主要竞争品牌，以及消费者对这两个品牌的可能购买和重复购买状况。

具体目标：

1. 了解卷烟消费者的基本特征
2. 了解两个品牌在各地的知名度和渗透率
3. 了解两个品牌的知晓渠道
4. 了解两个品牌知晓者的实际购买或消费情况
5. 了解消费者对两个品牌的质量、包装的评价
6. 了解有××卷烟吸食经历的消费者的重复吸食倾向及其原因

三、调研内容

对应以上两类调研的目的及具体目标，调研内容相应为：

(一)尚无××卷烟覆盖的地区

对应这类地区调研的总目的和具体目标，调研内容有：

1. 主抽两价位卷烟消费者的年龄、职业、收入等
2. 两价位消费者的消费行为，包括日吸烟量、消费场合、次购买量等
3. 两价位消费者对软硬包装的选择倾向
4. 消费者对5元以上非10、20、30元卷烟的需求程度
5. 两价位消费者购买卷烟的主要场所
6. 两价位消费者获取卷烟信息的主要途径和对这些信息的印象程度
7. 各地两价位卷烟品牌的知名度和渗透率
8. 各地两价位的主流卷烟品牌及消费者对这些品牌的评价

(二)已有××卷烟覆盖的地区

对应这类地区调研的总目的和具体目标，调研内容有：

1. 卷烟消费者的年龄、职业、收入等基本特征
2. 两个品牌在各地的知名度、销售情况、渗透率，及主要竞争品牌
3. 知晓两个品牌的主要途径
4. 两个品牌知晓者的实际购买或消费情况：知晓者中有购买行为的比率、选购两品牌的原因、日吸烟量。
5. 消费者对两个品牌质量的评价
6. 消费者对两个品牌包装的评价
7. 已有消费经历者对两个品牌卷烟重复吸食的倾向性及其原因

四、样本构建

(一)调研对象总体

A省全体卷烟消费者、各卷烟零售户。

(二)实际调研对象

鉴于调研总体庞大而复杂，调研时间有限，而建立在数理统计基础上的抽样调

查有较高的可靠性和准确性，因而本项目采取抽样调研。实际接受调研的对象应符合以下条件：

1. 被选中的目标城市的常驻居民（有正式本地户籍人口和外来常住人口）
2. 年龄在 18～65 岁
3. 主抽 5 元和 10 元烟
4. 烟草方面的纯消费者

（三）构建样本

本研究采用多段抽样法抽取样本，具体分以下两段进行：

1. 第一阶段

首先以各市州居民年人均可支配收入为标准将全省 17 个市州分为 3 组，采用异比，将 8 个目标城市在 3 个组进行分配，结果见下表：

拟调研的 8 个目标城市

组号	年人均可支配收入范围（元）	被抽中的目标城市
第一组	9 600～9 200	武汉市、十堰市
第二组	8 000～7 200	宜昌市、荆州、襄樊市、咸宁
第三组	6 800～5 800	随州、黄冈

2. 第二阶段

结合被抽取的 8 个目标城市或州的常住人口数，经验地确定这些城市或州的样本量（略）。

在实地调研时，考虑到职业和年龄对卷烟需求的影响，因而依据这两个因素对各目标城市吸烟人群进行分层并分配相应的样本量，然后，运用判断和便利抽样法抽取具体的调研对象。此外，为了解卷烟品牌渗透率，我们将有选择性地对部分零售户进行调研。

五、资料收集方法

本研究采用抽样调研法，具体以定点（城市商圈集中地和人流密集区）街访为主、流动街访为辅，并辅助于文献资料查阅了解有关的基本情况。问卷将是本次调研的主要收集方法，必要时还辅助于面访。

六、调研工具

问卷和访谈提纲。

根据本次调研的目标和内容，分别针对三类调研对象设计了三套问卷：

1. 尚无××卷烟覆盖地区的消费者调研问卷
2. 已有××卷烟覆盖地区的消费者调研问卷

3. 针对零售户的调查问卷

访谈提纲包括A省烟草专卖局相关领导的访谈、A省烟草访销员的访谈

七、进度安排

2月26日～3月6日，调研方案初步设计、与委托方沟通并进一步完善

3月8日～3月11日，问卷试答与完善

3月12日～3月20日，分组到8个被调研的目标城市进行实地调研

3月21日～3月26日，资料处理与分析

3月27日～3月31日，报告撰写

八、提交的成果

1. 调研报告3份(分电子光盘和书面)

2. 调研资料统计与分析结果(以电子文档形式提供)